Rechtliche Voraussetzungen der Organentnahme
von Lebenden und Verstorbenen

Europäische Hochschulschriften
Publications Universitaires Européennes
European University Studies

Reihe II
Rechtswissenschaft

Série II Series II
Droit
Law

Bd./Vol. 2625

PETER LANG
Frankfurt am Main · Berlin · Bern · New York · Paris · Wien

Nadine Bock

Rechtliche Voraussetzungen der Organentnahme von Lebenden und Verstorbenen

Eine juristische Untersuchung, basierend auf den medizinischen Grundlagen der Organtransplantation, unter besonderer Berücksichtigung der aktuellen rechtspolitischen und rechtsethischen Diskussion

PETER LANG
Europäischer Verlag der Wissenschaften

Die Deutsche Bibliothek - CIP-Einheitsaufnahme

Bock, Nadine:
Rechtliche Voraussetzungen der Organentnahme von
Lebenden und Verstorbenen : eine juristische Untersuchung,
basierend auf den medizinischen Grundlagen der
Organtransplantation, unter besonderer Berücksichtigung der
aktuellen rechtspolitischen und rechtsethischen Diskussion /
Nadine Bock. - Frankfurt am Main ; Berlin ; Bern ; New York ;
Paris ; Wien : Lang, 1999
  (Europäische Hochschulschriften : Reihe 2, Rechts-
  wissenschaft ; Bd. 2625)
Zugl.: Köln, Univ., Diss., 1998
ISBN 3-631-34812-6

D 38
ISSN 0531-7312
ISBN 3-631-34812-6
© Peter Lang GmbH
Europäischer Verlag der Wissenschaften
Frankfurt am Main 1999
Alle Rechte vorbehalten.

Das Werk einschließlich aller seiner Teile ist urheberrechtlich
geschützt. Jede Verwertung außerhalb der engen Grenzen des
Urheberrechtsgesetzes ist ohne Zustimmung des Verlages
unzulässig und strafbar. Das gilt insbesondere für
Vervielfältigungen, Übersetzungen, Mikroverfilmungen und die
Einspeicherung und Verarbeitung in elektronischen Systemen.

Meinen Eltern

Es laesst sich alles aufhalten, nur nicht die Zeit und der an sie gekoppelte Fortschritt. Aber auch der Fortschritt bleibt fuer immer an die Normen des Rechts und an die hippokratische Ehrfurcht vor dem Leben Anderer gebunden.

K.H. Bauer, Der Chirurg 1967, 245 (251)

Danksagung

Meinem verehrten Lehrer, Herrn Professor Dr. Hanns Prütting, möchte ich an dieser Stelle herzlich danken für die Annahme, Betreuung und Begutachtung meiner Arbeit.

Weiterer Dank gilt meinen ehemaligen Kollegen am Großen Klausurenkurs des Rechtswissenschaftlichen Seminars der Universität zu Köln für vielerlei Hilfestellung und Unterstützung.

Für die ständige tatkräftige Förderung, die über den Rahmen dieser Arbeit weit hinausgeht, danke ich von ganzem Herzen meinen Eltern, Beate und Dietmar Bock. Darüber hinaus gebührt mein Dank den Freunden, die mir bei der Fertigstellung dieser Arbeit mit Wort und Tat zur Seite standen. Besonderer Dank gilt Herrn Lothar Wagner, der mir aufgrund seiner kritischen Durchsicht wertvolle Anregungen für die Fertigstellung dieser Arbeit gab.

Köln, im Dezember 1998   Nadine Bock

INHALTSVERZEICHNIS

ABKÜRZUNGSVERZEICHNIS — 23

VORWORT — 27

ERSTES KAPITEL: EINFÜHRUNG — 29

A. ANSTOß ZUR THEMENWAHL — 29
   I. Sonderstellung der Transplantationsmedizin — 29
   II. Beunruhigung der Öffentlichkeit — 30
   III. Rückläufige Spendebereitschaft — 31
   IV. Fehlen klarer Rechtsgrundlagen — 32
      1. Keine "lex specialis" — 32
      2. Unzureichende Rechtsgrundlagen der Praxis — 33
      3. Offene Fragen — 33
   V. Das Ringen um ein Transplantationsgesetz — 34
      1. Notwendigkeit eines Transplantationsgesetzes — 34
      2. Aktuelle Bemühungen der Legislative — 36

B. REICHWEITE, ZIEL UND AUFBAU DER UNTERSUCHUNG — 37

ZWEITES KAPITEL: MEDIZINISCHE ASPEKTE DER ORGANTRANSPLANTATION — 41

A. EINLEITUNG — 41

B. GESCHICHTE DER TRANSPLANTATIONSMEDIZIN — 41
   I. Die Idee vom Austausch der Organe — 42
   II. Bahnbrechende Erkenntnisse — 43
   III. Der Schritt zur Realisierung — 44
   IV. Zusammenfassung — 44

C. MÖGLICHKEITEN DER TRANSPLANTATIONSMEDIZIN — 45
   I. Transplantationsdefinition und -intention — 45
      1. Begriffsklärung — 45

	2. Ziele	45
II.	Formen der Transplantation	46
III.	Medizinische Kriterien einer Organentnahme	46
	1. Spendertauglichkeit	46
	2. Spendegeeignete Organe	47
	3. Feststellung des Todeseintritts und Notwendigkeit intensivmedizinischer Maßnahmen	47
IV.	Erfolgskriterien der Verpflanzung	48
	1. Gewebeverträglichkeit	48
	2. Abstoßungsgefahr und Gegenmittel	48
	a) Maßnahmen im Vorfeld	49
	b) Medikamentöse Behandlung	49
	3. Schlußfolgerung	50
V.	Indikationen und Ergebnisse	50
	1. Klinisch relevante Transplantationen	50
	a) Augenhornhauttransplantation	51
	b) Gehörknöcheltransplantation	51
	c) Knochenmarktransplantation	51
	d) Nierentransplantation	52
	e) Lebertransplantation	53
	f) Herztransplantation	54
	g) Lungen- und kombinierte Herz-Lungen-Transplantation	54
	h) Bauchspeicheldrüsentransplantation	55
	2. Segmentverpflanzungen	56
	a) Organsegmente toter Spender	56
	b) Organsegmente lebender Spender	56
	3. Hirnverpflanzungen	57
	4. Sonstige	57
D. ORGANISATORISCHE ASPEKTE		58
I.	Maßgebliche Institutionen	58
II.	Spendervermittlung	59
III.	Organaufbewahrung	60
IV.	Folgen begrenzter Ischämietoleranz	60
E. AUSMAß UND GRÜNDE DES TRANSPLANTATDEFIZITS		61
I.	Organaufkommen	61
	1. Organe Verstorbener	61
	2. Organe Lebender	62
	3. Künstliche Transplantate	63

II. Bedarf und Bedarfsdeckung	63
III. Konsequenzen der Mangelsituation	64
IV. Ausblick	65

F. FOLGERUNGEN FÜR EIN TRANSPLANTATIONSGESETZ — 65
    I. Optimierung des Organaufkommens — 66
        1. Förderung der Spendebereitschaft — 66
        2. Anerkennung der Lebendspende — 67
    II. Grenzmarkierung — 68

DRITTES KAPITEL: RECHTLICHE ERWÄGUNGEN ZUR ZULÄSSIGKEIT DER LEBENDSPENDE — 69

A. PROBLEMAUFRIß — 69

B. BESTEHENDE SPEZIELLE RECHTSGRUNDLAGEN — 70
    I. DDR-Verordnung — 71
        1. Inhalt — 71
            a) Grundsätze — 71
            b) Voraussetzungen einer wirksamen Spendereinwilligung — 71
            c) Bedingte Einwilligung und Widerrufsmöglichkeit — 71
            d) Implantationsbestimmungen — 72
            e) Materielle Sicherstellung des Spenders — 72
        2. Geltung der DDR-VO — 72
            a) Weitergeltung als Bundesrecht — 73
            b) Weitergeltung als Landesrecht — 73
    II. Transplantationskodex — 74

C. GESETZESINITIATIVEN IM HISTORISCHEN ÜBERBLICK — 74
    I. Gescheiterte Initiativen der 70er Jahre — 75
        1. Initiative der Berliner CDU-Fraktion — 75
        2. Entwurf der Bundesregierung — 76
        3. Entwurf des Bundesrates — 76
    II. Initiativen der 90er Jahre — 76
        1. Außerparlamentarische Initiativen — 76
            a) Erklärung der Deutschen Bischofskonferenz und des Rates der Evangelischen Kirche in Deutschland — 77
            b) Entwurf der Arbeitsgemeinschaft der Dialysepatienten und Nierentransplantierten in Bayern e.V. — 77

	c) Entwurf der Arbeitsgemeinschaft der Deutschen Transplantationszentren e.V. und der DSO	78
	2. Initiativen auf Landesebene	79
	a) Entwurf der niedersächsischen SPD-Landtagsfraktion	80
	b) Entwurf der AGLMB	80
	c) Transplantationsgesetz des Landes Rheinland-Pfalz	81
	3. Aktuelle Initiativen auf Bundesebene	82
	a) Gesetzentwurf der Abgeordneten Knoche, Häfner und der Fraktion BÜNDNIS 90/DIE GRÜNEN	82
	b) Gesetzentwurf der Fraktionen der CDU/CSU, SPD, F.D.P.	83
III.	Zusammenfassung	83

D. DISKUSSION DER ZULÄSSIGKEITSVORAUSSETZUNGEN DER LEBENDSPENDE ... 84

  I. Rechtsqualität des lebenden menschlichen Körpers ... 84
    1. Problemaufriß ... 85
    2. Rechtsnatur des menschlichen Körpers ... 86
       a) Sachenrechtlicher Ansatz ... 86
       b) Persönlichkeitsrechtlicher Ansatz ... 86
       c) Überlagerungsthese ... 87
       d) Diskussion ... 87
    3. Ergebnis ... 89
  II. Verfassungsrechtliche Vorgaben ... 89
    1. Interessen und Rechte der Empfänger ... 89
    2. Interessen und Rechte der Spender ... 90
       a) Menschenwürdegarantie ... 91
       b) Allgemeines Persönlichkeitsrecht ... 92
          aa) Schutzbereich ... 92
          bb) Einschränkbarkeit ... 93
             (1) Schranke ... 93
             (2) Fazit ... 96
       c) Glaubens- und Gewissensfreiheit ... 96
          aa) Schutzbereich ... 96
          bb) Einschränkbarkeit ... 96
    3. Notwendigkeit eines Interessenausgleichs ... 97
       a) Geltung des Abwägungsgebots ... 97
       b) Risiko-Nutzen-Kalkulation bei der Organentnahme zu Heilzwecken ... 97
          aa) Grundsätzliche Überlegungen ... 99
          bb) Entnahme lebenswichtiger Organe ... 100

	(1) Gefahrenpotential	100
	(2) Konsequenzen	100
cc)	Entnahme regenerativer Körpersubstanzen	101
	(1) Risiken und Nutzen der Blutspende	101
	(2) Risiken und Nutzen der Knochenmarkspende	101
	(3) Ergebnis	102
dd)	Nierenspende	102
	(1) Spenderrisiken	102
	(2) Empfängernutzen	104
	(3) Abwägung	104
ee)	Entnahme von Organsegmenten	105
	(1) Spenderrisiken	105
	(2) Empfängernutzen	106
	(3) Abwägung	106

c) Risiko-Nutzen-Kalkulation bei der Organentnahme zu experimentellen Zwecken ____ 107
d) Lebendspende als ultima ratio ____ 107
    aa) Gleichwertige Alternativen zur Transplantation ____ 108
    bb) Bevorzugung von Leichenorganen ____ 110
e) Festschreibung im Transplantationsgesetz ____ 111
    aa) Enumerative Untersagung risikoreicher Entnahmen ____ 111
    bb) Allgemeine Formulierungen ____ 112
    cc) Stellungnahme zu den Gesetzentwürfen ____ 112

4. Evaluation des Spenderkreises ____ 113
  a) Differenzierungskriterien ____ 114
    aa) Verwandtschaftserfordernis ____ 114
    bb) Emotionales Näheverhältnis ____ 115
  b) Diskussion ____ 116
    aa) Kriterium der "Verwandtschaft" ____ 116
        (1) Anlehnung an den WHO-Leitsatz ____ 116
        (2) Bessere Erfolgsresultate auf Empfängerseite ____ 117
        (3) Gefahr eines Organhandels ____ 118
        (4) Stellungnahme ____ 119
    bb) Kriterium der "emotionalen Nähe" ____ 120
        (1) "Besondere persönliche Verbundenheit" ____ 120
        (2) "Sittliche Verbundenheit" ____ 121
        (3) "Offenkundigkeit" ____ 123
        (4) Empfehlung ____ 123

5. Zusammenfassung ____ 124

III. Wirksamkeitsvoraussetzungen der Einwilligung — 124
1. Strafrechtliche Relevanz der Spendereinwilligung — 124
   a) Tatbestandliche Körperverletzung — 125
   b) Rechtfertigung — 126
      aa) § 34 StGB — 126
      bb) Legitimation durch wirksame Einwilligung — 127
      cc) Fazit — 127
   c) Einpassung in das bestehende Rechtfertigungssystem — 128
2. Einwilligungsbefugte Personen — 128
   a) Grundsätzliche Anforderungen — 128
      aa) Einwilligungsbefugnis beim Heileingriff — 128
      bb) Besonderheiten bei der Lebendspende — 129
   b) Minderjährige — 130
      aa) Selbständige Erklärung über eine Organspende — 131
         (1) Erfordernis einer Mindestaltersgrenze — 131
         (2) Grenzsuche — 132
         (3) Ergebnis — 133
      bb) Selbständige Erklärung über eine Spende regenerativer Körpersubstanzen — 134
      cc) Entscheidungsrecht des gesetzlichen Vertreters — 134
         (1) Grundsätze — 135
         (2) Entscheidungsrecht der Sorgeberechtigten über eine Organentnahme — 135
         (3) Entscheidungsrecht der Sorgeberechtigten über eine Entnahme regenerativer Körpersubstanzen — 138
      dd) Einschaltung des Vormundschaftsgerichts — 139
      ee) Einschaltung einer Mittlereinrichtung — 139
      ff) Fazit — 140
   c) Betreute — 140
      aa) Grundsätze — 141
      bb) Selbständige Erklärung über eine Lebendspende — 142
      cc) Entscheidungsrecht des gesetzlichen Vertreters — 142
      dd) Anwendbarkeit des § 1904 S.1 BGB — 143
      ee) Fazit — 144
3. Aufklärung über den Eingriff — 144
   a) Aufklärungsintensität — 144
      aa) Aufklärungsumfang bei Heileingriffen — 145
      bb) Gesteigerter Aufklärungsumfang bei der Lebendspende — 145
   b) Stellungnahme zu den Gesetzentwürfen — 147
      aa) Aufklärungsintensität — 147

			(1) Gefahrenpotential	100
			(2) Konsequenzen	100
		cc)	Entnahme regenerativer Körpersubstanzen	101
			(1) Risiken und Nutzen der Blutspende	101
			(2) Risiken und Nutzen der Knochenmarkspende	101
			(3) Ergebnis	102
		dd)	Nierenspende	102
			(1) Spenderrisiken	102
			(2) Empfängernutzen	104
			(3) Abwägung	104
		ee)	Entnahme von Organsegmenten	105
			(1) Spenderrisiken	105
			(2) Empfängernutzen	106
			(3) Abwägung	106
	c)	Risiko-Nutzen-Kalkulation bei der Organentnahme zu experimentellen Zwecken		107
	d)	Lebendspende als ultima ratio		107
		aa)	Gleichwertige Alternativen zur Transplantation	108
		bb)	Bevorzugung von Leichenorganen	110
	e)	Festschreibung im Transplantationsgesetz		111
		aa)	Enumerative Untersagung risikoreicher Entnahmen	111
		bb)	Allgemeine Formulierungen	112
		cc)	Stellungnahme zu den Gesetzentwürfen	112
4.	Evaluation des Spenderkreises			113
	a)	Differenzierungskriterien		114
		aa)	Verwandtschaftserfordernis	114
		bb)	Emotionales Näheverhältnis	115
	b)	Diskussion		116
		aa)	Kriterium der "Verwandtschaft"	116
			(1) Anlehnung an den WHO-Leitsatz	116
			(2) Bessere Erfolgsresultate auf Empfängerseite	117
			(3) Gefahr eines Organhandels	118
			(4) Stellungnahme	119
		bb)	Kriterium der "emotionalen Nähe"	120
			(1) "Besondere persönliche Verbundenheit"	120
			(2) "Sittliche Verbundenheit"	121
			(3) "Offenkundigkeit"	123
			(4) Empfehlung	123
5.	Zusammenfassung			124

III. Wirksamkeitsvoraussetzungen der Einwilligung — 124
   1. Strafrechtliche Relevanz der Spendereinwilligung — 124
      a) Tatbestandliche Körperverletzung — 125
      b) Rechtfertigung — 126
         aa) § 34 StGB — 126
         bb) Legitimation durch wirksame Einwilligung — 127
         cc) Fazit — 127
      c) Einpassung in das bestehende Rechtfertigungssystem — 128
   2. Einwilligungsbefugte Personen — 128
      a) Grundsätzliche Anforderungen — 128
         aa) Einwilligungsbefugnis beim Heileingriff — 128
         bb) Besonderheiten bei der Lebendspende — 129
      b) Minderjährige — 130
         aa) Selbständige Erklärung über eine Organspende — 131
            (1) Erfordernis einer Mindestaltersgrenze — 131
            (2) Grenzsuche — 132
            (3) Ergebnis — 133
         bb) Selbständige Erklärung über eine Spende regenerativer Körpersubstanzen — 134
         cc) Entscheidungsrecht des gesetzlichen Vertreters — 134
            (1) Grundsätze — 135
            (2) Entscheidungsrecht der Sorgeberechtigten über eine Organentnahme — 135
            (3) Entscheidungsrecht der Sorgeberechtigten über eine Entnahme regenerativer Körpersubstanzen — 138
         dd) Einschaltung des Vormundschaftsgerichts — 139
         ee) Einschaltung einer Mittlereinrichtung — 139
         ff) Fazit — 140
      c) Betreute — 140
         aa) Grundsätze — 141
         bb) Selbständige Erklärung über eine Lebendspende — 142
         cc) Entscheidungsrecht des gesetzlichen Vertreters — 142
         dd) Anwendbarkeit des § 1904 S.1 BGB — 143
         ee) Fazit — 144
   3. Aufklärung über den Eingriff — 144
      a) Aufklärungsintensität — 144
         aa) Aufklärungsumfang bei Heileingriffen — 145
         bb) Gesteigerter Aufklärungsumfang bei der Lebendspende — 145
      b) Stellungnahme zu den Gesetzentwürfen — 147
         aa) Aufklärungsintensität — 147

bb) Durchführung der Aufklärung	148
4. Freiwilligkeit der Spendeerklärung	148
a) Anhaltspunkte für eine unfreiwillige Entscheidung	149
aa) Finanzielle Anreize	149
bb) Psychischer Druck	149
b) Beurteilungsmethoden	150
c) Stellungnahme zu den Gesetzentwürfen	150
5. Widerrufsmöglichkeit	151
6. Formbedürftigkeit	152

E. ABSCHLIEßENDE ANMERKUNG _____ 153

VIERTES KAPITEL: RECHTLICHE ERWÄGUNGEN ZUR
ZULÄSSIGKEIT DER TOTENSPENDE _____ 155

A. PROBLEMAUFRIß _____ 155

B. BESTEHENDE SPEZIELLE RECHTSGRUNDLAGEN _____ 156

C. GESETZESINITIATIVEN IM HISTORISCHEN ÜBERBLICK _____ 157
    I. Geschleiterte Initiativen der 70er Jahre _____ 158
        1. Initiative der Berliner CDU-Fraktion _____ 158
        2. Entwurf der Bundesregierung _____ 158
        3. Entwurf des Bundesrates _____ 160
    II. Initiativen der 90er Jahre _____ 160
        1. Außerparlamentarische Initiativen _____ 160
            a) Erklärung der Deutschen Bischofskonferenz und des Rates der Evangelischen Kirche in Deutschland _____ 160
            b) Entwurf der Arbeitsgemeinschaft der Dialysepatienten und Nierentransplantierten in Bayern e.V. _____ 161
            c) Entwurf der Arbeitsgemeinschaft der Deutschen Transplantationszentren e.V. und der DSO _____ 162
        2. Initiativen auf Landesebene _____ 162
            a) Entwurf der niedersächsischen SPD-Landtagsfraktion _____ 162
            b) Entwurf der AGLMB _____ 163
            c) Transplantationsgesetz des Landes Rheinland-Pfalz _____ 163
        3. Aktuelle Initiativen auf Bundesebene _____ 164
            a) Gesetzentwurf der Abgeordneten Knoche, Häfner und der Fraktion BÜNDNIS 90/DIE GRÜNEN _____ 164

b) Gruppenantrag Wodarg, Däubler-Gmelin, Schmidbauer, Schily und anderer Abgeordneter _____ 164
c) Gesetzentwurf der Fraktionen der CDU/CSU, SPD, F.D.P. __ 165
d) Gruppenantrag Dreßler, Scharping, Seehofer, Schäuble und anderer Abgeordneter _____ 165
III. Zusammenfassung _____ 166

D. DISKUSSION DER ZULÄSSIGKEITSVORAUSSETZUNGEN DER TOTENSPENDE _____ 166
  I. Tod des Spenders _____ 166
    1. Problemaufriß _____ 166
    2. Wandel des Todesverständnisses _____ 168
      a) Klassisches Todesverständnis _____ 168
      b) Unzulänglichkeit der klassischen Todeskriterien _____ 169
      c) Etablierung des Gesamthirntod-Konzepts _____ 170
      d) Definition des Gesamthirntodes _____ 171
    3. Positionen zum Gesamthirntod-Kriterium in den Entwürfen zum Transplantationsgesetz _____ 171
    4. Gesamthirntod als Todeskriterium _____ 173
      a) Maßstabsnorm _____ 173
      b) Lebensbegriff des Art.2 Abs.2 S.1 GG _____ 174
      c) Gesamthirntod als Ende des Lebensschutzes _____ 175
        aa) Biologischer Ansatz _____ 175
        bb) Anthropologischer Ansatz _____ 177
        cc) Fazit _____ 178
      d) Zurückweisung der Kritik am Gesamthirntod-Konzept _____ 179
        aa) Vorverlagerung des Todeszeitpunktes _____ 179
          (1) "Bevorstehen" des Gesamthirntodes _____ 179
          (2) Teilhirntod-Konzept _____ 180
        bb) Abkehr vom Gesamthirntod-Kriterium _____ 181
          (1) Einseitigkeit der Hirntod-Formulierung _____ 181
          (2) Hirntod als neue Art von Tod _____ 183
          (3) Zweckgebundenheit des Hirntod-Kriteriums _____ 183
          (4) Hirntod als Widerspruch zur Ablehnung des Hirnlebenskonzepts _____ 184
          (5) Gesamthirntod als erster Schritt auf dem "slippery slope" _____ 186
          (6) "Lebenszeichen" des Hirntoten _____ 186
          (7) Zeugungsfähigkeit und Schwangerschaft bei Hirntoten _ 188
          (8) Resümée _____ 189

		e) Fazit	191
	5.	Verbindliche Regelung der Todesfeststellungskriterien	191
		a) Todesfeststellungskriterien	192
		aa) Herztod-Diagnostik	192
		bb) Hirntod-Diagnostik	192
		cc) Sicherheit der Befunde	193
		b) Notwendigkeit einer gesetzlichen Fixierung der Kriterien	194
		c) Aktuelle Vorschläge	196
		aa) Inhalt	196
		bb) Stellungnahme	197
II.	Rechtliche Qualifizierung des toten Körpers		198
	1.	Problemaufriß	198
	2.	Rechtsqualität des Leichnams	199
		a) Sachenrechtlicher Ansatz	199
		b) Persönlichkeitsrechtlicher Ansatz	199
		c) Überlagerungsthese	199
		d) Diskussion	200
	3.	Ergebnis	200
III.	Verfassungsrechtliche Vorgaben		201
	1.	Interessen und Rechte der Empfänger	201
	2.	Interessen und Rechte der Spender	202
		a) Menschenwürdegarantie nach dem Tode	202
		b) Allgemeines Persönlichkeitsrecht nach dem Tode	203
		aa) Schutzbereich	203
		bb) Einschränkbarkeit	204
		c) Glaubens- und Gewissensfreiheit nach dem Tode	205
	3.	Interessen und Rechte der Hinterbliebenen	206
		a) Totensorgerecht	206
		aa) Reichweite	207
		bb) Einschränkbarkeit	209
		b) Inhaber des Totensorgerechts	209
	4.	Notwendigkeit eines Interessenausgleichs	210
IV.	Regelungsmöglichkeiten		210
	1.	Notstandsmodell	211
		a) Inhalt	211
		b) Allgemeine Beurteilung	212
		c) Verfassungsrechtliche Beurteilung	213
		aa) Vereinbarkeit mit der Menschenwürdegarantie	213
		bb) Vereinbarkeit mit dem allgemeinen Persönlichkeitsrecht	213
		cc) Vereinbarkeit mit der Glaubens- und Gewissensfreiheit	216

	dd) Vereinbarkeit mit dem Bestimmungsrecht der Hinterbliebenen	217
	d) Ergebnis	218
2.	Widerspruchsmodell	218
	a) Inhalt	218
	b) Allgemeine Beurteilung	219
	c) Verfassungsrechtliche Beurteilung	221
	aa) Vereinbarkeit mit der Menschenwürdegarantie	221
	bb) Vereinbarkeit mit dem allgemeinen Persönlichkeitsrecht	223
	(1) Positive Selbstbestimmungsfreiheit	223
	(2) Negative Selbstbestimmungsfreiheit	223
	cc) Vereinbarkeit mit der Glaubens- und Gewissensfreiheit	226
	dd) Vereinbarkeit mit dem Bestimmungsrecht der Hinterbliebenen	227
	d) Ergebnis	229
3.	Zustimmungsmodell	229
	a) Inhalt	229
	b) Allgemeine Beurteilung	230
	c) Verfassungsrechtliche Beurteilung	231
	aa) Vereinbarkeit mit der Menschenwürdegarantie	231
	bb) Vereinbarkeit mit dem allgemeinen Persönlichkeitsrecht	231
	(1) Positive Selbstbestimmungsfreiheit	231
	(2) Negative Selbstbestimmungsfreiheit	232
	cc) Vereinbarkeit mit der Glaubens- und Gewissensfreiheit	232
	dd) Vereinbarkeit mit dem Bestimmungsrecht der Hinterbliebenen	232
	d) Ergebnis	235
4.	Informationsmodell	235
	a) Inhalt	236
	b) Allgemeine Beurteilung	236
	c) Verfassungsrechtliche Beurteilung	237
	aa) Vereinbarkeit mit dem Bestimmungsrecht der Hinterbliebenen	237
	bb) Ergebnis	239
5.	Abschließende Beurteilung der Regelungsmodelle	240
V.	Wirksamkeitsvoraussetzungen von Einwilligung und Zustimmung	242
1.	Einwilligungsbefugte Personen	242
	a) Grundsätzliche Anforderungen	243
	b) Minderjährige	243
	aa) Selbständiges Entscheidungsrecht	243

(1) Erfordernis einer Mindestaltersgrenze	244
(2) Grenzsuche	244
(3) Stellungnahme zum Gesetzentwurf	245
(4) Ergebnis	246
bb) Entscheidungsrecht des gesetzlichen Vertreters	246
(1) Personen- oder Totenfürsorge	246
(2) Ergebnis	247
c) Betreute	247
aa) Selbständiges Entscheidungsrecht	247
bb) Entscheidungsrecht des gesetzlichen Vertreters	248
2. Zustimmungsbefugte Dritte	248
a) Personenkreis	248
aa) Anhaltspunkte in der bestehenden Rechtsordnung	249
bb) Überlegungen für die Organspende	250
cc) Stellungnahme zum Gesetzentwurf	250
b) Rangfolge	251
3. Aufklärung über den Eingriff	251
4. Formbedürftigkeit	252
a) Erklärung des Spenders	252
aa) Formzwang	252
bb) Empfehlung für die Praxis	253
(1) Organspendeausweis	253
(2) Zentralregister	254
b) Erklärung der Ersatzentscheider	254
aa) Formzwang	254
bb) Empfehlung für die Praxis	255
VI. Reichweite der Legitimationswirkung	255
E. RECHTFERTIGUNG DER ENTNAHME DURCH NOTSTAND	256
I. Regelungsinhalt des § 34 StGB	257
II. Tatbestandsvoraussetzungen	257
1. Notstandsfähige Rechtsgüter	257
2. Gegenwärtige Gefahr	257
3. Gebot der Erforderlichkeit	259
a) Geeignetheit	259
b) Geringstmöglicher Eingriff	259
aa) Ausdrückliche Verweigerung des Verstorbenen	259
bb) Keine entgegenstehende Erklärung des Verstorbenen	260
4. Wesentliches Überwiegen des geschützten Interesses	262
5. Angemessenheit der Gefahrenabwehrhandlung	262

6. Fazit	263
III. Klarstellungsbedarf	263
F. ABSCHLIEßENDE ANMERKUNG	264
SCHLUßBETRACHTUNG	265
LITERATURVERZEICHNIS	267

	(1) Erfordernis einer Mindestaltersgrenze	244
	(2) Grenzsuche	244
	(3) Stellungnahme zum Gesetzentwurf	245
	(4) Ergebnis	246
	bb) Entscheidungsrecht des gesetzlichen Vertreters	246
	(1) Personen- oder Totenfürsorge	246
	(2) Ergebnis	247
c)	Betreute	247
	aa) Selbständiges Entscheidungsrecht	247
	bb) Entscheidungsrecht des gesetzlichen Vertreters	248
2. Zustimmungsbefugte Dritte		248
a)	Personenkreis	248
	aa) Anhaltspunkte in der bestehenden Rechtsordnung	249
	bb) Überlegungen für die Organspende	250
	cc) Stellungnahme zum Gesetzentwurf	250
b)	Rangfolge	251
3. Aufklärung über den Eingriff		251
4. Formbedürftigkeit		252
a)	Erklärung des Spenders	252
	aa) Formzwang	252
	bb) Empfehlung für die Praxis	253
	(1) Organspendeausweis	253
	(2) Zentralregister	254
b)	Erklärung der Ersatzentscheider	254
	aa) Formzwang	254
	bb) Empfehlung für die Praxis	255
VI. Reichweite der Legitimationswirkung		255

E. RECHTFERTIGUNG DER ENTNAHME DURCH NOTSTAND ___ 256
I. Regelungsinhalt des § 34 StGB ___ 257
II. Tatbestandsvoraussetzungen ___ 257
   1. Notstandsfähige Rechtsgüter ___ 257
   2. Gegenwärtige Gefahr ___ 257
   3. Gebot der Erforderlichkeit ___ 259
      a) Geeignetheit ___ 259
      b) Geringstmöglicher Eingriff ___ 259
         aa) Ausdrückliche Verweigerung des Verstorbenen ___ 259
         bb) Keine entgegenstehende Erklärung des Verstorbenen ___ 260
   4. Wesentliches Überwiegen des geschützten Interesses ___ 262
   5. Angemessenheit der Gefahrenabwehrhandlung ___ 262

6. Fazit	263
III. Klarstellungsbedarf	263
F. ABSCHLIEßENDE ANMERKUNG	264
SCHLUßBETRACHTUNG	265
LITERATURVERZEICHNIS	267

ABKÜRZUNGSVERZEICHNIS

a.A.	anderer Ansicht
a.a.O.	am angegebenen Ort
AbgH-Drucks.	Abgeordnetenhaus-Drucksache
Abs.	Absatz
Abschn.	Abschnitt
AcP	Archiv für die civilistische Praxis (Zeitschriftenreihe)
a.E.	am Ende
a.F.	alte Fassung
AGLMB	Arbeitsgemeinschaft leitender Medizinalbeamter
AK	Alternativkommentar und Arbeitskreis
Alt.	Alternative
a.M.	anderer Meinung
AMG	Arzneimittelgesetz
Art.	Artikel
ArztR	Zeitschrift für Arztrecht
AT	Allgemeiner Teil
Aussch.-Drucks.	Ausschuß-Drucksache
Bay. ÄrzteBl.	Bayerisches Ärzteblatt (Zeitschriftenreihe)
Bd.	Band
Beil.	Beilage
Beschl.	Beschluß
BGB	Bürgerliches Gesetzbuch
BGBl.	Bundesgesetzblatt
BGH	Bundesgerichtshof
BGHSt	Entscheidungen des Bundesgerichtshofs in Strafsachen
BGHZ	Entscheidungen des Bundesgerichtshofs in Zivilsachen
BR-Drucks.	Bundesrat-Drucksache
BSG	Bundessozialgericht
BtG	Betreuungsgesetz
BT-Drucks.	Bundestag-Drucksache
BVerfG	Bundesverfassungsgericht
BVerfGE	Entscheidungen des Bundesverfassungsgerichts
BVO	Bundesverband der Organtransplantierten
bzw.	beziehungsweise

ca.	circa
DÄBl.	Deutsches Ärzteblatt (Zeitschriftenreihe)
DDR-VO	DDR Verordnung
ders.	derselbe
DGMR	Deutsche Gesellschaft für Medizinrecht
d.h.	das heißt
dies.	dieselbe/n
DMW	Deutsche Medizinische Wochenschrift (Zeitschriftenreihe)
DÖV	Die Öffentliche Verwaltung (Zeitschriftenreihe)
DSO	Deutsche Stiftung Organtransplantation
Dt.-BT	Deutscher Bundestag
DTG	Deutsche Transplantationsgesellschaft
DtZ	Deutsch-Deutsche Rechtszeitschrift
DVBl.	Deutsches Verwaltungsblatt (Zeitschriftenreihe)
E	Entwurf
EG	Europäische Gemeinschaften
EinigungsV	Einigungsvertrag
etc.	et cetera
EthikMed	Ethik in der Medizin (Zeitschriftenreihe)
E-TPG	Entwurf eines Transplantationsgesetzes
e.V.	eingetragener Verein
f.	folgende
FamRZ	Ehe und Familie im privaten und öffentlichen Recht - Zeitschrift für das gesamte Familienrecht
FAZ	Frankfurter Allgemeine Zeitung
ff.	fortfolgende
FN	Fußnote
FS	Festschrift
FuR	Familie und Recht (Zeitschriftenreihe)
GA	Goltdammer`s Archiv für Strafrecht (Zeitschriftenreihe)
GBl.	Gesetzblatt
gem.	gemäß
GG	Grundgesetz
GGF	Gesellschaft, Gesundheit und Forschung

Halbb.		Halbband
h.M.		herrschende Meinung
Hrsg.		Herausgeber
i.V.m.		in Verbindung mit

JA		Juristische Arbeitsblätter (Zeitschriftenreihe)
JR		Juristische Rundschau (Zeitschriftenreihe)
Jura		Juristische Ausbildung (Zeitschriftenreihe)
JuS		Juristische Schulung (Zeitschriftenreihe)
JW		Juristische Wochenschrift
JZ		Juristenzeitung

KfH — Kuratorium für Dialyse und Nierentransplantation

LG		Landgericht
LK		Leipziger Kommentar
LT-Drucks.		Landtags-Drucksache

MDR		Monatsschrift für Deutsches Recht
MedR		Zeitschrift für Medizinrecht
MedKlinik		Medizinische Klinik (Zeitschriftenreihe)
MMG		Medizin - Mensch - Gesellschaft (Zeitschriftenreihe)
MMW		Münchener Medizinische Wochenschrift
M-TPG		Muster eines Transplantationsgesetzes
MüKo		Münchener Kommentar
m.w.N.		mit weiteren Nachweisen

New Eng J Med		The New England Journal of Medicine (Zeitschriftenreihe)
NJW		Neue Juristische Wochenschrift
Nr.		Nummer
NStZ		Neue Zeitschrift für Strafrecht

ÖJZ		Österreichische Juristenzeitung
OLG		Oberlandesgericht

Prot. — Protokoll

Rdnr.		Randnummer
RelKEG		Gesetz über die religiöse Kindererziehung

RG	Reichsgericht
RGSt	Entscheidungen des Reichsgerichts in Strafsachen
RGZ	Entscheidungen des Reichsgerichts in Zivilsachen
Rh.-Pf.	Rheinland-Pfalz
RuP	Recht und Politik (Zeitschriftenreihe)
S.	Satz, Seite
SG	Sozialgericht
Sp.	Spalte
StGB	Strafgesetzbuch
StrlSchV	Strahlenschutzverordnung
Suppl.	Supplement
SZ	Süddeutsche Zeitung
TPG	Transplantationsgesetz
u.a.	und andere
VersR	Zeitschrift für Versicherungsrecht
vgl.	vergleiche
Westf. ÄrzteBl.	Westfälisches Ärzteblatt (Zeitschriftenreihe)
WHO	World Health Organization
WP	Wahlperiode
z.B.	zum Beispiel
zit.	zitiert
ZRP	Zeitschrift für Rechtspolitik
ZStW	Zeitschrift für die gesamte Strafrechtswissenschaft
ZTxMed	Zeitschrift für Transplantationsmedizin

Im übrigen wird verwiesen auf das Abkürzungsverzeichnis von:
Hildebrecht Kirchner
Abkürzungsverzeichnis der Rechtssprache
4. Auflage
Berlin; New York 1993

VORWORT

Knapp drei Monate nach Fertigstellung dieser Arbeit hat der bundesdeutsche Gesetzgeber das Verlangen nach einer gesetzlichen Regelung für das Transplantationswesen befriedigt und eine positivrechtliche Wertentscheidung getroffen. Mit dem am 01.12.1997 in Kraft getretenen Transplantationsgesetz hat sich die Legislative für die Normierung der sogenannten "erweiterten Zustimmungslösung" entschieden. Ich selbst begrüße diese Entscheidung - nicht nur deshalb, weil die hier vorliegende Arbeit eben dieses Regelungsmodell favorisiert, sondern insbesondere deshalb, weil die Transplantationsmedizin ein starkes rechtliches Fundament gewonnen hat, welches nicht auf Zwang oder Notstandsaspekten aufbaut, sondern das an die freiwillige Spendebereitschaft des einzelnen anknüpft.

Es gibt allerdings bereits genügend Stimmen, die die sehnsüchtig erwartete lex specialis eben wegen des Zustimmungserfordernisses für verfehlt erachten. Man argumentiert, ausdrückliche Spendeeinwilligungen seien erfahrungsgemäß nicht in ausreichender Anzahl zu bekommen, so daß der Organbedarf nicht gestillt werden könne.

Aus meiner Sicht vermag diese Kritik die Überzeugungskraft der getroffenen Regelung nicht zu mindern. Zum einen lassen sich Gesetze schlechthin nicht daran messen, ob sie den Zielen einer bestimmten Lobby Rechnung tragen, sondern nur daran, ob sie den verfassungsrechtlichen Vorgaben gerecht werden und widerstreitende Interessen in einen möglichst schonenden Ausgleich bringen. Zum anderen würde selbst mit einer auf Organmaximierung angelegten Regelung keine Bedarfsstillung zu erreichen sein, denn der Transplantationsmedizin sind naturgemäß ganz besondere Grenzen gesetzt. Im Gegensatz zu anderen Verfahren ist das Therapeutikum, das organkranken Menschen hilft, eben ein Gewachsenes, das nicht produzierbar ist. Die Transplantationsmedizin wird deshalb mit dem Mangel an der Ressource leben müssen. Vor diesem Hintergrund kann die Aufgabe des Gesetzgebers nur darin bestehen, das Spendeaufkommen im Interesse Kranker unter Beachtung der verfassungsrechtlichen Vorgaben zu optimieren. Das verabschiedete Gesetz bietet die Chance zur Realisierung eben dieses Ziels. Mit der Statuierung des Zustimmungserfordernisses ist der sensiblen Materie der Transplantationsmedizin nämlich nicht nur eine verfassungsrechtlich einwandfreie sondern zugleich auch praktikable Lösung beschert worden, die aufgrund ihrer konkreten Ausgestaltung Vertrauen (wieder)herstellen und damit das erreichen kann, was auf diesem Gebiet der Medizin zunächst das Wichtigste ist.

Nunmehr bleibt abzuwarten, ob der einzelne Normadressat den Appell zur freiwilligen Organspende verantwortungsbewußt in sich aufnimmt und seine individuelle Entscheidung nach sorgfältiger Auseinandersetzung trifft. Wie die Entscheidung zur Frage der Organentnahme aber auch ausfallen mag - sie ist in jedem Fall uneingeschränkt zu akzeptieren, denn ein Recht auf Organe gibt es eben nicht.

ERSTES KAPITEL
EINFÜHRUNG

A. Anstoß zur Themenwahl

Die durch virtuosen Ehrgeiz mancher Chirurgen und grenzenlose Hoffnung vieler Patienten gekennzeichnete Pionierphase der Gewebe- und Organtransplantation ist sicher vorbei. Vielmehr hat sich die Transplantationsmedizin inzwischen zu einem bedeutungsvollen Therapieverfahren entwickelt und ist in das Stadium vielfach bereits routinemäßig, zugleich streng kontrolliert angewandter Medizin eingetreten.[1] So leben gegenwärtig rund 300.000 Menschen mit einem fremden Organ und jährlich kommen ca. 40.000 weitere hinzu.[2] Den Ärzten und der Gesellschaft obliegt demzufolge die Verpflichtung, diese potentielle Behandlungschance in größtmöglichem Umfang zu realisieren.

Welchen Beitrag das Recht zu dieser Zielerreichung leisten kann und welche Überlegungen mich dazu gebracht haben, daß Thema Organtransplantation unter rechtlichen Aspekten aufzugreifen, möchte ich im Rahmen dieser Einführung vorstellen.

I. Sonderstellung der Transplantationsmedizin

Um die potentielle Behandlungschance kranker Menschen in größtmöglichem Umfang realisieren zu können, bedarf es nicht nur der Schaffung der medizinischen Voraussetzungen. Indem die Transplantationsmedizin im Blickfeld eines Januskopfes steht, wirft sie vor allem mannigfaltige ethische und juristische Fragwürdigkeiten auf, deren Dimensionen erst im Laufe fortschreitender und sich weiterentwickelnder Praktizierung in vollem Umfang offenbar geworden sind.

Voraussetzung für jede Organverpflanzung ist die Entnahme des Organs bei einem anderen Menschen, so daß vor dem eigentlichen Heileingriff beim Empfänger das rechtlich wesentlich schwierigere Problem der Organgewinnung und

---

1 R. Pichlmayr/Nagel, in: Schlaudraff (Hrsg.), Loccumer Protokolle 54/94, S. 53 (53); Samson, in: Ziegler (Hrsg.), Organverpflanzung, S. 22 (22); Wollenek/Wolner, in: Brandstetter/Kopetzki (Hrsg.), Organtransplantationen, S. 10 (51).
2 Flöhl, FAZ v. 04.09.1996, Nr.206/S. N-3.

Verfügungsbefugnis steht. Die Wurzeln der rechtlichen Schwierigkeiten liegen insgesamt darin begründet, daß die Transplantation gleichzeitig und ebenso wechselseitig die Rechtssphäre zweier Menschen tangiert. Bei jeder Form homologer Organverpflanzung[3] wird durch die Hand eines Mediziners ein Mensch mit einem anderen Menschen somatisch in Kontakt gebracht, denn der Organempfänger bekommt ein Organ eines anderen Menschen im buchstäblichen Sinne einverleibt. Anders als bei sonstigen Heileingriffen bedarf es hier deshalb stets eines Ausgleichs der gegensätzlichen Interessenlage zwischen dem Organempfänger[4] und dem lebenden oder verstorbenen Organspender[5].

Heute hat dieser Zweig der Medizin damit eine rechtliche Sonderstellung eingenommen und zugleich ein völlig neues Kapitel des Arztrechts eröffnet. Diese Sachlage läßt die Vielschichtigkeit der rechtlichen Schwierigkeiten bereits erahnen und soll zum Anlaß genommen werden, die juristischen Fundamente der Transplantationsmedizin im Rahmen dieser Arbeit zu durchleuchten.

II. Beunruhigung der Öffentlichkeit

Ein weiterer Impuls für diese Dissertation war der Umstand, daß das Vertrauen der Bevölkerung in diesen Zweig der Medizin erschüttert scheint. Reißerisch aufgemachte Berichterstattung in Zeitung[6] und Fernsehen[7] über kriminelle Organbeschaffungsmethoden, Verwendung menschlicher Leichen im "Schattenbereich der Wissenschaft"[8] und Facetten des Organhandels haben Empörung und Beunruhigung verursacht.

Auch vereinzelte Aktionen wie die des Aachener Mediziners Dr. Harms im Jahr 1985 erregten in der Bundesrepublik großes Aufsehen. Dieser Arzt hatte unter dem Briefkopf "Dr. med. Harms, Internationale Transplantatvermittlung" ein Schreiben an Ärzte versandt, in dem ein neuer Weg zur Beschaffung von

---

3 Homologe Organverpflanzung meint die Übertragung von Organen zwischen der gleichen Spezies. Siehe hierzu im nachfolgenden 2. Kapitel unter Gliederungspunkt C./II.
4 Der Begriff "Empfänger" erfaßt sowohl weibliche wie männliche Organempfänger.
5 Der Begriff "Spender" erfaßt sowohl weibliche wie männliche Organspender.
6 SZ v. 14./15.08.1990, S. 44 mit einem Bericht über die Entnahme von Organen bei Hingerichteten in China; DER SPIEGEL, Heft 7/1991 mit einer Artikelserie "Organbank Mensch" und "Organhandel - Blanke Not".
7 "Stern TV"/RTL berichtete am 04.12.1991 über Menschen, die ihre Organe verkaufen wollen.
8 Reinhardt, Mannheimer Morgen v. 24.11.1993, S. 2. Zu den weithin heimlich durchgeführten Nutzungen menschlicher Körper und -substanzen (etwa "Crash-Tests") vgl. Taupitz, Recht im Tod, Abschn. I u. VI; Schröder/Taupitz, Menschliches Blut, S. 5 ff.

Nieren dargelegt wurde. Dieses Konzept sah vor, Spender aus der Dritten Welt zur Hingabe einer Niere zu veranlassen und diesen als Gegenleistung eine Lebensrente zu verschaffen.

Ähnliche Versuche, den internationalen Handel mit Organen in Deutschland zu etablieren, häuften sich seither. So gründete der Immobilienmakler R. Scherer in Singapur die Organisation "Asiatransplant", über die er 1988 in der Bundesrepublik Nierentransplantationen offerierte.[9] Etwa zeitgleich entfaltete Graf Adelmann seine Aktivitäten.[10] Er wandte sich unmittelbar an finanziell angeschlagene Geschäftsleute mit dem Angebot, die Vermittlung einer ihrer Nieren für DM 80.000 an zahlungskräftige Empfänger zu übernehmen und so eine neue Geldquelle zu beschaffen.

Während es sich bei den bisher dargestellten Sachverhalten im wesentlichen um Versuche handelt, den Organhandel auch auf deutschem Boden zu organisieren, floriert in der Dritten Welt bereits ein Organmarkt. Vor allem in Indien verkaufen nach Schätzungen der Gesundheitsorganisationen Tausende ihre Nieren. Die Käufer dieser Organe stammen auch aus Deutschland.[11]

III. Rückläufige Spendebereitschaft

Als Folge mangelnden Vertrauens in den Sektor Transplantationsmedizin, zeigt sich in Deutschland ein enormer Rückgang der Spendebereitschaft. 95 bis 97 % der Bevölkerung bekunden durch den Nichtbesitz eines Organspendeausweises ihre ablehnende Haltung oder möglicherweise ihr Desinteresse.[12] Auch die Zustimmung der Angehörigen zur Organentnahme bei Verstorbenen ist in den letzten Jahren von 90 % auf teilweise unter 60 % zurückgegangen.[13]

Das innovativste operative Fach, die Transplantationsmedizin, stagnierte infolge dieser Entwicklung und mußte sogar rückläufige Operationszahlen hinnehmen.[14] Für zahlreiche Patienten bedeutet dies, daß sie sich mit entsprechend geringeren Heilungs- und Überlebenschancen abfinden müssen. Trotz seines an-

---

9 Pater/Raman, Organhandel, S. 78.
10 Sasse, Veräußerung von Organen, S. 38.
11 Die Rechtsprechung hat allerdings insoweit bereits reagiert, als sie die Kostenübernahme der Krankenkassen in derart gelagerten Fällen ablehnt, vgl. SG Lüneburg, NJW 1994, 1614 f.
12 Fuchs, Tod bei Bedarf, S. 38.
13 Seehofer, in: Politische Studien 1995/Heft 339, S. 5 (6).
14 Sandvoß, ArztR 1996, 151 (151).

sonsten medizinisch hohen Niveaus steht Deutschland deshalb im internationalen Vergleich der Transplantationsfrequenz hinter anderen Ländern zurück.[15]

IV. Fehlen klarer Rechtsgrundlagen

1. Keine "lex specialis"

Die praktisch orientierte Rechtswissenschaft arbeitet nur selten auf Vorrat und läßt die Probleme eher reaktiv statt spekulativ auf sich zukommen. Sie war dementsprechend unvorbereitet, als sich zu Beginn der 70er Jahre die Frage nach der adäquaten Lösung für die Neulandmedizin "Organtransplantation" stellte. Grundsätzlich bestanden hier zwei Handlungsalternativen: Zum einen konnte die Reaktion darin bestehen, das neue Problem kurzerhand mit altbewährtem Instrumentarium zu bewältigen, etwa durch gesetzliche Regelung oder ähnlich formelle Generalisierung, womit allerdings die offensichtliche Gefahr verbunden war, daß auf diesem Wege neuartige Bedürfnisse übersehen oder andersartige Interessenlagen verzerrt wurden. Zum anderen bestand die Möglichkeit, zunächst einmal die involvierten Interessen offenzulegen und erforderlichenfalls mit neu zu entwickelndem Instrumentarium auszubalancieren, womit freilich die Gefahr einherging, daß zunächst eine Phase rechtlicher Unsicherheit entstand.

Ob die adäquate Reaktion des Rechts damals nur in einem Gesetz bestehen konnte, war unter Juristen und Medizinern umstritten. Mit der Verabschiedung einer solchen "lex specialis" ging die Befürchtung einer unnötigen Belastung der Transplantationsmedizin und einer Behinderung ihrer Praxis einher. Man sah die Gefahr einer voreiligen Festschreibung unzulänglicher Entscheidungsmuster. So wurde der Standpunkt vertreten, daß das geltende Recht die Problematik ausreichend erfasse und ein Eingreifen des Gesetzgebers weder dringend geboten noch angezeigt sei.[16]

Inzwischen hat sich diese Sichtweise gewandelt und die Forderung nach einem entsprechenden Gesetz, das die Kriterien der Organspende und Verpflanzung festlegt, wird immer lauter. Im Gegensatz zu allen anderen europäischen Staaten ist es dem deutschen Gesetzgeber dennoch bis heute nicht gelungen, eine entsprechende lex specialis zu verabschieden - ein deutliches Zeichen für die

---

15 Schoeller, Organspende vom lebenden Spender, S. 35; Smit/Schoeppe, Transplantation in Deutschland 1995, S. 27 f. - Abb. 48, 49, 50.
16 Vgl. v. Bülow, MMG 1982, 168 (169 f.) m.w.N.; ders., in: Hiersche/G. Hirsch/Graf-Baumann (Hrsg.), Rechtliche Fragen, S. 79 (81); Deutsch, ZRP 1982, 174 (177); kritisch auch Klinner, in: Ziegler (Hrsg.), Organverpflanzung, S. 11 (21); Vogel, NJW 1980, 625 ff.

vielschichtige und bis in Urängste des Menschen hineinreichende Problematik dieses Gebiets moderner Medizin, das gleichermaßen Hoffnung wie Erschrecken weckt.

2. Unzureichende Rechtsgrundlagen der Praxis

Die Praxis der Organverpflanzungen ereignet sich allerdings auch bislang nicht in einem rechtsfreien Raum[17], sondern bestimmt sich nach allgemeinen Rechtsregeln.[18] Indem diese aber alles andere als klar sind und ihre starre Anwendung auf die Sachverhalte der modernen Transplantationsmedizin mehr als fragwürdig erscheint, sichert sich die Praxis durch ausdrückliche Einwilligungserklärungen ab[19], um von vornherein jeglichen juristischen Konflikt zu vermeiden.

An den diesen Sektor der Medizin beherrschenden rechtlichen Unwägbarkeiten vermag auch der Transplantationskodex[20] nichts zu ändern, den sich die deutschen Transplantationszentren gegeben und zu dessen Einhaltung sie sich verpflichtet haben. Dieser Kodex, der die wichtigsten medizinischen, ethischen und juristischen Grundsätze zusammenfaßt, dient allein als selbst auferlegtes Regulativ für die an den Transplantationen beteiligten Mediziner und hat keine rechtliche Bindungswirkung. Ein etwaiger Verstoß gegen die hierin enthaltenen Bestimmungen hat folglich allenfalls standesrechtliche Konsequenzen.

3. Offene Fragen

Die gute Absicht der Wissenschaftler und verlockender Erkenntnisgewinn machen es der Legislative schwer, Einhalt zu gebieten oder auch nur ein Interim verhaltener Selbstprüfung zu verlangen. Die erarbeiteten und befolgten Rechtsgrundlagen aber sind keinesfalls ausreichend und der Größe des Problems nicht angemessen. Infolgedessen hat sich die Organtransplantation in Deutschland zu einem juristischen Dilemma entwickelt, dessen Folgen sich vor allem in einer immensen Rechtsunsicherheit zeigen. Immer wieder tauchen in Medizin, Politik

---

17 So allerdings das LG Bonn, JZ 1971, 56 ff., das im sogenannten "Gütgemann-Urteil" von einem Rechtsvakuum ausging.
18 Laufs, Arztrecht, Rdnr. 274; C. Schwarz, Transplantationschirurgie, S. 15; Ulsenheimer, in: Laufs/Uhlenbruck (Hrsg.), Handbuch des Arztrechts, § 142 Rdnr. 1.
19 Rüping, MMG 1982, 77 (78).
20 Transplantationskodex der "Arbeitsgemeinschaft der Transplantationszentren in der Bundesrepublik Deutschland einschließlich Berlin West e.V.", nunmehr "Deutsche Transplantationsgesellschaft" (DTG). In aktueller Fassung ist der Kodex abgedruckt in ZTxMed 1995, 154 f.

und Recht Fragen auf, die mangels einer expliziten gesetzlichen Regelung nicht zufriedenstellend beantwortet werden können.

Bei der Organspende vom lebenden Spender stellt sich die Frage, ob sie überhaupt zulässig ist und wenn ja, unter welchen Voraussetzungen. Umstritten ist, inwiefern eine drohende Kommerzialisierung eine Beschränkung der Lebendspende auf Blutsverwandte erfordert und wenn ja, wie eine derartige Restriktion zu rechtfertigen wäre. Des weiteren bedarf die Frage nach der Möglichkeit der Minderjährigenspende einer Beantwortung.

In Bezug auf Organentnahmen bei Verstorbenen besteht zunächst Unklarheit darüber, wann ein Mensch tot ist. Die Tragfähigkeit des Hirntodkriteriums als Zeichen für den Tod des Menschen wird immer mehr in Frage gestellt.[21] Infolge dieser Diskussion ist bei vielen Menschen die Angst entstanden, bei lebendigem Leib Organe entnommen zu bekommen und "geplündert ins Grab" zu steigen. Hinzu kommen Undurchsichtigkeiten bei der Vorgehensweise explantierender Ärzte, die Organe für Transplantationen benötigen und die Frage, nach welchem Prioritätsschema vorhandene Organe verteilt werden.

Diese Fragen, die hier nur beispielhaft genannt sein sollen, tauchen auf, bleiben unbeantwortet und rufen infolgedessen Verunsicherung hervor.

V. Das Ringen um ein Transplantationsgesetz

1. Notwendigkeit eines Transplantationsgesetzes

Wenngleich sich die Transplantationsmedizin derweil in der juristischen Grauzone irgendwie eingerichtet und präjudizierende Fakten geschaffen hat, konnte doch die nunmehr fast zwei Jahrzehnte[22] andauernde lebhafte Diskussion um die rechtliche Regelung der Transplantation dazu beitragen, daß sich heute alle politischen Kräfte über die Notwendigkeit einer gesetzlichen Regelung einig sind.[23]

---

21 Vgl. hierzu die Berichte in der Tagespresse, bspw. Gubernatis, FAZ v. 17.07.1996, Nr.164/S. 7; Mazura, FAZ v. 01.08.1996, Nr.17/S. 10; Siegmund-Schultze, SZ v. 24.10.1996, Nr.246/S. VII; Sonnenfeld, FAZ v. 06.08.1996, Nr.181/S. 5.

22 Erstmals beschäftigte sich das deutsche Parlament mit der Frage der gesetzlichen Regelung der Organtransplantation Ende der siebziger Jahre. 1978 legten die Bundesregierung und der Bundesrat jeweils eigene Entwürfe vor. Aus politischen Gründen wurden die Entwürfe letztlich jedoch nicht weiter verfolgt.

23 Akveld, ZTxMed 1989, 36 (40); Deutsch, ZRP 1994, 179 (181); Eigler, MedR 1992, 88 (90); Klinkhammer, DÄBl. 1997, C-430 (430); R. Pichlmayr/Nagel, in: Schlaudraff (Hrsg.), Loccumer Protokolle 54/94, S. 53 (55 f.); Schoeller, Organspende vom lebenden Spender, S. 78 ff.; Schoeppe/Smit, Versicherungsmedizin 1996, 76 (79); H.-L. Schreiber, Diskussion 2, in: Hiersche/G. Hirsch/Graf-Baumann (Hrsg.), Rechtliche

Die Unerläßlichkeit einer Kodifizierung ergibt sich vor allem aus der vom Bundesverfassungsgericht entwickelten Wesentlichkeitstheorie[24], die verlangt, daß der parlamentarische Gesetzgeber alle wesentlichen Entscheidungen in grundrechtsrelevanten Bereichen selber treffen muß. Die Grundrechtsrelevanz der Regelungsmaterie "Transplantationsmedizin" ist unzweifelhaft, denn eine solch intime Angelegenheit wie die Herausnahme eines eigenen Organs oder die Einpflanzung eines fremden Organs berührt unvermeidlich die Grundrechte der Menschenwürde, des Rechtes auf Leben und Gesundheit, des Rechtes auf freie Entfaltung der Persönlichkeit. Demzufolge geht es um *das Wesentliche*, um das Sinnganze der Existenz des Menschen, um Leben und Tod, woran sich die Grundkonsense wie die sittlichen Bruchlinien einer Gemeinschaft erweisen. Unter Berücksichtigung dieser Grundrechtsintensität ist der Forderung nach einer normativen Festschreibung der Transplantationsvoraussetzungen Nachdruck zu verleihen, denn die notwendigen Entscheidungen können nicht weiterhin dem freien Spiel gesellschaftlicher Kräfte - bzw. einer demokratisch nicht legitimierten Bevölkerungsgruppe wie der Ärzteschaft - überlassen bleiben.

Gerade für ein Land wie die Bundesrepublik Deutschland, wo Ordnung so groß geschrieben, die Regelungsdichte so eng und die Privatsphäre heilig scheint, ist es somit an der Zeit, daß der Gesetzgeber unter Beachtung der verfassungsrechtlichen Vorgaben die mit der Transplantationsmedizin zusammenhängenden Rechtsfragen in eigener Verantwortung zu lösen sucht, Wertentscheidungen auf diesem Gebiet trifft und damit von seiner sich aus Art. 74 Abs.1 Nr. 26 GG ergebenden Gesetzgebungskompetenz Gebrauch macht. Wenn gesetzliche Regelungen auch nur in begrenztem Umfang dazu beitragen können, ethische Verhaltensweisen zu formen und durchzusetzen, so beeinflußt doch bereits die bloße Existenz von Richtlinien und Sanktionen durchaus die Wertvorstellungen und Einlassungen der Gesellschaft. Mit einer gesetzlichen Regelung geht deshalb die Hoffnung einher, daß die Transplantationsmedi-

---

Fragen, S. 84 (84); Spann/Liebhardt, MMW 1967, 672 (675); Wolfslast, ZTxMed 1989, 43 (48); Deutsche Bischofskonferenz/Rat der Evangelischen Kirche, Erklärung-Organtransplantationen, S. 15. *A.A.* v. Bülow, in: Hiersche/G. Hirsch/Graf-Baumann (Hrsg.), Rechtliche Fragen, S. 79 (82); Laufs, in: Hiersche/G. Hirsch/Graf-Baumann (Hrsg.), Rechtliche Fragen, S. 57 (72); ders., NJW 1995, 2398 (2399); Röhlig, in: Tagungsband der Initiative-Fortbildung, S. 71 (74); Spann, in: Hiersche/G. Hirsch/Graf-Baumann (Hrsg.), Rechtliche Fragen, S. 21 (27), die ihre ablehnende Haltung gegenüber der Notwendigkeit eines bundeseinheitlichen Transplantationsgesetzes teils damit begründen, daß die meisten Bereiche des Medizinrechts nicht spezialgesetzlich erfaßt seien und dennoch eine vernünftige rechtliche Situation bestehe, teils damit, daß von einem Transplantationsgesetz nichts anderes als die Zustimmungslösung zu erwarten sei, durch die der derzeitige Zustand nur verschlechtert würde.
24 BVerfGE 49, 89 (126); 61, 260 (275); 77, 170 (230 f.).

zin aus der von vielen immer noch gesehenen rechtlichen Grauzone herausdringt, das Vertrauen in diese ärztliche Kunst gefestigt, dieser Zweig der Medizin von dem Verdacht der Manipulation und Korruption befreit und der Bedrohung durch Zunahme "kommerzieller Indikationen" anstelle der wünschenswerten "medizinischen Indikationen" entgegengesteuert wird. Letztlich soll das Gesetz also nichts anderes als den dringend notwendigen Übergang zur Normalität ermöglichen.

2. Aktuelle Bemühungen der Legislative

Mit einem gewissen Maß an Erleichterung konnte man in jüngster Zeit feststellen, daß sich die bundesdeutschen Parlamentarier wieder intensiv der Auseinandersetzung um Notwendigkeit und Inhalte eines Transplantationsgesetzes angenommen haben und mit der Ausgestaltung eines entsprechenden Gesetzes befaßt sind.[25] Die Gründe für die Wiederaufnahme sind vielfältig. Neben dem Bestreben, die Verunsicherung potentieller Spender und Empfänger zu beseitigen, haben maßgeblich kontroverse öffentliche Diskussionen, Belastungen der im rechtlichen Halbdunkel agierenden Ärzte, verminderte Chancen Kranker, der Fortschritt auf dem Transplantationssektor - insbesondere im immunologischen Bereich -, deutliche Versorgungsschwierigkeiten infolge des Transplantatmangels sowie mannigfaltige Aktionen verschiedener Interessenverbände in Politik, Recht und Medizin dazu beigetragen, den Gesetzgeber erneut anzuregen.

Die für 1996 in Aussicht gestellte Verabschiedung des langersehnten Gesetzes läßt allerdings bis heute auf sich warten. Die Normierung bereitet Probleme, befindet sich der Gesetzgeber doch mit einer gesetzlichen Regelung, die menschliches Leben zu bewerten versucht, um dieses gegebenenfalls zugunsten eines Dritten zu opfern, auf einer schwierigen Gradwanderung. Jedes denkbare Gesetzesmodell, das die Lebendspende für zulässig erklärt und die Totenspende über die Widerspruchs-, die Informations- oder die enge bzw. erweiterte Zustimmungslösung zu lösen versucht, verlangt zwangsläufig nach einer verstärkten Auseinandersetzung der Lebenden mit dem eigenen Gesundheitsrisiko und dem Tod, der in unserer Gesellschaft häufig noch tabuisiert wird. Gefühlsmäßige Reaktionen und Zweifel bleiben deshalb nicht aus. Eine sachliche Diskussion über die angemessenste Gesetzeslösung wird dadurch oftmals verhindert.

---

25 Vgl. den Gesetzentwurf der Abgeordneten Monika Knoche, Gerald Häfner und der Fraktion BÜNDNIS 90/DIE GRÜNEN: Entwurf eines Gesetzes über die Spende, die Entnahme und die Übertragung von Organen (Transplantationsgesetz-TPG), BT-Drucks. 13/2926 sowie den Gesetzentwurf der Fraktionen der CDU/CSU, SPD, F.D.P.: Entwurf eines Gesetzes über die Spende, Entnahme und Übertragung von Organen (Transplantationsgesetz-TPG), BT-Drucks. 13/4355.

Die Aufgabe des Gesetzgebers erweist sich gerade deshalb als äußerst diffizil, weil es auf dem Gebiet der Transplantationsmedizin nicht nur um den rechtlichen Schutz der Betroffenen, insbesondere der potentiellen Organgeber geht, sondern ebenso um die Frage, wie das Angebot an geeigneten Transplantaten im Interesse der darauf angewiesenen Kranken vergrößert werden kann.[26] Aus dieser unterschiedlichen Zielsetzung ergeben sich Interessenkonflikte, die eine Konsensfindung erschweren. Untrügliches Zeichen hierfür ist, daß der gemeinsame Gesetzentwurf der Fraktionen von CDU/CSU, SPD und F.D.P. vom 16.04.1996 keineswegs einen "kompletten" Lösungsvorschlag enthält, sondern zu besonders kritischen Punkten ungewöhnlicherweise Leerstellen[27] aufweist, deren Ausfüllung man im Interesse eines späteren möglichst breiten Konsenses dem laufenden Gesetzgebungsverfahren überantwortet hat.

Es bleibt zu hoffen, daß der Gesetzgeber an seinem Aktionismus festhält und eine Entscheidung trifft, die den Stellungskrieg der Positionen überwinden hilft. Unter Berücksichtigung des langen Erfahrungszeitraums auf dem Transplantationssektor wäre eine Normierung jedenfalls keineswegs mehr Ausdruck blinden juristischen Regelungseifers, sondern in erster Linie auch Hilfe für die Medizin. Denn ein Gesetz kann unter Rückgriff auf den Erfahrungszeitraum für alle an einer Organspende Beteiligten und von ihr Betroffenen klare Handlungsgrundlagen, eindeutige Erlaubnisse, aber auch Grenzen schaffen. Insoweit muß es gelingen, trotz der komplexen Problemstellung eine praktisch gangbare Lösung zu entwickeln, die sich durch einfache und klare Strukturen auszeichnet und so einen Beitrag zur Beseitigung rechtlicher Unklarheiten und zur Verbesserung der bestehenden Rechtslage leistet. Nur unter Berücksichtigung dieser Zielsetzung besteht auch die reelle Chance, daß sich die zum Schutz von Organspendern, -empfängern und der Allgemeinheit zu ergreifenden Maßnahmen tatsächlich bewähren.

B. Reichweite, Ziel und Aufbau der Untersuchung

Die vorstehenden Motive haben den entscheidenden Anstoß gegeben, die Frage nach den rechtlichen Grenzen der Transplantationsmedizin und den rechtlichen Voraussetzungen einer interessengerechten Lösung erneut aufzuwerfen und zum

---

26 Vgl. hierzu BT-Drucks. 13/4355, S. 10 ff. Dezidiert *gegen* das Ziel einer "optimalen Organgewinnung" allerdings der Gesetzentwurf der Fraktion BÜNDNIS 90/DIE GRÜNEN, BT-Drucks. 13/2926, Begründung, S. 11.
27 Zu § 3 Abs.1 Nr.2 und Abs.2, § 4 E-TPG (= Entwurf-Transplantationsgesetz) ist angemerkt, daß diese während der Gesetzesberatung ausgefüllt werden, vgl. BT-Drucks. 13/4355, S. 3 f.

Gegenstand dieser wissenschaftlichen Untersuchung zu machen. Das Thema "Organtransplantation" aber ist sehr vielschichtig; die vorliegende Arbeit ist daher thematisch begrenzt. Aus diesem Grunde können nicht alle potentiell bedeutsamen Fragen beantwortet werden.

Die strafrechtliche Gesamtproblematik der Transplantationsmedizin[28], Fragen des Organverkaufs[29] einschließlich der sozialversicherungsrechtlichen Folgen sowie die finanzielle Entschädigung des Lebendspenders[30] stellen eigenständige Probleme dar; als solche werden sie hier nicht behandelt. Gleiches gilt für die Verpflanzung fetalen oder embryonalen Hirngewebes[31], die Organtransplantation von Anenzephalen[32], die (Un-)Möglichkeit der Gehirnverpflanzung[33] und die Xenotransplantation[34]. Ebensowenig wird das Thema der Organallokation[35], das einen Ausschnitt aus der in Deutschland erst beginnenden Debatte über Rationierung im Gesundheitswesen bildet, erschlossen.

Bedacht werden mithin in dieser Arbeit nicht sämtliche, sondern nur einige rechtlich beachtliche Fragen der Transplantationsmedizin. Es handelt sich dabei

---

28 Hierzu Brandstetter, in: ders./Kopetzki (Hrsg.), Organtransplantationen, S. 90 ff.; v. Bubnoff, GA 1968, 65 ff.; Deutsch, ZRP 1994, 179 ff.; Kallmann, FamRZ 1969, 572 ff.; Korthals, Strafrechtliche Probleme; Roxin, JuS 1976, 505 ff.; Taupitz, NJW 1995, 745 ff.
29 Hierzu Kaatsch, Rechtsmedizin 1994, 132 (134); Maier, Verkauf von Körperorganen; Sasse, Veräußerung von Organen; Schoeller, Organspende vom lebenden Spender, S. 41 ff.
30 Hierzu Gutmann, ZTxMed 1993, 75 (78 ff.); ders., ZRP 1994, 111 (114); G. Hirsch/Schmidt-Didczuhn, Transplantation, S. 9 f.
31 Hierzu Bockamp, Embryonalgewebe; Nagel/R. Pichlmayr, MMW 1995, 307 (308); Northoff, EthikMed 1995, 87 ff.; Ritschl, EthikMed 1995, 1 ff.
32 Anenzephale sind Neugeborene, bei denen Gehirn und Schädeldecke weitgehend fehlen. Zu den verschiedenen Definitionen der Anenzephalie vgl. v. Loewenich, in: Hiersche/G. Hirsch/Graf-Baumann (Hrsg.), Rechtliche Fragen, S. 106 (106). Zu den ethischen und rechtlichen Fragen der Organentnahme vom Anenzephalen Holzgreve, Organtransplantation von anencephalen Spendern; G. Hirsch, in: Hiersche/G. Hirsch/ Graf-Baumann (Hrsg.), Rechtliche Fragen, S. 118 ff.; Seidler, in: Hiersche/G. Hirsch/ Graf-Baumann (Hrsg.), Rechtliche Fragen, S. 113 ff.
33 Dazu insbesondere Largiadèr, in: R. Pichlmayr (Hrsg.), Operationslehre/Bd.III, S. 1081 (1094 f.); Linke, Hirnverpflanzung.
34 Gemeint ist die Organverpflanzung zwischen Angehörigen unterschiedlicher Spezies; vgl. hierzu Vesting/S. Müller, MedR 1996, 203 ff. sowie die Presseberichte von Koch, SZ v. 08.02.1996, Nr.32/S. 33; Schattenfroh, DIE ZEIT v. 26.01.1996, Nr.5/ S. 37.
35 Vgl. hierzu Conrads, MedR 1996, 300 ff.; Eigler, MedR 1992, 88 (91 f.); Feuerstein, in: Dt. BT/Aussch.-Drucks. 591/13, S. 25 ff.; Meffert, in: Kleinberger/Lenz u.a. (Hrsg.), Transplantation, S. 1 ff.; R. Pichlmayr/Nagel/Gubernatis, in: Herfarth/Buhr (Hrsg.), Möglichkeiten und Grenzen, S. 53 ff.; V.H. Schmidt, ZTxMed 1996, S. 39 ff; Viefhues, in: GGF (Hrsg.), Ethik, S. 63 (76 ff.).

freilich um jene Rechtsfragen, die in der gegenwärtigen rechtspolitischen Debatte von zentraler Bedeutung sind: die Zulässigkeitsvoraussetzungen der Organentnahme vom Lebenden und vom Toten.

Im Bewußtsein der hohen emotionalen Sensibilität dieser Regelungsmaterie möchte ich mit dieser Untersuchung eine möglichst umfassende Darstellung der Problematik bieten, gesetzgeberische Möglichkeiten vorstellen und damit die laufende Diskussion weiter anstoßen, nicht abschließen. Die aus den verschiedenen ethischen, moraltheologischen und juristischen Sichtweisen entwickelten, sich untereinander vielseitig verschränkenden Argumente sollen deshalb vorgestellt, kommentiert und durch spezifisch rechtspolitische Überlegungen und bereits gewonnene praktische Erfahrungen des Rechtslebens ergänzt werden. Auf diesem Wege soll das konkret-aktuelle "Projekt" eines Transplantationsgesetzes juristisch begleitet und eine Grundlage für die weitere Diskussion um die "beste" Lösung im Transplantationswesen geboten werden.

Die bei der Organentnahme anstehenden Rechtsfragen können nur dann umfassend gewürdigt werden, wenn medizinische Aspekte in die wissenschaftliche Auseinandersetzung mit einbezogen werden. Die nachfolgende Untersuchung beginnt deshalb mit einer Einführung in die moderne Transplantationschirurgie. Hieran schließt sich die Auseinandersetzung um die rechtlichen Zulässigkeitsvoraussetzungen der Organentnahme bei Lebenden an. Nach diesen Ausführungen widme ich mich den Rechtsfragen der Totenspende. Die Arbeit endet mit einer Schlußbetrachtung.

ZWEITES KAPITEL
MEDIZINISCHE ASPEKTE DER ORGANTRANSPLANTATION

A. Einleitung

Die bisherige Diskussion in Gesetzgebung und Rechtswissenschaft um Grenzen der Transplantationschirurgie ist durch Fortschritte in der Medizin von außen angestoßen worden. Auch diese wissenschaftliche Untersuchung bedarf zur Erarbeitung der rechtlichen Zulässigkeitsvoraussetzungen der Organentnahme einer detaillierten Kenntnis des Umfeldes der Transplantationsmedizin, denn nur auf dieser Basis kann die Entwicklung einer interessengerechten Lösung für dieses Gebiet der Medizin gelingen. Einige Bemerkungen zur Geschichte, zum gegenwärtigen Stand und den Entwicklungstendenzen der Transplantationsmedizin sowie zur Situation des Spendeaufkommens in Deutschland seien den rechtlichen Erörterungen deshalb vorausgeschickt.

B. Geschichte der Transplantationsmedizin

"Der echten Uraemie, das heisst der finalen Harnvergiftung, stehen wir heute noch machtlos gegenueber, wenn sie erst einmal ausgebrochen ist. Eine Abwendung des Schicksals ist nicht zu erwarten, solange es nicht gelingt, fuer die zugrundegegangene Niere ein neues Organ zu ueberpflanzen."[36]

Diese Worte Franz Vollhards, des Begründers der modernen Nephrologie[37], aus dem Jahre 1928 kennzeichnen recht eindrucksvoll die damalige ausweglose Situation der meist jugendlichen Patienten mit irreversibler Niereninsuffizienz[38]. Zu dieser Zeit konnten pharmakologische und andere konservative Behandlungsmethoden die Entwicklung eines terminalen Organversagens in der Regel nur verzögern und den labilen Endzustand des Leidens verlängern. Das letztendliche Scheitern therapeutischer Möglichkeiten und die damit verbundene endgültige Aussichtslosigkeit für das Leben des Patienten aber waren oftmals nicht

---

36 Zitiert nach Hauss/Gubernatis/Pichlmayr, in: Hiersche/G. Hirsch/Graf-Baumann (Hrsg.), Rechtliche Fragen, S. 28 (28).
37 Nephrologie bezeichnet ein Teilgebiet der Medizin, das sich mit Morphologie, Funktion und Krankheiten der Niere befaßt.
38 Niereninsuffizienz bedeutet eine eingeschränkte Funktionsfähigkeit der Nieren.

zu verhindern. Erst die medizinische Erforschung der Nierenverpflanzung schaffte für den betroffenen Patienten einen grundsätzlichen Ausweg aus diesem therapeutischen Dilemma.[39]

Inzwischen hat sich nicht nur die Transplantation der Nieren zu einer allgemein anerkannten klinischen Behandlungsmethode entwickelt. Viele Organe können heutzutage zur Lebensrettung, zur Lebensverlängerung oder zur Verbesserung der Lebensqualität Schwerkranker verpflanzt werden. Welche Hürden bis zur Erreichung dieses Entwicklungsstandes in der Transplantationsmedizin überwunden werden mußten, sei nachfolgend knapp skizziert.

I. Die Idee vom Austausch der Organe

Die gegenwärtigen Erfolge auf dem Transplantationssektor lassen häufig vergessen, daß die Idee vom Austausch der Gewebe, Organe und Organsegmente älter ist als bisher angenommen. Denn wenn diese Idee auch erst in unserem Jahrhundert klinisch realisiert werden konnte, hat man sich doch schon Jahrhunderte zuvor mit diesem Thema beschäftigt. Der Gedanke ist in zahlreichen, bis in die vorgeschichtliche Zeit reichenden Mythen und Legenden enthalten.[40] So berichtet beispielsweise die im 13. Jahrhundert (1263-1273) entstandene Legenda aurea des Jacobus von Veragine, daß die frühchristlichen Ärztebrüder Kosmas und Damian - die Schutzpatrone der Ärzte - einen weißen Mann durch Verpflanzung heilten. Im Tiefschlaf entfernten sie sein verfaultes Bein und wechselten es gegen das gesunde Bein eines gerade verstorbenen Mohren aus.[41] Erste Hautplastiken wurden ca. 1597 von Tagliocozzi ausgeführt und aus späteren Jahrhunderten resultieren Erzählungen von Verpflanzungen einzelner Körperteile.[42] Aber abgesehen von diesen überlieferten empirischen Versuchen war eine systematische, wissenschaftliche Bearbeitung des Problems der Transplantation im heutigen Sinn damals noch nicht in Sicht.

---

39 Wollenek/Wolner, in: Brandstetter/Kopetzki (Hrsg.), Organtransplantationen, S. 10 (51).
40 Wollenek/Wolner, in: Brandstetter/Kopetzki (Hrsg.), Organtransplantationen, S. 10 (11).
41 K.H. Bauer, Der Chirurg 1967, 245 (245); Henne-Bruns/Küchler u.a., ZTxMed 1993, 32 (33); Deutsche Bischofskonferenz/Rat der Evangelischen Kirche, Erklärung-Organtransplantationen, S. 7.
42 Wagner, in: R. Pichlmayr (Hrsg.), Operationslehre/Bd.III, S. 11 (11).

II. Bahnbrechende Erkenntnisse

Erst zu Anfang unseres Jahrhunderts wurden die wissenschaftlichen Voraussetzungen für erfolgreiche Gewebeübertragungen wie Blut, Hornhaut und Augenhornhaut geschaffen. Im Anschluß daran entwickelte sich die Ära der Organverpflanzungen.

Als Marksteine der Transplantationschirurgie sind zunächst experimentelle Versuche durch Dr. Emerich Ullmann zu bezeichnen, welche in Österreich um die Jahrhundertwende (ca. 1902) durchgeführt wurden und bei denen Organe von einem Tier auf ein anderes übertragen worden sind.[43] Das besondere Interesse galt dabei zunächst der Verpflanzung der paarig angelegten Nieren. Unter Berücksichtigung der hier erst beginnenden technischen Erfahrungen in der Gefäßchirurgie, des Fehlens einer gerinnungshemmenden Medikation und immunologischen Beeinflussungsmöglichkeit der transplantierten Organe dürfen diese Tierversuche Ullmanns als heroisch bezeichnet werden, weil in ihnen die Transplantate vorübergehend auch zu einer Funktion gebracht worden sind.

Unter Zuhilfenahme der jetzt neu gewonnenen Erkenntnisse folgten bahnbrechende Untersuchungen zur Technik der Gefäßnaht durch Alexis Carrel[44], dem es erstmals gelang, zwei Gefäße wieder zu vereinigen. Hierauf aufbauend unternahm man in den kommenden Jahrzehnten zahlreiche Versuche, Nierenverpflanzungen sowohl im Tierexperiment als auch beim Menschen vorzunehmen. Die Organe arbeiteten jedoch allenfalls einige Tage oder Stunden und wurden dann abgestoßen. Das Phänomen dieser Abstoßung wurde von Sir Peter Medawar in den Jahren 1944/1945 als immunologisch bedingte Reaktion aufgeklärt.[45] Obwohl damit die Ursache gefunden war, fehlten zunächst Möglichkeiten, sie zu unterdrücken. Dennoch brachte die Erkenntnis Medawars den entscheidenden Durchbruch in der Transplantationsforschung, denn nun konnte eine Gewebetypologie entwickelt werden, nach der Spender- und Empfängergewebe auf ihre Verträglichkeit hin geprüft wurden.[46]

---

43 Piza, in: Brandstetter/Kopetzki (Hrsg.), Organtransplantationen, S. 7 (9); Vogt/Karbaum, in: Toellner (Hrsg.), Organtransplantation, S. 7 (11).
44 K.H. Bauer, Der Chirurg 1967, 245 (250); Losse, in: Toellner (Hrsg.), Organtransplantation, S. 3 (4).
45 Losse, in: Toellner (Hrsg.), Organtransplantation, S. 3 (4).
46 Kimbrell, Ersatzteillager Mensch, S. 34; Losse, in: Toellner (Hrsg.), Organtransplantation, S. 3 (4).

III. Der Schritt zur Realisierung

Zehn Jahre später, im Jahre 1954, veranlaßte das Wissen um die immunologische Barriere zwischen genetisch unterschiedlichen Individuen den Chirurgen Dr. Joseph Murray, einem nierenkranken Mann die Niere seines Zwillingsbruders einzupflanzen.[47] Diese Nierenverpflanzung hatte dauerhaften Erfolg und muß als der eigentliche Beginn der Transplantationsära angesehen werden. Die generelle Funktionsfähigkeit eines Organtransplantats war in diesem Moment bewiesen.[48]

Der überwiegende Teil nachfolgender transplantationschirurgischer Erfahrungen beruhte sodann auf der experimentellen wie auch klinischen Nierentransplantation, womit diese einen umfassenden Modellcharakter für alle anderen klinischen Organverpflanzungen erlangt hat.

Auf diesem Wege glückte 1963 die erste Leberverpflanzung weltweit.[49] 1967 folgte die erste Herztransplantation.[50] Mit diesem Transplantationswunder, das allerdings nach 18 Tagen tödlich endete, wurden nicht nur medizinische Risiken eingegangen, sondern auch gleichzeitig uralte Tabuvorstellungen und strafrechtliche Verbote verletzt. Das Herz, von frühesten Zeiten an nicht nur in Theologie und Philosophie, sondern auch in der Opfer-, Hinrichtungs- und Bestattungspraxis[51] gleichermaßen Verkörperung von Lebensmitte wie entscheidendes atrium mortis, war durch dieses spektakuläre Medizinereignis plötzlich zum auswechselbaren Ersatzteil geworden.

Man hatte es also geschafft - ein Traum der medizinischen Wissenschaft war innerhalb weniger Jahrzehnte Realität geworden.

IV. Zusammenfassung

Die medizinische Kunst der Transplantologie und Transfusiologie stellt sich demzufolge als eine Fachdisziplin unseres Jahrhunderts dar, deren heutiger Stand das Ergebnis medizinischer Spezialisierung und wechselwirkender Ein-

---

47 Eigler, in: Bistum Essen (Hrsg.), Grenzziehungen, S. 13 (18); Hauck/F. Müller, Organspende, S. 34.
48 Hauck/F. Müller, Organspende, S. 17; Losse, in: Toellner (Hrsg.), Organtransplantation, S. 3 (4).
49 Hauck/F. Müller, Organspende, S. 28.
50 Klinner, in: Ziegler (Hrsg.), Organverpflanzung, S. 11 (11).
51 Vgl. hierzu v. Hentig, Strafe I, S. 338 ff.

flüsse einzelner Fachgebiete, insbesondere der Physiologie und Biochemie des 18. und 19. Jahrhunderts, ist.[52]

Inzwischen markieren drei Medizin-Nobelpreise die Höhepunkte in der Entwicklung der Organtransplantation: Carrel wurde 1912 für seine grundlegenden Untersuchungen zur Gefäßnaht, Medawar im Jahre 1957 für die Aufklärung der immunologischen Natur der Abstoßungsreaktionen und Murray im Jahre 1990 für seine zuvor beschriebene Pioniertat ausgezeichnet.[53]

C. Möglichkeiten der Transplantationsmedizin

I. Transplantationsdefinition und -intention

1. Begriffsklärung

Der Begriff Transplantation bezeichnet die chirurgische Fähigkeit, Gewebe oder Organe bzw. Teile dergleichen (Transplantate) von einem Lebenden oder Toten zu explantieren und bei derselben Person an eine andere Stelle oder auf einen anderen Empfänger zu Heilzwecken zu übertragen.[54]

Wurde das Transplantat einem lebenden Spender entnommen, spricht man von einer Lebendspende oder Organentnahme *ex vivo*. Resultiert es hingegen von einem Verstorbenen, handelt es sich um eine Totenspende bzw. Organentnahme *ex mortuo*.

2. Ziele

Organ- und Gewebeverpflanzungen dienen zum einen der Lebenserhaltung des Patienten, indem die irreparabel ausgefallene Funktion lebenswichtiger Organe oder Gewebe dem Empfänger wiedergegeben wird.[55] Zum anderen soll, wenn das Leben des Kranken aufgrund alternativer Behandlungsmethoden[56] nicht akut bedroht ist, eine Verbesserung der Lebensqualität erreicht werden, indem die

---

52 Vogt/Karbaum, in: Toellner (Hrsg.), Organtransplantation, S. 7 (8).
53 Eigler, MedR 1992, 88 (88); Losse, in: Toellner (Hrsg.), Organtransplantation, S. 3 (4).
54 R. Pichlmayr, in: Eser/v. Lutterotti/Sporken (Hrsg.), Lexikon, Stichwort "Organtransplantation", Sp. 758; Tress, Organtransplantation, S. 1.
55 Wollenek/Wolner, in: Brandstetter/Kopetzki (Hrsg.), Organtransplantationen, S. 10 (11); AK-Organspende, Antworten auf Fragen, S. 10.
56 Bisher gelingt dies nur bei Nierenpatienten. Der Funktionsausfall der Nieren kann heute mit der existierenden Dialyse überbrückt werden.

Verpflanzung Komplikationen des Organversagens vermeiden hilft oder zur Rückbildung bringt.[57]

II. Formen der Transplantation

Man unterscheidet in der Transplantationsmedizin vier verschiedene Formen von Verpflanzungen:

Die *autogene* oder *autologe* Transplantation meint die Übertragung körpereigenen Gewebes von einer Stelle des Körpers an eine andere Stelle des gleichen Körpers. Spender und Empfänger sind hier identisch.

Syngene bzw. *isologe* Transplantation steht bezeichnend für eine Organverpflanzung zwischen genetisch identischen Individuen, zum Beispiel eineiigen Zwillingen oder Tieren desselben Inzuchtstammes.

Die *allogene* oder *homologe* Transplantation betrifft die Verpflanzung eines Transplantats von einem Organismus auf einen anderen. Spender und Empfänger sind hier nicht genidentisch, gehören aber derselben Spezies an.

Xenogene bzw. *heterologe* Transplantation bedeutet die Übertragung von Organen zwischen verschiedenen Arten, beispielsweise vom Tier zum Mensch.[58]

Die für die vorliegende Arbeit interessierende Art der Verpflanzung ist die allogene/homologe Transplantation in der Form, daß ein körperlicher Eingriff am lebenden bzw. toten Spender vorgenommen wird.

III. Medizinische Kriterien einer Organentnahme

1. Spendertauglichkeit

Grundsätzlich eignet sich jeder gesunde Mensch zur Organspende. Entscheidet sich jemand für einen solchen Schritt, wird seine Eignung im konkreten Einzelfall anhand bestimmter Kriterien klinisch überprüft. Diese Beurteilungskriterien sind infolge des medizinischen Fortschritts einem ständigen Wandel unterzogen und haben auch in den letzten Jahren gravierende Änderungen erfahren.

---

57 Buchborn, in: Hiersche/G. Hirsch/Graf-Baumann (Hrsg.), Rechtliche Fragen, S. 4 (4).
58 Honecker, in: Eser/v. Lutterotti/Sporken (Hrsg.), Lexikon, Stichwort "Organtransplantation", Sp. 762; Kopetzki, Organgewinnung, S. 29; Vesting/S. Müller, MedR 1996, 203 (203).

Als absolute Ausschlußgründe für eine Organspende werden Aids, Hepatitis, Malignität[59] und massive Sepsis[60] mit Keimnachweis genannt.[61] Das Alter des Spenders ist hingegen nur noch selten eine Kontraindikation, da sich früher festgeschriebene Grenzen längst in das höhere Alter verschoben haben.[62] Kriterium für die Spendetauglichkeit ist insgesamt der Funktionszustand des Organs, der sich maßgeblich nach dem biologischen, nicht dem kalendarischen Alter bestimmt.[63]

2. Spendegeeignete Organe

Eine Organentnahme *ex mortuo* kann sich auf jedes Organ erstrecken. Für eine Explantation *ex vivo* kommen allerdings aufgrund gesundheitlicher Risiken für den Spender nur regenerative Körpersubstanzen wie Blut und Knochenmark in Betracht.[64] Darüber hinaus wird auch die Entnahme der paarig angelegten Niere zu Lebzeiten durchgeführt.[65]

Explantationen von Teilen der Leber, Bauchspeicheldrüse, Dünndarm sowie Lungenflügeln bei lebenden Menschen sind vorgenommen worden, wegen ihres experimentellen Charakters aber bis heute ohne klinische Bedeutung.[66]

3. Feststellung des Todeseintritts und Notwendigkeit intensivmedizinischer Maßnahmen

Grundvoraussetzung für die Organentnahme beim Verstorbenen ist nach derzeitiger Transplantationspraxis die abgeschlossene Hirntod-Diagnostik[67], an deren Ende die Feststellung des Todes steht.[68] Indem der Hirntod jedoch zugleich als natürliche Folge das Erlöschen der übrigen Lebenszeichen nach sich zieht und Atmung sowie Kreislauf nach wenigen Minuten enden, bedeutet dies zwangsläufig auch den Funktionsverlust der anderen Organe.[69]

---

59 = Bösartige Tumore.
60 = Blutvergiftung, bakterielle Allgemeininfektion.
61 Gubernatis, in: Kleinberger/Lenz u.a. (Hrsg.), Transplantation, S. 5 (9).
62 Offermann, in: F.W. Albert (Hrsg.), Praxis/Bd.III, S. 1 (1).
63 AK-Organspende, Antworten auf Fragen, S. 23.
64 Schoeller, Organspende vom lebenden Spender, S. 14.
65 R. Pichlmayr/Brölsch, in: R. Pichlmayr (Hrsg.), Operationslehre/Bd.III, S. 461 (472); Tidow/R. Pichlmayr, in: R. Pichlmayr (Hrsg.), Operationslehre/Bd.III, S. 483 (501).
66 Schoeller, Organspende vom lebenden Spender, S. 14.
67 Hierzu vertiefend im 4. Kapitel unter Gliederungspunkt D./I. 5.a) bb).
68 Sasse, Veräußerung von Organen, S. 31.
69 Schlake/Roosen, Hirntod, S. 14; H.-L. Schreiber, in: Schlaudraff (Hrsg.), Loccumer Protokolle 54/94, S. 87 (93).

Durchblutete Organe wie Herz, Leber, Niere, Lunge und Bauchspeicheldrüse müssen allerdings lebensfrisch und funktionsfähig sein, um ihre Tätigkeit im Empfängerorganismus wieder aufnehmen zu können. Deshalb ist weitere medizinische Bedingung für eine Entnahme dieser Organe die künstliche Aufrechterhaltung von Atmung und Kreislauf bis zum Abschluß der Explantation.[70] Diese intensivmedizinische Behandlung zielt also letztlich darauf ab, jene Zeitspanne, innerhalb derer ein lebensfähiges durchblutetes Transplantat herausgelöst werden kann, zu erweitern.

Hornhaut, Gehörknöchelchen und Haut können auch noch nach Stillstand des Herzens für einen gewissen Zeitraum entnommen werden, so daß die künstliche "Weiterbelebung" hier nicht zwingend ist.[71]

IV. Erfolgskriterien der Verpflanzung

Der Erfolg einer Transplantation bestimmt sich maßgeblich danach, ob überhaupt und wenn ja, wie lange das übertragene Organ im Körper des Empfängers seine Funktion aufnimmt.

1. Gewebeverträglichkeit

Sofort- als auch Langzeiterfolg einer Organübertragung werden durch verschiedene Faktoren wie Alter, Gesundheitszustand von Spender und Empfänger, Qualität des Transplantats und Technik der Transplantation begünstigt. Maßgeblich für das Gelingen der meisten Organverpflanzungen aber ist in erster Linie die Gewebeverträglichkeit (Histokompatibilität) zwischen Transplantat und Empfängerorganismus. Je höher der Grad der Gewebeidentität ist, desto besser sind die Erfolgsaussichten jeder Transplantation.[72]

2. Abstoßungsgefahr und Gegenmittel

Für alle Transplantationen besteht infolge von Gewebeunverträglichkeiten die Gefahr der Abstoßung des implantierten Organs, indem sich der Empfängeror-

---

70 Neuhaus, in: FS Heinitz, S. 397 (400); Ziegler, in: ders. (Hrsg.), Organverpflanzung, S. 52 (59).
71 Spann, in: Hiersche/G. Hirsch/Graf-Baumann (Hrsg.), Rechtliche Fragen, S. 21 (24 f.).
72 R. Pichlmayr/Lauchart u.a., in: R. Pichlmayr (Hrsg.), Operationslehre/Bd.III, S. 19 (21).

ganismus gegen das ihm als Wohltat zugedachte Organ zu wehren versucht.[73] Die Ursache einer solchen Reaktion liegt darin, daß es sich bei dem Implantat um einen Fremdkörper für den Empfängerorganismus handelt, der vom Immunsystem als solcher erkannt und abgewehrt wird.[74] Allein bei der Verpflanzung von Hornhaut und Gehörknöchelchen unterbleiben diese Körperabwehrreaktionen weitestgehend, da das Transplantat mit dem Blutsystem des Empfängers nicht in Kontakt kommt.[75] Bei allen anderen Organen aber ist die erfolgreiche Einheilung durch eine etwaige Abstoßung stets latent gefährdet, so daß diese Reaktionen vermieden werden müssen.

a) Maßnahmen im Vorfeld

Die Abstoßungsgefahr wird in erster Linie durch Blutgruppenübereinstimmung zwischen Spender und Empfänger sowie größtmögliche Gewebeverträglichkeit im sogenannten HLA-System[76] gemindert.

Aufgrund genetischer Identität bei Verpflanzungen zwischen eineiigen Zwillingen bestehen hinsichtlich der Transplantatakzeptanz bei diesen syngenen Verpflanzungen keine Probleme. Die nächstbeste Erfolgsrate wird bei Verwandtenspenden erzielt und die niedrigste folgerichtig bei Transplantationen unter Nichtverwandten.[77]

b) Medikamentöse Behandlung

Oftmals ist eine Verpflanzung von höchster Dringlichkeit und für eine langwierige Suche nach dem optimal kompatiblen[78] Organ bleibt schlicht keine Zeit. Muß in diesen Fällen ein histologisch unpassendes Organ verpflanzt werden, wird einer drohenden Abstoßungsreaktion beim Empfänger durch die Behandlung mit Immunsuppressiva[79] vorgebeugt, wodurch es bereits in zahlreichen

---

73 Wonigeit, in: R. Pichlmayr (Hrsg.), Operationslehre/Bd.III, S. 29 (32, 58 ff.).
74 K.H. Bauer, Der Chirurg 1967, 245 (246); Tress, Organtransplantation, S. 2.
75 R. Pichlmayr, in: Eser/v. Lutterotti/Sporken (Hrsg.), Lexikon, Stichwort "Organtransplantation", Sp. 757; C. Schwarz, Transplantationschirurgie, S. 25.
76 HLA= Human Leukocyte System A. Diese ererbte und für das Einzelwesen charakteristische Antigenkombination bestimmt die Heftigkeit der Abwehrreaktion und letztlich auch den Erfolg einer eventuell notwendigen immunsuppressiven Therapie. Vgl. hierzu weitergehend E. Albert, in: R. Pichlmayr (Hrsg.), Operationslehre/Bd.III, S. 171 (173 f.).
77 Sasse, Veräußerung von Organen, S. 32.
78 Kompatibilität steht hier bezeichnend für die immunologische Verträglichkeit zwischen Spender- und Empfängergewebe.
79 = Medikamente, die die immunologische Abstoßungsreaktion unterdrücken sollen.

Fällen gelungen ist, die Immunreaktion gegen die fremden Organe wirkungsvoll zu unterdrücken.[80] Nach wie vor kommt es jedoch zu chronischen Abstoßungsreaktionen infolge mangelnder Kompatibilität mit der Folge, daß der Patient wieder auf die Warteliste gesetzt wird und auf eine Zweittransplantation hoffen muß. Selbst wenn der Empfängerorganismus das Implantat toleriert, bedeutet dies oftmals nur ein eingeschränktes Glück. Die zumeist weiterhin erforderliche medikamentöse Dauertherapie ist nämlich mit Nebenwirkungen behaftet: Infolge der Lahmlegung der körpereigenen Immunabwehr kommt es vermehrt zu Karzinombildungen.[81]

3. Schlußfolgerung

Die Grenzen heutiger Transplantationsmedizin liegen damit weniger im chirurgisch-technischen Bereich als vielmehr in der Beherrschung der immunologischen Abwehrreaktion im Organismus des Organempfängers.[82] Die Fortentwicklung immunsuppressiver Methoden ist also weiterhin erforderlich[83], damit es für die Zukunft gelingt, die Toleranz des Empfängers gegenüber einem transplantierten Organ zu verbessern.

V. Indikationen und Ergebnisse

Seit der im Jahre 1963 in Deutschland erstmalig durchgeführten Nierentransplantation sind insgesamt ca. 39.680 Organe in der Bundesrepublik übertragen worden.[84] Dank modernster chirurgischer Technik können derzeit fast alle Organe verpflanzt werden. Hinsichtlich der jeweiligen Erfolgsquote bestehen allerdings erhebliche Unterschiede.

1. Klinisch relevante Transplantationen

Häufig ausgeführt werden die Verpflanzungen von Augenhornhaut, Gehörknöchelchen, Nieren, Herz, Herz-Lunge, Leber, Bauchspeicheldrüse und Knochenmark. Da diese Transplantationen dementsprechend klinische Relevanz er-

---

80 Losse, in: Toellner (Hrsg.), Organtransplantation, S. 3 (4); Opelz, Immunologie und Transplantation, in: Themen, S. 22 ff.
81 Eigler, in: Bistum Essen (Hrsg.), Grenzziehungen, S. 13 (28); R. Pichlmayr, in: Themen, S. 4 (4); Sasse, Veräußerung von Organen, S. 34.
82 Hammer, in: Dietrich (Hrsg.), Organspende, S. 327 ff.
83 Wonigeit, Der Chirurg 1988, 447 (453).
84 Smit/Schoeppe, Transplantation in Deutschland 1995, S. 15.

langt haben, sollen nachfolgend Indikation und Erfolgspotential dargestellt werden.

a) Augenhornhauttransplantation

Die Hornhaut (Cornea) schließt das Auge nach vorne als durchsichtiges Uhrglas ab. Verliert sie ihre Transparenz infolge von Entzündungen, Verletzungen und Verätzungen, erblindet der Betroffene, auch wenn die übrigen Teile des Auges gesund sind.[85]
Jährlich wird die Augenhornhaut in der Bundesrepublik etwa 4.000mal übertragen.[86] Es handelt sich hierbei um die erfolgreichste Gewebeverpflanzung, denn die Transplantate werden meist über Jahrzehnte gut toleriert. In 85 % der Fälle ist ein dauerhaftes Einheilen der klaren Hornhaut zu erwarten[87], so daß bereits tausenden von erblindeten Menschen mit dieser Operation das Augenlicht zurückgegeben werden konnte.

b) Gehörknöcheltransplantation

Etwa 1 % der Bevölkerung in Deutschland leidet an einer chronischen Ohrentzündung.[88] Diese kann eine Zerstörung von Trommelfell und Gehörknöchelchen bewirken, was zum Verlust des Hörvermögens führt. Zur Rückerlangung bedarf es der Wiederherstellung der unterbrochenen Schallübertragungskette, die durch die Einpflanzung von Gehörknöchelchen erreicht werden kann.[89]
Die Technik der Gehörknöcheltransplantation wird in Deutschland jährlich etwa 2.000mal angewandt[90], wobei je nach Grad der Zerstörung des Innenohrs die akustischen Ergebnisse in 20 bis 80 % der Fälle gut sind[91].

c) Knochenmarktransplantation

Die Knochenmarktransplantation wird nur mit dem Knochenmark lebender Spender durchgeführt und dient als Behandlungsmethode bei gestörter bzw. ma-

---

85 Duncker, in: Themen, S. 17.
86 BT-Drucks. 13/4355, Begründung, S. 10.
87 Hauck/F. Müller, Organspende, S. 32.
88 Hildmann, in: Themen, S. 18.
89 Schultz-Coulon/Lehnhardt, in: R. Pichlmayr (Hrsg.), Operationslehre/Bd.III, S. 1045 (1045).
90 BT-Drucks. 13/4355, Begründung, S. 10.
91 Hauck/F. Müller, Organspende, S. 35; Wollenek/Wolner, in: Brandstetter/Kopetzki (Hrsg.), Organtransplantationen, S. 10 (48).

ligne entarteter Blutbildung sowie geschwächtem Immunsystem.[92] Sie erweist sich nach wie vor als äußerst problembehaftet, denn das körpereigene Knochenmark des Empfängers muß zunächst zerstört werden, bevor die Implantation des Spendermarks erfolgen kann. Für den Empfänger besteht infolgedessen die Gefahr der Schädigung durch die übertragenen Blutzellen.[93] Beispielsweise kann sich diese Therapie toxisch auf Organe auswirken, anhaltende Infekte auslösen und die Blutungsbereitschaft erhöhen.[94]

Immense Schwierigkeiten bereiten zudem häufig auftretende und schwer kontrollierbare immunologische Komplikationen. Gerade bei der Knochenmarktransplantation ist deshalb eine größtmögliche Gewebeübereinstimmung zwischen Spender- und Empfängermark wichtigste Erfolgsvoraussetzung, weshalb überwiegend Verwandte des Patienten als Spender ausgewählt werden.[95]

Ob die Therapie letztlich die Grunderkrankung zu heilen vermag, hängt von ihrem Stadium ab. Bei günstigen Voraussetzungen beträgt die Heilungschance immerhin 50 bis 80 %.[96] In Deutschland wurden 1993 mehr als 800 Transplantationen erfolgreich vorgenommen.

d) Nierentransplantation

Eine optimale Behandlungsmethode im Falle irreversiblen Funktionsausfalls der Nieren bietet die Nierenverpflanzung, die dem Erkrankten im Vergleich zur Langzeitdialyse ein nahezu normales Leben ermöglicht.[97] Der Einsatz der künstlichen Niere bleibt aber trotz Transplantationsoption von enormer Relevanz. Die Wartezeit auf ein geeignetes Transplantat kann unter Zuhilfenahme der Hämodialyse[98] überbrückt werden, ohne die der Patient sterben müßte, da ein endgül-

---

92 Kolb/Thierfelder, in: R. Pichlmayr (Hrsg.), Operationslehre/Bd.III, S. 1061 (1061); I. Pichlmayr/R. Pichlmayr, Organtransplantation, S. 30, 72 ff.; Schaefer, in: Themen, S. 18.
93 Weitergehend hierzu R. Pichlmayr, in: Eser/v. Lutterotti/Sporken (Hrsg.), Lexikon, Stichwort "Organtransplantation", Sp. 758.
94 Hauck/F. Müller, Organspende, S. 33; Schaefer, in: Themen, S. 18.
95 Neuerdings werden allerdings auch immer häufiger nichtverwandte Spender akzeptiert; vgl. Schaefer, in: Themen, S. 18.
96 Schaefer, in: Themen, S. 18.
97 R. Pichlmayr, in: Eser/v. Lutterotti/Sporken (Hrsg.), Lexikon, Stichwort "Organtransplantation", Sp. 759. Die Lebensqualität ist nach erfolgreicher Nierenverpflanzung im Vergleich zur Dialysebehandlung wesentlich besser; vgl. hierzu die "Lebensqualitätsmessung" bei Greiner/v.d. Schulenburg, in: Oberender (Hrsg.), Transplantationsmedizin, S. 79 (94 f.).
98 = Blutwäsche, die nach dem Prinzip der Dialyse Stoffwechselschlacken aus dem Blut durch eine "künstliche Niere" entfernt.

tiges Nierenversagen grundsätzlich tödliche Folgen hat.[99] Schließlich kann bei Abstoßung eines Transplantats die Nierenfunktion wieder künstlich übernommen werden.

Im Jahr 1995 ist die Nierentransplantation 2.128mal[100], insgesamt bisher 30.635mal in der Bundesrepublik durchgeführt worden[101]. Die Erfolgsquote ist hoch, denn ein Jahr nach der Transplantation funktionieren durchschnittlich 80 %[102], nach fünf Jahren etwa 60-70 % der Transplantate[103].

e) Lebertransplantation

Die Leber vollbringt Leistungen im Zwischen- und Endstoffwechsel.[104] Fallen ihre Funktionen aus, gibt es im Gegensatz zur Niere keine längerfristige apparative Ersatztherapie.[105] Insbesondere bei akutem Versagen der Leber infolge von Vergiftungen und Infektionen ist die Situation des Patienten aussichtslos, wenn er nicht umgehend ein Transplantat erhält.

Die Leberverpflanzung ist unter all den heute durchführbaren Organübertragungen operationstechnisch die schwierigste. Ihre Ergebnisse sind gleichwohl sehr beachtlich. Der Erfolg hängt hier allerdings sehr von der Ausgangssituation des zu behandelnden Patienten ab. Bei Durchführung der Transplantation zu einem noch günstigen Zeitpunkt kann eine Überlebensrate von 80-90 % nach einem Jahr und von 70-80 % nach fünf Jahren erreicht werden.[106] Auf der anderen Seite ist in besonders ungünstigen Situationen die Überlebenschance der transplantierten Patienten gering. Bei Notfalleingriffen liegt die Erfolgsaussicht lediglich bei 30 %.[107]

---

99 Schoeller, Organspende vom lebenden Spender, S. 17 in FN 71.
100 KfH/DSO, Zahlen-Daten-Fakten, S. 5.
101 BT-Drucks. 13/4355, Begründung, S. 10.
102 Nagel, in: Oberender (Hrsg.), Transplantationsmedizin, S. 199 (202); Smit/ Schoeppe, Transplantation in Deutschland 1995, S. 18.
103 Hauck/F. Müller, Organspende, S. 18; Wollenek/Wolner, in: Brandstetter/Kopetzki (Hrsg.), Organtransplantationen, S. 10 (23); AK-Organspende, Antworten auf Fragen, S. 22.
104 Hauck/F. Müller, Organspende, S. 28.
105 Calne/Bockhorn u.a., in: R. Pichlmayr (Hrsg.), Operationslehre/Bd.III, S. 725 (725); Henne-Bruns/Küchler u.a., ZTxMed 1993, 32 (32); R. Pichlmayr, in: Eser/v. Lutterotti/Sporken (Hrsg.), Lexikon, Stichwort "Organtransplantation", Sp. 759.
106 Eigler, in: Themen, S. 16; Wollenek/Wolner, in: Brandstetter/Kopetzki (Hrsg.), Organtransplantationen, S. 10 (30).
107 Nagel, in: Oberender (Hrsg.), Transplantationsmedizin, S. 199 (203).

Im Jahr 1995 ist die Leber 595mal[108], insgesamt bereits 4.002mal in Deutschland transplantiert worden[109].

f) Herztransplantation

Wird die Herzmuskelfunktion erheblich gestört oder leidet der Patient an einer koronaren Herzkrankheit und können Medikamente oder chirurgische Eingriffe nichts mehr ausrichten, so bleibt nur noch die Herztransplantation.[110] Für das Herz gibt es zwar eine Reihe von Pumpen, mit deren Hilfe die lebensgefährliche Wartezeit für den Patienten für mehrere Wochen bis Monate überbrückt werden kann. Diese künstlichen Hilfen aber bedrohen den Patienten oftmals mit schweren Infektionen und bewirken Gerinnungsstörungen des Blutes.[111] Gerade hier ist es also zumeist von enormer Dringlichkeit, auf ein geeignetes Transplantat schnellstmöglich zugreifen zu können.

Im Jahre 1995 lag die Anzahl der durchgeführten Herzverpflanzungen bei 498.[112] Insgesamt wurde diese Art der Transplantation in der Bundesrepublik bisher 4.135mal vorgenommen.[113] Die Überlebenschance liegt derzeit nach einem Jahr bei ca. 80 % und auch nach fünf Jahren noch deutlich über 70 %.[114]

g) Lungen- und kombinierte Herz-Lungen-Transplantation

Zur Zeit der ersten Herztransplantation am Menschen waren bereits 37 isolierte Lungenverpflanzungen durchgeführt worden.[115] Bis auf einen Patient aber starben alle innerhalb weniger Stunden infolge schwerer Infektionen durch Risse in der Luftröhrennaht.[116] Neue Ansätze in den achtziger Jahren hatten zum Ziel, durch kombinierte Herz-Lungen-Übertragungen[117] den bekannten Problemkreis zu durchbrechen.[118]

---

108 KfH/DSO, Zahlen-Daten-Fakten, S. 7.
109 BT-Drucks. 13/4355, Begründung, S. 10.
110 Haverich/Hirt, in: Themen, S. 14 (14).
111 Haverich/Hirt, in: Themen, S. 14 (15); Struck/Sebening u.a., in: R. Pichlmayr (Hrsg.), Operationslehre/Bd.III, S. 797 (798 ff.).
112 KfH/DSO, Zahlen-Daten-Fakten, S. 7.
113 BT-Drucks. 13/4355, Begründung, S. 10.
114 Haverich/Hirt, in: Themen, S. 14 (14).
115 Bücherl, in: R. Pichlmayr (Hrsg.), Operationslehre/Bd.III, S. 891 (892).
116 Hauck/F. Müller, Organspende, S. 25.
117 Bei dieser Kombination bleiben diejenigen Gefäßverbindungen, die sich von den Herzkranzgefäßen zum Luftröhrensystem ziehen, erhalten.
118 Hauck/F. Müller, Organspende, S. 25; Wollenek/Wolner, in: Brandstetter/Kopetzki (Hrsg.), Organtransplantationen, S. 10 (42).

Auch wenn sich die Herz-Lungen-Transplantation im Laufe der Jahre ebenfalls zu einer anerkannten klinischen Behandlungsmöglichkeit entwickeln konnte[119], hat sich doch mittlerweile gezeigt, daß die isolierte Lungenübertragung bei dem heutigen Stand der immunsuppressiven Therapie und der intensivmedizinischen Betreuungsmöglichkeit bessere Erfolgschancen hat, als die kombinierte Übertragung.[120]

Weltweit wurden bisher 1.700 Lungen transplantiert. Die Erfolgsrate wird nach drei Jahren mit 55-66 % angegeben.[121]

h) Bauchspeicheldrüsentransplantation

Auf einen ähnlichen Durchbruch wie bei der Lungentransplantation warten auch gegenwärtig noch viele Patienten mit einem juvenilen, insulinpflichtigen Diabetes mellitus[122], einer in ihren Ursachen noch weitgehend ungeklärten Funktionsstörung der Bauchspeicheldrüse (Pankreas), verbunden mit folgenschwerer, oft bereits im Kindesalter auftretender Störung des Zuckerstoffwechsels.[123] Nach derzeitigem Stand sind die Erfolgsaussichten einer Verpflanzung dieses Organs noch sehr begrenzt, so daß ein dahingehender Eingriff nur in sehr weit fortgeschrittenen Stadien der Erkrankung vorgenommen wird. Auch dann wird die Pankreas nicht isoliert, sondern vornehmlich zusammen mit einer Niere transplantiert, da von der allgemeinen Gefäßschädigung vor allem auch die Nieren betroffen sind.[124]

Bis Ende 1995 gab es rund 473 Transplantierte.[125] Die Funktionsrate nach einem Jahr liegt bei etwa 60-80 %[126], nach fünf Jahren bei ca. 30 %[127].

---

119 Weltweit wurden 1.400 kombinierte Herz-Lungen-Transplantationen vorgenommen. 5 Jahre nach dem Eingriff leben ca. noch 50 % der Patienten. Vgl. hierzu Haverich/Hirt, in: Themen, S. 14 (14).
120 Nagel, in: Oberender (Hrsg.), Transplantationsmedizin, S. 199 (204).
121 Haverich/Hirt, in: Themen, S. 14 (14).
122 Hierbei handelt es sich um eine Erscheinungsform der Zuckerkrankheit.
123 Nagel, in: Oberender (Hrsg.), Transplantationsmedizin, S. 199 (204).
124 Land, Pankreastransplantation, in: Themen, S. 17; Largiadèr, in: R. Pichlmayr (Hrsg.), Operationslehre/Bd.III, S. 775 (778).
125 BT-Drucks. 13/4355, Begründung, S. 10.
126 R. Pichlmayr, Der Chirurg 1988, 454 (456).
127 C. Schwarz, Transplantationschirurgie, S. 29.

2. Segmentverpflanzungen

a) Organsegmente toter Spender

Auch Teile des Verdauungstraktes, der Speiseröhre, des Magens und des Dickdarms sowie Harnblase und Milz eines Verstorbenen können grundsätzlich übertragen werden. Diese Verpflanzungen befinden sich aber noch im experimentellen Stadium. Sie werden in geringem Umfang und mit unbefriedigenden Ergebnissen vorgenommen.[128]

b) Organsegmente lebender Spender

Aufgrund des Transplantatmangels hat die Chirurgie auch die Möglichkeiten der Lebendspende erweitert. Zu den neuesten Errungenschaften zählen die Verpflanzungen von Teilen des Dünndarms, der Leber, der Bauchspeicheldrüse und der Lunge lebender Spender.[129]

Angestoßen wurde diese Entwicklung in Chicago, wo man 1989 erstmals Teile der Leber eines Lebendspenders übertragen hatte.[130] Vorangegangen war die Erfahrung mit Lebertransplantationen bei Kleinkindern, denen wegen einer angeborenen Stoffwechselstörung nur durch eine Transplantation zum Weiterleben verholfen werden konnte. Da Organe von toten Kindern nicht verfügbar waren, mußten solche von verstorbenen erwachsenen Spendern verwendet werden. Wegen der unterschiedlichen Körpergrößen war es nötig, die Leber zu verkleinern. In dem Zusammenhang machte man die Beobachtung, daß selbst sehr kleine Lebertteile nach der Transplantation wuchsen, sich entwickelten und zu guter Leberfunktion in den folgenden Jahren führten. Dieses Ergebnis veranlaßte die Chicagoer Chirurgen dazu, in Situationen, wo den Kindern infolge fehlender Transplantate der Tod auf der Warteliste drohte, Erwachsenen bereits zu Lebzeiten einen kleinen Teil der Leber operativ zu entfernen, um diesen dann dem sonst nicht lebensfähigen Kind zu übertragen. Die Wissenschaftler hatten insoweit wenig Hemmungen, denn die gute Regenerationsfähigkeit dieses lebensnotwendigen Organs wurde als Beweis dafür erachtet, daß die Segmententnahme für den lebenden Spender keinen schwerwiegenden Schaden bedeuten könne.

---

128 Wollenek/Wolner, in: Brandstetter/Kopetzki (Hrsg.), Organtransplantationen, S. 10 (49).
129 Largiadèr, in: R. Pichlmayr (Hrsg.), Operationslehre/Bd.III, S. 1081 (1082 f.); Schoeller, Organspende vom lebenden Spender, S. 14.
130 Hierzu Brölsch/Emond u.a., Der Chirurg 1988, 558 ff.; R. Pichlmayr/Oldhafer u.a., DÄBl. 1995, A-49 (52).

Wie immer bei solchen Neuentdeckungen waren auch hier die Anfangserfolge derart überzeugend, daß das Verfahren von mehreren Ländern übernommen und auf andere Organteile ausgedehnt wurde. Bisher sind aber nur wenige dieser Transplantationen tatsächlich durchgeführt worden. Die Segmentverpflanzung befindet sich demzufolge noch in der experimentellen Phase, so daß hinsichtlich längerfristiger Erfolge an dieser Stelle noch nichts gesagt werden kann.

3. Hirnverpflanzungen

Die Resektion und Implantation menschlicher Hirnteile ist bislang allein von theoretischer Bedeutung und die praktische Durchführung dieser Verpflanzungen auf Tierversuche beschränkt.[131] Hirnverpflanzungen oder korrekterweise - vom Individuum ausgehend - Ganzkörpertransplantationen[132] werden von Futurologen zwar auch beim Menschen für möglich gehalten, aufgrund fehlender Regenerationsfähigkeit der Nervenzellen läßt sich aber jedenfalls bisher keine Wiederherstellung der Nervenleitungen und damit der Bewegungsfähigkeit des Körpers erreichen.[133] Die funktionelle Übernahme der Körperkontrolle durch das dem Organismus aufgepropfte Gehirn stößt noch an die Grenzen des Machbaren, gewiß jedenfalls an die der Ethik.

Mit spürbarer Erleichterung nimmt man deshalb heute die medizinisch-technischen Schwierigkeiten zur Kenntnis, die solchen Unternehmungen bisher "zum Glück" im Wege stehen. Die berechtigte Skepsis ist damit zu begründen, daß der Ersatz des Gehirns wahrscheinlich eine direkte Änderung der persönlichen Identität zur Folge hätte.[134]

4. Sonstige

Schließlich wurden durch die Transplantationsmedizin nicht nur Fortschritte bei der Heilung "kranker" Menschen erzielt, sondern auch bei der Beseitigung der

---

131 Vgl. hierzu Largiadèr, in: R. Pichlmayr (Hrsg.), Operationslehre/Bd.III, S. 1081 (1094).
132 Klinner, in: Ziegler (Hrsg.), Organverpflanzung, S. 11 (17); Largiadèr, in: R. Pichlmayr (Hrsg.), Operationslehre/Bd.III, S. 1081 (1094).
133 Nagel, in: Oberender (Hrsg.), Transplantationsmedizin, S. 199 (206).
134 Honecker, in: Eser/v. Lutterotti/Sporken (Hrsg.), Lexikon, Stichwort "Organtransplantation", Sp. 765; Spann, in: Hiersche/G. Hirsch/Graf-Baumann (Hrsg.), Rechtliche Fragen, S. 21 (22); Spann/Liebhardt, MMW 1967, 672 (674); Trockel, MDR 1969, 811 (812); Deutsche Bischofskonferenz/Rat der Evangelischen Kirche, Erklärung-Organtransplantationen, S. 8.

Kinderlosigkeit. So sind bei Frauen Ei-, Eierstock-, Gebärmutter- sowie Embryoverpflanzungen möglich.[135]

D. Organisatorische Aspekte

I. Maßgebliche Institutionen

Auf- und Ausbau erforderlicher Organisationsstrukturen deutscher Transplantationszentren wird seit 1976, in Abstimmung mit den gesetzlichen Krankenkassen und deren Finanzierung, durch personelle, organisatorische und finanzielle Unterstützung des privaten gemeinnützigen Kuratoriums für Dialyse und Nierentransplantation (KfH) gefördert. Seit 1984 steht der KfH die Deutsche Stiftung Organtransplantation (DSO) bei der Verpflanzung von Herz, Leber, Lunge und Bauchspeicheldrüse zur Seite.[136] In den einzelnen Transplantationszentren sind über die DSO sogenannte Organisationszentralen eingerichtet, die wiederum in direktem Kontakt zu der übergeordneten Verteilerinstitution "Eurotransplant Foundation" stehen. Diese gemeinnützige Organisation mit Sitz im niederländischen Leiden wurde 1967 gegründet.[137] Ihr sind die Länder Holland, Belgien, Luxemburg, Deutschland und Österreich angeschlossen.[138] Die Ziele dieser in der Welt wohl einmaligen Organisation sind es, für eine bestmögliche empfängerorientierte Verwendung von Spenderorganen und -geweben Sorge zu tragen, ein auf medizinischen Kriterien begründetes, objektives Auswahlprinzip für den geeigneten Organempfänger sicherzustellen, anhand fortgeschriebener Daten Einflußgrößen für den Transplantationserfolg zu erstellen, den Gedanken der Organspende zu verbreiten sowie Maßnahmen der Organgewinnung zu unterstützen.[139]

In Deutschland wird die gesamte Verteilung von Transplantatdaten über Eurotransplant abgewickelt. Das 1988 in Heidelberg gegründete, nationale Transplantations-Datenzentrum soll diese zentrale Verteilungsstelle nur forschend unterstützen und hat nicht den Zweck, Eurotransplant Aufgaben abzunehmen.

---

135 Largiadèr, R. Pichlmayr (Hrsg.), Operationslehre/Bd.III, S. 1081 (1092 f.).
136 Schoeppe, in: GGF (Hrsg.), Ethik, S. 19 (20).
137 Wollenek/Wolner, in: Brandstetter/Kopetzki (Hrsg.), Organtransplantationen, S. 10 (20).
138 AK-Organspende, Antworten auf Fragen, S. 18. Darüber hinaus hat Eurotransplant als Schwesterorganisationen für die skandinavischen Länder "Scandiatransplant", für Frankreich, Spanien und die Schweiz "Francetransplant" gegründet.
139 Erhard/Daul u.a., DÄBl. 1995, A-43 (43).

II. Spendervermittlung

Kann ein Patient nach entsprechender medizinischer Untersuchung als potentieller Spender betrachtet werden, wird dies den interessierten Stellen gemeldet, entweder direkt einem deutschen Transplantationszentrum oder der übernationalen Eurotransplant Foundation. Hier werden die Daten der auf der Warteliste vorgemerkten Organempfänger mit den Angaben über die zur Verfügung stehenden Organe verglichen: Gewichts- und Körperoberflächenkorrelation von Spender und Empfänger, Blutgruppenkompatibilität und HLA-Verträglichkeit.[140]

Die Vergaberichtlinien[141] sind dabei für die einzelnen Organe jeweils unterschiedlich. Herz- und Lebertransplantation werden nach ihrer Dringlichkeit durchgeführt. Bei der Nierentransplantation geben die bestmögliche Gewebeübereinstimmung und damit der langfristige Erfolg den Ausschlag, denn dank der künstlichen Niere gibt es bei Erwachsenen kaum akut dringliche Nierentransplantationen. Bei Kindern gilt die Nierentransplantation allerdings wegen deren Bedeutung für das Wachstum grundsätzlich als vordringlich. Bei gleicher oder ähnlicher Gewebeverträglichkeit entscheidet die Wartezeit.[142]

Die Regeln und Richtlinien der Organverteilung werden fortlaufend von der Arbeitsgemeinschaft der Transplantationszentren in Deutschland, der Eurotransplant Foundation, dem European Liver Transplant Club sowie der European Heart Association weiterentwickelt. Diese Organisationen haben zwar keinen Einfluß auf die Zahl der verfügbaren Organe, bewirken aber jedenfalls durch organisatorische Hilfestellungen und Koordination des Austausches eine optimale Nutzung des "Organ- und Gewebepools", so daß möglichst viele Menschen eine Chance auf ein Ersatzorgan erhalten.

---

140 Vgl. hierzu im einzelnen Cohen, in: F.W. Albert/Kreiter u.a. (Hrsg.), Praxis, S. 147 (147); Wollenek/Wolner, in: Brandstetter/Kopetzki (Hrsg.), Rechtliche Aspekte, S. 10 (20); Laufs, Arztrecht, Rdnr. 271; Überfuhr, in: Politische Studien 1995/Heft 339, S. 81 (84 ff.).
141 Zum Problem der Organallokation vgl. Conrads, MedR 1996, 300 ff.; Eigler, MedR 1992, 88 (91 f.); Meffert, in: Kleinberger/Lenz u.a. (Hrsg.), Transplantation, S. 1 ff.; Viefhues, in: GGF (Hrsg.), Ethik, S. 63 (76 ff.).
142 Deutsche Bischofskonferenz/Rat der Evangelischen Kirche, Erklärung-Organtransplantationen, S. 10.

III. Organaufbewahrung

Um die Erfolgschancen der Organübertragung für den als histokompatibel qualifizierten Empfänger zu erhöhen, dürfen ausschließlich ungeschädigte und voll funktionstüchtige Organe verpflanzt werden. Indem aber die Auswahl des bestmöglichen Empfängers, der zumeist erforderliche Organtransport sowie unzählige andere Maßnahmen im Vorfeld der Transplantation unausweichlich Zeit in Anspruch nehmen, muß dieser Zeitraum durch Konservierung des Organs überbrückt werden, will man die Transplantatqualität weitestgehend erhalten.[143]

Wie lange Organe im perfundierten und gekühlten Zustand aufbewahrt werden können, um nach Reimplantation wieder funktionsfähig zu sein, bestimmt sich nach der sogenannten Ischämiezeit, das heißt der ohne wesentliche Schädigung des Transplantats tolerierten Zeit der Blutfreiheit[144], die je nach Organ unterschiedlich ausfällt. Für die Niere betragen die Toleranzwerte in Ausnahmefällen mehr als 36 Stunden. Bei der Leber sind Zeiten von über 12 Stunden, beim Herzen von 8 Stunden erreichbar, bevor das Organ wieder in den Kreislauf integriert sein muß.[145] Nicht durchblutete Gewebe wie Augenhornhaut und Gehörknöchelchen können über längere Zeit, wiederum entsprechend gekühlt, in sogenannten Gewebebanken aufbewahrt werden.[146]

IV. Folgen begrenzter Ischämietoleranz

Es ist unschwer nachzuvollziehen, daß die verschiedenen Ischämiezeiten häufig auch die Importmöglichkeit von Organen limitieren.[147] Muß beispielsweise ein Herz bereits 8 Stunden nach seiner Entnahme wieder im Empfänger zu schlagen beginnen, so ist das geographische Einzugsgebiet für ein Spenderherz automatisch begrenzt.

Die maximal möglichen Konservierungszeiten lassen auch die Notwendigkeit einer exakten Abstimmung zwischen Explanteuren und Implantationsteam sowie eines gut koordinierten Transportes erkennen.

Bei der Lebendspende ist dieser organisatorische Aufwand immens geschmälert, weil hier sowohl die Operation beim Spender als auch diejenige beim

---

143 Grundmann/Pichlmaier, in: R. Pichlmayr (Hrsg.), Operationslehre/Bd.III, S. 123 (123).
144 Mayrhofer, in: Brandstetter/Kopetzki (Hrsg.), Organtransplantationen, S. 54 (56).
145 Eigler, in: Bistum Essen (Hrsg.), Grenzziehungen, S. 13 (24 f.).
146 AK-Organspende, Antworten auf Fragen, S. 20.
147 Wollenek/Wolner, in: Brandstetter/Kopetzki (Hrsg.), Organtransplantationen, S. 10 (21).

Empfänger als sogenannter Elektiveingriff geplant und praktisch gleichzeitig durchgeführt werden kann.[148]

E. Ausmaß und Gründe des Transplantatdefizits

Für die Erarbeitung der rechtlichen Voraussetzungen der Lebend- und Totenspende ist es von maßgeblicher Relevanz, inwieweit die zur Verfügung stehenden menschlichen Organe den heutigen Bedarf decken und ob die fortschreitende Entwicklung künstlicher Implantate den Rückgriff auf humane Organe in nächster Zeit vielleicht obsolet werden läßt. Eine gravierende Transplantatmangelsituation könnte die Notwendigkeit von Lebendspenden und damit unter Umständen auch die rechtliche Lösung beeinflussen.

I. Organaufkommen

1. Organe Verstorbener

Dem Kontingent verfügbarer Leichenorgane sind gerade deshalb enge Grenzen gesetzt, weil Organe eines Toten spezielle Voraussetzungen aufweisen müssen, um für eine Organspende geeignet zu sein.

So sind unter den jährlich rund 900.000 Versterbenden in Deutschland nach vorsichtiger Schätzung nur etwa 5.000, das heißt ca. 0,6 %, die als potentielle Spender der lebenswichtigen Organe Niere, Herz, Leber, Lunge, Darm und Bauchspeicheldrüse in Betracht kommen.[149] Nach Angaben der DSO wurden den Transplantationszentren von diesen 5.000 nur 2.038 Patienten mit endgültigem, nicht behebbarem Ausfall der gesamten Hirnfunktion als Spender gemeldet. Davon waren 1.706 medizinisch als Organspender geeignet. Von diesen wiederum schieden 541 (31,7 %) wegen verweigerter Zustimmung der Angehörigen, 96 (5,6 %) wegen Kreislaufversagens und 7 (0,4 %) aus sonstigen Gründen aus. Lediglich bei 1.062 Spendern konnten Organe entnommen werden.

Umgerechnet auf eine Bevölkerungszahl von ca. 80 Mio. Einwohnern erscheint diese Zahl verschwindend gering. Neben den bereits genannten Ursachen kann als Grund für diese Entwicklung noch angeführt werden, daß sich 1995 le-

---

148 Largiadèr/Uhlschmid, in: F.W. Albert/Kreiter u.a. (Hrsg.), Praxis, S. 101 (104); Piza, in: Brandstetter/Kopetzki (Hrsg.), Organtransplantationen, S. 7 (8).
149 Plenarprotokoll des Deutschen Bundestages 13/99, S. 8818.

diglich 480 von 1.363 Krankenhäusern mit Betten für intensivmedizinische Behandlung an der Mitteilung potentieller Organspender beteiligt haben.[150] Vor allem aber hat die - insgesamt gesehene erfreuliche - Abnahme der Anzahl Verkehrsunfalltoter[151], die bei weitem das überwiegende Kontingent potentieller Organspender ausmachen, dazu beigetragen, daß sich das Organspendeaufkommen drastisch reduziert hat.

2. Organe Lebender

Während in den USA 25 %, Norwegen bereits 50 %[152], Schweden 23,5 %, Dänemark 24,7 % und Griechenland 40 %[153] der Transplantate von lebenden Spendern resultieren, ist die Anzahl der Lebendspenden in Deutschland minimal. In der Bundesrepublik gab es 1988 pro 1 Mio. Einwohner *eine* Lebendspende. Wie sich am Beispiel der Nierentransplantation zeigt, hat sich an dieser Situation auch bis 1995 nicht viel geändert. Von den 2.128[154] in Deutschland durchgeführten Nierenübertragungen wurden nur 85 Verpflanzungen (ca. 4 %) durch eine Lebendspende ermöglicht[155].

Das Motiv für diese geringe Anzahl ist primär in der Einstellung deutscher Transplantationschirurgen angesiedelt, denn diese haben sich in dem erarbeiteten Transplantationskodex dazu verpflichtet, daß die Entnahme *ex vivo* nur bei verwandten Spendern und auch hier nur in Ausnahmefällen durchgeführt werden soll.[156] Spendewillige Bürger haben demzufolge auf deutschem Terrain Schwierigkeiten, einen Arzt zu finden, der sich bereit erklärt, ihnen ein Organ zu entnehmen.

Dieser Umstand macht deutlich, daß aufgrund der im Wege stehenden Hindernisse aus der geringen Anzahl von Lebendspenden jedenfalls kein Rückschluß auf die grundsätzliche Bereitschaft der deutschen Bevölkerung zur Lebendspende gezogen werden kann.

---

150 BT-Drucks. 13/4355, Begründung, S. 11.
151 Breyer/Kliemt, in: Oberender (Hrsg.), Transplantationsmedizin, S. 135 (135) in FN 2; Grewel, ZRP 1995, 217 (217).
152 Kirste/Pisarski u.a., ZTxMed 1996, 2.
153 Vgl. Land, ZTxMed 1993, 59 (60).
154 KfH/DSO, Zahlen-Daten-Fakten, S. 7.
155 Smit/Schoeppe, Transplantation in Deutschland 1995, S. 21.
156 Ziffer 6 des Transplantationskodexes, abgedruckt in ZTxMed 1995, 154 f.

3. Künstliche Transplantate

Allein die künstliche Niere ist so gut ausgereift, daß sie routinemäßig auf der ganzen Welt zum Einsatz kommt.[157] Konstruierte Kunstherzen haben hingegen noch kein langfristiges Überleben ermöglicht und ihr Einsatz dient heute lediglich dazu, die Wartezeit auf ein menschliches Spenderherz zu überbrücken.[158] Auch Versuche zur Entwicklung von künstlichen Lebern und Lungen haben sich bis jetzt als nicht zielführend erwiesen.[159]

Nach derzeitigem Stand existiert demnach für fast kein Organ ein funktionstüchtiger, künstlicher Ersatz, und auch für die Zukunft ist damit nicht zu rechnen. Ein Gelingen dieser "Mission" bedürfte aufgrund der mannigfaltigen komplexen Organfunktionen vielmehr einer außerordentlichen Entwicklung.

II. Bedarf und Bedarfsdeckung

Mit progressivem Erfolg in der Transplantationsmedizin ist gleichzeitig der Bedarf an transplantablen Organen gestiegen. Kapazitätsausbau sowie Fortschritte in der Immunsuppression haben zur Erweiterung von Indikationsstellungen und Altersgrenzen beigetragen.[160] So bedeutet beispielsweise ein höheres Lebensalter als 65 Jahre für Nierenempfänger keine Kontraindikation mehr.[161] Dementsprechend können inzwischen Patienten transplantiert werden, die noch vor zehn Jahren als nicht transplantabel eingestuft wurden. Infolge dieser medizinischen Weiterentwicklung kommt heute also nahezu jeder als potentieller Organempfänger in Betracht. Dies hat dazu geführt, daß die Wartelisten der Transplantationszentren in den letzten 10 Jahren fast exponentiell angeschwollen sind.[162]

Dem auf diese Weise von den Transplantationsmedizinern zumindest teilweise hausgemachten Bedarf stehen allerdings nicht genügend Spenderorgane gegenüber:

Auf ein Augenhornhauttransplantat warten derzeit rund 5.000 Menschen in Deutschland.[163]

---

157 C. Schwarz, Transplantationschirurgie, S. 71.
158 Struck/Sebening u.a., in: R. Pichlmayr (Hrsg.), Operationslehre/Bd.III, S. 797 (874).
159 C. Schwarz, Transplantationschirurgie, S. 72.
160 Wesslau/May u.a., ZTxMed 1995, 3 (4).
161 Hauss/Gubernatis u.a., in: Hiersche/G. Hirsch/Graf-Baumann (Hrsg.), Rechtliche Fragen, S. 28 (29 f.); Grewel, ZRP 1995, 217 (217).
162 Meffert, in: Kleinberger/Lenz u.a. (Hrsg.), Transplantation, S. 1 (1).
163 Duncker, in: Themen, S. 17.

Den im Jahr 1995 durchgeführten 2.128 Nierenverpflanzungen stand ein Bedarf von ca. 4.000 Nierentransplantaten gegenüber.[164]

Die Lücke zwischen Angebot und Versorgungsziel klafft auch bei Herz- und Lebertransplantationen zunehmend auseinander: Dem Bedarf von jährlich ca. je 1.000 Herz- und Leberverpflanzungen entsprachen im Jahr 1995 498 durchgeführte Herz-, bzw. 595 durchgeführte Lebertransplantationen.[165]

Die Anzahl derjenigen Patienten, die zum Überleben auf eine Knochenmarkübertragung angewiesen sind, liegt bei ca. 1.500 pro Jahr.[166] Realisiert werden konnten 1995 hingegen lediglich 800 Übertragungen.

Die mangelnde Langzeiterfahrung mit Bauchspeicheldrüsen-, Lungen- bzw. kombinierten Herz-Lungenverpflanzungen verhindert eine klare Bestimmung der Fälle, in denen ihre Vornahme medizinisch indiziert ist. Aus diesen Gründen kann derzeit noch keine Bedarfsstatistik präsentiert werden. Es kann jedoch davon ausgegangen werden, daß auch für diese Verpflanzungen nicht genügend Organe zur Verfügung stehen.

III. Konsequenzen der Mangelsituation

Das Verlangen, möglichst vielen kranken Menschen in Deutschland durch eine Verpflanzung zu helfen, vermochte durch den eklatanten landeseigenen Transplantatmangel nicht gemindert zu werden. Der Versorgungsengpaß stand der Realisierung dieses Anliegens aber oftmals im Wege. Diese faktische Grenze konnte letztlich nur dadurch überwunden werden, daß deutsche Transplantationszentren über die Vermittlung der Stiftung Eurotransplant mehr Spenderorgane aus Nachbarländern erhalten als sie selbst dorthin abgegeben haben.

Die Bundesrepublik hat sich demzufolge insgesamt zu einem "Organ-Importland" entwickelt. Die Unausgewogenheit ist inzwischen allerdings derart gravierend, daß die Toleranz der übrigen Mitgliedsländer für die Zukunft zumindest stark in Frage gestellt ist.[167] Bereits heute muß der Öffentlichkeit deshalb vermittelt werden, daß Deutschland perspektivisch nicht Nutznießer der Spendebereitschaft von Menschen aus anderen Ländern bleiben wird, sollte es nicht gelingen, den negativen landeseigenen Trend in der Organspende aufzuhalten.

---

164 Renner, in: Themen, S. 9 (10).
165 Smit/Schoeppe, Transplantation in Deutschland 1995, S. 1.
166 Schaefer, in: Themen, S. 18.
167 BT-Drucks. 13/4355, Begründung, S. 10.

IV. Ausblick

Das Gebiet der Organtransplantation ist selbst noch stark im Fluß. Sobald Endstadien eines Organversagens anders zu behandeln oder vermeiden sind, werden manche Indikationsbereiche für eine Transplantation vermutlich zurückgehen. Derzeit ist jedoch für die meisten zum Organversagen führenden Erkrankungen eine solche Entwicklung noch nicht in Sicht. Heute muß deshalb davon ausgegangen werden, daß infolge medizinischen Fortschritts Indikationsstellungen künftig sogar noch ausgedehnt werden. Die Schere zwischen der vorhandenen Anzahl transplantierbarer Organe und bedürftiger Empfänger wird sich also tendenziell weiter öffnen, das Problem des Auseinanderweichens von Indikationsstellung und Umsetzung in die Tat - ein der Chirurgie weitgehend fremdes Verhalten[168] - noch vergrößern.

Indem auch die Xenotransplantation in naher Zukunft keine Alternative zur Verpflanzung menschlicher Organe bietet und ebenso die gentechnologische Herstellung von Organäquivalenten nicht in Aussicht steht[169], muß die Gesellschaft mit der bestehenden gravierenden Mangelsituation umgehen. Zur Linderung des Mangels kann sie allein versuchen, die Möglichkeiten zur Sicherung transplantationsfähiger Organe auszubauen und die Spendebereitschaft der Bevölkerung zu erhöhen, um so das vorhandene Spenderpotential optimal auszuschöpfen.

F. Folgerungen für ein Transplantationsgesetz

Medizin und Recht stehen in einem Korrespondenzverhältnis. Die Entwicklungen im medizinischen Bereich erfordern deshalb eine *adäquate* Reaktion des Rechts. Diese wird nur dann gelingen, wenn bei der Erarbeitung der rechtlichen Zulässigkeitskriterien einer Organentnahme die tatsächlichen Begebenheiten auf dem Transplantationssektor Berücksichtigung finden.

Bevor das juristische Problemfeld der Organentnahme eröffnet wird, möchte ich deshalb rückblickend auf die Ausführungen in diesem Kapitel jene Eckpunkte herausstellen, die in die rechtlichen Überlegungen miteinbezogen werden müssen.

---

168 R. Pichlmayr, Der Chirurg 1988, 454 (457).
169 Erhard/Daul u.a., DÄBl. 1995, A-43 (46).

I. Optimierung des Organaufkommens

Wie gezeigt ist mit der Indikationsstellung zu einer Organtransplantation noch keineswegs deren Durchführung gesichert. Die Chance der Realisierung dieser Behandlungsmöglichkeit wird von Faktoren bestimmt, die vom Patienten überhaupt nicht und von den behandelnden Ärzten nur geringfügig beeinflußt werden können. Mit Blick auf diese Situation erscheint es gesundheitspolitisch sicher wünschenswert, an die rechtlichen Voraussetzungen einer Organentnahme möglichst geringe Anforderungen zu stellen und dadurch das Transplantataufkommen zu optimieren. Es gilt allerdings zu bedenken, daß die Effizienz, also die Eignung oder Nichteignung der Regelungen zur Steigerung des Organaufkommens zwar ein legitimer Zweck ist, das Regelungsmodell aber primär den allgemeinen Grundprinzipien der deutschen Rechtsordnung entsprechen muß. Die Aufgabe des Rechts erschöpft sich nämlich nicht darin, wünschenswerte Entwicklungen um jeden Preis zu fördern oder zu erleichtern. Zur Funktion des Rechts zählen vielmehr und in erster Linie die Herstellung eines möglichst schonenden und gerechten Ausgleichs konträrer Interessen und Rechtsgüter[170], die Abwehr von Mißbrauch und Willkür sowie der Schutz schwacher Menschen[171]. Nur unter Beachtung dieser Vorgaben können die zu schaffenden Rechtsregeln für den Bereich der Transplantationsmedizin befriedend wirken und der Medizin ein angemessenes Betätigungsfeld einräumen.

1. Förderung der Spendebereitschaft

Solange keine Substitute für menschliche Organe zur Verfügung stehen, hängt das Organangebot für einen individuellen Patienten ausschließlich von der Einsicht und dem Einsatz anderer Menschen ab. Eine Steigerung des Transplantataufkommens kann demzufolge in erster Linie durch die Förderung der Spendebereitschaft erreicht werden. Da die Entscheidung über eine Organspende aber stets eine individuelle Entscheidung des einzelnen bleiben muß, kann das Recht auf diese Entschlußfindung auch nur mittelbar Einfluß nehmen. Als Maßnahme bietet sich hier die Schaffung einer Vertrauensgrundlage an, indem die Voraussetzungen der Organentnahme bei lebenden und toten Spendern klar geregelt werden.

---

170 Heinze, in: FS Schewe, S. 61 (62); Laufs, in: Hiersche/G. Hirsch/Graf-Baumann (Hrsg.), Rechtliche Fragen, S. 57 (58); H.-L. Schreiber/Wolfslast, in: Dietrich (Hrsg.), Organspende, S. 33 (35).
171 Eser, in: FS Narr, S. 47 (51); Samson, in: Ziegler (Hrsg.), Organverpflanzung, S. 22 (23).

Unbestritten lassen sich die bestehenden Probleme nicht allein durch juristisches Instrumentarium bewältigen. Ebenso dringlich sind die Aufhebung finanzieller Barrieren, Öffentlichkeitsarbeit, Aufklärung und Unterstützung der Ärzteschaft sowie optimale Kooperation zwischen den Kliniken.[172] Rechtlich transparente Zulässigkeitsmodalitäten haben aber eine durchaus motivierende Wirkung auf die Bevölkerung. Dies zeigt sich insbesondere in den wichtigsten Mitgliedsländern des Eurotransplant-Verbundes. Stellt man hier die Organspendebereitschaft pro Mio. Einwohner gegenüber[173], so ist eine Zweiteilung der Ergebnisse insgesamt zu beobachten: Die Spendebereitschaft liegt in Österreich und Belgien deutlich höher als bei den Niederlanden und Deutschland.[174] Da die medizinische Infrastruktur der Länder ähnlich ist und über die Zahl der *potentiellen* Spender keine ausreichenden Daten vorliegen, bleibt als gravierendster Unterschied die Tatsache, daß in Österreich und Belgien die Voraussetzungen der Organentnahme in einem Transplantationsgesetz normiert sind.[175]

2. Anerkennung der Lebendspende

Implantate können nicht industriell hergestellt, sondern allein aus "menschlichen Ressourcen" gewonnen werden. Eine rechtliche Lösung, die dazu beitragen will, das Transplantatdefizit unter Verwendung menschlicher Organe zu schmälern, muß berücksichtigen, daß die Anzahl derjenigen postmortalen Organspenden, die die beschriebenen Voraussetzungen für eine Transplantation erfüllen, durch eine statistische Wahrscheinlichkeit von Todesfällen eine natürliche Grenze findet. Die Notwendigkeit von Lebendspenden wird deshalb, wenn auch in den zu bestimmenden rechtlichen Grenzen, für das stetig wachsende Versorgungspotential unerläßlich sein.

---

172 Vgl. zu diesen Aspekten Akveld, ZTxMed 1989, 36 (36 f.); Angstwurm/Land, Der Chirurg 1988, 444 ff.; H. Bauer, in: Politische Studien 1995/Heft 339, S. 68 (71 ff.); Gubernatis, in: Kleinberger/Lenz u.a. (Hrsg.), Transplantation, S. 5 (7 ff.); Laufs, Arztrecht, Rdnr. 273; Schmid, in: F.W. Albert (Hrsg.), Praxis/Bd.III, S. 51 ff.; Stamm, in: Politische Studien 1995/Heft 339, S. 13 (17).
173 Das Land Luxemburg findet bei dieser Gegenüberstellung keine Berücksichtigung.
174 Smit/Schoeppe, Transplantation in Deutschland 1995, S. 13.
175 Kritisch zu der Frage nach dem Zusammenhang von Gesetzgebungssystem und Organertrag Akveld, ZTxMed 1989, 36 (39); Lemke, MedR 1991, 281 (283); Schoeppe, in: GGF (Hrsg.), Ethik, S. 19 (26).

II. Grenzmarkierung

Die Praxis der Transplantationsmedizin hat die Grenzen des Wachstums und des Machbaren, Grenzen des Zumutbaren und des Verantwortbaren, Grenzen letztlich auch der Erkenntnis und Vernunft gekennzeichnet. Vorrangiges Ziel dieser rechtlich-ethischen Untersuchung muß es deshalb sein, aus dem bisher Erkannten allgemeinverbindliche Kriterien für Grenzziehungen in der auf manchem Gebiet kaum noch faßbar leistungsstärker werdenden Medizin zu erarbeiten.

So gilt es beispielsweise bei der Lebendspende zu ermitteln, welche Organe überhaupt gespendet werden können und wo die Grenzen der Spenderbeeinträchtigung liegen. Bei der Totenspende müssen der maßgebliche Entnahmezeitpunkt und medizinische Kriterien zur Todesfeststellung festgelegt werden, die absolute Sicherheit garantieren.

Drittes Kapitel
Rechtliche Erwägungen zur Zulässigkeit der Lebendspende

A. Problemaufriß

Wenngleich die Ära der Organtransplantation mit der Lebendspende angefangen hat, als 1954 in den USA die erste Niere von einem lebenden eineiigen Zwilling auf den anderen übertragen wurde, so verlagerte sich das Interesse doch im weiteren Entwicklungsverlauf der Transplantationsmedizin auf die Organentnahme bei Verstorbenen. In Deutschland gestaltete sich die Situation sogar über lange Zeit dahingehend, daß Vorbehalte gegenüber der Lebendspende von Organen traditionsgemäß aufrechterhalten wurden. Eine restriktive Haltung war hier insbesondere bei der Frage des erwünschten Spenderkreises geradezu common sense. Diese Zurückhaltung kann auch heute nicht verwundern, berücksichtigt man, daß die Lebendspende einen operativen Eingriff mit nicht zu vernachlässigendem Risiko ohne unmittelbaren Nutzen für den Lebendspender bedeutet. Dennoch entschieden sich potentielle Spender und ausführende Ärzte in jüngster Zeit zunehmend für diesen Weg. Bei der Frage nach dem "Warum" liest man in Publikationen der Protagonisten der Lebendspende als Motivation immer wieder das Argument des Organmangels.

Die tatsächliche Rückentwicklung und die natürliche Grenze des postmortalen Organspendeaufkommens haben somit dazu geführt, daß die Lebendspende in der medizinischen Praxis an Bedeutung gewonnen hat. Das Risiko des Spenders und die in Bezug auf den Spender stattfindende Überschreitung des jahrtausendalten Gebotes *"primum non nocere"* werden seitdem mit den belegbaren Erfolgen für den Empfänger als gerechtfertigt angesehen. Wo also sind die Probleme, wenn sich ein Mensch im Vollbesitz seiner geistigen Fähigkeiten zu einem solchen Opfer entschließt, das Risiko - umfassend aufgeklärt - bewußt eingeht, die Operation mit bestmöglichem Standard, nicht komplikationslos, aber mit vernünftigem Risiko durchgeführt wird und das Ergebnis gut und oftmals besser als bei anderen Therapieverfahren in vergleichbar schweren Krankheitszuständen ist?

Natürlich gibt es die Probleme, denn auf den zweiten Blick erscheint die Situation der Verwendung von Organen Lebender nicht mehr so heil und unkompliziert wie auf den ersten. Für die an Kapriolen nicht arme moderne Medizin bleibt die Lebendspende noch immer etwas besonderes und die Erfolge von Übertragungen einer Niere oder von Teilen anderer Organe zwischen lebenden

Menschen beantworten nicht von selbst jede mit dieser Behandlung verbundene, den Bereich der Medizin überschreitende Frage. Die hier tangierten Rechtsgüter wie Leben, Gesundheit und Recht auf freie Selbstbestimmung lassen gerade auch den rechtlichen Bezug der Lebendspende in den Vordergrund treten, so daß die medizinische Weiterentwicklung auf dem Gebiet der Lebendspende vordringlich von den Juristen aufgefangen werden muß. Dies gilt um so mehr, als gerade die neuen technischen Möglichkeiten der Transplantationschirurgie in die Versuchung fragwürdiger Grenzüberschreitungen führen und damit neue ethische Fragen aufgekommen sind, die zur Besinnung auf anthropologische und gesellschaftliche Voraussetzungen nötigen.

Der Gesetzgeber hat den Handlungsbedarf erkannt und will nunmehr zu den ungeklärten ethischen und rechtlichen Fragen Stellung beziehen. In dem geplanten Transplantationsgesetz soll auch die Lebendspende, die lange Zeit im Schatten der Debatte über die verschiedenen Modelle für die postmortale Organspende stand, geregelt werden. Dieses Bestreben gibt Anlaß, die Erwägungen um Zulässigkeit und Grenzen der Lebendspende in diesem Kapitel aufzugreifen und einer näheren Betrachtung zu unterziehen. Bevor die Diskussion um die rechtlichen Zulässigkeitsvoraussetzungen der Lebendspende aufgenommen wird, soll allerdings zunächst der Frage nachgegangen werden, welche Rechtsgrundlagen für die Praxis der Lebendspende derzeit bestehen und welche Ansätze in den bisherigen gesetzgeberischen Aktivitäten zur Regelung dieses Teilgebiets der Transplantationsmedizin verfolgt wurden. Möglicherweise ergeben sich aus diesem Überblick Erkenntnisse, die zur Problembewältigung beitragen und so als Ansatzpunkte in die Auseinandersetzung um Zulässigkeit und Grenzen der Organentnahme *ex vivo* eingehen müssen.

B. Bestehende spezielle Rechtsgrundlagen

Als spezielle Rechtsgrundlagen heutiger Praxis der Lebendorganspende kommen die in der früheren DDR existierende Transplantationsverordnung und der von der Arbeitsgemeinschaft deutscher Transplantationszentren[176] entwickelte Transplantationskodex in Betracht. Beide befassen sich mit den Zulässigkeitsvoraussetzungen der Lebendspende und sollen insoweit nachfolgend vorgestellt werden.

---

176 Nunmehr "Deutsche Transplantationsgesellschaft" (DTG).

I. DDR-Verordnung

Während es in der Bundesrepublik Deutschland bis heute nicht gelungen ist, das Gesetzgebungsvorhaben eines Transplantationsgesetzes zum Abschluß zu bringen, wurde in der ehemaligen DDR schon 1975 eine Kodifikation der Transplantation in Form einer Verordnung[177] geschaffen, die in den §§ 6 bis 11 die Organentnahme beim lebenden Spender regelt.[178]

1. Inhalt

a) Grundsätze

Die Lebendspende ist gemäß § 1 Abs.2, § 6 DDR-VO erlaubt, wenn kein geeignetes Organ eines Verstorbenen zur Verfügung steht, keine gesundheitlichen Beeinträchtigungen für den Spender zu erwarten sind und mit hoher Wahrscheinlichkeit angenommen werden kann, daß die Transplantation des Organs zur Rettung des Lebens oder zur Wiederherstellung oder Besserung der Gesundheit eines Kranken führen wird.
§ 7 Abs.1 S.2, Abs.2 DDR-VO untersagt die Lebendspende für Minderjährige und Geschäftsunfähige.

b) Voraussetzungen einer wirksamen Spendereinwilligung

Der umfassend aufgeklärte volljährige Spender kann seine Einwilligung gemäß § 7 Abs.1 S.2 DDR-VO nur höchstpersönlich und freiwillig[179] erklären.

c) Bedingte Einwilligung und Widerrufsmöglichkeit

Für den Spender besteht nach § 9 Abs.1 DDR-VO die Möglichkeit, seine Einwilligung unter der Bedingung zu erteilen, daß sein Organ nur auf einen bestimmten Empfänger transplantiert wird. Wird dies unmöglich, weil beispielsweise der Empfänger kurz nach der Entnahme beim Spender stirbt, so haben die

---

177 Verordnung über die Durchführung von Organtransplantationen v. 04.07.1975 (DDR-GBl. 1975/Teil I, S. 597 ff.) in Verbindung mit der ersten Durchführungsbestimmung v. 29.03.1977 (DDR-GBl. 1977/Teil I, S. 141 ff.) und der zweiten Verordnung über die Durchführung von Organtransplantationen v. 05.08.1987 (DDR-GBl. 1987/Teil I, S. 199 ff.).
178 Ausführlich zum DDR-Recht G. Hirsch/Schmidt-Didczuhn, Transplantation, S. 30 ff.
179 Vgl. § 1 Abs.3, § 7 Abs.1 DDR-VO.

Ärzte das Organ zu reimplantieren. Nur wenn dies nicht möglich ist oder gegen den Willen des Spenders geschieht und andere Organe nicht zur Verfügung stehen, darf es einem Dritten implantiert werden.[180]

Gemäß § 7 Abs.3 DDR-VO kann der Spender seine erklärte Einwilligung bis zum Moment der Organentnahme ohne Begründung zurücknehmen.

d) Implantationsbestimmungen

In den §§ 12, 13 enthält die DDR-VO auch Bestimmungen über die Implantation eines Lebendspendetransplantats beim Empfänger. Es müssen begründete Heilungsaussichten beim Empfänger bestehen, der nach umfassender Aufklärung über Chancen und Risiken ausdrücklich in die Implantation einwilligen muß. Über die Herkunft des Organs soll er nur informiert werden, wenn ein enges persönliches Verhältnis zum Spender besteht.

Der Empfänger muß im Gegensatz zum lebenden Spender nicht voll geschäftsfähig sein, er soll jedoch in einem solchen Fall nach Möglichkeit gehört werden. Bei minderjährigen Empfängern benötigen die Ärzte die Zustimmung der Eltern, bei Entmündigten die des Vormunds.

Über Aufklärung und Zustimmung des Empfängers bzw. der gesetzlichen Vertreter muß ein Protokoll aufgenommen und von diesen sowie einem der transplantierenden Ärzte unterschrieben werden.

e) Materielle Sicherstellung des Spenders

Darüber hinaus stellt § 11 der Verordnung Regelungen über die "materielle Sicherstellung" des Spenders auf. Hier ist bestimmt, daß dem Spender materielle Nachteile infolge von gesundheitlichen Beeinträchtigungen zu ersetzen sind und in diesem Fall auch die Unterstützung bei der Vermittlung eines Arbeitsplatzes oder einer Umschulung zu gewährleisten ist. Beim Tod des Spenders übernimmt die staatliche Versicherung den Unterhalt für die Hinterbliebenen.

2. Geltung der DDR-VO

Fraglich bleibt, ob diese Regeln nach der Wiedervereinigung überhaupt noch gültig und damit Rechtsgrundlage der Lebendspende sein können. Mit dem Beitritt der ehemaligen DDR zur Bundesrepublik Deutschland am 03. Oktober 1990 könnte die DDR-Verordnung unwirksam geworden sein.

---

180 Vgl. § 9 Abs.2 DDR-VO.

a) Weitergeltung als Bundesrecht

In der Anlage II des Einigungsvertrages vom 31.08.1990 sind die gemäß Art.9 Abs.2 EinigungsV nach der Vereinigung *fortgeltenden* DDR-Vorschriften ausdrücklich bestimmt. Die DDR-Verordnung über die Durchführung von Organtransplantationen wird hier nicht genannt, so daß eine Weitergeltung dieser Verordnung als Bundesrecht gemäß Art.9 Abs.2 EinigungsV i.V.m. Anlage II ausgeschlossen ist.

b) Weitergeltung als Landesrecht

Zu erwägen bleibt jedoch eine partielle, nur die neuen Bundesländer umfassende Fortgeltung der DDR-VO als Landesrecht.

Die Weitergeltung als Landesrecht setzt nach Art.9 Abs.1 S.2 EinigungsV voraus, daß keine bundeseinheitliche Regelung vorhanden ist. Indem es an einem Bundestransplantationsgesetz fehlt, ist diese Voraussetzung erfüllt, so daß die Fortgeltung der DDR-VO als Landesrecht im Gebiet der neuen Länder grundsätzlich möglich erscheint.

Die Weitergeltung verlangt nach § 9 Abs.1 S.1 EinigungsV darüber hinaus die Vereinbarkeit mit dem Grundgesetz.[181] Unter diesem Aspekt ist die partielle Gültigkeit der DDR-VO umstritten.[182] Da aber nach Information der DSO seit der Wiedervereinigung in den neuen Bundesländern weder Ärzte noch Transplantationszentren die DDR-VO befolgen, sondern sich an das in den alten Bundesländern geltende Verfahren halten, ist dieser Meinungsstreit allein von theoretischer Relevanz. Wegen verfassungsrechtlicher Bedenken gegen einzelne Bestimmungen werden diese Vorschriften insgesamt nicht mehr angewandt.[183]

Festgehalten werden kann damit jedenfalls, daß die DDR-VO auch in den Beitrittsländern keine faktische Rechtsgrundlage der heutigen Transplantationspraxis bietet.[184]

---

181 Vom Grundgesetz abweichendes Recht gilt nach § 9 Abs.1 S.1 EinigungsV nicht fort; Art.143 GG ist ausgeschlossen.
182 *Bejahend:* Dannecker/Görtz-Leible, in: Oberender (Hrsg.), Transplantationsmedizin, S. 161 (161); G. Hirsch/Schmidt-Didczuhn, Transplantation, S. 40; Kern, DtZ 1992, 348 (349 ff.); R. Pichlmayr/Nagel, in: Schlaudraff (Hrsg.), Loccumer Protokolle 54/94, S. 53 (56). *Verneinend:* Seewald, Gutachterliche Stellungnahme, S. 6; Lemke, MedR 1991, 281 (287 f.); Lührs, ZRP 1992, 302 (302).
183 BT-Drucks. 13/4355, S. 1.
184 Wesslau/May u.a., ZTxMed 1995, 3 (5) - Tab. 3.

II. Transplantationskodex

Eine Zusammenfassung wichtiger medizinischer, ärztlicher, ethischer und juristischer Grundsätze bei Organtransplantationen enthält der Transplantationskodex, den sich die Arbeitsgemeinschaft der Transplantationszentren in der Bundesrepublik Deutschland e.V. im Jahre 1987 gegeben hat. Dieser 1992 geänderte Kodex[185] ist nicht Ausdruck eines selbstgeschaffenen Rechts der Praxis, sondern vielmehr ein Zeichen der Selbstkontrolle und Selbstverantwortung der mit der Organtransplantation befaßten Ärzte. Er kann demzufolge nicht als verbindliche Rechtsgrundlage qualifiziert werden, dient aber als rechtsethische Orientierung der Praxis und ist Bestandteil des bestehenden Vertrages von KfH, DSO und Spitzenverbänden der Krankenkassen mit der privatnützigen Stiftung Eurotransplant. Insofern sollen die hierin enthaltenen Empfehlungen an dieser Stelle Beachtung finden.

Unter Ziffer 6 befaßt sich der Transplantationskodex mit der Organentnahme von Lebenden. Folgende Richtlinien werden unter Hinweis auf divergierende Sichtweisen der verschiedenen Transplantationszentren vorgegeben:
- Die Praxis der Lebendspende beschränkt sich auf die Nierenverpflanzung. Für die Zukunft wird lediglich die Möglichkeit der Spende von Teilen anderer Organe in Aussicht gestellt.
- Weitergehend ist bestimmt, daß die Gelegenheit der Entnahme einer Niere von Lebenden zu keiner Einschränkung der Bemühungen um Organspenden von Toten führen darf.
- Unter Beachtung dieser Voraussetzungen wird die Organentnahme bei einem Lebenden für zulässig befunden, wenn sie auf der freiwilligen Einwilligung des Spenders beruht und das entnommene Organ einem Verwandten implantiert wird. Streng begründete Abweichungen vom Erfordernis der verwandtschaftlichen Beziehung zwischen Spender und Empfänger können nach sorgfältiger Abwägung getroffen werden. Als Beispiel wird hier die Lebendspende zwischen Ehepartnern genannt.

C. Gesetzesinitiativen im historischen Überblick

Wenn in der Bundesrepublik Deutschland auch bis heute kein Transplantationsgesetz verabschiedet wurde, so kann dem Gesetzgeber gleichwohl keine strikte Passivität auf diesem Sektor vorgeworfen werden. Bereits zu Anfang der 70er Jahre wurden die ersten Gesetzentwürfe zur Regelung des Transplantations-

---

185 Abgedruckt in ZTxMed 1995, 154 f.

wesens konzipiert, die jedoch keine Mehrheit fanden und demzufolge im Ergebnis scheiterten. Danach kam die transplantationsrechtliche Diskussion zwar nie ganz zur Ruhe, doch blieb die Legislative in den 80er Jahren abstinent.

Nachdem sich die Beteiligten - Spender und Empfänger ebenso wie Ärzte - über lange Zeit mit der leidlich praktikablen (Nicht-)Lösung abgefunden zu haben schienen, ist der Disput über die Notwendigkeit einer gesetzlichen Regelung zu Beginn der 90er Jahre wieder aufgeflammt. Die Gründe hierfür sind vielfältig. Ausschlaggebend waren insbesondere aufgekommene Unsicherheiten über Kriterien und Zeitpunkt der Todesfeststellung, neue Möglichkeiten der Lebendspende unter Nichtverwandten, Gefahren einer Kommerzialisierung der Organspende, die zunehmende Zahl von Mehrorganentnahmen und die Tatsache, daß die Bundesrepublik zu den wenigen europäischen Ländern ohne Transplantationsgesetz zählt. Unter diesem Problemdruck sind heute mehrere Gesetzentwürfe zur Organentnahme und -übertragung vorbereitet worden.

Mit Augenmerk auf die Regelungen zur Lebendspende gilt es nun, die Gesetzesinitiativen aus den vergangenen Jahren sowie die aktuellen Entwurfsvorschläge in Form eines historischen Überblicks vorzustellen.

I. Gescheiterte Initiativen der 70er Jahre

1. Initiative der Berliner CDU-Fraktion

Den entscheidenden Anstoß für eine entsprechende bundespolitische Initiative auf dem Gebiet der Transplantationen lieferte der Gesetzentwurf der CDU-Fraktion des Berliner Abgeordnetenhauses vom 22. Juni 1973.[186] Dieser Vorschlag für ein "Gesetz über Sektionen und Transplantationen" erfaßte neben der postmortalen Organspende in § 11 E[187] auch die Lebendspende. Der Entwurf beschränkte sich in dem Zusammenhang auf die Festlegung, daß die Organentnahme vom Lebenden eine Einwilligung nach erfolgter Aufklärung voraussetzt. Mit dieser einzigen Bestimmung war den vielfältigen juristischen Problemen der Lebendspende allerdings in keinster Weise Rechnung getragen worden.

---

186 AbgH-Drucks. 6/948.
187 = Entwurf.

2. Entwurf der Bundesregierung

Der im Jahre 1978 von der Bundesregierung eingebrachte Vorschlag für ein Transplantationsgesetz[188] stützte sich auf umfangreiche Vorarbeiten einer auf Beschluß der 42. Konferenz der Landesjustizminister und -senatoren hin gebildeten Bund-Länder-Arbeitsgruppe[189]. Der Regierungsentwurf aber ließ den Problembereich der Lebendspende gänzlich unberührt.[190]

3. Entwurf des Bundesrates

Auch der vom Bundesrat im Jahr 1978 eingebrachte Gegenentwurf[191] enthielt keinerlei Aussage über die rechtlichen Voraussetzungen der Lebendspende, sondern beschränkte sich auf die Normierung der Zulässigkeitskriterien der Totenspende. Damit war man nur in einen schmalen Bereich der Transplantationsproblematik vorgedrungen und hatte selbst hier nicht einmal das Erforderliche normiert.[192] Mit Ablauf der 8. Legislaturperiode ist dieser Entwurf aufgrund des Diskontinuitätsgrundsatzes hinfällig geworden.

II. Initiativen der 90er Jahre

1. Außerparlamentarische Initiativen

Der Diskussionsprozeß um die Notwendigkeit eines Transplantationsgesetzes wurde zu Beginn der 90er Jahre in erster Linie durch nichtstaatliche Organisationen wiederbelebt, indem einzelne Interessenverbände Entwürfe für ein Transplantationsgesetz vorstellten.

---

188 BR-Drucks. 395/78, Regierungsentwurf.
189 In dieser Arbeitsgruppe hatten sich Juristen und Mediziner um Vorschläge für eine spezialgesetzliche Regelung des Transplantationsrechts bemüht. Im Ergebnis aber brachte diese Arbeitsgruppe nach immerhin zweijähriger Expertenarbeit nur einen fragmentarischen Entwurf hervor.
190 Vgl. die Kritik hierzu bei Carstens, ZRP 1979, 282 (282); Kunert, Jura 1979, 350 (356 f.); Rüping, GA 1978, 129 (132).
191 BR-Drucks. 395/78, Bundesratsentwurf.
192 Carstens, ZRP 1978, 146 (149); Laufs, NJW 1976, 1121 (1126).

*a) Erklärung der Deutschen Bischofskonferenz und des Rates der
Evangelischen Kirche in Deutschland*

Die beiden großen christlichen Kirchen haben sich am 21. September 1990 zur Frage der Organtransplantation zu Wort gemeldet. In einer gemeinsamen Erklärung nahmen sie zu den wichtigsten Problemen der Organspende Stellung und machten den ethischen Standpunkt der Kirchen deutlich.[193]

Ausweislich der gemeinsamen Erklärung wird das Leben und damit der Leib als ein Geschenk Gottes betrachtet, über das der Mensch nicht nach Belieben verfügen könne, das er aber nach sorgfältiger Gewissensprüfung aus Liebe zum Nächsten einsetzen dürfe, so daß kein grundsätzlicher Einwand gegen eine freiwillige Organspende zu Lebzeiten bestehe. Die Entscheidung zur Lebendorganspende könne der einzelne allerdings nur persönlich treffen, so daß Eltern nicht über eine Organentnahme ihres Kindes entscheiden dürften. Lediglich bei der Gewebespende besteht nach Ansicht der Kirchen die Möglichkeit der Vertretung durch die Sorgeberechtigten.[194]

*b) Entwurf der Arbeitsgemeinschaft der Dialysepatienten und
Nierentransplantierten in Bayern e.V.*

Ein erster detaillierter Entwurf für ein Transplantationsgesetz ist von der Arbeitsgemeinschaft der Dialysepatienten und Nierentransplantierten in Bayern e.V. initiiert und als Abschluß eines Gutachtens, das von der Interessengemeinschaft in Auftrag gegeben wurde, öffentlich vorgestellt worden.[195] Der überarbeitete Entwurf aus dem Jahr 1991 "normiert" in den §§ 9 bis 13 E die Zulässigkeitsvoraussetzungen der Lebendspende.

Gemäß § 9 S.1, 2 E ist die Spende unter Mitwirkung eines lebenden Spenders auf Eltern und Kinder, Geschwister, Ehegatten, Personen, die in eheähnlicher Gemeinschaft leben, sowie auf Verwandte 2. Grades i.S.v. § 1589 BGB beschränkt. Nach Satz 3 der Vorschrift muß vor dem Eingriff im Rahmen einer umfassenden ärztlichen Untersuchung festgestellt worden sein, daß den Spender infolge des Eingriffs keine erheblichen gesundheitlichen Beeinträchtigungen erwarten.

- § 10 E schreibt vor, daß die Organentnahme *ex vivo* allein bei volljährigen Spendern zulässig ist und nur durch die höchstpersönliche Zustimmung des

---

193 Deutsche Bischofskonferenz/Rat der Evangelischen Kirche, Erklärung-Organtransplantationen.
194 Deutsche Bischofskonferenz/Rat der Evangelischen Kirche, Erklärung-Organtransplantationen, S. 15 f.
195 Seewald, Gutachterliche Stellungnahme, S. 80 ff.

Spenders gerechtfertigt sein kann, die aus freiem Entschluß und ohne Beeinflussung Dritter erteilt werden muß. Weiterhin ist vorgesehen, daß der Spender seine Zustimmung bis unmittelbar vor dem Exstirpationseingriff ohne Angabe von Gründen zurücknehmen kann.
- § 11 des Entwurfs verlangt eine umfassende Aufklärung des Lebendspenders, die sich auf alle im Zusammenhang mit der Organentnahme stehenden Umstände erstrecken muß, soweit diese für die Entscheidung des Spenders von Bedeutung sein könnten. Vorgesehen ist schließlich die Protokollierung des Aufklärungsgesprächs und der Zustimmungserklärung. Das Protokoll muß von den Beteiligten unterschrieben werden.
- § 12 E bestimmt, daß die Entnahme erst durchgeführt werden darf, wenn dieses Protokoll vorliegt und die in den §§ 9 bis 11 E geforderten Voraussetzungen erfüllt sind.
- In § 13 E ist schließlich vorgesehen, daß der Spender seine Einwilligung auch unter der Bedingung erklären kann, daß das Organ allein einem von ihm zuvor bestimmten Empfänger transplantiert wird. Wenn sich die Implantation bei dem vorgesehenen Empfänger später als unmöglich erweist, darf das Organ nur dann einem Dritten implantiert werden, wenn eine Reimplantation beim Spender nicht möglich oder von diesem nicht gewünscht ist.

c) Entwurf der Arbeitsgemeinschaft der Deutschen Transplantationszentren e.V. und der DSO

Die Arbeitsgemeinschaft der Deutschen Transplantationszentren e.V. hat im Jahre 1991 - in Zusammenarbeit mit der DSO - bei den Gesundheitsministerien in Bund und Ländern einen Entwurf für ein Transplantationsgesetz eingereicht.[196] Die Entnahme von Organen Lebender ist in den §§ 7, 8 E geregelt.

§ 7 E bestimmt die Voraussetzungen der Lebendspende bei volljährigen Personen:
- Nach § 7 Abs.1 Nr.1 E ist die Organentnahme nur dann zulässig, wenn sie erforderlich und geeignet ist, das Leben eines anderen Menschen zu erhalten oder ein schwerwiegendes Leiden zu beheben oder zu mindern. Eine Entnahme zum Zweck der Lagerung des Transplantats in sogenannten Organbanken ist ausgeschlossen.
- Nr.2 der Vorschrift verlangt schließlich, daß der Spender nach umfassender Aufklärung in den Exstirpationseingriff eingewilligt haben muß.

---

196 Der Gesetzentwurf ist abgedruckt bei Toellner (Hrsg.), Organtransplantation, S. 105 ff. und bei H.-L. Schreiber/Wolfslast, MedR 1992, 189 (194 f.).

- Für Organe, Organteile und Gewebe, die sich nicht wieder neu bilden, ist in Absatz 2 ergänzend bestimmt, daß diese nur bei nahen Verwandten des Empfängers entnommen werden dürfen und auch hier nur dann, wenn ein geeignetes Organ, Organsegment oder Gewebe eines Verstorbenen nicht oder nicht rechtzeitig zur Verfügung steht.
- Absatz 3 sieht die jederzeitige Widerrufsmöglichkeit der Spendereinwilligung vor.
- § 7 Abs.4 E untersagt die Organentnahme trotz Einwilligung, wenn dem Spender durch den Empfänger oder andere Personen Vorteile gleich welcher Art gewährt oder zugesichert worden sind bzw. der Arzt Anhaltspunkte für dahingehende Vorteilsgewährungen hat.
- Eine weitere Einschränkung sieht § 7 Abs.5 E vor, wonach die Lebendspende unzulässig ist, wenn sie den Spender über das allgemeine Operationsrisiko hinaus gefährdet oder über die bloßen Folgen der Exstirpation hinaus gesundheitlich schwer beeinträchtigt.

Eine Sondervorschrift in § 8 E regelt die Lebendspende von Minderjährigen sowie geistig und seelisch Behinderten.
- Die Lebendspende ist gemäß § 8 S.1 Nr.1, 2 E nur bei regenerationsfähigen Organen, Organteilen bzw. Geweben zulässig und auch dann nur, wenn das Transplantat zur Übertragung auf nahe Verwandte bestimmt ist.
- Ist der Minderjährige selbst einsichtsfähig, so bedarf der Eingriff nach § 8 S.1 Nr.3 E zu seiner Rechtfertigung der Einwilligung des Spenders *und* seines gesetzlichen Vertreters.
- Für minderjährige, nicht einsichtsfähige Spender sowie geistig behinderte Personen ist in § 8 S.2 E bestimmt, daß der gesetzliche Vertreter nur mit Zustimmung eines vom Vormundschaftsgericht zu bestellenden Pflegers entscheiden kann.

2. Initiativen auf Landesebene

Nachdem die legislative Besinnungsphase durch das Vorpreschen nichtstaatlicher Organisationen jäh unterbrochen worden war, sah sich in den Folgejahren auch der Gesetzgeber veranlaßt, den Diskussionsprozeß wieder aufzunehmen. Bis zur endgültigen Klärung der Frage, *wer* die notwendige Zuständigkeit für den Erlaß einer transplantationsrechtlichen Regelung besaß, stellten sich die Länder auf den Standpunkt, daß ein Transplantationsgesetz mit Ausnahme seiner zivil- und strafrechtlichen Aspekte gemäß Art. 70 GG zur Gesetzgebungskompetenz der Länder gehöre.[197] Die daraufhin seitens der Länder unternommenen Bemühungen werden zwar infolge des neuen Art. 74 Abs.1 Nr.26 GG den bundeseinheitlichen Initiativen weichen. Die auf Länderebene angestrengten Entwürfe verdienen gleichwohl Beachtung, denn sie bestimmen unzweifelhaft auch die Überlegungen für ein bundeseinheitliches Transplantationsgesetz.

a) Entwurf der niedersächsischen SPD-Landtagsfraktion

Die SPD-Fraktion im Niedersächsischen Landtag hat sich den gemeinsamen Vorschlag der Arbeitsgemeinschaft der Deutschen Transplantationszentren e.V. und DSO mit nur geringfügigen Änderungen zu eigen gemacht und "ihren" Entwurf einer gesetzlichen Regelung der Transplantation im September 1992 vorgestellt.[198] Da die im dritten Abschnitt normierten Zulässigkeitsvoraussetzungen der Lebendspende inhaltlich mit dem bereits vorgestellten[199] Arbeitsgemeinschaftsentwurf übereinstimmen, sei an dieser Stelle auf eine gesonderte Darstellung verzichtet.

b) Entwurf der AGLMB

Im Oktober 1991 betraute die Gesundheitsministerkonferenz der Länder die Arbeitsgemeinschaft leitender Medizinalbeamter (AGLMB) mit der Vorbereitung einer gesetzlichen Regelung der Organtransplantation. Das Ziel bestand in der Erarbeitung einer einheitlichen Rechtsetzung für alle Länder, was im Ergebnis bedeutete, daß alle Länder den gleichen Gesetzestext verabschieden sollten.[200]

Das von der AGLMB im April 1993 präsentierte "Muster-Transplantationsgesetz"[201] beschäftigt sich in § 8 mit der Organentnahme bei lebenden Personen. Die Zulässigkeitsvoraussetzungen sind hier wie folgt normiert worden:
- Der Kreis der Spender wird in § 8 Abs.1 Nr.1 M-TPG[202] auf volljährige Personen beschränkt, die weder geistig noch seelisch behindert sind.

---

197 Bis zur Grundgesetzänderung war die Kompetenzfrage strittig; vgl. hierzu Kern, MedR 1994, 389 (389); Kübler, Verfassungsrechtliche Aspekte, S. 141 ff; Linck, JZ 1973, 759 (765); Seewald, Gutachterliche Stellungnahme, S. 32 ff.
198 Abgedruckt bei Lührs, ZRP 1992, 302 (304 f.).
199 Vgl. unter vorstehendem Gliederungspunkt 1.c).
200 Das angestrebte Verfahren entsprach damit weithin der Vorgehensweise, nach der im Deutschen Bund bis 1866 eine einheitliche Gesetzgebung im Bereich des Handelsrechts erreicht werden konnte, ohne daß es eine Kompetenz des Bundes gab.
201 Der Mustergesetzentwurf ist abgedruckt bei Becker, Berliner Ärzte 1993, 30 f.
202 = Muster-Transplantationsgesetz.

- Die Entnahme ist gemäß § 8 Abs.1 Nr.2 M-TPG allein mit Einwilligung des Spenders zulässig, welche nach Aufklärung über Art, Umfang und gesundheitliche Risiken des Eingriffs in schriftlicher Form erklärt werden muß. Die Einwilligung ist nach Absatz 3 der Vorschrift jederzeit widerrufbar.
- Die Lebendspende soll allein dann zulässig sein, wenn absehbar ist, daß der Spender nicht über das allgemeine Operationsrisiko hinaus gefährdet oder über die unmittelbaren Folgen der Organentnahme hinaus gesundheitlich schwer beeinträchtigt wird.
- Die Entnahme muß erforderlich und geeignet sein, das Leben eines anderen Menschen zu erhalten oder ein schwerwiegendes Leiden zu beheben oder zu lindern.
- Organe und Gewebe die sich nicht neu bilden, dürfen gemäß § 8 Abs.2 M-TPG in der Regel nur bei Verwandten und nur dann entnommen werden, wenn ein geeignetes Organ oder Gewebe einer Leiche nicht oder nicht rechtzeitig zur Verfügung steht.

Der Mustergesetzentwurf wurde von den Gesundheitsministern und Gesundheitssenatoren der Länder zwar grundsätzlich gebilligt, ist aber nie Gesetz geworden.

c) Transplantationsgesetz des Landes Rheinland-Pfalz

Am 23.06.1994 verabschiedete der rheinland-pfälzische Landtag ein Transplantationsgesetz für das Land Rheinland-Pfalz[203], das allerdings am 25.08.1994 einstimmig durch Beschluß wieder aufgehoben wurde[204]. Das Gesetz war als Modell für eine entsprechende Regelung auf Bundesebene gedacht und weist im Vergleich zu dem zuvor dargestellten Musterentwurf einige nicht unerhebliche Abweichungen in Bezug auf die Lebendspenderegelung auf.

- Nach § 9 TPG/Rh.-Pf. ist die Entnahme von Organen bei lebenden Minderjährigen sowie geistig und seelisch behinderten Personen zulässig, wenn das Transplantat auf nahe Verwandte übertragen wird *und* es sich um ein regenerationsfähiges Organ oder Gewebe handelt.
- Die erforderliche Einwilligung können der einsichtsfähige Minderjährige und sein gesetzlicher Vertreter gemeinsam abgeben.
- Bei nicht einsichtsfähigen Minderjährigen sowie geistig behinderten Personen muß die Einwilligung durch den gesetzlichen Vertreter mit Zustimmung eines vom Amtsgericht zu bestellenden Betreuers erfolgen.

---

203 LT-Drucks. 12/5037.
204 LT-Drucks. 12/5174/5181/5243/5291.

3. Aktuelle Initiativen auf Bundesebene

Nachdem im Rahmen der Verfassungsreform durch Ergänzung des Art. 74 Abs. 1 GG um eine neue Ziffer 26 dem Bund mit Wirkung zum 15.11.1994 die konkurrierende Gesetzgebungskompetenz zur Regelung der Transplantation von Organen und Geweben zugewiesen wurde, ist der Wetteifer verschiedener souveräner Landesparlamente um das "beste Gesetz" verebbt und die Gefahr der Rechtszersplitterung gebannt. Vielmehr muß damit heute "nur noch" in der Sache selbst gestritten und entschieden werden. Wie kontrovers die Meinungen dennoch sind, soll der nachfolgende Überblick über die derzeit zur Entscheidung vorliegenden Gesetzentwürfe verdeutlichen.

a) Gesetzentwurf der Abgeordneten Knoche, Häfner und der Fraktion BÜNDNIS 90/DIE GRÜNEN

Nach langjährigem Diskussionsprozeß legten die Abgeordneten Knoche und Häfner sowie die Mitglieder der Fraktion BÜNDNIS 90/DIE GRÜNEN am 07.11.1995 den Entwurf eines Transplantationsgesetzes vor.[205]

Nach § 13 E-TPG[206] ist die Organentnahme bei Lebenden zulässig, wenn folgende Voraussetzungen kumulativ vorliegen:
- der Spender muß das 18. Lebensjahr vollendet haben und es muß eine den gesetzlichen Anforderungen genügende wirksame Einwilligung vorliegen[207],
- der Spender muß gemäß § 13 Nr.1 2. Halbs. E-TPG im Vorfeld über die Art des Eingriffs, den Umfang, die Nachteile und alle unmittelbaren und mittelbaren Folgen der Organentnahme sowie über alle Umstände, denen eine Bedeutung für die Organentnahme zukommt, ärztlich aufgeklärt werden,
- der Spender muß gemäß § 13 Nr.2 E-TPG nach ärztlicher Erkenntnis zur Spende geeignet sein und darf nicht über das Operationsrisiko hinaus gefährdet werden,
- das Transplantat muß nach § 13 Nr.3 E-TPG zur Übertragung auf einen Verwandten ersten oder zweiten Grades bestimmt sein, für den Empfänger muß die Verpflanzung eine nachhaltige Verbesserung seines Gesundheitszustandes erwarten lassen und nach Abwägung aller Umstände darf für ihn keine gleichwertige Behandlungsalternative in Betracht kommen.

---

205 BT-Drucks. 13/2926.
206 = Entwurf-Transplantationsgesetz.
207 § 13 Nr.1 1.Halbs. i.V.m. § 4 Abs.1, 2 E-TPG.

b) Gesetzentwurf der Fraktionen der CDU/CSU, SPD, F.D.P.

Der Entwurf eines "Gesetzes über die Spende, Entnahme und Übertragung von Organen" der Fraktionen der CDU/CSU, SPD und F.D.P. vom 16.04.1996[208] regelt in § 7 die Zulässigkeit der Organentnahme bei Lebenden.

- Der Spender muß gemäß § 7 Abs.1 S.1 Nr.1 a) E-TPG volljährig und einsichtsfähig sein.
- Es muß gemäß § 7 Abs.1 S.1 Nr.1 b) i.V.m. Abs.2 S.1 E-TPG eine wirksame, stets schriftlich zu erteilende, freiwillige Einwilligung nach umfassender Aufklärung vorliegen, wobei das ärztliche Aufklärungsgespräch neben der Risikoaufklärung auch solche Umstände erfassen muß, denen der Organspender erkennbar eine Bedeutung beimißt.
- Der Spender muß gemäß § 7 Abs.1 S.1 Nr.1 c) E-TPG nach ärztlicher Beurteilung zur Spende geeignet sein und darf nicht über das Operationsrisiko hinaus gefährdet werden.
- Die Entnahme ist gemäß § 7 Abs.1 S.1 Nr.2, 3 E-TPG nur zulässig, wenn die Übertragung des Lebendspendetransplantats nach ärztlicher Beurteilung geeignet ist, das Leben des Empfängers zu erhalten, eine schwerwiegende Krankheit zu heilen, ihre Verschlimmerung zu verhüten oder ihre Beschwerden zu lindern und kein geeignetes Leichenorgan zur Verfügung steht.
- Die Spende nicht regenerierbarer Organe und Organteile ist gemäß § 7 Abs.1 S.2 E-TPG nur zulässig zum Zwecke der Übertragung auf Verwandte ersten oder zweiten Grades, Ehegatten, Verlobte oder andere Personen, die dem Spender in besonderer persönlicher und sittlicher Verbundenheit offenkundig nahestehen.
- Die Einwilligung kann von dem Spender nach § 7 Abs.2 S.4 E-TPG schriftlich oder mündlich wirksam zurückgenommen werden.
- Nach § 7 Abs.3 S.1 E-TPG ist der Entnahmeeingriff beim lebenden Spender erst dann zulässig, wenn sich Organspender und -empfänger zur Teilnahme an einer ärztlich empfohlenen Nachbetreuung bereiterklärt haben.

III. Zusammenfassung

Die überblicksmäßige Darstellung hat unschwer erkennen lassen, daß die Zulässigkeit der Lebendorganspende im Grundsatz restriktiv behandelt wird. Ein gesetzliches Teilverbot von Lebendspenden aber greift in grundrechtlich geschützte Freiheitsbereiche potentieller Spender und Empfänger ein. Deshalb be-

---

208 BT-Drucks. 13/4355.

darf nicht die allgemeine Freigabe dieser Therapie, sondern vielmehr die Beschränkung der Lebendspende der rechtlichen Begründung.

Mag diese Erkenntnis auch selbstverständlich erscheinen - in den neu erarbeiteten Gesetzesvorschlägen hat sie sich nur allmählich und auch bis heute noch keineswegs völlig durchsetzen können. Im Rahmen der nachfolgenden umfassenden rechtlichen Würdigung möchte ich deshalb untersuchen, ob die geplanten Regelungen den an sie gestellten Anforderungen tatsächlich gerecht werden.

D. Diskussion der Zulässigkeitsvoraussetzungen der Lebendspende

Aus der bereits bestehenden Rechtsordnung ergeben sich Anhaltspunkte für Möglichkeiten und Grenzen der Lebendspende, die richtungsweisend in die Diskussion um eine spezialgesetzliche Normierung der Zulässigkeitsvoraussetzungen der Lebendspende eingebracht werden müssen. Hierzu sollen die dem Schutz von Lebendspendern und Transplantatempfängern dienenden zentralen Gesetzesvorschriften nachfolgend auf die Sachverhalte der modernen Transplantationsmedizin angewandt, gegebenenfalls weiterentwickelt und fortgebildet werden.

I. Rechtsqualität des lebenden menschlichen Körpers

Ausgangspunkt der Überlegungen zur Zulässigkeit von Lebendspenden ist die Frage, ob der Mensch Teile seines Körpers anderen Menschen überhaupt rechtswirksam zur Verfügung stellen kann.

Gegenstand von Rechtsgeschäften können ausschließlich Sachen oder Rechte sein. Zum Begriff "Sache" ist in § 90 BGB geregelt, daß es sich um einen körperlichen, das heißt sinnlich wahrnehmbaren, räumlich abgrenzbaren und tatsächlich beherrschbaren Gegenstand handeln muß, unabhängig von dem jeweiligen Aggregatzustand.[209] Könnte man den Körper des lebenden Menschen und seine natürlichen Teile wie Organe und Gewebe als Sachen im Sinne des Bürgerlichen Rechts definieren, würden demzufolge alle gesetzlich geregelten Befugnisse bzw. Einschränkungen im Umgang mit diesen "Gegenständen" gelten. Neben dem zivilrechtlichen Schutz für die Körperteile bestünde die Möglichkeit der rechtswirksamen Weitergabe und anderer sachenrechtlicher Vorgänge. Vordergründig muß deshalb die Frage beantwortet werden, wie das Verhältnis des lebenden Menschen zu seinem Körper rechtlich zu qualifizieren ist.

---

209 Heinrichs, in: Palandt, BGB, § 90 Rdnr. 1.

1. Problemaufriß

Unter Berücksichtigung des Umstandes, daß sich das Recht seit unvordenklicher Zeit mit der Zuordnung, dem Fluß und der Verteilung von Sachgütern beschäftigt, könnte die Erwartung bestehen, daß die Frage nach der Rechtsnatur des menschlichen Körpers und seiner Teile entsprechend klar beantwortet werden kann. Bis heute aber sind die Rechtsverhältnisse des lebenden menschlichen Körpers weder explizit geregelt noch hat sich hierzu eine einheitliche Rechtsauffassung gebildet. Vielmehr zeigen sich nach wie vor immense Unsicherheiten. So ist es bezeichnend, daß im Hinblick auf Blut und Organe des Menschen die Fachbegriffe des Schuld- und Sachenrechts ohne oder gar mit Bedacht vermieden werden. Blut und Organe werden nicht verkauft oder verschenkt, sondern sie werden *gespendet*. Der Kranke erwirbt sie nicht, er *empfängt* sie. Um jedweden sprachlichen Anstoß zu vermeiden, wird man auch nicht zur Spende verpflichtet, sondern *aufgefordert*.

Diese "Sprachlosigkeit" der Juristen verdeutlicht nur allzu gut, daß die rechtliche Problematik der Organspende bereits im Ausgangspunkt ungelöst, jedenfalls von enormer Unsicherheit geprägt ist. Diese Unsicherheit muß beseitigt werden, denn die Frage nach der Verfügungsberechtigung des Menschen über Teile seines Körpers kann nicht losgelöst davon beantwortet werden, wie das Verhältnis des lebenden Menschen zu seinem Körper rechtlich einzuordnen ist. Zu diesem Zweck möchte ich die Diskussion um die Rechtsnatur des menschlichen Körpers an dieser Stelle aufgreifen und einer Entscheidung zuführen. Die Darstellung beschränkt sich allerdings auf Grundzüge, da diese Kernfrage bereits Gegenstand zahlreicher wissenschaftlicher Untersuchungen war[210] und der Rahmen dieser Arbeit gesprengt würde, wenn die Problematik in vergleichbarem Umfang nochmals in ihrer Vielschichtigkeit und Meinungsvielfalt detailliert ausgeführt würde.

---

210 Vgl. hierzu Forkel, JZ 1974, 593 ff.; Gareis, in: FS Schirmer, S. 61 ff.; Jansen, Blutspende, S. 25 ff.; Kaatsch, Rechtsmedizin 1994, 132 ff.; Maier, Verkauf von Körperorganen; Kallmann, FamRZ 1969, 572 (577 ff.); Sasse, Veräußerung von Organen, S. 51 ff.; Schäfer, Rechtsfragen; Schoeller, Organspende vom lebenden Spender, S. 39 ff.; Schünemann, Rechte am menschlichen Körper; Taupitz, AcP 1991, 201 ff.; Tress, Organtransplantation; Wichmann, Die rechtlichen Verhältnisse des menschlichen Körpers.

2. Rechtsnatur des menschlichen Körpers

a) Sachenrechtlicher Ansatz

Nach dem früher vertretenen sachenrechtlichen Ansatz stellt der lebende menschliche Körper eine eigentumsfähige Sache i.S.v. § 90 BGB dar, der demzufolge Gegenstand von Verfügungen sein kann.[211]

b) Persönlichkeitsrechtlicher Ansatz

Die heute herrschende Ansicht qualifiziert die Beziehung des Menschen zu seinem Körper als besonderes Persönlichkeitsrecht.[212] Der Gesetzgeber hat dieses wichtige Rechtsinstitut zwar nicht explizit geregelt. In Rechtsprechung und Literatur aber ist ein allgemeines Persönlichkeitsrecht seit langem anerkannt, das die Ausstrahlungen der Persönlichkeit eines Menschen in allen Beziehungen umfaßt und immer mehr in sämtliche Bereiche unseres gesellschaftlichen Zusammenlebens hineinwirkt.[213] Im Hinblick auf den Inhalt dieses Rechtes bestehen jedoch zwischen Literatur und Rechtsprechung verschiedene Interpretationen, die sich zwar nicht im Rechtsgüterschutz, wohl aber bei der Reichweite der Verfügungsbefugnis auswirken.

Im Schrifttum wird der menschliche Körper als subjektives Recht im Sinne eines einheitlichen, umfassenden besonderen Persönlichkeitsrechtes am eigenen Körper eingestuft.[214] Dieses Recht erlaubt einerseits die Abwehr von Störungen und verleiht andererseits die Befugnis, über den Körper innerhalb enger Sittenwidrigkeitsschranken uneingeschränkt zu verfügen.

In älteren Entscheidungen geht der Bundesgerichtshof dagegen noch von der Qualifizierung der körperlichen Unversehrtheit als Rechtsgut aus, das zwar gegenüber Dritten geschützt wird, selbst aber nicht Gegenstand eines Rechtes sein kann.[215] Mit dieser Feststellung war zugleich die Konsequenz verbunden, daß

---

211 Brunner, NJW 1953, 1173 (1173).
212 Holch, in: MüKo, BGB/Bd.1, § 90 Rdnr. 2; Mühl, in: Soergel, BGB/Bd.1, § 90 Rdnr. 3; Dilcher, in: Staudinger, BGB/Bd.I, § 90 Rdnr. 14; Larenz, BGB/AT, § 8 I 2, S. 127; Forkel, JZ 1974, 593 (593 f.); Sasse, Veräußerung von Organen, S. 52 f; Schoeller, Organspende vom lebenden Spender, S. 39; Tress, Organtransplantation, S. 11 ff.
213 Schünemann, Rechte am menschlichen Körper, S. 45 ff.
214 Holch, in: MüKo, BGB/Bd.1, § 90 Rdnr. 2; Mühl, in: Soergel, BGB/Bd.1, § 90 Rdnr. 3; Dilcher, in: Staudinger, BGB/Bd.I, § 90 Rdnr. 14; Larenz, BGB/AT, § 8 I 2, S. 127; Tress, Organtransplantation, S. 11 ff.
215 BGHZ 29, 33 (36 ff.).

der Mensch über seine körperliche Unversehrtheit nicht wie über eine ihm gehörende Sache verfügen und folglich auch keine ärztlichen Maßnahmen gestatten konnte. Dieses Ergebnis aber schien unerträglich, waren doch ärztliche Heileingriffe im Interesse des Patienten oftmals dringend notwendig und nur durch seine Einwilligung zu rechtfertigen. Diese Erwägungen veranlaßten sodann auch die Rechtsprechung dazu, aus dem Grundgesetz ein Selbstbestimmungsrecht zu entwickeln[216], das dem einzelnen ein uneingeschränktes Verfügungsrecht über seinen Körper einräumt und damit dem Patienten die Befugnis verleiht, entsprechende Eingriffe zuzulassen.

c) Überlagerungsthese

Den neuesten Weg zur rechtlichen Einordnung des menschlichen Körpers geht Schünemann. Er stellt mit seiner Überlagerungsthese eine stufenweise Betrachtung an und löst sich damit von dem Axiom, daß der Körper entweder ausschließlich sachenrechtlich oder ausschließlich persönlichkeitsrechtlich erfaßt werden kann.

Nach seiner Ansicht wird die erste Stufe zur rechtlichen Erfassung des menschlichen Körpers von der sachenrechtlichen Ebene geprägt, wo der Körper wie sonstige Materie als Sache aufgefaßt und entsprechenden Regeln unterworfen werden kann.[217] Während der Zuordnung des Körpers oder des Körperteils zur Person spiele diese Ebene aber keine Rolle, denn wenn die Teile des menschlichen Körpers während ihrer Verbindung auch nichts anderes als Sachen seien, so würden gleichwohl die sachenrechtlichen Vorschriften nicht darauf angewandt, da sie von der zweiten Stufe, der persönlichkeitsrechtlichen Ebene, überlagert seien, so daß letztlich für die rechtliche Qualifikation des lebenden Körpers allein das Persönlichkeitsrecht entscheidend sei.[218]

d) Diskussion

Die Qualifizierung des menschlichen Körpers als Sache im Sinne der erstgenannten Ansicht stößt auf Bedenken, geht man mit Dilcher[219] davon aus, daß Sache nur sein kann, was der Person gegenübersteht. Ob diese Bedenken im Ergebnis durchschlagen, soll unter Berücksichtigung der mit dieser rechtlichen Einordnung verbundenen Konsequenzen entschieden werden.

---

216 BGH VersR 1974, 752 (753); BVerfG NJW 1979, 1925 (1929 f.).
217 Schünemann, Rechte am menschlichen Körper, S. 92.
218 Schünemann, Rechte am menschlichen Körper, S. 93, 102.
219 Dilcher, in: Staudinger, BGB/Bd. I, § 90 Rdnr. 14.

Bestünde an natürlichen Körperpartien Besitz und Eigentum, würde der Schutz, welcher der rechtlichen Zuordnung der Sache zuteil wird, auch für menschliche Körperteile gelten. Zugleich wäre die Möglichkeit der Verfügung gegeben, also der rechtswirksamen Weitergabe an einen anderen. Manche Sicherungsformen wie Eigentumsvorbehalt und Sicherungsübereignung kämen jedenfalls theoretisch in Betracht. Eine Konstruktion, die zu sachfremden Ergebnissen führt und deutlich macht, daß das Eigentum am eigenen Körper sich in wesentlichen Punkten vom Eigentum im allgemeinen Sinne unterscheiden müßte. Zwei wesentliche Elemente des Eigentums, namentlich die aus dem Charakter als Herrschaftsrecht fließende Befugnis zur Vernichtung der Sache und die Übertragbarkeit des Eigentumsrechts sind nämlich im Zusammenhang mit dem lebenden Körper nicht realisierbar. Während die Vernichtungsbefugnis auf ein Recht zum Selbstmord hinausliefe, würde die Bejahung der Übertragbarkeit zu fremdem Eigentum am eigenen Körper führen. Das Grundgesetz aber enthält weder ein derartiges Verfügungsrecht über das Leben noch ist die Annahme fremden Eigentums mit der Garantie der Menschenwürde i.S.v. Art.1 Abs.1 GG vereinbar[220], da rechtsethische Grundsätze eine Degradierung des Menschen wie auch seines Körpers zum bloßen Objekt verbieten[221].

Diese soeben geschilderten Unzulänglichkeiten der sachenrechtlichen Erfassung des menschlichen Körpers zeigen, daß juristische Qualifizierungen nur dann insgesamt überzeugend sind, wenn sie möglichst genau die tatsächlichen Gegebenheiten nachvollziehen. Hierzu zählt zunächst die Erkenntnis, daß der menschliche Körper aus Materie besteht, die nach dem Tode ebenso wie der Körper anderer Lebewesen zerfällt. Der Mensch kann insoweit als stoffliche Verbindung begriffen werden, die zeitweise, für die Dauer eines Menschenlebens, einem menschlichen Willen zugeordnet ist. Für diese Zeit der Verbindung mit der Person tritt die Eigenschaft, Materie zu sein, bei allen Teilen des menschlichen Körpers gänzlich in den Hintergrund. Dieses Wesensmerkmal wird nicht aufgegeben, sondern von der zusätzlichen Eigenschaft, Bestandteil des menschlichen Körpers zu sein und dem Willen und den Gefühlen einer Person zu dienen, überlagert.

Die Einzigartigkeit der Person im Rechtssinne ergibt sich demzufolge aus einer Synthese von Körper und Geist. Bei der rechtlichen Einordnung des Körpers läßt sich diesem Sachverhalt keinesfalls durch eine formale Versachlichung des menschlichen Körpers Rechnung tragen, sondern nur durch eine entsprechend stufenweise Betrachtung, wie Schünemann sie mit seiner Überlagerungsthese er-

---

220 Jansen, Blutspende, S. 6.
221 Dürig, in: Maunz/Dürig u.a., GG/Bd.I, Art.1 Abs.1 GG, Rdnr. 28.

arbeitet hat. Im Ergebnis bedeutet dies, daß der lebende menschliche Körper persönlichkeitsrechtlich erfaßt werden muß.

Diese Erwägungen finden ihre Stütze auch in der verbreiteten Verkehrsauffassung, die den menschlichen Körper eben nicht als Sache begreift. Vielmehr entspricht es der ethisch-sittlichen Grundüberzeugung in Vergangenheit und Gegenwart, daß der menschliche Körper als geistig-körperliche Einheit etwas Besonderes ist. Diese Sichtweise vom Menschen vermögen allein die persönlichkeitsrechtlichen Theorien zu verdeutlichen, denn sie tragen der Sonderstellung des Menschen durch Anerkennung eines speziellen Rechts besser Rechnung als durch die Einordnung in eine große, sachenrechtliche Kategorie.

3. Ergebnis

Zu konstatieren bleibt insoweit, daß der lebende Körper als Bestandteil der Persönlichkeit des Menschen nicht als Rechtsobjekt, sondern Rechtssubjekt zu klassifizieren ist.[222] Für die hier in Frage stehende Zulässigkeit einer Organentnahme zu Lebzeiten, die ja die Weitergabe von Teilen eines Menschen betrifft, bedeutet dies, daß die Menschenwürde und andere legitime Persönlichkeitsinteressen beachtet werden müssen.

II. Verfassungsrechtliche Vorgaben

Welche Interessen bei der Normierung der Zulässigkeitsvoraussetzungen der Lebendspende konkret zu berücksichtigen sind und in welchen verfassungsrechtlichen Rahmen diese Interessen eingebunden sind, soll nachfolgend herausgearbeitet werden. Vordergründig sind dabei die zentralen Grundwerte der Menschenwürde, des Lebensschutzes und der freien Entfaltung der Persönlichkeit zu beachten, die den einfachen Gesetzgeber gemäß Art.1 Abs.3 GG in seinen verfassungsrechtlichen Wertentscheidungen binden.

1. Interessen und Rechte der Empfänger

Oftmals schwer oder gar hoffnungslos erkrankte Menschen haben ein verständliches Interesse daran, daß möglichst viele Organe für Transplantationszwecke zur Verfügung stehen. Verfassungsrechtlich werden die Interessen potentieller Organempfänger auf Verbesserung ihrer Gesundheit bzw. Erhaltung

---

222 Weitergehend hierzu Sasse, Veräußerung von Organen, S. 51 ff.; Schäfer, Rechtsfragen; Schünemann, Rechte am menschlichen Körper.

ihres Lebens durch Art.2 Abs.2 S.1 GG geschützt, der ein Recht auf Leben und körperliche Unversehrtheit gewährleistet.[223] Begreift man die Grundrechte nicht nur als Abwehrrechte gegenüber dem Staat, sondern auch als Leistungsrechte[224], so könnte die Legislative mit Blick auf Art.2 Abs.2 S.1 GG verpflichtet sein, einen Individualanspruch auf bedarfsorientierte Transplantatversorgung gesetzlich zu garantieren.

Ohne die Frage nach dem Leistungscharakter von Grundrechten an dieser Stelle vertiefen zu wollen, kann davon ausgegangen werden, daß Art.2 Abs.2 S.1 GG - i.V.m. dem in Art.20 Abs.1, Art.28 Abs.1 S.1 GG verankerten Sozialstaatsprinzip - staatliches Handeln objektivrechtlich zum Aufbau und zur Unterhaltung einer leistungsfähigen medizinischen, gegebenenfalls auch transplantationsmedizinischen Versorgungsstruktur im Rahmen der finanziellen Möglichkeiten anleitet. Damit korrespondiert allerdings kein grundrechtlicher Anspruch kranker Menschen in Form eines "Rechts auf Transplantate".[225]

Hinsichtlich der Wahrung der Empfängerinteressen kann das verfassungsrechtlich zu beachtende Gebot deshalb nur darin bestehen, daß ein Transplantationsgesetz die Verpflanzung des knappen Gutes "transplantationsfähiges lebenswichtiges Organ" in normativ verläßliche und grundrechtskompatible Bahnen lenkt[226] und die von Art.2 Abs.2 S.1 GG geschützten Interessen der kranken Menschen berücksichtigt werden, wenn es um die Frage möglicher Grundrechtsbeschränkungen auf Seiten der Spender geht.

2. Interessen und Rechte der Spender

Unabhängig davon, ob die Entscheidung über eine Lebendspende positiv oder negativ ausfällt, hat die Personengruppe der Spender ein achtenswertes Interesse daran, daß dieser Willensentschluß akzeptiert wird. Mit Blick auf die Risikoträchtigkeit des Eingriffs haben die Spender zudem ein mutmaßliches Interesse daran, daß im Transplantationsgesetz die Einhaltung bestimmter Schutzmaßnahmen vorgeschrieben wird.

Diese Interessen finden ihre grundrechtliche Absicherung in verschiedenen Vorschriften der Verfassung. Inwieweit der verfassungsrechtliche Gestaltungsspielraum der Parlamentarier insgesamt eingeschränkt ist, um die Spenderinteressen in rechtswirksamer Weise zu wahren, soll nachfolgend ermittelt werden.

---

223 Schmidt-Didczuhn, ZRP 1991, 264 (266).
224 Hierzu Jarass, in: Jarass/Pieroth, GG, vor Art.1 Rdnr. 7.
225 Höfling/Rixen, Verfassungsfragen, S. 93; Kübler, Verfassungsrechtliche Aspekte, S. 92.
226 Höfling/Rixen, Verfassungsfragen, S. 93.

a) Menschenwürdegarantie

An erster Stelle steht die Frage, ob eine gesetzliche Regelung der Lebendspende die in Art.1 Abs.1 GG garantierte Menschenwürde tangieren kann. Als Grundsatznorm der Verfassung und gesamten Rechtsordnung bestimmt Art.1 Abs.1 GG, daß die Würde des Menschen unantastbar ist. Sie darf nach dem eindeutigen Wortlaut, soweit sie reicht, nicht eingeschränkt werden. Der Schutz der Menschenwürde muß um seiner Geltung willen allerdings elementar verstanden werden, das heißt, die in Art.1 Abs.1 GG verbürgte Garantie darf nicht vorschnell zur "kleinen Münze"[227] gemacht werden, auch wenn eine Berufung auf sie in so vielen Fällen zu passen scheint.[228] Es geht hier allein um Schutz und Achtung *elementarster* Fragen des Menschen.

Mit der Menschenwürde ist dementsprechend der soziale Wert- und Achtungsanspruch gemeint, der dem Menschen wegen seines Menschseins zukommt.[229] Zentraler Gehalt dieser Garantie ist die Idee, daß der Mensch als geistig-sittliches Wesen darauf angelegt ist, sich selbst in entscheidenden Fragen in Freiheit und Selbstbewußtsein zu bestimmen. Auf der anderen Seite wird der Gehalt der Menschenwürde aber auch geprägt von dem Menschenbild, das der Verfassung zugrunde liegt. Das Grundgesetz sieht den Menschen nicht als selbstherrliches Individuum, sondern als eine in der Gemeinschaft stehende und ihr vielfältig verpflichtete Persönlichkeit.[230] Diese zwei Elemente bestimmen den materiellen Gehalt der Menschenwürde und die Antwort, wann sie als verletzt anzusehen ist. Sie ist verletzt, wenn der Mensch zum Objekt, zum bloßen Mittel, zur vertretbaren Größe herabgewürdigt[231] und einer Behandlung ausgesetzt wird, die seine Subjektqualität prinzipiell in Frage stellt[232], etwa weil die Subjektivität und Selbstbestimmung im Interesse der Gemeinschaftsgebundenheit aufgegeben, der Mensch zum nur dienenden Instrument degradiert wird.

Aus Art.1 Abs.1 GG erwächst demzufolge für den Gesetzgeber bei der Normierung der Zulässigkeitsvoraussetzungen der Lebendspende die verfassungsrechtliche Verpflichtung zur Schaffung von Normen, die sicherstellen, daß ein Arzt nicht ohne Einverständnis oder gegen den Willen des von dem Eingriff Betroffenen explantiert und Körpersäfte bzw. -teile eigenmächtig wegnimmt. Das gewichtige Interesse an der Respektierung des Menschen in seiner Subjektivität als Selbstzweck und die Achtung seiner Personenwürde schlagen hier als

---

227 Jarass, in: Jarass/Pieroth, GG, Art.1 Rdnr. 4.
228 Dürig, in: Maunz/Dürig u.a., GG/Bd.I, Art.1 Abs.1 Rdnr. 29.
229 BVerfGE 87, 209 (228).
230 BVerfGE 12, 45 (51); 32, 98 (107 f.).
231 Dürig, in: Maunz/Dürig u.a., GG/Bd.I, Art.1 Abs.1 Rdnr. 28.
232 BVerfGE 50, 166 (175); 87, 209 (228).

absolute Werte zu Buche und müssen bei der gesetzlichen Regelung vordergründig berücksichtigt werden.[233]

b) Allgemeines Persönlichkeitsrecht

Im weiteren stellt sich die Frage, welchen Einfluß das allgemeine Persönlichkeitsrecht des Menschen auf die Regelungsgestalt des Transplantationsgesetzes nimmt.

aa) Schutzbereich

Das aus Art.2 Abs.1 i.V.m. Art.1 Abs.1 GG abgeleitete allgemeine Persönlichkeitsrecht des Menschen garantiert dem einzelnen die Befugnis zur individuellen Selbstbestimmung des gesamten persönlichen Lebensbereichs.[234]

Für die hier interessierende Frage nach der Zulässigkeit von Lebendspenden hat dieses Gebot zur Konsequenz, daß jedweder Eingriff beim Spender zum Zwecke einer Organentnahme nur mit seiner vorherigen persönlichen Zustimmung vorgenommen werden darf. Eine zwangsweise Organentnahme - etwa unter Notstandsaspekten[235] - wäre unabhängig von der Art der zu entnehmenden Organe Mißachtung seines Persönlichkeitsrechts[236], denn die Entscheidung über einen Akt sittlicher, altruistischer Hilfeleistung unter teilweiser Aufopferung des eigenen Körpers kann nur der autonome Mensch in seiner Eigenverantwortlichkeit selbst treffen.[237] Daß unsere bestehende Rechtsordnung dem einzelnen in Ausnahmefällen gewisse Duldungspflichten auferlegt, wenn es um den Eingriff in die körperliche Integrität geht, vermag dieses Ergebnis nicht zu erschüttern. Die beispielsweise in § 81 a StPO und §§ 10, 32 BSeuchenG fixierten Maßnahmen stellen nämlich regelmäßig geringfügige Eingriffe dar, die durchweg zugunsten von Interessen der Allgemeinheit an Strafverfolgung oder Bekämpfung übertragbarer Krankheiten erfolgen. Hingegen würde eine zwangsweise Organentnahme allein zur Befriedigung von Individualinteressen der Empfänger die-

---

233 So auch Laufs, in: FS Narr, S. 34 (39); ders., Arztrecht, Rdnr. 276.
234 Schmidt-Didczuhn, ZRP 1991, 264 (265).
235 Die Rechtfertigung einer Organentnahme durch Notstand wird vertiefend unter Gliederungspunkt D./III. 1.b) aa) in diesem Kapitel behandelt.
236 So auch Narr, Diskussion 2, in: Hiersche/G. Hirsch/Graf-Baumann (Hrsg.), Rechtliche Fragen, S. 84 (90).
237 Überwiegende Ansicht, vgl. Carstens, Organtransplantation, S. 36 ff.; Gramer, Organtransplantation, S. 28; Laufs, Arztrecht, Rdnr. 275 f.; Sasse, Veräußerung von Organen, S. 124; Schoeller, Organspende vom lebenden Spender, S. 89, jeweils m.w.N.

nen. Eine etwaige Beschränkung des Selbstbestimmungsrechts der Spender wäre hiermit niemals zu rechtfertigen.

In einem Transplantationsgesetz muß diesem Umstand Rechnung getragen werden, indem die Zulässigkeit der Organexstirpation beim lebenden Menschen von der ausdrücklich erklärten Zustimmung des Spenders abhängig gemacht wird. Das Selbstbestimmungsrecht des lebenden Menschen steht jeder anderen Regelung unüberwindbar entgegen.

bb) Einschränkbarkeit

Ist damit zunächst auch festgestellt, daß eine Organentnahme zu Lebzeiten nur mit Zustimmung des Spenders erfolgen darf, so muß weitergehend der Frage nachgegangen werden, ob die Einwilligung des Spenders auch jede Form der Organentnahme rechtfertigen kann. Berücksichtigt man, daß die Spende lebensnotwendiger Organe den sicheren Tod des Spenders zur Folge hat und auch jede andere Organexstirpation zu Lebzeiten mit gesundheitlichen Risiken verbunden ist, so könnte die Legislative von Verfassungs wegen verpflichtet sein, den einzelnen auch vor sich selbst zu schützen und durch entsprechende normative Regelungen die Möglichkeiten der Lebendspende einzuschränken. Dies würde zunächst voraussetzen, daß dieses Grundrecht überhaupt begrenzt werden darf.

Das Recht auf umfassende persönliche Selbstbestimmung ist ein Fundamentalrecht, das aber - anders als die absolut verbürgte Würde des Menschen - nicht uneingeschränkt gewährleistet wird, sondern unter dem allgemeinen Rechtsvorbehalt steht. Die Legislative, die von dem Schrankenvorbehalt des Art.2 Abs.1 GG Gebrauch macht, ist an die übrigen Grundrechte und die allgemeinen Grundsätze der Verfassung gebunden.

(1) Schranke

Mit Blick darauf, daß die Organentnahme beim lebenden Spender unzweifelhaft einen Eingriff in die körperliche Integrität bedeutet, der je nach Art und gesundheitlicher Gesamtkonstitution des Spenders für diesen mit gesundheitlichen, gegebenenfalls gar lebensgefährlichen Risiken verbunden sein kann, kommt Art.2 Abs.2 S.1 GG als Schranke in Betracht. Diese Verfassungsnorm schützt das Fundamentalgrundrecht auf Leben und Gesundheit, so daß für den Gesetzgeber die verfassungsrechtliche *Pflicht* bestehen könnte, durch die normative Festlegung von Einwilligungsgrenzen den Spendewilligen vor sich selbst zu schützen. Die Beantwortung dieser Frage bemißt sich in erster Linie danach, ob die Rechtsgüter Leben und körperliche Unversehrtheit auch dann schutzwürdig sind, wenn es sich eben nicht um unfreiwillige, sondern um geduldete, ja sogar erbetene Verletzungen handelt.

Bei Gesamtbetrachtung der bestehenden Rechtsordnung zeigt sich, daß das Selbstbestimmungsrecht uneingeschränkt anerkannt wird, sofern es sich um den Bereich von Selbstgefährdungen handelt. Jedes Handanlegen an den eigenen Körper in Gestalt von Selbstverletzungen und Selbstmord bleibt für den hiervon Betroffenen straflos.[238] Die körperliche Unversehrtheit stellt demnach grundsätzlich ein verzichtbares Individualrechtsgut dar. Auch die einzigen in den §§ 109, 17 WehrStrG bestimmten Ausnahmen, die die strafrechtliche Verfolgung der Selbstverstümmelung vorschreiben, ändern an dieser Beurteilung nichts. Diese Vorschriften dienen nämlich nicht vorrangig dem Schutz der Gesundheit des einzelnen, sondern dem Interesse der Allgemeinheit an der Wehrpflichterfüllung.[239]

Festgehalten werden kann damit insoweit, daß die Bestimmungsbefugnis über die leiblich-seelische Integrität zum ureigensten Bereich der Personalität des Menschen gehört[240], die ihn uneingeschränkt über dieses Rechtsgut verfügen läßt, also auch über die Art und Weise seiner Gefährdung. Eine verfassungsrechtliche Verpflichtung des Gesetzgebers zur Festlegung von Einwilligungsgrenzen läßt sich folglich nicht mit reinen Selbstschutzerwägungen begründen.[241] Eine Beschränkung der Zustimmungsbefugnis aus diesem Grunde entspräche auch nicht der verfassungsrechtlichen Würdegarantie, die eben den Menschen als ein sich in elementaren Fragen selbst bestimmendes Wesen ansieht.[242]

Aufgrund vorstehender Bedenken hinsichtlich der Annahme einer zwingenden Verpflichtung des Gesetzgebers zur Einschränkung des Selbstbestimmungsrechts, wird ihm teilweise zumindest eine entsprechende *Befugnis*[243] zuerkannt, den Spender durch die normative Festlegung enger Zulässigkeits-

---

238 Engisch, in: FS Mayer, S. 399 (407 f.); H.-J. Hirsch, ZStW 1971, 141 (168).
239 Engisch, in: FS Mayer, S. 399 (407 f.).
240 BVerfG NJW 1979, 1925 (1931).
241 *A.A.* Schoeller, Organspende vom lebenden Spender, S. 13, die eine entsprechende zwingende Verpflichtung des Gesetzgebers annimmt.
242 So auch G. Hirsch/Schmidt-Didczuhn, Transplantation, S. 51; Schmidt-Didczuhn, ZRP 1991, 264 (265); Sasse, Veräußerung von Organen, S. 140.
243 So G. Hirsch/Schmidt-Didczuhn, Transplantation, S. 51; Schmidt-Didczuhn, ZRP 1991, 264 (266); Jarass, in: Jarass/Pieroth, GG, Art.2 Rdnr. 53.

grenzen der Lebendspende vor sich selbst zu schützen.[244] Ob nun mit Blick auf Art.2 Abs.2 S.1 GG eine derartige Selbstschutzbefugnis besteht, kann aber letztlich offen bleiben, denn hier geht es nicht allein um die Frage, was sich ein mündiger Mensch mit seiner Entscheidung selbst antun darf, sondern vor allem um die Beurteilung des Handelns Dritter. Speziell bei der Organentnahme zum Zweck der Lebendspende erfolgt die Beeinträchtigung der körperlichen Unversehrtheit nämlich durch einen Arzt.[245] Bei der Diskussion um die Tragweite des Selbstbestimmungsrechts bzw. den Grund der Beschränkung der Einwilligungsbefugnis gilt folglich zu beachten, daß dogmatisch streng zu unterscheiden ist zwischen der freien Verfügungsmöglichkeit über den eigenen Körper durch Selbstverletzung und der freien Verfügung über das Rechtsgut Körperintegrität durch Zulassen oder Verlangen der Verletzung durch einen Dritten. Denn wenn auch - von den keine andere Beurteilung erlaubenden Ausnahmen des Wehrstrafrechtes abgesehen - der Suizid und der sich selbst Schädigende straflos bleiben, so gilt dies keinesfalls für denjenigen Dritten, der sich hieran beteiligt. Dies verdeutlicht die Existenz der strafrechtlichen Bestimmungen §§ 216, 226 a StGB, wonach die Tötung auf Verlangen bzw. die Körperverletzung mit Einwilligung strafrechtlich verfolgt werden. Grund für diese Differenzierung ist, daß die meisten Menschen infolge natürlicher Hemmschwellen vor Selbstverletzungen und Selbstmord zurückschrecken. Die Mitwirkung eines Dritten aber kann diese Barriere überwinden helfen, womit der Ansatzpunkt für die Kontrolle seines Handelns durch das Gesetz gefunden ist.[246] Für den hier zu beurteilenden Fall der Lebendspende muß dies um so mehr gelten, denn der Spendewunsch kann überhaupt erst durch einen Dritten - den sich zur Explantation bereiterklärenden Mediziner - realisiert werden. Hinzu kommt, daß sich der Spender in seiner Entschlußfindung schnell durch den Arzt beeinflussen lassen wird, denn schließlich übernimmt der Arzt Verantwortung für den Entnahmeeingriff. Im Einzelfall erleichtert das Gespräch mit dem "Fachmann" vielleicht die Zustimmung des Lebendspenders.

Diese Umstände machen deutlich, daß ein spendender Rechtsgutträger in besonders starkem Maße dem Urteil eines anderen Menschen ausgeliefert ist, so daß es sich insofern eben nicht mehr ausschließlich um die freie Verfügung eines mündigen Bürgers handeln wird.

---

244 Ausführlich hierzu Kübler, Verfassungsrechtliche Aspekte, S. 130 f.; G. Hirsch/ Schmidt-Didczuhn, Transplantation, S. 45, 51 f.; Sasse, Veräußerung von Organen, S. 137 ff.; Schmidt-Didczuhn, ZRP 1991, 264 (266 f.).
245 Engisch, in: FS Mayer, S. 399 (411, 413); H.-J. Hirsch, ZStW 1971, 141 (167).
246 Engisch, in: FS Mayer, S. 399 (411).

(2) Fazit

Zusammenfassend ist festzuhalten, daß die Entscheidung über eine altruistisch motivierte Spende als Akt der Hilfeleistung für einen nahestehenden Menschen zwar grundsätzlich der elementaren Selbstbestimmung und persönlichen Würde zuzurechnen ist. Da bei der Lebendspende aber ein Dritter in die körperliche Integrität eines anderen Menschen eingreift und das Risiko dieses Eingriffs für den Spender durch keinerlei gesundheitlichen Eigennutzen kompensiert wird, müssen Einwilligungsgrenzen bestimmt werden.

c) Glaubens- und Gewissensfreiheit

Bei der gesetzlichen Ausgestaltung der Zulässigkeitsvoraussetzungen der Lebendspende, erfordert schließlich die von Art.4 Abs.1 GG geschützte Glaubens- und Gewissensfreiheit Beachtung.

aa) Schutzbereich

Art.4 Abs.1 GG schützt das Recht des einzelnen, sein gesamtes Verhalten an den Lehren seiner religiösen und weltanschaulichen Überzeugung auszurichten und dieser Überzeugung gemäß zu handeln.[247] Eine Organentnahme darf deshalb nicht ohne Rücksicht auf die Verträglichkeit mit der religiösen oder weltanschaulichen Überzeugung des Betroffenen durchgeführt werden.[248]

Darüber hinaus erfaßt Art.4 Abs.1 GG eine sogenannte "negative" Glaubens- und Gewissensfreiheit, die dem einzelnen das Recht zugesteht, seine Glaubenseinstellung nicht offenbaren zu müssen.[249] Diese negative Komponente ist tangiert, wenn der Gesetzgeber von demjenigen, der eine Organentnahme aus religiösen Gründen ablehnt, die Offenbarung dieser Motive verlangen würde.[250]

bb) Einschränkbarkeit

Mit dem Eingriff in den Schutzbereich des Art.4 Abs.1 GG korrespondiert jedoch nicht zugleich dessen Verletzung, denn das Grundrecht des Art.4 Abs.1 GG gilt nicht schrankenlos. Es unterliegt zwar nicht, wie Art.2 Abs.1 GG, einem allgemeinen Gesetzesvorbehalt. Die Glaubens- und Gewissensfreiheit wird aber, wie jedes andere Grundrecht auch, durch verfassungsimmanente Schranken be-

---

247 BVerfGE 32, 98 (106); 41, 29 (49).
248 Schmidt-Didczuhn, ZRP 1991, 264 (266).
249 BVerfGE 46, 266 (267); 49, 375 (376); 65, 1 (39).
250 Schmidt-Didczuhn, ZRP 1991, 264 (266).

grenzt.[251] Kollidierende Grundrechte Dritter sowie andere mit Verfassungsrang ausgestattete Rechtswerte können dazu führen, daß dieses Freiheitsrecht im Abwägungsprozeß widerstreitenden Interessen unterliegt und der Gesetzgeber dementsprechend zu etwaigen Einschränkungen der prinzipiell geschützten Rechtspositionen legitimiert ist.

3. Notwendigkeit eines Interessenausgleichs

Ein Transplantationsgesetz, das die Lebendspende einschränkt, greift unumgänglich in die Grundrechte verschiedener Betroffener ein und ist deshalb nur verfassungsgemäß, wenn die kollidierenden Interessen in einen möglichst schonenden Ausgleich gebracht werden. Dies kann sicher nicht durch das Aufstellen starrer Limits erreicht werden, die Zulässigkeit und Unzulässigkeit der Lebendspende abstrakt-generell festlegen. Vielmehr muß sich die Grenzziehung unter Beachtung des aus dem Rechtsstaatsprinzip entwickelten Gebots der Verhältnismäßigkeit[252] an den Besonderheiten des konkreten Einzelfalles orientieren, will man eine interessengerechte Lösung erarbeiten, die den verfassungsrechtlichen Vorgaben gerecht wird. Dieser Verhältnismäßigkeitsgrundsatz setzt der Regelungsfreiheit Schranken, indem er die Geeignetheit gesetzlicher Normierungen zur Erreichung des bezweckten Erfolges, die Wahl des geringstmöglichen Eingriffs in die Grundrechte Betroffener[253] und die Angemessenheit der Maßnahme verlangt, so daß stets eine Abwägung zwischen Schwere und Zweck der Verletzung[254] oder anders formuliert, eine Gegenüberstellung von Risiko und Nutzen des Eingriffs erforderlich ist.

a) Geltung des Abwägungsgebots

Ob dieser Abwägungsgrundsatz auch für die etwaig nötige Grenzziehung über Zulässigkeitsmodalitäten der Lebendspende uneingeschränkte Geltung beansprucht, ist im Hinblick darauf, daß die Risiken für Leben und Gesundheit des altruistisch handelnden Spenders in keiner Weise durch entsprechende Eigenvorteile kompensiert werden, durchaus kritisch zu betrachten. Eine Abwägung wäre hier auf die Gegenüberstellung von willentlich akzeptiertem Spenderrisiko und erhofftem Empfängernutzen ausgerichtet, um im Ergebnis feststellen zu

---

251 Dannecker/Görtz-Leible, in: Oberender (Hrsg.), Transplantationsmedizin, S. 161 (180); G. Hirsch/Schmidt-Didczuhn, Transplantation, S. 48; Kloth, Todesbestimmung und Organentnahme, S. 125; Maurer, DÖV 1980, 7 (13).
252 BVerfGE 61, 126 (134); 69, 1 (35); 76, 256 (359).
253 Schoeller, Organspende vom lebenden Spender, S. 107.
254 Maunz/Zippelius, Staatsrecht, § 13 III 6, S. 95.

können, ob die Nachteile auf Spenderseite im Verhältnis zur Verbesserung des Gesundheitszustandes auf Empfängerseite vertretbar erscheinen.

Strengt man eine dahingehende Betrachtungsweise nicht an, so kommt man kaum umhin, die Lebendspende von Rechts wegen gänzlich zu untersagen. Denn beschränkt man die Sichtweise isoliert auf den Akt der Organentnahme beim Spender, so scheint es bereits durchweg zweifelhaft, ob es sinnvoll und rechtmäßig sein kann, wenn sich ein gesundes Mitglied der Gesellschaft dem Risiko des Eingriffs und nicht kalkulierbaren Spätfolgen aussetzt. Eine ausnahmslose Unterbindung der Lebendspende würde allerdings dazu führen, daß sich die ohnehin bestehende Organmangelsituation drastisch verschärft. Eine solche Regelung ließe demzufolge keinen Raum für die Interessen Kranker, denen mit einer solchen Spende geholfen werden kann.

Eine völlige Untersagung von Lebendspenden würde letztlich auch gegen den Verhältnismäßigkeitsgrundsatz verstoßen, da eine dahingehende Maßnahme zum Schutz Betroffener nicht notwendig erscheint. Vielmehr kann dieser Schutz durch eine weitaus mildere Regelung erreicht werden, dergestalt, daß das Gesetz im Grundsatz von der Zulässigkeit der Lebendspende ausgeht, durch entsprechend einengende Voraussetzungen aber die Möglichkeit der Unterbindung für die Situationen schafft, in denen die Lebendspende den oben definierten Voraussetzungen des Verhältnismäßigkeitsgebotes eben nicht mehr entspricht. Auf diesem Wege kann die Legislative der komplizierten Thematik am ehesten gerecht werden, denn die Wahl einer differenzierenden Lösung schafft die Gelegenheit, auf die verschiedenen Arten der Entnahme *ex vivo* mit ihren jeweils spezifischen Problemen einzugehen. Um den gegenläufigen Interessen hierbei Rechnung zu tragen und die Grenzziehung nicht willkürlich erscheinen zu lassen, bietet die Risiko-Nutzen-Abwägung eine objektive Orientierungshilfe. Müssen die tangierten Rechtsgüter auch in ein Wertigkeitsverhältnis gebracht werden, um dann entscheiden zu können, ob eventuelle Risiken für Leben und Gesundheit des Spenders unter Berücksichtigung des Empfängernutzens als legitim klassifiziert werden können - unter Berücksichtigung des Umstandes, daß eine Organverpflanzung die einzige Chance zur Lebensrettung, oftmals jedenfalls eine Maßnahme zur Verbesserung der Lebensqualität organkranker Menschen darstellt, kann es im Einzelfall durchaus gerechtfertigt sein, ein mit der Entnahme verbundenes Operations- oder Folgerisiko als vertretbar einzustufen.

Die generelle "Nützlichkeit" der Transplantation läßt es daher erforderlich erscheinen, auch für den Fall der Lebendspende eine Risiko-Nutzen-Abwägung anzustellen, die den mit der Organentnahme verfolgten Zweck, die Situation des Kranken und seine Heilungschancen, die Situation des Spenders, beider soziales Umfeld und die besondere psychische Situation mit in die Beurteilung von Zulässigkeit und Grenzen der Lebendspende einbezieht. Nur so kann im Einzelfall entschieden werden, ob die Wertigkeit der jeweiligen Transplantationsart für den individuellen Patienten in angemessenem Verhältnis zu den für den Spender zu erwartenden Gefahren steht.

b) Risiko-Nutzen-Kalkulation bei der Organentnahme zu Heilzwecken

Ab welchem Risikograd die Lebendspende eingeschränkt werden muß, verlangt nach einer Grenzziehung, die nicht einfach ist. Ob die nachfolgend aufzuzeigenden denkbaren Risiken Anlaß geben, die Gefährdung des Spenders als nicht verantwortbar zu qualifizieren, soll zunächst für den Fall untersucht werden, daß die Organentnahme zu Heilzwecken beim Transplantatempfänger dient.

aa) Grundsätzliche Überlegungen

Besteht der Zweck der Organentnahme in der unmittelbaren Heilung eines anderen Menschen, so ist diese vom Einwilligenden gewollte Hilfe für einen anderen aus rechtsethischer Sicht[255] grundsätzlich positiv zu bewerten.[256] Doch darf die Güterabwägung nicht auf die Empfängerperspektive beschränkt bleiben, sondern muß in erster Linie berücksichtigen, daß die Lebendspende auf Spenderseite ausschließlich eine erhöhte Belastung bedeutet. Im Rahmen der Voruntersuchungen, während der Operation und im Hinblick auf postoperative Komplikationen bestehen für ihn gesundheitliche und gegebenenfalls lebensgefährliche Risiken. Dabei kann die Gefährdung ihre Ursache darin haben, daß die Organentnahme als solche bereits ein großes gesundheitliches Risiko darstellt. Im Einzelfall aber kann auch eine normalerweise unproblematische Organentnahme den Spender gefährden, etwa weil er nicht gesund oder aus anderen Gründen nicht in der Lage ist, die Folgen der Organentnahme zu verkraften.

Auch die Interessen der explantierenden Ärzte müssen im Rahmen der Abwägung Beachtung finden. Gerade für das Handeln des Arztes gilt nämlich zu berücksichtigen, daß er mit der Entnahme eines gesunden Organs grundsätzlich gegen das fundamentale Prinzip ärztlichen Handelns *"primum non nocere"* verstößt. Dieses oberste Gebot kann allein im Falle einer Abwägung mit höherrangigen Gütern und auch hier nur dann außer Kraft gesetzt werden, wenn keine

---

255 Ausführlich zu den ethischen Aspekten der Organtransplantation: Barth, in: Schlaudraff (Hrsg.), Loccumer Protokolle 54/94, S. 1 (3 f.); Elsässer, ZTxMed 1993, 65 ff.; Gründel, ZTxMed 1993, 70 ff.; Niemann, in: GGF (Hrsg.), Ethik, S. 47 (48 ff.); Viefhues, in: GGF (Hrsg.), Ethik, S. 63 (71 ff.); Zenker, in: R. Pichlmayr (Hrsg.), Operationslehre/Bd.III, S. 3 ff.; Ziegler, in: ders. (Hrsg.), Organverpflanzung, S. 52 (63 ff.).
256 Schöne-Seifert, in: Themen, S. 28; Deutsche Bischofskonferenz/Rat der Evangelischen Kirche, Erklärung-Organtransplantationen, S. 26.

andere Alternative besteht. Denn wenn der Einwilligende aus ethischer Sicht auch große Risiken eingehen kann, um einem Dritten zu helfen, darf der Arzt nur dann eingreifen, wenn ihm kein anderes Mittel zur Erreichung des vom Einwilligenden verfolgten Handlungsziels zur Verfügung steht.[257]

Ob das grundsätzlich anerkennenswerte Heilungsziel jede Form der Organentnahme im Ergebnis zu rechtfertigen vermag, soll im Rahmen der nachfolgenden Untersuchung danach beurteilt werden, ob dieses Handlungsziel in angemessenem Verhältnis zur Schwere der Verletzung steht und nicht durch andere Hilfsmöglichkeiten realisiert werden kann. Vorweg sei allerdings darauf hingewiesen, daß die konkret zu befürchtenden Spenderrisiken letztlich allein von Ärztegremien abgeschätzt werden können. Nur diese verfügen über entsprechende Sachkenntnis und können aufgrund ihrer Nähe zur Praxis etwaige medizinische Neuerkenntnisse in die Einzelfallbeurteilung umgehend mit einfließen lassen. Im Rahmen dieser Arbeit kann die Gefährdung des Spenders nur auf der Basis einer laienhaften Einschätzung und allein unter Berücksichtigung des derzeitigen Entwicklungsstandes der Transplantationschirurgie dargestellt werden.

bb) Entnahme lebenswichtiger Organe

(1) Gefahrenpotential

Bei der Entnahme lebenswichtiger Organe - Herz, Lungen, beide Nieren, Leber, Bauchspeicheldrüse, Darm - ist die oben definierte Verhältnismäßigkeit in keinem Fall gewahrt. Ein nicht kompensierter Ausfall dieser Organe führt zum irreversiblen Kreislaufstillstand, zum Zusammenbruch des Gesamtorganismus und damit zum sicheren Tod des Spenders.[258] Eine Organexstirpation mit dahingehenden Konsequenzen für das Spenderleben ist gemäß § 216 StGB auch bei völlig freiwilliger Einwilligung des Betroffenen rechtlich ausnahmslos unzulässig.[259] Aktive Euthanasie ist nicht erlaubt, auch nicht für die altruistische Opferung des eigenen Lebens für einen anderen durch Organspende.

(2) Konsequenzen

Die Zulässigkeit der Lebendspende findet demzufolge dort ihre Grenzen, wo der Spender durch die Organentnahme in Lebensgefahr gerät, wie dies bei der Entnahme lebensnotwendiger Organe der Fall ist. Für eine Lebendspende kommen

---

257 Honecker, in: Eser/v. Lutterotti/Sporken (Hrsg.), Lexikon, Stichwort "Organtransplantation", Sp. 762.
258 Roth/Dicke, in: Hoff/i.d. Schmitten (Hrsg.), Wann ist der Mensch tot?, S. 51 (53).
259 Grewel, ZRP 1995, 217 (217); Kramer, Rechtsfragen, S. 172; H.-L. Schreiber, in: GGF (Hrsg.), Ethik, S. 39 (43); Spann/Liebhardt, MMW 1967, 672 (674).

deshalb nur solche Organe und Gewebe in Betracht, deren Verlust nicht zum Tode führt und ein Weiterleben des Spenders ermöglicht, also Organe und Gewebe, die sich regenerieren, paarig angelegt sind oder von denen nur Segmente entnommen werden.

cc) Entnahme regenerativer Körpersubstanzen

Die für eine Lebendspende interessanten regenerationsfähigen Körpersubstanzen sind in erster Linie Knochenmark und Blut.

(1) Risiken und Nutzen der Blutspende

Auf seiten des Spenders stellt die Entnahme geringer Blutmengen einen medizinisch unproblematischen Eingriff dar, der praktisch ohne Risiko verläuft. Das Blut regeneriert sich innerhalb kürzester Zeit vollständig, so daß keine Folgen des Eingriffs zurückbleiben.[260]

Die Blutspende dient der Behandlung von Menschen, die einen hohen Blutverlust erlitten haben, sowie der Herstellung lebensnotwendiger Gerinnungspräparate. Für den Empfänger einer Blutkonserve besteht freilich die Gefahr der Infizierung mit Viren und Bakterien. Aufwendige Prüfverfahren haben dieses Risiko in den letzten Jahren zwar herabgesetzt, keineswegs aber völlig ausgeschlossen.

(2) Risiken und Nutzen der Knochenmarkspende

Die Knochenmarktransplantation wird nur mit dem Knochenmark lebender Spender durchgeführt. Für den Spender kann die Extraktion als weitgehend ungefährlicher Eingriff betrachtet werden.[261] Sie birgt, neben den stets gegebenen Infektionsgefahren, für ihn lediglich das Narkoserisiko[262] in sich, ist aber anson-

---

260 Sasse, Veräußerung von Organen, S. 145; Schoeller, Organspende vom lebenden Spender, S. 16.
261 Deutsche Bischofskonferenz/Rat der Evangelischen Kirche, Erklärung-Organtransplantationen, S. 14.
262 Im Gegensatz zur Blutentnahme erfordert die Entnahme von Knochenmark eine Narkotisierung des Spenders, da die Gewinnung des Knochenmarks durch Punktion und Ansaugen im Brustbein und den Beckenkammräumen für den Spender mit Schmerzen verbunden ist; vgl. hierzu Kolb/Thierfelder, in: R. Pichlmayr (Hrsg.), Operationslehre/Bd.III, S. 1061 (1068). Das Narkoserisko aber liegt hier unter 0,1 %. Bei über 3.000 Knochenmarktransplantationen sind nur in 0,27 % der Fälle lebensbedrohliche Komplikationen aufgetreten.

sten mit keinen schwerwiegenden gesundheitlichen Risiken verbunden.[263] Vor allem bleibt der Eingriff ohne weitere Folgen für den Betroffenen, da das Knochenmark zu den Geweben mit voller Regenerationskraft zählt.

Die Knochenmarkübertragung dient der Behandlung bösartiger Blutkrankheiten, wie zum Beispiel Leukämie. Ob die Therapie die Grunderkrankung zu heilen vermag, hängt in erster Linie davon ab, bis zu welchem Stadium sie fortgeschritten ist. Bei günstigen Voraussetzungen beträgt die Heilungschance immerhin 50 bis 80 %.[264]

(3) Ergebnis

Unter Berücksichtigung des Empfängernutzens läßt sich zusammenfassend konstatieren, daß die Entnahme der regenerativen Körpersubstanzen Blut und Knochenmark der oben definierten Verhältnismäßigkeit entspricht, solange dem Körper des Spenders nicht mehr Flüssigkeit entzogen wird, als ohne nennenswerte Schädigung wieder von diesem selbst ersetzt werden kann.

dd) Nierenspende

Als paarig angelegtes Organ eignet sich die Niere für eine Lebendspende.

(1) Spenderrisiken

Die Entnahme einer Niere bedeutet heute einen technisch ausgereiften Eingriff, und die hiermit verbundenen Risiken werden insgesamt als gering eingestuft.[265] Laut einer Untersuchung des Nephrologischen Instituts an der Universität von Bologna beträgt die Letalitätsgefahr nur 0,06 %.[266]

Die Gefährdung des Betroffenen im Rahmen von Voruntersuchung und Operation ist zwar bei strenger Indikation gering, da sorgfältige Analysen ungeeignete Spender ausschließen und der Eingriff von einem erfahrenen Operateur bestmöglich durchgeführt wird. Die Einnierigkeit bleibt auch ohne früh erkennbare Folgen, und das verbliebene Organ vergrößert sich sogar kompensato-

---

263 Nickel, MedR 1995, 139 (145); Schaefer, in: Toellner (Hrsg.), Organtransplantation, S. 37 (41); Schoeller, Organspende vom lebenden Spender, S. 17.
264 Vgl. hierzu die Ausführungen im 2. Kapitel unter Gliederungspunkt C./V. 1.c).
265 Vgl. die Antwort der Bundesregierung auf eine Große Anfrage, BT-Drucks. 11/7980, S. 24.
266 Bonomini, in: Land/Dossetor (Hrsg.), Organ replacement, S. 25 (27).

risch.²⁶⁷ Letztlich aber ist die Entnahme einer Niere für Gesundheit und Leben des Spenders nicht ganz ungefährlich²⁶⁸, was nur allzu deutlich in der Tatsache offenbar wird, daß einige Chirurgen Nierentransplantationen zwischen Lebenden ablehnen²⁶⁹. Diese Haltung resultiert daraus, daß die medizinische Forschung noch keine eindeutige Aussage hinsichtlich eventueller Spätschäden treffen kann. Man weiß derzeit noch nicht, ob der Verlust einer gesunden Niere auch noch nach 20 und mehr Jahren so gut vertragen wird wie in den ersten Jahren.²⁷⁰ Im Langzeitverlauf vermuten Internisten die Gefahr der Überbeanspruchung der verbliebenen Niere mit der Folge, daß diese früher versagt.²⁷¹

Gestützt wird diese Vermutung durch die Ergebnisse einer amerikanischen Langzeitverlaufsstudie von Najarian.²⁷² Eine Gruppe von 57 Nierenlebendspendern wurde über einen Zeitraum von 20 Jahren hinsichtlich auffallender Funktionsveränderungen der zurückgebliebenen Niere beobachtet. 32 % der Patienten mußten mit blutdrucksenkenden Mitteln behandelt werden und bei 23 % der Untersuchten fand sich eine signifikante Eiweißausscheidung im Urin. Dieser Befund wird in der Nephrologie als Zeichen einer beginnenden Nierenschädigung gesehen, die im Fall des Nierenspenders durch Überbelastung von Filtrationskörperchen der Restniere zustandekommt. Schon dies allein, jedoch erst recht zusammen mit einer Blutdruckerhöhung, wird ganz unabhängig von der Organspende als ein erhebliches Risiko für spätere Einschränkungen der Nierenfunktion gesehen.²⁷³ Funktionseinschränkungen bis hin zum kompletten Ausfall sowie Entzündungen der verbliebenen Niere können für den Spender eine lebensgefährliche Situation herbeiführen.²⁷⁴ Auch der Verlust der Restniere, etwa infolge eines Unfalls²⁷⁵, bedeutet für den Spender akute Lebensgefahr,

---

267 Eigler, in: Toellner (Hrsg.), Organtransplantation, S. 43 (45), Gramer, Organtransplantation, S. 39.
268 Eigler, MedR 1992, 88 (90); Largiadèr/Uhlschmid, in: F.W. Albert/Kreiter u.a. (Hrsg.), Praxis, S. 101 (104); Lück/Kohlhaw u.a., ZTxMed 1994, 2; Peter, in: Greinert/Wuttke (Hrsg.), Kritische Ansichten, S. 110 (121); Renner, in: Toellner (Hrsg.), Organtransplantation, S. 53 (59); H.-L. Schreiber/Wolfslast, MedR 1992, 189 (193).
269 Vgl. hierzu STERN v. 20.10.1988, S. 287; Höppner/Grosse u.a., ZTxMed 1994, 217 (218). Kritisch zur Lebendspende generell Largiadèr/Uhlschmid, in: F.W. Albert/Kreiter u.a. (Hrsg.), Praxis, S. 101 ff.
270 Renner, in: Trägergemeinschaft katholischer Krankenhäuser (Hrsg.), Organspende, S. 7 (17).
271 Eigler, in: Toellner (Hrsg.), Organtransplantation, S. 43 (45).
272 Darstellung bei Renner, in: Schlaudraff (Hrsg.), Loccumer Protokolle 54/94, S. 127 (136).
273 Renner, in: Schlaudraff (Hrsg.), Loccumer Protokolle 54/94, S. 127 (136).
274 K.H. Bauer, Der Chirurg 1967, 245 (248); BT-Drucks. 11/7980, S. 40 f.
275 Carstens, Organtransplantation, S. 24.

wenn er nicht schnellstmöglich einer Dialysebehandlung unterzogen wird bzw. ein kompatibles Spenderorgan erhält.

Ob die Entnahme einer Niere dementsprechend mit einer Gesamtlebenszeitverkürzung für den Spender verbunden ist, wird allerdings nicht einstimmig beantwortet. Während einige Transplantationschirurgen zumindest eine geringe Lebenszeitverkürzung als erwiesen ansehen[276], gehen andere Mediziner[277] und die Bundesregierung[278] davon aus, daß für den Spender keine verkürzte Lebenserwartung besteht.

(2) Empfängernutzen

Für Patienten mit chronischer Niereninsuffizienz bedeutet die Überpflanzung einer Spenderniere die Befreiung von der Dialyse und oftmals vollständige Heilung.[279]

(3) Abwägung

Aufgrund der aufgezeigten Risiken könnte man der Ansicht zuneigen, daß die Nierenspende zu Lebzeiten von rechts wegen eingeschränkt, wenn nicht sogar gänzlich unterbunden werden muß. Diese Konsequenz scheint zumindest dann angezeigt, wenn man der geäußerten pessimistischsten Einschätzung folgt und eine - wenn auch geringe - Lebenszeitverkürzung für den Spender annimmt.

Eine dahingehende Schlußfolgerung aber ließe unbeachtet, daß sich der moderne Mensch täglich anderen, erwiesenermaßen lebenszeitverkürzend wirkenden Faktoren aussetzt. Bucher[280] führt hier den Vergleich lebensgefährdender Rettungsaktionen an. Wer versuche, ein Unfallopfer aus einem brennenden Auto zu bergen, setze nicht nur seine Gesundheit, sondern unter Umständen sogar sein Leben aufs Spiel. Ein solches Verhalten aber werde von der Gesellschaft allgemein als mutig angesehen und mit Achtung belohnt. Niemand würde auf die Idee kommen zu fordern, daß gefährliche Rettungsaktionen untersagt werden müssen, weil das Risiko für den Retter zu groß sei. Auf dieser Ebene argumentiert auch Schmidt[281], der das Risiko für denjenigen Lebendspender, der eine

---

276 Eigler, MedR 1992, 88 (90); I. Pichlmayr/R. Pichlmayr, Organtransplantation, S. 87; Renner, in: Schlaudraff (Hrsg.), Loccumer Protokolle 54/94, S. 127 (136); wohl auch Henne-Bruns/Küchler u.a., ZTxMed 1993, 32 (39).
277 Höppner/Grosse u.a., ZTxMed 1994, 217 (218).
278 BT-Drucks. 11/7980, S. 42.
279 Vgl. hierzu die Ausführungen im 2. Kapitel unter Gliederungspunkt C./V. 1.d).
280 Bucher, in: Largiadèr (Hrsg.), Organtransplantation, S. 75 (78).
281 F. Schmidt, DÄBl. 1986, B-3191 ff.

zweite gesunde Niere besitzt, zu Recht geringer einschätzt, als das Risiko für jemanden, der stark trinkt oder raucht. Meines Erachtens vermag vor allem das Argument der Verlustgefahr infolge eines Unfalls die Risikogewichtung nicht entscheidend zu beeinflussen, da diese Gefahr weitaus geringer ist, als das normale Unfallrisiko selbst.[282]

Unter Berücksichtigung vorstehender Erwägungen und der Tatsache, daß die beschriebenen negativen Auswirkungen auf das Spenderleben unter Beachtung medizinischer Kriterien derart minimiert werden können, daß sie gegenüber dem Nutzen, den sie für den Empfänger erwiesenermaßen bedeuten, nicht ins Gewicht fallen, kann die Nierenexplantation trotz vorhandener Bedenken als risikoarm und damit zulässig eingestuft werden. Deren Untersagung bedürfte nämlich mit Blick darauf, daß der Gesetzgeber sinnlose, die Allgemeinheit beeinträchtigende Selbstgefährdungen wie Rauchen, Trinken, riskante Sportarten, Autofahren etc. zuläßt, einer besonderen Begründung, will man den sonst aufkommenden Wertungswiderspruch rechtfertigen.

ee) Entnahme von Organsegmenten

Der Entwicklungsstand der Transplantationschirurgie ist heute so weit fortgeschritten, daß auch Leberlappen und Lungenflügel sowie Teile der Bauchspeicheldrüse und des Dünndarms zu Lebzeiten zum Zwecke der Verpflanzung entnommen werden.[283]

(1) Spenderrisiken

Diese neuesten Errungenschaften der Transplantationsmedizin befinden sich noch im experimentellen Stadium, und Erfahrungswerte über Risiken der Segmententnahme bestehen kaum. Deshalb verwundert es, wenn aktuelle Publikationen beispielsweise die Teilleberverpflanzung zwischen Eltern und Kindern schon als Routineverfahren bezeichnen und darüber hinaus bereits die Möglichkeit der Übertragung auf Erwachsene als derzeitiges Studienziel benennen.[284] Europaweit wurden schließlich bis 1989 erst 264 Transplantationen unter Zuhil-

---

282 Schoeller, Organspende vom lebenden Spender, S. 20.
283 Hammer/Eberbach, in: Hiersche/G. Hirsch/Graf-Baumann (Hrsg.), Rechtliche Fragen, S. 12 (16); Hauss/Gubernatis u.a., in: Hiersche/G. Hirsch/Graf-Baumann (Hrsg.), Rechtliche Fragen, S. 28 (31 ff.); Schoeller, Organspende vom lebenden Spender, S. 20 f.; vgl. auch SPIEGEL 49/1989, S. 266.
284 McMaster/Czerniak, in: Land/Dossetor (Hrsg.), Organ replacement, S. 130 ff.; Haberal/Telatar u.a., in: Land/Dossetor (Hrsg.), Organ replacement, S. 83 ff.

fenahme von Lebersegmenten vorgenommen.[285] Selbst unter Berücksichtigung der Tatsache, daß der Anteil derartiger Eingriffe bis heute sicherlich gewachsen ist, muß der Einordnung als Routinemaßnahme doch entgegengetreten werden, da die Erfahrungszeiträume noch zu kurz sind. Mag die Leber auch über eine gute Regenerationsfähigkeit verfügen und sich in verhältnismäßig kurzer Zeit zur Ursprungsgröße zurückentwickeln, so kann dies doch letztlich nicht davon ablenken, daß mangels entsprechender Langzeiterfahrung heute keinesfalls zu prognostizieren ist, welche Folgen für Gesundheit und Leben des Spenders aus der Organzerteilung resultieren.

Gleiches muß für die Entnahme von Bauchspeicheldrüsensegmenten, Teilen des Dünndarms und Lungenflügels gelten. Auch die Praxis dieser Exstirpationen befindet sich noch in Kinderschuhen, so daß die zu erwartenden gesundheitlichen Risiken für den Lebendspender augenblicklich unkalkulierbar sind.

(2) Empfängernutzen

Unter Zuhilfenahme dieser Teilorganspenden wird versucht, die Gesundheit Schwerkranker zu verbessern und gegebenenfalls Leben zu retten. Aufgrund der geringen Anzahl durchgeführter Verpflanzungen kann aber heute noch nichts über ihren endgültigen Erfolg ausgesagt werden.

(3) Abwägung

Gerade die fehlende Kalkulierbarkeit von Risiko und Erfolg der Segmentverpflanzung macht letztlich auch die Aufstellung einer Risiko-Nutzen-Relation unmöglich, so daß für die Frage nach der rechtlichen Zulässigkeit dieser Lebendspenden nur grundsätzliche Überlegungen angestellt werden können.

Derzeit muß wohl davon ausgegangen werden, daß jede Form der Teilorganentnahme Gesundheit und gegebenenfalls sogar Leben des Spenders schwer bzw. unabsehbar beeinträchtigt. Gerade dieses Risikopotential und die darüber hinaus bestehende Unsicherheit, ob dem Empfänger mit dem Spenderorgan überhaupt geholfen werden kann, läßt befürchten, daß mit Hilfe dieser Segmententnahmen zu Lebzeiten eben kein Gesundheitszuwachs erreicht wird. Vielmehr würde allein eine kostspielige Umverteilung von Gesundheit erreicht, deren Finanzierung letztlich von der Solidargemeinschaft der Krankenversicherten zu tragen wäre.[286] Mag es auch noch vertretbar erscheinen, einem Menschen die Entscheidung über die Eingehung ihn ausschließlich selbst betreffender Risiken

---

285 Haberal/Telatar u.a., in: Land/Dossetor (Hrsg.), Organ replacement, S. 83 ff.
286 Greiner, in: Politische Studien 1995/Heft 339, S. 111 (120).

selbst zu überlassen, so müssen risikoreiche Spenden doch unter dem Gesichtspunkt des Gesamtnutzens differenziert beurteilt werden. Ein Mißlingen dieser "Experimente" geht nämlich nicht nur zu Lasten der unmittelbar Betroffenen, sondern bewirkt zugleich einen Anstieg der Kosten im Gesundheitswesen.[287] Da die Ressourcen dort ohnehin mehr als begrenzt sind und diejenigen Mittel, die für Hochleistungstechnologien wie die Transplantation ausgegeben werden, in anderen, ebenfalls wichtigen Bereichen der Humanmedizin nicht mehr eingesetzt werden können[288], dürfen zumindest solche experimentelle Fehlschläge, die gravierende gesamtwirtschaftliche Auswirkungen negativer Art zeigen, von Rechts wegen nicht gefördert werden.

Auch auf die Gefahr hin, daß sich ein etwaiger Wertungswiderspruch nicht leugnen läßt, wenn riskante Formen der Selbstgefährdung gebilligt, risikoreiche Organspenden hingegen untersagt werden, kann bei genauer Betrachtung der bestehenden Unwägbarkeiten eine ausnahmslose Zulässigkeit jener risikoreichen Segmententnahmen nicht bejaht werden.

c) Risiko-Nutzen-Kalkulation bei der Organentnahme zu experimentellen Zwecken

Eine Organspende kann schließlich auch Forschungszwecken dienen, wodurch das Opfer des lebenden Menschen nur mittelbar bzw. mit Verzögerung der Heilung eines anderen zu dienen bestimmt ist.

Meines Erachtens ist die rein experimentelle Organentnahme schlechthin unzulässig. Der Wert der Forschung kann nicht derart hoch sein, daß er solch gravierende Eingriffe in den Körper eines Lebenden zu rechtfertigen vermag.[289] Für die Forschung werden regelmäßig Leichenorgane von gleichem Nutzen sein, deren Funktion künstlich aufrechterhalten werden kann, falls dies für das Experiment erforderlich ist.

d) Lebendspende als ultima ratio

Schließlich kann eine Lebendspende nur dann verhältnismäßig sein, wenn sie im Hinblick auf den Zweck den geringstmöglichen Eingriff darstellt.[290] Kann mit Hilfe alternativer Heil- oder Behandlungsmethoden ein der Transplantation

---

287 Zum Versicherungsschutz auf diesem Gebiet vgl. Eisen, in: Oberender (Hrsg.), Transplantationsmedizin, S. 53 ff.
288 Greiner, in: Politische Studien 1995/Heft 339, S. 111 (111).
289 Carstens, Organtransplantation, S. 77 m.w.N. in FN 23; Sasse, Veräußerung von Organen, S. 149.
290 Carstens, Organtransplantation, S. 78; Korthals, Strafrechtliche Probleme, S. 73.

ebenbürtiger Erfolg erreicht werden oder bietet die Verpflanzung von rechtzeitig erhältlichen Leichenorganen gleich gute oder gar bessere Funktionsresultate beim Empfänger, könnte die Lebendspende subsidiär sein.

Diesen Grundsatz normierte die DDR-Verordnung, indem sie zu Beginn eine doppelte Subsidiarität anordnete. Nach § 1 Abs.2, 3, 4 DDR-VO kam eine Transplantation nur in Frage, wenn alle anderen Mittel und Methoden zur Erhaltung des Lebens oder zur Wiederherstellung oder Besserung der Gesundheit keine oder nur geringe Aussicht auf Erfolg versprachen. Organe von Lebenden durften dabei erst verwendet werden, wenn von Verstorbenen keine geeigneten Organe zur Verfügung standen.

Ob die Lebendspende stets letzter Ausweg sein muß, um den rechtlichen Zulässigkeitsvoraussetzungen zu entsprechen, soll nachfolgend unter Berücksichtigung der heute gegebenenfalls bestehenden Alternativen untersucht werden.

aa) Gleichwertige Alternativen zur Transplantation

Besteht für den Patienten eine Alternative zur Organverpflanzung, die einen ebenbürtigen Erfolg erwarten läßt, so bedeutet die Lebendspende ab diesem Moment eine unnötige Gesundheitsgefährdung für den Spender, sinnlose Schmerzen und je nach Einzelfall auch vermeidbare Kosten. Um dem Gebot des geringstmöglichen Eingriffs[291] zu entsprechen und zu verhindern, daß unnötig viele Menschen an der Entnahmeoperation und ihren Folgen leiden, muß der Gesetzgeber einer solchen Situation entgegenwirken.

Wie bereits ausgeführt existiert ausschließlich für die Niere ein langfristig funktionierender Organersatz in Form der Dialysebehandlung, die in Deutschland aufgrund immenser Mittelbereitstellung jedem Bedürftigen zuteil wird.[292] Unter Zuhilfenahme dieser Nierenersatztherapie kann zahlreichen Menschen bei Nierenversagen ein Weiterleben ermöglicht werden, so daß zumindest für diese Patientengruppe die Notwendigkeit von Transplantationen in Frage gestellt sein könnte.

Die Ergebnisse der Langzeitdialyse aber sind ungleich schlechter als die der Nierenverpflanzung. Der Grund hierfür liegt darin, daß bei der Nierenersatztherapie die Krankheit weiterbesteht und lediglich unter Zuhilfenahme der künstlichen Niere die Entgiftungstätigkeit der Niere außerhalb des Körpers durchgeführt wird. Nahezu unvermeidlich bewirkt diese Behandlungsmethode Organer-

---

[291] Bucher, in: Largiadèr (Hrsg.), Organtransplantation, S. 75 (76); Zenker/R. Pichlmayr, DMW 1968, 713 (717).
[292] Renner, in: Toellner (Hrsg.), Organtransplantation, S. 53 (54).

krankungen an Herz, Gefäßsystem, Knochen, Gelenken, Muskeln und Nerven.[293] Ungeachtet dessen registrieren Dialysepatienten im Vergleich zu transplantierten Personen auch sonstige erhebliche Defizite.[294] Diese manifestieren sich in der Abhängigkeit zur Maschine, Einschränkung der Freizügigkeit durch die dreimal wöchentlich stattfindenden Dialysetermine, in sozialer Isolierung und beschränkter Arbeitsfähigkeit. Infolge diätetischer Kürzungen, strenger Flüssigkeitsreglementierung, Libido- und Potenzverlust wird die Lebensfreude der Patienten insgesamt beeinträchtigt.[295]

Die Lebensqualität nach gelungener Nierentransplantation ist hingegen weitaus höher. Eine erfolgreiche Verpflanzung ermöglicht in steigendem Maße und auf Dauer ein normales Leben ohne derartige Beschränkungen. Sie bedeutet nicht nur Behandlung, sondern Heilung und die Chance zu einer umfassenden somatischen Rehabilitation mit Wiedererlangung der vollen körperlichen und geistigen Belastbarkeit.[296] Gerade für Kinder ist die Nierentransplantation ein bedeutungsvolles und effektives Therapieverfahren, denn die chronische Hämodialyse bewirkt eine erhebliche Beeinträchtigung der körperlichen, psychischen und sozialen Gesamtentwicklung. Zwar ist eine Nierenverpflanzung auch im Kindesalter keineswegs frei von diesen Störungen. Wegen der insgesamt geringeren psychischen Belastung[297] und der Chance einer umfassenden gesundheitlichen Rehabilitation durch Transplantation, wird dieser jedoch im allgemeinen der Vorzug gegeben.[298] Eine erfolgreiche Übertragung der Niere kann im günstigsten Fall zu einem deutlichen Wachstumsschub und einem altersentsprechenden Weiterwachsen führen.[299]

Medizinisch ist das Ergebnis der Langzeitdialyse damit auch heute noch ungleich schlechter als das der Nierentransplantation.[300] Solange die Dialyse aber als einzig bestehende Alternative zur Nierentransplantation erheblich weniger Erfolgsaussichten bietet als die Transplantation, ergibt sich aus dem Gebot des

---

293 Renner, in: Themen, S. 9 (11).
294 Vgl. zu den psychischen und sozialen Auswirkungen der Dialysebehandlung Pach/Waniek, in: F.W. Albert/Kreiter u.a. (Hrsg.), Praxis, S. 267 (269 ff.).
295 Renner, in: Toellner (Hrsg.), Organtransplantation, S. 53 (55).
296 Bulla, in: F.W. Albert (Hrsg.), Praxis/Bd.III, S. 57 (60); Heinemann, in: Ziegler (Hrsg.), Organverpflanzung, S. 44 (45); Lange, in: F.W. Albert/Kreiter u.a. (Hrsg.), Praxis, S. 1 (4).
297 Brandis/Offner, in: F.W. Albert/Kreiter u.a. (Hrsg.), Praxis, S. 259 (264).
298 Dreikorn/Röhl u.a., in: F.W. Albert/Kreiter u.a. (Hrsg.), Praxis, S. 249 (256 f.); R. Pichlmayr, Der Chirurg 1988, 454 (455).
299 R. Pichlmayr/Wagner, in: R. Pichlmyr (Hrsg.), Operationslehre/Bd.III, S. 697 (697, 703).
300 Eigler, in: Bistum Essen (Hrsg.), Grenzziehungen, S. 13 (17); Fassbinder, in: GGF (Hrsg.), Ethik, S. 7 (8).

geringstmöglichen Eingriffs keine Schranke für die Zulässigkeit der Nierenlebendspende. Erst recht gilt dies für alle anderen Formen von Organverpflanzungen, da es hier bereits an einer Behandlungsalternative zur Transplantation fehlt.

bb) Bevorzugung von Leichenorganen

In Zeiten rückläufiger Leichenorganverfügbarkeit besteht die Gefahr, daß die Lebendspende zur leichtfertigen Verfügungsmasse mutiert und die Bemühungen um die Totenspende eingeschränkt werden. Einer solchen Entwicklung muß aber mit Blick darauf, daß die Intensivierung der Totenspende das stets schwierig bleibende Problem der Lebendspende reduzieren oder bestenfalls ganz ausschalten könnte, zwingend entgegengewirkt werden. Zu diesem Zweck bestimmt § 7 Abs.1 S.1 Nr.3 des interfraktionellen Transplantationsgesetzentwurfs, daß die Organentnahme vom lebenden Spender nur dann zulässig ist, wenn ein postmortal entnommenes Organ nicht zur Verfügung steht.[301]

Die Vorteile der Organentnahme von einem Verstorbenen liegen auf der Hand: keine Spenderrisiken, weder Operations- noch Spätfolgen, besonders bei schwerstverletzt Verstorbenen weitgehende Gewähr voller Gesundheit und dementsprechend guter Organqualität.[302] Gleichwohl begegnet die im interfraktionellen Gesetzentwurf normierte Subsidiarität der Lebendspende unter zwei Gesichtspunkten Bedenken: Die Erfolgsquote der Transplantation von Lebendspendeorganen ist einer Großstudie zufolge 10 % höher als die, die unter Verwendung postmortaler Spenderorgane erzielt wird.[303] Die Lebendspende bietet auch im Vorfeld der Verpflanzung gewisse Vorteile für den Empfänger. Lange Wartezeiten bleiben ihm erspart, es besteht die Möglichkeit der Wahrnehmung eines im Allgemeinzustand günstigen Indikationszeitpunktes und der Planung der Transplantation als elektiver operativer Eingriff.[304] Mit Blick auf diese Vor-

---

301 BT-Drucks. 13/4355, S. 4. In dem Entwurf von BÜNDNIS 90/DIE GRÜNEN ist in § 13 Nr.3 hingegen nur von dem Fehlen einer gleichwertigen Alternative die Rede, s. BT-Drucks. 13/2926, S. 4.
302 K.H. Bauer, Der Chirurg 1967, 245 (248).
303 Terasaki/Cecka u.a., New Eng J Med 1995, 333 (334 ff.), mit einer Untersuchung für die gesamte USA. Auch deutsche Transplantationschirurgen weisen darauf hin, daß bei Verwendung von Organen gesunder Lebendspender längere Transplantatüberlebenszeiten erzielt werden als bei der Verwendung von Organen toter Spender; vgl. hierzu Kirste/Pisarski u.a., ZTxMed/Suppl. 1996, 2; Land, ZTxMed 1993, 52 (53).
304 Land, ZTxMed 1993, 52 (52); R. Pichlmayr/Brölsch, in: R. Pichlmayr (Hrsg.), Operationslehre/Bd.III, S. 461 (473); Reiter, in: Bistum Essen (Hrsg.), Grenzziehungen, S. 33 (46); Tidow/R. Pichlmayr, in: R. Pichlmayr (Hrsg.), Operationslehre/Bd.III, S. 483 (501).

züge der Lebendspende würde die in Frage stehende Subsidiaritätsklausel den wohl einzigartigen Fall darstellen, in dem Patienten *durch Gesetz* eine medizinisch eindeutig schlechtere Therapie aufgezwungen wird.

Im weiteren gründen die Zweifel gegen diese Bestimmung auf der Tatsache, daß eine beträchtliche Anzahl organkranker Menschen erhebliche psychische Probleme damit hat, das Organ eines toten Menschen zu erhalten. Auch diese Vorbehalte, die die Klausel rigoros beiseite schieben würde, genießen unabhängig davon, ob sie rational erscheinen oder nicht, grundrechtlichen Schutz durch Art.2 Abs.1, 2 und Art.4 GG.

Unter Berücksichtigung dieser Aspekte ist die Normierung einer Subsidiaritätsklausel meines Erachtens nicht zu rechtfertigen.[305] Es ist insoweit letztlich auch kein Bedarf ersichtlich, denn die Organexstirpation beim Lebenden wird bereits nach dem hippokratischen Prinzip des *primum nil nocere* stets die ultima ratio bleiben.

e) Festschreibung im Transplantationsgesetz

Der Grundsatz der Verhältnismäßigkeit schafft also eine vom Spenderwillen unabhängige Schranke für Transplantationen, über die nicht hinweggegangen werden darf[306] und die demzufolge auch in dem bevorstehenden Transplantationsgesetz zum Ausdruck gebracht werden muß. Die normative Festschreibung eines vertretbaren Risiko-Nutzen-Verhältnisses erweist sich allerdings als äußerst diffizil, denn es muß eine abstrakt-generelle Regelung gefunden werden, die zugleich eine größtmögliche Einzelfallgerechtigkeit gewährleistet.[307]

aa) Enumerative Untersagung risikoreicher Entnahmen

In Betracht kommt eine gesetzliche Bestimmung, die die vorgestellten risikoreichen Formen der Lebendspende im Wege einer enumerativen Aufzählung explizit untersagt.

Eine solche Regelungstechnik weckt jedoch Skepsis. Sie würde den einzelnen nämlich mit der unerträglichen Härte eines pauschalen Verbots belasten, wenn er unter Einsatz seines eigenen Lebens einem geliebten Menschen ein Opfer erbringen will. Das Übermaßverbot verlangt von der Legislative die Wahl des schonendsten Eingriffs, um die Interessenbefriedigung in einer Gemeinschaft

---

305 *A.A.* H.-L. Schreiber, in: Dt. BT/Aussch.-Drucks. 603/13, S. 17 (21).
306 Carstens, Organtransplantation, S. 74; Korthals, Strafrechtliche Probleme, S. 38.
307 Die Problematik der Festschreibung eines Risiko-Nutzen-Verhältnisses beschreibt auch Maier, Verkauf von Körperorganen, S. 21.

zu optimieren und soviel Freiheit wie möglich zu erhalten.[308] Diesem Anspruch würde eine enumerative Untersagung bestimmter Arten der Lebendspende nicht genügen.

bb) Allgemeine Formulierungen

Um im Einzelfall die Option zur Exstirpation offenzulassen, scheint die Aufstellung starrer Verbotstafeln also wenig interessengerecht. Vielmehr empfiehlt sich eine Regelung, die auf *richtungsweisende* Kriterien beschränkt ist. Dabei muß das zulässige Maß der Spenderbeeinträchtigung und -gefährdung derart definiert werden, daß die Ärzte ihre Entscheidung über Zulässigkeit und Unzulässigkeit der Lebendspende unter Berücksichtigung der Besonderheiten des Einzelfalles treffen können. Da grundsätzlich keine Operation als völlig risikolos eingestuft werden kann, wird man dementsprechend nur schwerwiegende Gefahren, mit deren Verwirklichung unmittelbar zu rechnen ist, als Kontraindikation für eine Lebendspende akzeptieren können.

cc) Stellungnahme zu den Gesetzentwürfen

Entsprechende Vorschläge finden sich auch in den aktuellen Initiativen für ein bundesdeutsches Transplantationsgesetz.

Der Gesetzentwurf der Fraktionen der CDU/CSU, SPD und F.D.P. enthält in § 7 Abs.1 S.1 Nr.1 c, Nr.2 die Regelung, daß die Lebendspende nur dann zulässig ist, wenn *"[...] die Person nach ärztlicher Beurteilung als Spender geeignet ist, voraussichtlich nicht über das Operationsrisiko hinaus gefährdet oder über die unmittelbaren Folgen der Entnahme hinaus gesundheitlich schwer beeinträchtigt wird [...] und die Übertragung des Organs auf den vorgesehenen Empfänger nach ärztlicher Beurteilung geeignet ist, das Leben dieses Menschen zu erhalten oder bei ihm eine schwerwiegende Krankheit zu heilen, ihre Verschlimmerung zu verhüten oder ihre Beschwerden zu lindern".*[309]

Der Gesetzentwurf der Fraktion BÜNDNIS 90/DIE GRÜNEN ist insoweit ähnlich formuliert. Nach § 13 Nr.2, 3 E-TPG ist die Entnahme von Organen zu Lebzeiten zulässig, wenn *"[...] der Spender oder die Spenderin nach ärztlicher Erkenntnis geeignet ist, nicht über das allgemeine Operationsrisiko hinaus gefährdet und über die unmittelbaren Folgen der Entnahme hinaus gesundheitlich*

---

308 Maunz/Zippelius, Staatsrecht, § 13 III 6, S. 96.
309 BT-Drucks. 13/4355, S. 4.

erheblich beeinträchtigt wird [...] und eine nachhaltige Verbesserung des Gesundheitszustandes des Organempfängers zu erwarten ist".[310]

Diese Fassungen erscheinen vom Ansatz her grundsätzlich interessengerecht, denn mit der Aufnahme derart allgemein gehaltener Hinweise wird der Gefahr ungewollter Restriktionen durch konkretisierende Formulierungen entgangen. Nur auf diesem Wege wird eine flexible Rechtsanwendung ermöglicht, die den Fortschritt der Medizin berücksichtigen kann und so am ehesten die Chance einer gerechten Einzelfallbeurteilung bietet. Entgegen anderen Auffassungen[311] ist hierin auch keine paternalistische Bevormundung des Spenders zu sehen, sondern eine angemessene Begrenzung des Risikos für den Lebendspender. Es geht hier offensichtlich nicht um mögliche Fernwirkungen der Organspende, etwa bei einer Nierenspende durch eine denkbare spätere Erkrankung der verbleibenden Niere, sondern nur um das unmittelbare Risiko der Operation und Entnahme.

Wenn die Entwürfe insoweit auch grundsätzlich Zustimmung erfahren, erscheint es gleichwohl wünschenswert, daß bei der endgültigen Abfassung des Gesetzestextes die Relevanz des Risiko-Nutzen-Verhältnisses verstärkt hervorgehoben wird. Die derzeitigen Formulierungen betrachten Risiko und Nutzen nämlich derart isoliert, daß die Bedeutung der Relation für die Frage nach der Zulässigkeit der Lebendspende im Einzelfall nicht deutlich genug hervortritt. Zu denken ist hier an eine Formulierung, die die rechtlichen Grenzen zulässiger Spenderbeeinträchtigung explizit an der Verhältnismäßigkeit des Eingriffs orientiert, etwa dergestalt, daß der Lebendspender nicht *"über das Operationsrisiko hinaus unverhältnismäßig gefährdet"* werden darf.

4. Evaluation des Spenderkreises

Weitergehend stellt sich die Frage, ob mit Blick auf die Risikoträchtigkeit der Lebendspende eine gesetzliche Restriktion des Spenderkreises zu fordern ist und wenn ja, wie diese Grenzziehung beschaffen sein muß, um den verfassungsrechtlichen Vorgaben gerecht zu werden. Diskutiert wird in dem Zusammenhang eine Differenzierung, die sich an der Spender-Empfänger-Beziehung ausrichtet. Wie dieses Verhältnis aber konkret beschaffen sein muß, wird unterschiedlich beurteilt.

---

310 BT-Drucks. 13/2926, S. 4.
311 Vgl. etwa Gutmann, in: Dt. BT/Aussch.-Drucks. 591/13, S. 32 (40).

a) Differenzierungskriterien

aa) Verwandtschaftserfordernis

In ihrem Transplantationskodex vertreten die in der Arbeitsgemeinschaft organisierten Transplantationschirurgen und die Interessengemeinschaft der Dialysepatienten den Standpunkt, daß die Lebendspende in Deutschland grundsätzlich nur zwischen *verwandten* Spender-Empfänger-Paaren durchgeführt werden darf.[312] Entsprechend wollte der gemeinsame Gesetzentwurf dieser Arbeitsgruppe aus dem Jahre 1991 die Lebendspende nichtregenerierbarer Organe auf *"nahe Verwandte"* beschränkt sehen.[313]

Auch die Arbeitsgemeinschaft leitender Medizinalbeamter vertrat in ihrem ersten Mustergesetzentwurf die Position, daß solche Organe, die sich nicht neu bilden, grundsätzlich nur bei *"genetisch Verwandten"* des Empfängers oder der Empfängerin entnommen werden dürfen. Der nach Anhörung abgeänderte und im April 1993 veröffentlichte Entwurf verzichtete dann allerdings auf das Erfordernis genetischer Verwandtschaft und stellte auf den familienrechtlichen Verwandtschaftsbegriff ab.[314] Zur Begründung für diese Änderung wurde festgestellt, daß eine Einschränkung auf genetisch Verwandte zu eng erscheine und mit dem Grundgesetz nicht vereinbar sei.[315]

Der schließlich im Jahr 1995 von der Bundestagsfraktion BÜNDNIS 90/ DIE GRÜNEN eingebrachte Gesetzentwurf will eine Beschränkung der Über-

---

312 Gemäß Ziffer 6 des Transplantationskodexes dürfen Organtransplantationen zwischen Nichtverwandten grundsätzlich nicht vorgenommen werden. Streng begründete Abweichungen davon können nach sehr sorgfältiger Abwägung getroffen werden. Als Beispiel wird hier die Organspende zwischen Ehegatten genannt. Der Verwandtschaftsbegriff ist hier nicht im juristischen Sinne verwendet worden. Vielmehr ist hiermit allein die Blutsverwandtschaft oder genetische Verwandtschaft gemeint, was daraus deutlich wird, daß Ehepartner als Nichtverwandte behandelt werden, die nur in Ausnahmefällen spenden dürfen.
313 § 7 Abs.2 des Entwurfs; abgedruckt bei Toellner (Hrsg.), Organtransplantation, S. 105 ff. und bei H.-L. Schreiber/Wolfslast, MedR 1992, 189 (194 f.).
314 § 8 Abs.2 des Entwurfs; abgedruckt bei Becker, Berliner Ärzte 1993, 30 f.
315 Um so erstaunlicher mutet an, daß der auf diesem Entwurf basierende Gesetzesantrag der Länder Bremen und Hessen dann abermals und dazu noch ohne Ausnahme auf die von den eigenen Beamten bereits als verfassungswidrig eingestufte ursprüngliche Beschränkung der Lebendspende auf *genetisch* Verwandte zurückgriff, s. BR-Drucks. 682/94, § 9 Abs.2 des Entwurfs, S. 8. Zur gleichen Zeit tauchte diese Formulierung auch in einem Entschließungsantrag der SPD-Fraktion im Deutschen Bundestag auf, s. BT-Drucks. 12/8063, Punkt 4 d, S. 5.

tragung der Organe lebender Spender *"auf Verwandte ersten und zweiten Grades"* festschreiben.[316]

bb) Emotionales Näheverhältnis

In den neueren Diskussionen wird die Lebendspende teilweise weitgehender für zulässig gehalten. Sie soll auch solchen Spendern offenstehen, die zum Empfänger eine emotionale Beziehung haben.[317] Solch ein emotionales Verhältnis, auch als emotionale Verwandtschaft bezeichnet, kann unter Ehegatten, Geliebten oder Freunden bestehen, also unter Menschen, die sich gefühlsmäßig nahestehen.[318] Einige Transplantationszentren in den USA, Brüssel, Basel und Belgien akzeptieren diese Personengruppe bereits heute als Lebendspender.[319]

Auch in den seit 1993 im Bundesgesundheitsministerium erstellten Transplantationsgesetzentwürfen finden sich in puncto Spenderkreis schrittweise Annäherungen an die vorstehend beschriebene Praxis anderer Länder. Ein erster Diskussionsentwurf des Ministeriums vom 16.11.1993 wollte die Lebendspende auch unter Ehegatten erlauben. Der Entwurf vom 31.01.1994 dehnte die Lebendspende auf volljährige Personen aus, *"die mit dem Spender in einer auf Dauer angelegten häuslichen Lebensgemeinschaft leben"*. Der Entwurf vom 17.03.1995 erlaubte schließlich die Übertragung nichtregenerierbarer Organe auf *"Verwandte ersten und zweiten Grades, Ehegatten, Verlobte oder andere Personen, die mit dem Spender in besonderer Weise persönlich verbunden sind"*.

Der im April 1996 mit wenigen Änderungen als gemeinsamer Antrag der Fraktionen der CDU/CSU, SPD und F.D.P. eingebrachte aktuelle Regelungsvorschlag geht sodann am weitesten. § 7 Abs.1 S.2 E-TPG lautet nun: *"Die Entnahme von Organen, die sich nicht wieder neu bilden können, ist [...] nur zulässig zum Zwecke der Übertragung auf Verwandte ersten oder zweiten Grades, Ehegatten, Verlobte oder andere Personen, die dem Spender in besonderer persönlicher und sittlicher Verbundenheit offenkundig nahestehen"*.[320]

---

316 BT-Drucks. 13/2926, § 13 Nr.3 E-TPG, S. 4.
317 H. Bauer, in: Dt. BT/Aussch.-Drucks. 600/13, S. 2 (8); Blümke/Pisarski u.a., ZTxMed/Suppl. 1996, 17; Freund/Steinkrüger u.a., ZTxMed/Suppl. 1994, 2; Gutmann, in: Politische Studien/Heft 339, S. 100 (109); H.-L. Schreiber, in: Dt. BT/Aussch.-Drucks. 603/13, S. 17 (19).
318 Land, Merkur 1991, 120 (122), bezieht sich darauf, daß der Begriff "emotionally-related living organ donation" in den Vereinigten Staaten für eine gefühlsbetonte Bindung zwischen Spender und Empfänger geprägt wurde.
319 Land, ZTxMed 1993, 59 (62).
320 BT-Drucks. 13/4355, S. 4.

b) Diskussion

Ein Gesetz, das erwachsenen einsichtsfähigen Menschen verbietet, aus einer höchstpersönlichen Entscheidung heraus ein Organ für eine andere Person zu spenden, greift in das durch Art.2 Abs.1 i.V.m. Art.1 Abs.1 GG geschützte Persönlichkeits- und Selbstbestimmungsrecht des Spenders ein.[321] In manchen Fällen könnte auch die von Art.4 Abs.1 GG geschützte Gewissensfreiheit des verhinderten Spenders berührt sein, jedenfalls dann, wenn man davon ausgeht, daß die Freiheit der Gewissensentscheidung grundsätzlich auch die Freiheit zur Gewissensverwirklichung einbezieht.[322] Darüber hinaus tangiert eine solche Regelung das Grundrecht des potentiellen Organempfängers auf Gesundheit und körperliche Unversehrtheit i.S.v. Art.2 Abs.2 S.1 GG, da diesem die heilende Implantation eines Organs vom spendewilligen Spender versagt wird. Eine Beschränkung des Spenderkreises provoziert auch Bedenken hinsichtlich des in Art.3 Abs.1 GG verankerten Diskriminierungsverbots.

Ob unter Berücksichtigung der Grundrechtsintensität derart flankierende Maßnahmen rechtlich geboten sind, erscheint insgesamt nicht zweifelsfrei. Jedenfalls bedarf jedwede Einschränkung der Behandlungsoption einer durchgreifenden Begründung, so daß nachfolgend die vorgebrachten Argumente auf ihre Tragfähigkeit hin überprüft werden sollen.

aa) Kriterium der "Verwandtschaft"

(1) Anlehnung an den WHO-Leitsatz

Die Verfechter des Verwandtschaftserfordernisses berufen sich in der Regel auf den von der Weltgesundheitsorganisation aufgestellten Leitsatz 3 für Organtransplantationen am Menschen. Dieser Leitsatz bestimmt, daß die Entnahme nichtregenerierbarer Organe und Gewebe von einem Lebenden nur dann zulässig ist, wenn zwischen Spender und Empfänger ein genetisches Verwandtschaftsverhältnis besteht.[323]

---

321 Gutmann, ZTxMed 1993, 75 (77); vgl. auch die Begründung des Entwurfs von CDU/CSU, SPD und F.D.P., BT-Drucks. 13/4355, S. 14.
322 Vgl. hierzu Herzog, in: Maunz/Dürig u.a., GG/Bd.I, Art.4 Rdnr. 135 ff.
323 WHO, Report 1987-1991, S. 5 (8), Leitsatz 3: "Organs for transplantation should be removed preferably from the bodies of deceased persons. However, adult living persons may donate organs, but in general such donors should be *genetically related* to the recipients. Exceptions may be made in the case of transplantation of bone marrow and other acceptable regenerative tissues".

Dieses Argument kann allerdings wenig überzeugen, denn der WHO-Leitsatz spiegelte schon zur Zeit seiner Entstehung nicht mehr den Stand der internationalen ethischen Diskussion wider.[324] Außerdem stellt er eine Formulierung dar, die vorrangig auf die Probleme der großen Zahl der Entwicklungs- und Schwellenländer zielt. Für Staaten wie die Bundesrepublik kann er hingegen kein angemessenes Regelungsmodell abgeben. Im internationalen Vergleich folgen deshalb auch nur wenige Länder dem restriktiven Vorschlag der WHO.[325]

(2) Bessere Erfolgsresultate auf Empfängerseite

Zur Rechtfertigung der Verwandtenspende werden vordergründig bessere Funktionszeiten der Implantate genannt[326], die darauf zurückzuführen seien, daß bei genetisch Verwandten eine höhere Gewebeübereinstimmung zwischen Spender und Empfänger bestehe und demzufolge immunologisch bedingte Abstoßungsreaktionen geringer ausfallen. Diese Argumentation aber erweist sich heute als doppelt verfehlt.

Zum einen verkennen die Vertreter dieser Ansicht, daß auch nichtverwandte Spender entsprechend günstige Gewebeübereinstimmungen aufweisen können.[327] Bei blutsverwandten Spendern mag diese Voraussetzung zwar eher gegeben sein. Dies bedeutet aber keinesfalls, daß sie bei genetisch Verwandten generell, bei Nichtverwandten hingegen gar nicht besteht. Zum anderen muß bedacht werden, daß infolge fortschreitender Entwicklung der Immunsuppressiva auch mit solchen Organen, die eine niedrige Histokompatibilität besitzen, immer bessere Erfolge erzielt werden.[328] Insbesondere bei der Nierentransplantation, dem Hauptanwendungsfall der Lebendspende, gibt es derzeit keine relevanten medizinischen Gründe mehr, die gerade *für* die verwandte und *gegen* die nichtverwandte Lebendspende sprechen. Zentrumsbezogene Einzeluntersuchungen haben exzellente Langzeitergebnisse bei der Verwendung genetisch nichtver-

---

324 Vgl. etwa die Resolution Nr.5 des Münchener Kongresses über "Organ replacement therapy - ethics, justice and commerce" vom Dezember 1990, die lautet: "Live donor kidney transplantation between spouses and other *emotionally related* persons is ethically acceptable" - abgedruckt bei Land/Dossetor (Hrsg.), Organ replacement, S. 555 (556).
325 Von einigen lateinamerikanischen Staaten wie Argentinien, Costa Rica, Honduras, Venezuela und der russischen Föderation abgesehen, sind hier nur Großbritannien und seit 1994 auch Frankreich zu nennen; vgl. Gutmann, MedR 1997, 147 (148).
326 So auch die Begründung des Entwurfs BÜNDNIS 90/DIE GRÜNEN, BT-Drucks. 13/2926, S. 17.
327 Schoeller, Organspende vom lebenden Spender, S. 118.
328 Spital, Clinical Transplantation 1991, 322 (325).

wandter Spender beobachtet.[329] Großstudien zeigten sogar, daß der durchschnittliche Erfolg von Nierentransplantationen unter in der Regel in ihren Gewebetypen kaum übereinstimmenden Ehegatten sogar geringfügig höher ist als bei der Lebendspende von Eltern auf ihre Kinder.[330] Zu erwartende Fortschritte auf dem Gebiet der Immunsuppression werden die im Einzelfall eventuell noch bestehenden Unterschiede in der Funktionszeit optimal (histo-)kompatibler Organe zu solchen mit einer niedrigeren Gewebeübereinstimmung zunehmend weiter schrumpfen lassen, so daß aus den bei der Nichtverwandtenspende befürchteten Gewebeunverträglichkeiten keine nennenswerten Probleme mehr resultieren werden.

Das Argument höherer Erfolgsresultate kann deshalb heute nicht mehr überzeugend zur Rechtfertigung des pauschalen Verbots der Nichtverwandtenspende herangezogen werden.

(3) Gefahr eines Organhandels

Transplantationschirurgen und Juristen befürchten, daß eine Ausdehnung der Lebendspende auf nichtverwandte Spender die Gefahr des Organhandels in sich birgt. Um altruistisch motivierte und auf Freiwilligkeit beruhende Einwilligungen zu gewährleisten, sei es deshalb geboten, die Lebendspende auf Verwandte im genetischen oder familienrechtlichen Sinn zu beschränken.[331]

Daß die Lebendspende in Deutschland zu einem kommerziellen Transaktionsgeschehen ausartet, muß zweifelsohne verhindert werden. Daß sich das Problem der Freiwilligkeit[332] einer Spende bzw. die Beeinflussung durch finanzielle Motive aber an der Unterscheidung zwischen (genetisch) verwandten und nichtverwandten Spendern festmachen läßt, erscheint allerdings mehr als fraglich. Letztlich indiziert eine solche Differenzierung die pauschale Mutmaßung, daß Verwandte stets aus Liebe und frei von Druck spenden, während Fremde in Erwartung finanzieller Gegenleistungen generell unfreiwillig handeln. Eine sol-

---

329 Nachweise hierzu bei Land, ZTxMed 1993, 52 (53).
330 Persijn/De Meester u.a., ZTxMed 1996, 69 (70) mit einer differenzierten Studie über die Transplantationsergebnisse bei Eurotransplant. Dieser Eurotransplant-Studie zufolge beträgt die durchschnittliche Drei-Jahres-Überlebensrate der transplantierten Niere bei Spenden unter Ehegatten 85 %, bei Eltern-auf-Kind-Spenden 82 %, bei mit dem Empfänger weder verwandten noch verheirateten Spendern 81 %.
331 Eigler, in: Toellner (Hrsg.), Organtransplantation, S. 43 (46); H.-L. Schreiber/ Wolfslast, MedR 1992, 189 (193 f.). Vgl. auch die Begründung in Ziffer 6 des Transplantationskodexes, abgedruckt in ZTxMed 1995, 154 f.
332 Das Erfordernis der Freiwilligkeit der Spendereinwilligung wird in diesem Kapitel unter nachfolgendem Gliederungspunkt III. 4. erörtert.

che Unterstellung aber schlägt fehl. Gerade im Familienverband kann nämlich ein interner psychischer und sozialer Druck auf dem als Spender auserkorenen Familienmitglied lasten, der eine auf Freiwilligkeit beruhende Spendermotivation durchaus zweifelhaft erscheinen läßt.[333] Dagegen belegen bisherige Erfahrungen mit Nichtverwandtentransplantationen in westlichen Ländern, daß sich die Spender überwiegend durch eine in hohem Maße altruistisch motivierte Entscheidung auszeichnen.[334]

(4) Stellungnahme

Die gewählte Scheidelinie impliziert die unberechtigte Vermutung, Verwandtenspenden seien in der Regel unproblematisch und nimmt mündigen Erwachsenen die Möglichkeit, schwerkranken Menschen zu helfen, nur weil sie mit diesen nicht verwandt sind. Derartige prinzipielle Überlegungen aber vermögen nicht zu überzeugen. Die Fürsprecher des klaren Schnitts entlang der Verwandtschaftsgrenze lassen sich nämlich von ihrer Fixierung auf unspezifizierte Gefahren des Mißbrauchs zu sehr den Blick auf jene hochrangigen, durch die Verfassung geschützten Rechtsgüter verstellen, die ihr Regelungsmodell beeinträchtigen würde. In einer Zeit, in der Klagen über den allgemeinen Werteverfall und den Verlust gesellschaftlicher Solidarität en vogue sind, mag es zwar als ein probates Mittel zur Gegensteuerung erscheinen, die Werte des Altruismus und der Familienbande symbolisch verdichtet und appellativ in einem Gesetz zum Ausdruck zu bringen. Sobald sich diese Werte aber nur auf Kosten konkreter Rechtsgüter verwirklichen lassen, sollte dies zum Anlaß genommen werden, die gewählte Regelung zu überdenken. Denn läßt man die Nierenentnahme beim verwandten Spender aus Respekt vor dessen eigenverantwortlicher Entscheidung und in Abwägung des bei ihm entstehenden gesundheitlichen Risikos mit dem Gewinn an medizinischen Werten auf der Empfängerseite grundsätzlich zu, so ist es schlichtweg inkonsequent, die generelle Exklusion nichtverwandter Spender mit dem Argument des Spenderschutzes zu begründen.[335] Für diese Gruppe ist kein Grund erkennbar, der eine pauschale Ungleichbehandlung gegenüber Blutsverwandten rechtfertigen könnte. Im Gegenteil: Alle Argumente, die dafür sprechen, die Lebendspende überhaupt zuzulassen, treffen auch auf sie zu, denn

---

333 Feuerstein, in: Dt. BT/Aussch.-Drucks. 591/13, S. 25 (29); Gutmann, ZTxMed 1993, 75 (76); Koch/Wenz, in: F.W. Albert (Hrsg.), Praxis/Bd.III, S. 75 (79 f.); Höfling, in: Dt. BT/Aussch.-Drucks. 599/13, S. 4 (7); H.-L. Schreiber, Dt. BT/ Aussch.-Drucks. 603/13, S. 17 (19); ders., in: GGF (Hrsg.), Ethik, S. 39 (45).
334 Vgl. hierzu Schneewind, ZTxMed 1993, 89 (93 f.).
335 H.-L. Schreiber/Wolfslast, MedR 1992, 189 (193 f.).

verwandte und nichtverwandte Lebendspenden haben weitgehend identische medizinische Vorteile (und Nachteile). Genauso wenig kann das rechtspolitische Argument der Kommerzialisierungsgefahr eine derart weitreichende und undifferenzierte Restriktion der Lebendspende rechtfertigen. Einer solchen Entwicklung kann vielmehr durch die Pönalisierung des Organhandels in angemessener Weise vorgebeugt werden, wie dies in beiden aktuellen Entwürfen[336] geschehen ist.

Im übrigen darf man bezweifeln, daß eine Regelung, die die Lebendspende auf Verwandte beschränken will, der soziologischen Realität unserer Gesellschaft gerecht wird. Es sollte doch zumindest nachdenklich stimmen, daß auf dieser Grundlage die große und immer noch wachsende Zahl derjenigen potentiellen Organempfänger, die in unserer Zeit der zunehmenden Individualisierung und Pluralisierung der Lebensformen[337] ohne einen funktionierenden Familienverband auskommen will oder auch muß, von der "Ressource Lebendspende" weitgehend abgeschnitten würde. Die dem aktuellen Entwurf der Fraktion BÜNDNIS 90/DIE GRÜNEN unausgesprochen zugrundeliegende Vorstellung von Familie und Gesellschaft weckt also durchweg Skepsis.

Insgesamt ist damit kein legitimes Ziel ersichtlich, das das generelle Verbot der Nichtverwandtenspende aus bloßen prinzipiellen Erwägungen heraus zu rechtfertigen vermag. Grundgesetzkonforme Lösungen müssen vielmehr stärker differenzieren, um dem Gebot der Verhältnismäßigkeit zu entsprechen.

bb) Kriterium der "emotionalen Nähe"

Auf dieser Basis erweist sich der gegenwärtige interfraktionelle Entwurf von CDU/CSU, SPD, F.D.P., der sich von dem generellen Verbot der Lebendspende unter Nichtverwandten gelöst und die Lebendspende in § 7 Abs.1 S.2 auch für solche Personen eröffnet hat, die dem Spender *"in besonderer persönlicher und sittlicher Verbundenheit offenkundig nahestehen"*, bereits als wesentlich differenzierter und insgesamt fortschrittlicher.

(1) "Besondere persönliche Verbundenheit"

Zutreffend umschreibt die gewählte Formulierung den zuvor herausgearbeiteten verfassungsrechtlichen Befund, daß es eine unzumutbare Härte bedeuten würde,

---

336 Vgl. §§ 27, 28 des Entwurfs der Fraktion BÜNDNIS 90/DIE GRÜNEN, BT-Drucks. 13/2926, S. 8 und §§ 16, 17 des interfraktionellen Entwurfs von CDU/CSU, SPD und F.D.P., BT-Drucks. 13/4355, S. 8.
337 Hierzu Beck, Risikogesellschaft, S. 121 ff., 205 ff.

emotional eng miteinander verbundenen Menschen abstrakt-generell die Lebendspende füreinander zu verwehren. Das Abstellen auf eine *"besondere persönliche Verbundenheit"* erscheint meines Erachtens auch angemessen, da der gewählte Ausdruck dem in der Psychologie gebräuchlichen Terminus der *"engen persönlichen Beziehung"* entspricht und damit definitiv solche Beziehungen ausgeschieden werden, die keine, meist über einen längeren Zeitraum gewachsene, gefühlsmäßige Bindung zwischen Spender und Empfänger und eine hieraus resultierende Spendemotivation beinhalten. Insbesondere eignet sich diese Formulierung zum Ausschluß ökonomischer Motive, denn es ist undenkbar, daß vorrangig zweckrationale Beziehungen hiervon erfaßt würden. Zugleich ist die gewählte Formulierung flexibel genug, um verschiedene Verhältnisse wie Verwandtschaft dritten oder vierten Grades, Schwägerschaft, Lebensgefährten oder auch enge Freunde unter einem Begriff vereinen zu können. Sie trägt zudem dem Umstand Rechnung, daß eine große und weiter zunehmende Zahl von Menschen ihre wichtigsten persönlichen und sozialen Bindungen außerhalb der traditionellen Modelle von Ehe und Familie sucht und findet.

(2) "Sittliche Verbundenheit"

Der Entwurf beläßt es nicht bei einer besonderen persönlichen Beziehung zwischen Spender und Empfänger, sondern fordert weitergehend eine *"sittliche Verbundenheit"*. Der Begriff der "Sittlichkeit" läßt sich allerdings kaum präzise umschreiben, womit dieser Einschub ernsthafte rechtliche Probleme verursacht.

Der Begriff ließe sich in Anlehnung an die "guten Sitten" zunächst so verstehen, daß die in Frage stehende Beziehung in ihrer Art als solche von der herrschenden Sozialmoral der Mehrheit der Bevölkerung goutiert werden müßte. Dies kann - als Voraussetzung der Zulässigkeit einer Organspende - aber für ein in der Intim- oder zumindest Privatsphäre angesiedeltes Verhältnis zwischen zwei Menschen von unserer Rechtsordnung nicht verlangt sein. Letztlich erzeugt eine dahingehende Auslegung auch kein zusätzliches Maß an Rechtsklarheit, denn immer noch läßt sich nicht klar bestimmen, was unter dem Gegenbild der *"unsittlichen Verbundenheit"* zu verstehen ist. Wäre dies etwa die stabile und dauerhafte, aber homosexuelle Lebensgemeinschaft?

Soweit mit sittlicher Verbundenheit andererseits nur gemeint sein soll, daß durch vermögenswerte Vorteile[338] motivierte Beziehungen ausgeschlossen werden sollen, so leistet dies bereits der Begriff der "besonderen persönlichen Verbundenheit" in eindeutiger Weise. Im übrigen geschieht dies durch das in

---

338 BT-Drucks. 13/4355, Begründung, S. 14.

§ 16 E-TPG normierte Verbot des Organhandels. Eine verfassungskonforme Auslegung des so verstandenen Begriffs der "sittlichen Verbundenheit" müßte seinen Regelungsgehalt demnach auf Null reduzieren.

Auch die Begründung zum Entwurf vermag keine Hilfestellung zu geben, da der hier nahegelegte Bedeutungsgehalt nicht weniger problematisch ist. Ausweislich der Begründung zum Entwurf meint der Begriff der sittlichen Verbundenheit, daß *"die Motivation des Spenders [...] in einem [...] innerlich akzeptierten Gefühl der sittlichen Pflicht liegen soll"*.[339] Eine solche Motivation wird vielleicht noch innerhalb einer Eltern-Kind-Beziehung vorliegen. Gerade bei Ehepaaren aber ist es in der Regel nicht ein Gefühl der Verpflichtung, das die Spender bestimmt. Vielmehr ist es hier regelmäßig ein Wunsch, dem Empfänger zu helfen und damit zugleich die eigene Beziehung zu ihm wieder befriedigender gestalten zu können, nicht selten auch begleitet von dem - im positiven Sinne - egozentrischen Bedürfnis, durch eine Lebendspende sich selbst einen wichtigen lebenserhaltenden Akt zuschreiben zu können.[340] Sollen solche Spenden also, die auf dem Motiv der nicht als Pflicht empfundenen altruistischen Spendebereitschaft beruhen, ausgeschlossen werden?

Den Spendern Beweggründe dieser Art vorschreiben zu wollen, erscheint meines Erachtens gänzlich verfehlt. Zum einen verkennt der Entwurf, daß ein liberaler Rechtsstaat Freiheitssphären nicht nur für den Fall zu schützen hat, daß die Bürger von ihnen in einer vom Staat als besonders moralisch ausgezeichneten Geisteshaltung Gebrauch machen. Zum anderen gibt es keine Stimme in der moraltheologischen Literatur, die ernsthaft eine sittliche Verpflichtung zur Lebendspende eines Organs zu begründen versucht.[341] Niemand hat also eine solche moralische Obligation, so daß danach gefragt werden muß, wie sich der Gesetzgeber anmaßen will, von seinen Bürgern zu verlangen, sich in grundrechtlich geschützten Freiheitsbereichen von einer nichtexistenten moralischen Pflicht leiten zu lassen?

Der Begriff "sittliche Verbundenheit" bringt damit ein kaum verläßlich zu umschreibendes Merkmal in das Gesetz hinein, dessen Verletzung in § 18 Abs.2 E-TPG[342] unter Strafe gestellt ist. Die geforderte Motivation aus einem Gefühl der Pflicht als ein innerer, keinerlei Nachprüfung zugänglicher Vorgang ist jedoch forensisch nur äußerst eingeschränkt brauchbar, so daß immense Unsicherheiten bei der Rechtsanwendung vorprogrammiert sind. Damit aber ent-

---
339 BT-Drucks. 13/4355, Begründung, S. 14.
340 Schneewind, ZTxMed 1993, 89 (93).
341 Zu dieser Frage ausführlich Jörns, Organtransplantation, S. 23 ff.
342 BT-Drucks. 13/4355, S. 8.

spricht die gewählte Formulierung insgesamt nicht den Mindestanforderungen, die Art.103 Abs.2 GG an die Bestimmtheit von Strafnormen stellt. Das Bestimmtheitsgebot verlangt nämlich, daß die Normadressaten jedenfalls im Regelfall anhand des Tatbestandes voraussehen können, ob ein Verhalten strafbar ist.[343] Der Begriff der sittlichen Verbundenheit ist im Kontext der Regelungsmaterie aber weder für die Adressaten noch für den Richter einer plausiblen Interpretation zugänglich.

(3) "Offenkundigkeit"

Für verfehlt halte ich auch das Merkmal der *"Offenkundigkeit"*. Wie offenkundig muß die innere persönliche, sittliche Beziehung sein. Muß sie sich für jeden ohne weiteres erkennbar aus äußeren Lebensverhältnissen ergeben? Gerade wenn es sich um eine persönliche Beziehung handeln soll, ist ein Abstellen auf "Offenkundigkeit" nicht möglich.

(4) Empfehlung

Die Beschränkung des Spenderkreises anhand des im CDU/CSU, SPD, F.D.P. Vorschlag formulierten Kriteriums impliziert die Loslösung vom klassischen Verwandtschaftsbegriff, was meines Erachtens grundsätzlich sachgerecht erscheint. Denn mit dem Verlangen einer *emotionalen* Verwandtschaft zwischen Spender und Empfänger kann der Befürchtung entgegengewirkt werden, daß eine allgemeine Freigabe des Spenderkreises die Gefahr des Organhandels in nicht mehr kontrollierbarer Weise erhöht. Die gewählte Beschränkung begegnet insoweit auch keinen verfassungsrechtlichen Bedenken, denn das damit zugleich ausgesprochene Verbot der Spende erfaßt nur einen verschwindend geringen Anteil von Personen, die bereit wären, ein Organ für eine ihnen unbekannte oder jedenfalls nicht nahestehende Person herzugeben.

Änderungsbedürftig aber bleibt letztlich die konkret gewählte Formulierung. Der Gesetzgeber wäre gut beraten, allein auf das Vorliegen einer "engen persönlichen Beziehung" abzustellen und die Begriffe der "Sittlichkeit" sowie "Offenkundigkeit" aus dem Text zu streichen, da diese die Rechtsanwendung in praxi unnötig erschweren dürften und die Gefahr einer allzu restriktiven Rechtsanwendung in sich bergen.

---

343 BVerfGE 25, 269 (285); 87, 209 (224).

5. Zusammenfassung

Die vorstehenden Ausführungen haben gezeigt, daß es verfassungsrechtlich durchaus geboten ist, das Institut der Lebendspende restriktiv zu handhaben. Der therapeutisch nichtindizierte, allein fremdnützig motivierte Eingriff am Nicht-Patienten darf nicht das Attribut des Selbstverständlichen erhalten, soll nicht der Vorstellung von einer allgemeinen "Sozialpflichtigkeit" des Körpers bzw. Lebens Vorschub geleistet werden, die ihrerseits durchgreifenden verfassungsrechtlichen Bedenken ausgesetzt wäre. Diesem Verlangen wird die Gesamtkonzeption des § 7 E-TPG von CDU/CSU, SPD und F.D.P. prinzipiell gerecht und verdient - abgesehen von den erwähnten Kritikpunkten - insoweit Zustimmung.

III. Wirksamkeitsvoraussetzungen der Einwilligung

Kann bis zu dieser Stelle festgehalten werden, daß die Lebendspende unter den einschränkenden Voraussetzungen mit Einwilligung des Betroffenen zulässig ist, so möchte ich mich weitergehend der Frage widmen, welche konkreten Anforderungen an die Erklärung des Spenders zu stellen sind. Die Notwendigkeit einer dahingehenden Untersuchung erwächst aus dem Umstand, daß sich die Zustimmung hier auf einen Eingriff bezieht, der im Gegensatz zur Heilbehandlung fremdnützig und für den Körper des Betroffenen weder vorteilhaft noch dringlich ist.[344] Für die Rechtswirksamkeit der Einwilligung gelten deshalb eine ganze Reihe spezifischer Voraussetzungen.

Die nachfolgende Darstellung beschäftigt sich in dem Zusammenhang mit der Einwilligungsbefugnis, dem Aufklärungsumfang, der Freiwilligkeit der Zustimmung, Möglichkeiten der bedingten Einwilligung und des Widerrufs sowie entsprechenden Verfahrensmaßnahmen.

1. Strafrechtliche Relevanz der Spendereinwilligung

Bevor auf die Voraussetzungen einer wirksamen Einwilligungserklärung im einzelnen eingegangen werden kann, muß zunächst verdeutlicht werden, daß der Zustimmung des Spenders gerade unter strafrechtlichen Aspekten entscheidende Bedeutung zukommt. Wie noch zu zeigen sein wird, besitzt die Einwilligung in die Organentnahme zu Transplantationszwecken nämlich eine gewisse "Schlüs-

---

344 BSG NJW 1973, 1432 (1433); Henninger, Todesdefinition, S. 100; Siegrist, MMW 1969, 742 (744).

selfunktion" für die Straffreistellung des Arztes, so daß sie insgesamt unabdingbare Voraussetzung für eine rechtmäßige Organentnahme bei lebenden Spendern ist.

a) Tatbestandliche Körperverletzung

Die Organentnahme vom Lebenden ruft auf Spenderseite einen gegenüber dem Normalzustand nicht nur unerheblich verschlechterten pathologischen Zustand hervor und stellt damit eine Körperverletzung i.S.d. §§ 223 ff. StGB dar. Der wortreiche, praktisch unergiebige und rein dogmatische Streit um die Einstufung de lege artis durchgeführter ärztlicher *Heileingriffe* als tatbestandsmäßige Körperverletzung spielt hier keine Rolle[345], denn die Entnahme eines gesunden Organs zu Transplantationszwecken dient in keinem Fall der Heilung des Spendenden, sondern geschieht allein zur Verbesserung oder Wiederherstellung der Gesundheit des Empfängers. Zutreffender läßt sich die Organexstirpation deshalb als eine "Heilhilfe"[346] im Interesse eines Dritten umreißen, die unzweifelhaft den Tatbestand der Körperverletzung und echten Gesundheitsbeschädigung im Sinne der §§ 223 ff. StGB erfüllt.[347]

---

345 Medizinische indizierte Heileingriffe werden nach ständiger Rechtsprechung in Strafsachen als tatbestandsmäßige Körperverletzung i.S.d. §§ 223 ff. StGB beurteilt und zwar unabhängig davon, ob der Eingriff kunstgerecht oder fehlerhaft durchgeführt wird, erfolgreich verläuft oder mißglückt - vgl. RGSt 25, 375 (380); 38, 34 (35); 74, 91 (92); BGHSt 11, 111 (112); 16, 309 (310). Die Rechtsprechung in Zivilsachen stimmt mit der strafrechtlichen Beurteilung im wesentlichen überein und subsumiert den ärztlichen Heileingriff unter den objektiven Deliktstatbestand der unerlaubten Handlung gemäß § 823 Abs.1 BGB - vgl. RGZ 68, 431 (433 f.); 163, 129 (131); BGHZ 29, 176 (179 f.); BGH NJW 1972, 335 (336); BGH NJW 1984, 1395 (1396); BGH NJW 1987, 710 (710). Für die h.L. hingegen ist der Heileingriff schon tatbestandlich keine Körperverletzung bzw. unerlaubte Handlung, da die Behandlung des Kranken zur Wiederherstellung seiner Gesundheit diene. Über die an den Heileingriff im einzelnen zu stellenden Forderungen besteht allerdings in der Literatur noch Streit - vgl. Tröndle, StGB, § 223 Rdnr. 9 e ff.; Laufs, Arztrecht, Rdnr. 540; Eser, in: Schönke/Schröder, StGB, § 223 Rdnr. 31 ff., jeweils m.w.N.
346 Carstens, Organtransplantation, S. 27; Murauer, Organtransplantation, S. 36; Sasse, Veräußerung von Organen, S. 124.
347 V. Bubnoff, GA 1968, 65 (66 f.); Carstens, Organtransplantation, S. 27; Engisch, Der Chirurg 1967, 252 (253); Gramer, Organtransplantation, S. 31; Kallmann, FamRZ 1969, 572 (572); Kohlhaas, NJW 1967, 1489 (1489); Murauer, Organtransplantation, S. 36; Sasse, Veräußerung von Organen, S. 124; H.-L. Schreiber, in: GGF (Hrsg.), Ethik, S. 39 (44).

b) Rechtfertigung

Es stellt sich die Frage, wie der Arzt der hiermit verbundenen Strafandrohung nach heutigem Recht entgehen kann. Bedarf er stets der Einwilligung des Spenders, oder kann er in der konkreten Situation auch ohne oder gar gegen den Willen des Betroffenen handeln?

aa) § 34 StGB

Entnimmt der Arzt einem lebenden Menschen Gewebe oder Organe ohne oder gar gegen seinen Willen, so kommt als einzig denkbare Rechtfertigungsgrundlage § 34 StGB in Betracht. Nach dieser Vorschrift ist eine an sich verbotene Handlung gerechtfertigt, wenn sie das einzige Mittel zur Abwendung einer gegenwärtigen Gefahr für bestimmte hochrangige Rechtsgüter ist, das geschützte Interesse das beeinträchtigte wesentlich überwiegt und die Handlung ein angemessenes Mittel darstellt, die Gefahr abzuwenden.

Eine zwangsweise Organentnahme wäre unabhängig von der Art der zu entnehmenden Organe[348] Mißachtung des Persönlichkeitsrechts des Menschen. Die gute Absicht des Verletzers, menschliches Leben in akuten Gefahrensituationen zu retten, und der Rang seines Ziels, ändern an diesem Urteil nichts. Denn wenn bereits ein Kranker aus unvernünftigen Motiven einen Heileingriff ablehnen und sich dadurch selbst einen Nachteil zufügen darf, so muß man schon gerade einem potentiellen Spender das Recht einräumen, eine Explantation zu verweigern und auf diese Weise einer körperlichen Schädigung zu entgehen. In beiden Fällen würde ein Zwangseingriff zu einer Kollision mit dem Recht auf Selbstbestimmung des Menschen führen, das höher steht als die noch so gut gemeinte Heilabsicht des Arztes.[349] Der alte Grundsatz *"salus aegroti suprema lex"* hat hier seine Grenzen.[350] § 34 StGB kommt daher in keinem Fall als Rechtfertigungsgrundlage für eine zwangsweise Organentnahme *ex vivo* in Betracht.

Gestützt wird dieses Ergebnis durch den ähnlich gelagerten Fall des wissenschaftlich-medizinischen Experiments am Menschen. Die Situation des Probanden ist hier vergleichbar mit der des lebenden Spenders, denn im Gegensatz zu allen anderen Heileingriffen dient weder das wissenschaftliche Experiment noch die Lebendspende der eigenen Gesundheit der Betroffenen, sondern allein dem Wohl anderer, der Gesundheit künftiger Kranker. Darum wird von Rechts wegen

---

348 Narr, Diskussion 2, in: Hiersche/G. Hirsch/Graf-Baumann (Hrsg.), Rechtliche Fragen, S. 84 (90).
349 Dürig, in: Maunz/Dürig u.a., GG/Bd.I, Art.2 Abs.2 Rdnr. 37.
350 Carstens, Organtransplantation, S. 27.

beim Experiment der freie Willensentschluß des uneingeschränkt zur Selbstbestimmung fähigen Probanden gefordert.[351] Gleiches muß für die Lebendspende gelten.

Auch die von Engisch als denkbare Ausnahme konstruierte Zulässigkeit einer Zwangsexplantation für den Fall, daß der Spender den Empfänger zuvor vorsätzlich und strafbar verletzt hat[352], kann nicht akzeptiert werden[353]. Der Duldung des Entnahmeeingriffs soll hier offensichtlich eine gewisse Wiedergutmachungsfunktion zukommen. Diesem Bestreben mag man zwar auf emotionaler Ebene Verständnis entgegenbringen. Im Ergebnis muß dieser Konstruktion allerdings vehement entgegengetreten werden. Unser heutiges Recht kennt nämlich keine über die Freiheitseinbuße hinausgehende körperliche Haftung für Straftaten mehr. Auch aus § 249 BGB, der bei Schadensersatzpflicht grundsätzlich Naturalrestitution verlangt, läßt sich ein derartiges Eingriffsrecht nicht herleiten, denn schließlich hat auch der Täter Anspruch auf Achtung seiner körperlichen Integrität gemäß Art.2 II, 104 GG.

bb) Legitimation durch wirksame Einwilligung

Auch aus strafrechtlicher Perspektive kann der Eingriff beim Spender nur durch dessen zuvor erklärte wirksame Einwilligung gerechtfertigt sein. Die vorherige Zustimmung läßt dabei gemäß § 226 a StGB den Rechtswidrigkeitsvorwurf entfallen, wenn der Eingriff selbst nicht gegen die guten Sitten verstößt.[354]

cc) Fazit

Eine humane Gesellschaft kann demzufolge auf die Anwendung des Strafrechts gegen die explantierenden Ärzte verzichten, wenn der Entnahmeeingriff durch die vorherige Zustimmung des Spenders entsprechend legitimiert ist. Dadurch wird kein positives Recht begründet, sondern Straffreiheit für bestimmte Indikationen erklärt.

---

351 Laufs, in: FS Narr, S. 34 (40); Deutsch, Arztrecht, S. 273.
352 Engisch, Der Chirurg 1967, 252 (254).
353 Im Ergebnis so auch v. Bubnoff, GA 1968, 65 (70); Hanack, Studium Generale 1979, 428 (436); Murauer, Organtransplantation, S. 34; Rüping, MMG 1982, 77 (80).
354 Lilie, in: F.W. Albert (Hrsg.), Praxis/Bd.III, S. 89 (90); Schoeller, Organspende vom lebenden Spender, S. 89. Ausführlich zur Frage der Sittenwidrigkeit der Organentnahme Sasse, Veräußerung von Organen, S. 133 ff.

c) Einpassung in das bestehende Rechtfertigungssystem

Wie die Spendereinwilligung konkret beschaffen sein muß, um den explantierenden Arzt zu rechtfertigen, kann nicht durch die bloße Einpassung in das herkömmliche Rechtfertigungssystem zum ärztlichen Heileingriff befriedigend beantwortet werden, da der rechtliche Ausgangspunkt durch die altruistische Richtung der Lebendspende modifiziert ist. Dies soll zum Anlaß genommen werden, die Anforderungen an eine wirksame Einwilligungserklärung für die besondere Situation der Lebendspende neu zu durchdenken. Die grundsätzlichen Voraussetzungen einer Einwilligung wie die Verfügbarkeit des Rechtsguts, die Einhaltung der Grenzen der Einwilligung durch den Arzt sowie seine Kenntnis von und sein Handeln aufgrund der Einwilligung entsprechen den allgemeinen Voraussetzungen; im hier interessierenden Kontext "Lebendspende" werden sie deshalb nicht gesondert behandelt.[355]

2. Einwilligungsbefugte Personen

Ob sich der Kreis derer, die eine *rechtswirksame* Explantationseinwilligung geben könnten, zwingend mit dem der möglichen Spender deckt, beurteilt sich maßgeblich danach, wer überhaupt darüber entscheiden darf, daß ihm zu Lebzeiten ein Transplantat entnommen wird. Kann etwa jede spendewillige Person selbst eine wirksame Einwilligung abgeben? Ist es eventuell aus Gründen der Rechtssicherheit geboten, die Einwilligungsbefugnis an eine Altersgrenze zu binden? Besteht gegebenenfalls die Möglichkeit der Vertretung, oder verbietet die Fremdnützigkeit des Eingriffs jedwede Art von Fremdbestimmung?

a) Grundsätzliche Anforderungen

aa) Einwilligungsbefugnis beim Heileingriff

Die Überlegungen zur Einwilligungsbefugnis bei der Lebendspende müssen im Grundsatz von den für die Heilbehandlung in Jahrzehnten entwickelten und heute anerkannten Regeln ausgehen, so daß diese nachfolgend knapp skizziert werden sollen.

Die junge reichsgerichtliche Rechtsprechung qualifizierte die Einwilligung in eine ärztliche Heilbehandlung noch als Rechtsgeschäft und verlangte in der Kon-

---

355 Vgl. hierzu grundlegend Deutsch, Arztrecht, S. 50 f., 53 ff.; Voll, Einwilligung, insbes. S. 36 ff.

sequenz die volle Geschäftsfähigkeit des Patienten.[356] Diese Einordnung begegnet allerdings Bedenken, denn die Zustimmung zielt letztlich allein darauf ab, daß im Rahmen der ärztlichen Behandlung in bestimmter Weise auf Personengüter eingewirkt werden darf. Sie bedeutet also lediglich eine Ermächtigung zur Vornahme tatsächlicher Handlungen.

Aufgrund der beschriebenen Zweifel an der reichsgerichtlichen Rechtsprechung, wird heute einhellig die Auffassung vertreten, daß die Einwilligung des Patienten keine rechtsgeschäftliche Willenserklärung darstellt und folglich auch nicht der vollen Geschäftsfähigkeit bedarf.[357] Vielmehr soll es auf die hinreichende Einsichts- und Urteilsfähigkeit des Patienten ankommen, damit dieser den Eingriff hinsichtlich seiner Bedeutung, Risiken und Folgen überhaupt abschätzen kann.[358] Der Bundesgerichtshof fordert in dem Zusammenhang eine sittliche und geistige Reife, die den Betroffenen befähigt, die Tragweite seiner Entscheidung zu erfassen.[359] Liegen diese Voraussetzungen vor, kann sowohl ein Minderjähriger als auch ein Erwachsener, der nicht (voll)geschäftsfähig ist, wirksam in eine Heilbehandlung einwilligen.[360] Ansonsten muß für solche Personen, die aufgrund ihres Alters oder geistigen Zustandes nicht einwilligungsfähig sind, die Zustimmung des gesetzlichen Vertreters eingeholt werden, der anstelle des Betroffenen den Eingriff gestatten kann.[361]

bb) Besonderheiten bei der Lebendspende

Im Anschluß an vorstehende Ausführungen erhebt sich die Frage, ob diese Grundsätze auf den Fall der Organentnahme beim lebenden Spender uneingeschränkt übertragbar sind oder ob wegen der Fremdnützigkeit des Eingriffs entsprechend strengere Voraussetzungen erfüllt sein müssen.

Die Organ- und Gewebeentnahme *ex vivo* bedeutet für den Betroffenen einen Eingriff von erheblicher Tragweite in höchstpersönliche Güter. Die Folgen des Eingriffs sind bei der Entnahme eines nichtregenerierbaren Organs weitreichend, denn der Organverlust ist irreversibel und die mit der Entnahme eines gesunden Organs zusammenhängenden Risiken werden durch keinerlei gesundheitlichen Eigenvorteil für den Spender kompensiert. Meines Erachtens sind deshalb an das

---

356 RG JW 1907, 505 (505).
357 BGHZ 29, 33 (36); OLG München, NJW 1958, 633 (634); Deutsch, Arztrecht, S. 54; Engisch, Operation, S. 14; Laufs, Arztrecht, S. 113 in FN 120.
358 Bockelmann, Strafrecht des Arztes, S. 55; Kern, NJW 1994, 753 (755).
359 BGHZ 29, 33 (36).
360 Zur Problematik allgemein Laufs, Arztrecht, Rdnr. 222 ff.; Narr, Ärztliches Berufsrecht/Bd.1, 2, Rdnr. 870.
361 BGH VersR 1959, 765 (766 f.); BGHZ 29, 46 (52).

Vorliegen der Einwilligungsfähigkeit - ähnlich dem vergleichbaren Fall des klinischen Experiments - verschärfte Anforderungen zu stellen. Urteils- und Einsichtsvermögen des Spenders müssen so weit ausgeprägt sein, daß er die Bedeutung der Organentnahme und alle damit verbundenen, möglicherweise lebenslangen Beeinträchtigungen und Gefahren richtig überblicken und abschätzen kann. Nur unter diesen Voraussetzungen ist er in der Lage, seine Einwilligung nach reiflicher Überlegung und Abwägung der eigenen Nachteile gegenüber den Vorteilen für den zukünftigen Transplantatempfänger abzugeben.

b) Minderjährige

Während die Einwilligungsfähigkeit bei gesunden Erwachsenen auch unter Berücksichtigung dieses strengen Maßstabs in der Regel zu bejahen sein wird, herrscht doch große Unsicherheit bei der Frage, inwieweit ein Minderjähriger die erforderliche geistige Reife haben kann, um Bedeutung und Tragweite seines Rechtsgutverzichts bei einer Lebendspende zu erkennen.

Um von vornherein auszuschließen, daß solch junge Menschen als Spender mißbraucht werden, lehnt die überwiegende Meinung eine Entscheidungskompetenz Minderjähriger pauschal ab und verlangt für eine wirksame Einwilligung die Volljährigkeit des Spenders.[362] Die Literatur befindet sich damit in Einklang mit den aktuellen Entwurfsvorschlägen im Deutschen Bundestag[363] und den meisten europäischen Transplantationsgesetzen[364], die die Lebendspende von Minderjährigen untersagen. Ob diese Entscheidung interessengerecht ist, möchte ich im weiteren untersuchen.

---

[362] Carstens, Organtransplantation, S. 34; Gramer, Organtransplantation, S. 28; Kallmann, FamRZ 1969, 572 (573); Kern, MedR 1994, 389 (390); Rüping, GA 1978, 129 (132); H.-L. Schreiber, in: H. Müller/Olbing (Hrsg.), Pädiatrie, S. 225 (229 f.); Uhlenbruck, in: Laufs/Uhlenbruck (Hrsg.), Handbuch des Arztrechts, § 131 Rdnr. 20; Voll, Einwilligung, S. 236 f.

[363] Vgl. § 7 Abs.1 Nr.1 a des Entwurfs der Fraktionen CDU/CSU, SPD und F.D.P., BT-Drucks. 13/4355, S. 4 sowie § 13 i.V.m. § 4 Abs.2 S.1 des Entwurfs der Fraktion BÜNDNIS 90/DIE GRÜNEN, BT-Drucks. 13/2926, S. 3 f.

[364] Siehe hierzu den Überblick bei Wolfslast, ZTxMed 1989, 43 (47 f.). Zu der geänderten Rechtslage in Frankreich vgl. ergänzend Jung, MedR 1996, 355 (359); für Polen Weigend/Zielinska, MedR 1996, 445 (447).

aa) Selbständige Erklärung über eine Organspende

(1) Erfordernis einer Mindestaltersgrenze

Wann ein junger Spender ein adäquates Urteils- und Einschätzungsvermögen besitzt, um selbständig in eine Organentnahme einwilligen zu können, kann allein unter Berücksichtigung der individuellen Entwicklung für den jeweiligen Einzelfall beurteilt werden. Mit dieser Aussage möchte ich keinesfalls die Notwendigkeit einer Grenzziehung, sondern allein die von der überwiegenden Meinung gewählte Scheidelinie in Frage stellen.

Die Orientierung an der Volljährigkeitsmarke impliziert die pauschale Mutmaßung, daß Jugendlichen generell eine hinreichende Einsichtsfähigkeit in derartige Eingriffe abgesprochen werden muß. Möglicherweise kann einem Mißbrauch Minderjähriger aber auf anderem, ihre Entscheidungsfreiheit weniger stark einschränkenden Weg vorgebeugt werden. Vorzugswürdig könnte beispielsweise eine elastische Formel sein, ähnlich der Einwilligung in einen Heileingriff. Solch eine Demarkationslinie bietet immerhin die Chance einer größeren Einzelfallgerechtigkeit, da sie dem Umstand der individuell unterschiedlichen Reife am ehesten Rechnung tragen kann.

Für das Verlangen einer Altersgrenze aber spricht letztlich der Gesichtspunkt der Rechtssicherheit. Der Arzt ist verpflichtet, die äußerst schwierige und folgenreiche Überprüfung des Urteilsvermögens vorzunehmen, die bei Fehleinschätzung der Reife nicht nur zur Unwirksamkeit[365] der Einwilligung führt und damit zu Lasten des Arztes geht, sondern vor allem dem Minderjährigen physische und psychische Nachteile einträgt. Kann man den Ärzten aber abverlangen, daß sie in jedem Einzelfall die Einsichtsfähigkeit des Betroffenen ohne objektive Entscheidungshilfen gänzlich zu erfassen vermögen? Eine derartige Praxis würde die Dimension der ohnehin gegebenen Verantwortungslast in einem nicht mehr vertretbaren Maße steigern. Den Ärzten müssen deshalb richtungsweisende Kriterien an die Hand gegeben werden, die zumindest grundsätzlich auf das Vorliegen der Einwilligungsfähigkeit schließen lassen. Als objektives Merkmal bietet sich in dem Zusammenhang eben allein ein entsprechendes Lebensalter des Spenders an, so daß sich die Festlegung einer Mindestaltersgrenze letztlich als unumgänglich erweist.[366]

---

365 BGH VersR 1971, 929 (930).
366 *A.A.* Kühl, in: Dt.-BT/Aussch.-Drucks. 618/13, S. 1 (2), der die Orientierung an einer Mindestaltersgrenze als "zu formal" beurteilt.

(2) Grenzsuche

Fraglich ist, ab welchem Alter man dem Spender nun eine selbständige Zustimmungsbefugnis einräumen will. Kann die Grenze unterhalb der Volljährigkeit verlaufen, sollte sie mit dieser übereinstimmen oder erfordert die besondere Risikoträchtigkeit der Lebendspende gar ein höheres Alter als 18 Jahre? Zur Beantwortung dieser Frage möchte ich einen Blick darauf werfen, wie das deutsche Recht andere Entscheidungskompetenzen in höchstpersönlichen Angelegenheiten hinsichtlich der geistigen Reife regelt.

Zahlreiche Vorschriften verlangen nach Volljährigkeit, wenn sich der Einwilligende einem Eingriff unterzieht, der mit gesundheitlichen Gefahren verbunden ist. Hierzu zählt unter anderem § 40 Abs.2 Nr.1 AMG[367], der für die Einwilligung in nicht indizierte Versuche zur klinischen Prüfung eines Präparates die Geschäftsfähigkeit, also ein Mindestalter von 18 Jahren vorschreibt. Auch die Strahlenschutzverordnung[368] verlangt in § 41 Abs.6 Nr.1 S.6 StrlSchV die Geschäftsfähigkeit für Probanden bei Versuchen mit radioaktiven Stoffen. Der kürzlich eingefügte § 1631 c BGB normiert schließlich ein Sterilisationsverbot für Minderjährige.

Jedoch kennt die deutsche Rechtsordnung teilweise auch niedrigere Altersgrenzen für Entscheidungen im höchstpersönlichen Lebensbereich. Zu denken ist hier an die Testierfähigkeit, die man gemäß § 2229 Abs.1 BGB bereits im Alter von 16 Jahren besitzt. Die Religionsmündigkeit tritt sogar schon mit Vollendung des 14. Lebensjahrs ein.[369] Entsprechend diesen Regelungen ist zu überlegen, ob auch die Entscheidung zur Lebendspende schon vor Erreichen des 18. Lebensjahrs getroffen werden kann.

Von der Testierfähigkeit und Religionsmündigkeit auf eine ähnlich frühe Entscheidungsbefugnis Jugendlicher bei der Organentnahme zu schließen, wäre mangels Vergleichbarkeit der Gegebenheiten eine voreilige Folgerung. Die Testierfähigkeit betrifft nämlich nur das Vermögen des jungen Menschen, nicht seinen Körper. Der Minderjährige kann seine Entscheidung über Religionszugehörigkeit und Erbeinsetzung schließlich auch jederzeit revidieren und da-

---

367 Arzneimittelgesetz in der Fassung der Bekanntmachung vom 19. Oktober 1994 (BGBl. I, S. 3018), geändert durch Gesetz vom 02. August 1994 (BGBl. I, S. 1963).
368 Strahlenschutzverordnung in der Fassung der Bekanntmachung vom 30. Juni 1989 (BGBl. I, S. 1321, 1926), zuletzt geändert durch das Gesetz über Medizinprodukte vom 02. August 1994 (BGBl. I, S. 1963).
369 Vgl. § 5 S. 1 RelKEG (Gesetz über die religiöse Kindererziehung vom 15. Juli 1921).

durch ihre unerwünschten Wirkungen beseitigen. Dies ist ihm nach erfolgter Transplantation nicht möglich. Er muß ein Leben lang mit den Folgen der einmal erteilten Einwilligung auskommen.

Die Situation des Lebendspenders ist insoweit eher vergleichbar mit der des Probanden, der seinen Körper ausschließlich fremdnützigen Testverfahren opfert. Parallelen zeigen sich auch zur Sterilisation, denn ein solcher Eingriff zieht aufgrund seiner Irreversibilität weitreichende Folgen nach sich und dient - soweit die Sterilisation nicht medizinisch indiziert ist - überwiegend oder ausschließlich fremdem Nutzen. Für diese Eingriffe wird stets die Volljährigkeit des Betroffenen verlangt, so daß es sinnvoll erscheint, die Entscheidungsbefugnis zur Lebendspende ebenfalls an ein Mindestalter von 18 Jahren zu knüpfen. Bei einem Menschen in diesem Alter kann nämlich regelmäßig eine hinreichende Reife und Urteilsfähigkeit für eine derartige Entscheidung im höchstpersönlichen Bereich erwartet werden, während Minderjährige in ihrer Entscheidungsfindung noch oftmals sachfremden Erwägungen unterliegen, sich von äußeren Momenten leichter beeinflussen lassen, plötzlichen Gefühlsregungen spontan nachgehen und zur voreiligen Entscheidung neigen, ohne die auf sie eventuell zukommenden Nachteile in ihrem ganzen Umfang entsprechend gewürdigt zu haben.

Auch unter einem weiteren Aspekt verdient die Volljährigkeit als Voraussetzung der Lebendspende Zuspruch. Der praxisrelevante Fall der Organentnahme von lebenden Minderjährigen beschränkt sich auf die Explantation einer Niere zugunsten eines Geschwisterkindes. Dank der Dialysebehandlung besteht für den erkrankten Geschwisterteil in aller Regel keine Lebensgefahr. Es verbleibt daher die Abwägung zwischen dem Schutz des jungen Spenders und dem Vorteil des Empfängerkindes durch Verkürzung der Wartezeit und Wiederherstellung der Gesundheit, gegebenenfalls unter optimalen immunologischen Bedingungen. *Für* das Überwiegen des Minderjährigenschutzes spricht in dem Zusammenhang, daß minderjährige Geschwister durch die räumlich enge Einbindung in die Familie und das dadurch bestehende Abhängigkeitsverhältnis in emotionaler und materieller Hinsicht leicht unter psychischen Entscheidungsdruck geraten können. In dem Bestreben, dem Willen der Eltern nach Rettung der Schwester oder des Bruders zu entsprechen und auch aus eigenen Schuldgefühlen heraus, kann eine Situation eintreten, die zu einer fremdbestimmten, erzwungenen und unfreiwilligen Einwilligung führt.

(3) Ergebnis

Angesichts des hohen Risikos für den jungen, altruistisch handelnden Organgeber kann eine Verneinung seiner selbständigen Einwilligungsbefugnis eher hingenommen werden als die Gefahr einer bei zu niedrigem Mindestalter unausgereiften Spendeentscheidung. Mögen auch Jugendliche mit 16 oder 17 Jahren im Einzelfall die nötige Einsichts- und Urteilsfähigkeit hinsichtlich der weitreichenden Folgen eines fremdnützigen Organverlustes besitzen, so ist doch die Wahrscheinlichkeit, daß solche Fälle in signifikanter Anzahl auftreten, sehr gering. Der Gedanke der Rechtssicherheit verdient es deshalb, in den Vordergrund gestellt zu werden und die Volljährigkeitsgrenze für die Lebendspende von Organen als entscheidend anzusehen. Diese Scheidelinie bringt nicht nur dem Arzt Rechtsklarheit und Entlastung von äußerst risikobehafteten Prüfungen der Einwilligungsfähigkeit. Sie bietet vor allem dem Minderjährigen Schutz vor einer Entscheidungssituation, die ihn gerade im Pubertätsalter, das durch hohe emotionale Instabilität gekennzeichnet ist, überfordern mag. Auch wird durch eine dahingehende Entscheidung des Gesetzgebers die Familie vor ausgreifenden Konflikten geschützt, wenn von vornherein klar ist, daß nur die Organspende eines volljährigen Angehörigen zulässig ist.

bb) Selbständige Erklärung über eine Spende regenerativer Körpersubstanzen

Eine andere Sachlage besteht hingegen, wenn der Eingriff nicht auf eine Organexstirpation gerichtet ist, sondern auf die Entnahme regenerierbarer Gewebe, wie Blut oder Knochenmark. Die Spende dieser Substanzen bedeutet nur einen temporären Verlust, der im Regelfall keine bleibenden Schäden hinterläßt. Sind Urteils- und Kritikfähigkeit des Minderjährigen so weit entwickelt, daß er Wesen, Bedeutung und Folgen eines dahingehenden Eingriffs vollständig erfaßt, so ist er selbst zustimmungsberechtigt. In Analogie zur Einwilligungsbefugnis Minderjähriger bei Heileingriffen, wird man eine solche Einsichtsfähigkeit ab dem 14. Lebensjahr annehmen können.[370] Dem Arzt obliegt aber in jedem Fall die Pflicht, sich in sorgfältiger Prüfung von dem Einsichtsvermögen seines jugendlichen Spenders zu überzeugen.[371]

cc) Entscheidungsrecht des gesetzlichen Vertreters

Da mit der überwiegenden Meinung die Einwilligungsfähigkeit eines Minderjährigen in eine Lebendspende von Organen verneint wurde, stellt sich die Frage nach der Zulässigkeit der Ersatzeinwilligung durch den gesetzlichen Vertreter,

---

370 So auch Laufs, in: Hiersche/G. Hirsch/Graf-Baumann (Hrsg.), Rechtliche Fragen, S. 57 (65); ders., in: Hiersche/G. Hirsch/Graf-Baumann (Hrsg.), S. 84 (88); Voll, Einwilligung, S. 237.
371 Laufs, in: Hiersche/G. Hirsch/Graf-Baumann (Hrsg.), Rechtliche Fragen, S. 57 (65).

der mit seiner Entscheidung den Mangel an Reife und Einsichtskraft des Schützlings ausgleichen könnte.

In den aktuellen Regelungsvorschlägen wird die Frage nach der Vertretungsbefugnis ablehnend beantwortet. Sowohl der Gesetzentwurf von BÜNDNIS 90/DIE GRÜNEN[372] als auch der interfraktionelle Transplantationsgesetzentwurf von CDU/CSU, SPD und F.D.P.[373] verlangt für die Lebendspende stets die höchstpersönliche Erklärung des Spenders.

(1) Grundsätze

Die Frage nach der Zulässigkeit der Stellvertretung bei Eingriffen in höchstpersönliche Rechtsgüter betrifft ein allgemeines Problem des Arztrechts. Bei derartigen Eingriffen gibt es grundsätzlich keine geeigneten Stellvertreter, da dahingehende Maßnahmen per se stellvertretungsfeindlich sind. Daß Fremdbestimmung hier dennoch in großer Häufigkeit vorkommt, ändert nichts daran, daß es sich dogmatisch gesehen eben nur um Ausnahmen handelt, die stets einer besonderen rechtlichen Begründung bedürfen. Diese kann sich aus dem Gesetz, der Rechtsübertragung oder der medizinischen Notwendigkeit ergeben. Die ersten beiden Gründe sind juristische, die ihrerseits die Legitimation aus dem dritten, der medizinischen Notwendigkeit, insbesondere aus der Indikation beziehen.

Mit Blick auf vorstehende Ausführungen erscheint die Zulässigkeit der Fremdbestimmung bei der Lebendspende äußerst fraglich, denn die Organentnahme ist eben kein für den Spender notwendiger, medizinisch indizierter Eingriff. Die Rechtfertigung einer Ersatzeinwilligung wirft hier demzufolge weitere juristische Probleme auf.

(2) Entscheidungsrecht der Sorgeberechtigten über eine Organentnahme

Ein Fall gesetzlich begründeter Drittbestimmung bei Eingriffen in die körperliche Integrität findet sich in § 1626 BGB. Die Rechtsordnung läßt hier eine Stellvertretung für den nicht hinreichend einsichtsfähigen Minderjährigen durch die Sorgeberechtigten zu. Die Einwilligungsberechtigung findet ihre Grenzen allerdings in der Pflicht zur Wahrung der Interessen des Minderjährigen. Gemäß § 1627 S.1 BGB haben die Eltern das Personensorgerecht zum *"Wohle des Kin-*

---

372 § 13 Nr.1 i.V.m. § 4 Abs.1, 2 E-TPG, BT-Drucks. 13/2926, S. 3 f. Vgl. auch die Begründung zum Entwurf, S. 15.
373 § 7 Abs.1 S.1 Nr.1b) E-TPG, BT-Drucks. 13/4355, S. 4. Vgl. auch die Begründung zum Entwurf, S. 20.

des" auszuüben. Dieses Motiv ist Richtschnur für jede Entscheidung, die sie für ihr Kind treffen.[374]

Während sowohl die Einwilligung der Sorgeberechtigten in den Heileingriff als auch in die kosmetische Operation[375] zum Vorteil des Betroffenen erfolgt und dementsprechend über §§ 1626, 1627 BGB legitimiert ist, fehlt es bei der fremdnützigen Organentnahme gerade an diesem Ansatzpunkt für die Vertretungsbefugnis. Die Explantation dient weder dem Wohl noch dem Interesse des Kindes selbst, so daß eine Einwilligung der Sorgeberechtigten auch nicht mehr von der gesetzlich vorgegebenen Grenze elterlicher Einwilligungsbefugnis nach § 1627 BGB gedeckt sein kann.[376]

Gestützt wird dieser Befund durch zahlreiche andere Bestimmungen in unserer Rechtsordnung. § 1631 c S.1 BGB bestimmt ausdrücklich, daß die Eltern nicht in eine Sterilisation ihres Kindes einwilligen können. Auch bei Kastration und Geschlechtsumwandlung ist jede Form der Vertretung untersagt. Die Strahlenschutzverordnung schließt in Anbetracht der mit radioaktiven Strahlen verbundenen schwer kalkulierbaren Gefahren somatischer oder genetischer Spätschäden ebenfalls jede Form der Fremdbestimmung aus.[377] Das Arzneimittelgesetz sieht zwar in § 40 Abs.4 Nr. 4 und § 41 Nr. 3 AMG die Möglichkeit vor, daß Eltern für ihr Kind in Medikamentenprüfungen einwilligen können. Dies gilt aber nur dann, wenn die Versuche zur Heilung, Diagnose oder Vorsorge bei dem jungen Patienten selbst angezeigt sind, ihm also unmittelbar zugute kommen.[378] Ist die Teilnahme am Testverfahren für das Kind hingegen ausschließlich nachteilig, so besteht auch nach den Vorschriften des Arzneimittelgesetzes kein Vertretungsrecht der Eltern. Gleiches muß für die fremdnützige Organentnahme gelten.

Verneint man im Ergebnis eine Entscheidungskompetenz der Sorgeberechtigten, so spricht man sich damit zugleich für ein Spendeverbot im jugendlichen Alter aus, das für die Betroffenen im Einzelfall eine besondere Härte bedeuten kann. Insbesondere ist hier an die Fälle mit eineiigen Zwillingen zu denken, die

---

374 Diederichsen, in: Palandt, BGB, § 1627 Rdnr. 2.
375 Dies gilt zumindest dann, wenn sie der Beseitigung körperlicher Anomalien des Kindes dient.
376 Deutsch, ZRP 1982, 174 (174); Kern, NJW 1994, 753 (756); Liebhardt/Wilske, Der Chirurg 1988, 441 (442); Schoeller, Organspende vom lebenden Spender, S. 92; Tress, Organtransplantation, S. 34; Uhlenbruck, in: Laufs/Uhlenbruck (Hrsg.), Handbuch des Arztrechts, § 131 Rdnr. 20; Voll, Einwilligung, S. 238. *A.A.* Giesen, Zivilrechtliche Haftung, S. 120 in FN 83; Kallmann, FamRZ 1969, 572 (573); Kramer, Rechtsfragen, S. 177.
377 S. § 41 Abs.5, 6 Nr. 1 StrlSchV.
378 Vgl. hierzu Pabel, Arzneimittelgesetz, S. 125.

wegen ihrer immungenetischen Identiät in nahezu idealer Weise zum gegenseitigen Spenden geeignet sind.[379] Wird eine solche Verpflanzung notwendig, bevor der Organgeber das notwendige Alter für eine wirksame Einwilligungserklärung erreicht, so müßte die für Leben und Gesundheit des Empfängers erfolgversprechende Verpflanzung ausbleiben, wenn man eine Zustimmungsberechtigung der Sorgeberechtigten auch in diesem Fall ablehnt. Beansprucht die Unzulässigkeit der Ersatzeinwilligung also ausnahmslose Geltung oder können die Sorgeberechtigten in dem Fall, daß der Eingriff zugunsten eines Geschwisterkindes erfolgt, wirksam in die Organentnahme einwilligen?

In der Literatur wird vereinzelt darauf hingewiesen, daß die Verweigerung der Spende in dieser Fallkonstellation zu lebenslangen gesundheitlichen, insbesondere psychischen Störungen beim Spenderkind führen könne, wenn sich der Gesundheitszustand des kranken Geschwisterteils verschlechtert oder das Kind gar stirbt.[380] Auf dieser Basis argumentierte auch ein amerikanisches Gericht, als es feststellte, der gesunde Bruder müsse mit Einwilligung der Eltern spenden dürfen, weil dies für sein "continued good health" und zukünftiges "physical well-being" erforderlich sei.[381]

Die seitens des amerikanischen Gerichts angeführten Gründe zur Rechtfertigung eines Entscheidungsrechts der Sorgeberechtigten implizieren eine höchst erstaunliche Wertung eines Organverlustes, die ich in keinster Weise nachvollziehen kann und die mir äußerst konstruiert scheint. Ebensowenig können die im deutschen Schrifttum vorgebrachten Argumente überzeugen, denn es dürfte sich durchweg um eine bloße Vermutung handeln, daß eine Spende dem psychischen Wohl des spendenden Kindes dient.

Angesichts dieser Unsicherheiten muß meines Erachtens auch im Sonderfall der eineiigen Zwillinge eine Vertretungsbefugnis der Eltern verneint werden. Man mag sich damit zwar dem Einwand aussetzen, daß dann auf besonders erfolgversprechende Transplantationen verzichtet werden muß. Die mit der Organentnahme verbundenen Risiken sind aber derart einschneidend und ohne Heiltendenz für den spendenden Zwilling selbst, daß eine Entscheidung hierüber gerade vor dem Hintergrund des Rechtes auf Selbstbestimmung und körperliche Integrität ausschließlich seinem Willen und Entschluß überlassen bleiben muß. Dafür spricht insbesondere, daß man die Sorgeberechtigten sonst in einen nahezu unauflösbaren Interessenkonflikt verbringen würde, denn ihnen obliegt ja die

---

379 Eigler, in: Toellner (Hrsg.), Organtransplantation, S. 43 (44).
380 H.-L. Schreiber, in: H. Müller/Olbing (Hrsg.), Pädiatrie, S. 225 (230).
381 Zitiert nach Edsall, in: Katz (Hrsg.), Experimentation, S. 559 (559).

Sorge für *beide* Kinder in gleicher Weise.[382] Treffen sie die Entscheidung zur Organentnahme, so ist nicht auszuschließen, daß später - selbst bei erfolgreicher Transplantation - Gefühle der Abwehr des Spenderkindes gegenüber den Eltern aufkommen, vor allem dann, wenn es gesundheitliche Beschwerden hat. Dieser Umstand unterstreicht das Gebot, den Eltern eine solche Entscheidungslast nicht aufzubürden.

(3) Entscheidungsrecht der Sorgeberechtigten über eine Entnahme regenerativer Körpersubstanzen

Fraglich bleibt, ob diese ablehnende Haltung auch für die Spende *regenerierbarer* Gewebe Gültigkeit beanspruchen kann. Im Schrifttum wird diese Frage kontrovers diskutiert. Die in dem Zusammenhang typischerweise angeführte Fallkonstellation zeigt ein an Anämie erkranktes Kind, das nur durch die Knochenmarkspende eines HLA-identischen, selbst nicht einwilligungsfähigen Geschwisterteils gerettet werden kann, da die Histokompatibilität wichtigster Erfolgsindikator für das Gelingen dieser Übertragung ist.

Teilweise hält man die Einwilligung in diesem konkreten Fall durch die Zustimmung der Sorgeberechtigten für ersetzbar.[383] Zur Begründung wird angeführt, daß der Rettung eines Lebens hier ein wesentlich geringfügigerer körperlicher Eingriff als bei einer Organentnahme gegenüberstehe, da sich das Knochenmark regeneriere. Der Eingriff beim Spender erfolge jedenfalls nicht gegen die physischen Interessen, so daß § 1627 BGB nicht entgegenstehe.[384] Diese Sichtweise verkennt allerdings, daß zunächst mal die Entnahme der Knochenmarksubstanz für das Spenderkind nicht ungefährlich ist. Ein Zustimmungsrecht der Eltern ist deshalb unter individualistischem Aspekt, das heißt nur die Interessen des Spenders betrachtend, kaum zu rechtfertigen.

Diejenigen, die dieses Problem erkannt haben und die die Zustimmungsbefugnis dennoch gewähren möchten, stellen sich zu ihrer Rechtfertigung auf einen übergeordneten, die Familie insgesamt erfassenden Standpunkt.[385] Dieser

---

382 Brenner, in: Mergen (Hrsg.), Juristische Problematik/Bd.I, S. 126 (129 f.); H.-L. Schreiber, in: H. Müller/Olbing (Hrsg.), Pädiatrie, S. 225 (230); Voll, Einwilligung, S. 238.
383 Deutsch, Arztrecht, S. 259; H.-L. Schreiber, in: H. Müller/Olbing (Hrsg.), Pädiatrie, S. 225 (230); DGMR, in: Hiersche/G. Hirsch/Graf-Baumann (Hrsg.), Rechtliche Fragen, S. 164 (164)/Punkt 2. Auch die Kirchen haben sich in ihrer gemeinsamen Erklärung für die Entscheidungsbefugnis der Eltern ausgesprochen, wenn es um die Entnahme von Knochenmark geht - vgl. Deutsche Bischofskonferenz/Rat der Evangelischen Kirche, Erklärung-Organtransplantationen, S. 14.
384 G. Hirsch/Schmidt-Didczuhn, Transplantation, S. 11.
385 Deutsch, Arztrecht, S. 259.

Ansatz hält einer kritischen Überprüfung allerdings ebenfalls nicht stand, denn solche, dem Selbstbestimmungsrecht und der körperlichen Unversehrtheit des Minderjährigen übergeordnete familiäre Aspekte, die fremdnützige Eingriffe legitimieren, gibt es einfach nicht.

Für den Sonderfall der Entnahme regenerationsfähiger Gewebe ist damit kein Grund ersichtlich, der die Zustimmungsbefugnis der Eltern rechtfertigen könnte. Die Entscheidung über die Spende bleibt deshalb auch hier ein unvertretbarer höchstpersönlicher Individualakt. Nur so läßt sich vermeiden, daß die Persönlichkeitsrechte des selbst nicht einwilligungsfähigen jungen Menschen dem Gutdünken und der subjektiven Interesseneinschätzung der Sorgeberechtigten preisgegeben werden.

dd) Einschaltung des Vormundschaftsgerichts

Wurde das Vertretungsrecht der Sorgeberechtigten im Rahmen der Lebendspende ausgeschlossen, so stellt sich die Frage, ob im Einzelfall das Vormundschaftsgericht die Organentnahme bei Minderjährigen genehmigen kann.

Gegen ein Entscheidungsrecht des Vormundschaftsgerichts spricht bereits, daß die Zuständigkeiten dieses staatlichen Spruchköpers nicht weiter reichen können, als die des Stellvertreters selbst. Das Vormundschaftsgericht kann die Einwilligung der gesetzlichen Vertreter ja lediglich ersetzen oder ergänzen, über eine weitere Rechtsmacht verfügt es jedoch nicht.[386] Da den Sorgeberechtigten nach der hier vertretenen Ansicht die Entscheidungsbefugnis über eine Organspende ihrer minderjährigen Kinder versagt wurde, kann für das Vormundschaftsgericht nicht anderes gelten. Eine Einschaltung dieser staatlichen Instanz ist deshalb abzulehnen.

ee) Einschaltung einer Mittlereinrichtung

Die hier vertretene Auffassung statuiert ein absolutes Verbot der Organentnahme bei Personen unter 18 Jahren: Minderjährige selbst können nicht einwilligen und den Eltern ist ein dahingehendes Entscheidungsrecht verwehrt. Berücksichtigt man, daß medizinisch mögliche Hilfe demzufolge in manchen Fällen am Recht scheitern wird, so bleibt ein gewisses Unbehagen mit diesem Ergebnis. Im weiteren möchte ich deshalb der Frage nachgehen, ob jungen, spendewilligen Menschen eine Lebendspende unter Einschaltung einer neutralen "Mittlereinrichtung" ermöglicht werden sollte, die in Absprache mit den Sorgeberechtigten und nach Abwägung aller Umstände in Ausnahmefällen eine Explantation gestatten

---

386 Kern, NJW 1994, 753 (759) in FN 73.

kann. Eine solche Verfahrensregelung könnte eventuell einen gerechteren Umgang mit besonders gelagerten Einzelfällen erlauben. Im Interesse der jungen Spender wäre allerdings auch hier von vornherein eine restriktive Regelung geboten, will man der Gefahr vorbeugen, daß durch Heranziehung zu junger Spender die Empfänger von morgen geschaffen werden.

Als entsprechende Mittlerinstanz könnte die Einrichtung einer eigens hierfür eingesetzten staatlichen Sachverständigenkommission[387] erwogen werden, deren Mitglieder alle vorhersehbaren psychischen und physischen Folgen der Explantation untersuchen müßten. Nach sorgfältiger Abwägung könnte diese Kommission in Absprache mit den Ärzten und Sorgeberechtigten dann eine Entscheidung treffen, die den Eingriff entweder verbindlich untersagt oder legitimiert.

Eine derartige Verfahrenspraxis wäre aber letztlich den gleichen Bedenken ausgesetzt, die zur Ablehnung eines Entscheidungsrechts der Eltern geführt haben. Der Vorwurf der mißbräuchlichen Ausübung des Sorgerechts gegenüber den Eltern würde zum Vorwurf gegenüber dem Staat, so daß eine Mittlereinrichtung insoweit ebenfalls keine befriedigende Lösung darstellt.

ff) Fazit

Zusammenfassend kann festgehalten werden, daß das Recht die Möglichkeiten medizinischer Hilfe zum Schutz des Minderjährigen beschränken und eine Lebendorganspende durch diese Personengruppe generell untersagen muß. In den aktuellen Entwurfsvorschlägen zum Transplantationsgesetz sind entsprechende Bestimmungen vorgesehen[388], was insoweit zu begrüßen ist.

c) Betreute

Weitergehend stellt sich die Frage nach der Zulässigkeit einer Organentnahme *ex vivo* bei volljährigen Personen, die wegen körperlicher, geistiger bzw. seelischer Behinderungen betreut werden.

Mit dem zum 01.01.1992 in Kraft getretenen neuen Betreuungsgesetz sind Vormundschaft und Gebrechlichkeitspflegschaft für Volljährige gänzlich abge-

---

387 Eine solche Kommissionseinrichtung sehen bspw. die neuen französischen Bestimmungen vor; vgl. hierzu die Nachweise bei Jung, MedR 1996, 355 (359) in FN 64.
388 Vgl. § 7 Abs.1 S.1 Nr.1b) des Entwurfs der Fraktionen der CDU/CSU, SPD und F.D.P., BT-Drucks. 13/4355, S. 4 sowie § 13 i.V.m. § 4 Abs.1, 2 des Entwurfs der Fraktion BÜNDNIS 90/DIE GRÜNEN, BT-Drucks. 13/2926, S. 3 f.

schafft und durch das Rechtsinstitut der Betreuung ersetzt worden.[389] Der Gesetzgeber hat bei der Regelung des neuen Betreuungsrechts kein Bedürfnis für eine spezialgesetzliche Bestimmung zur Organspende gesehen[390], so daß sich aus den §§ 1896 ff. BGB für die Frage nach der eigenen Zustimmungsbefugnis bzw. der Vertretungbefugnis für den Fall der Lebendspende bei Betreuten keine eindeutige Antwort ergibt. Auch in den aktuellen Vorschlägen zum Transplantationsgesetz findet sich keine explizite Regelung. Im Lösungsvorschlag der Fraktionen der CDU/CSU, SPD und F.D.P. ist in § 7 Abs.1 S.1 Nr.1a) lediglich allgemein bestimmt, daß die Lebendspende nur bei volljährigen *einsichtsfähigen* Personen erlaubt ist und in Absatz 2 Satz 3 der Vorschrift ist allein von der Einwilligungserklärung *des Spenders* die Rede.[391] Diese Formulierungen lassen immerhin die Schlußfolgerung zu, daß solche betreute Personen, die einsichtsfähig sind, selbst in eine Lebendspende einwilligen können.

Ob dies Ergebnis mit dem geltenden Betreuungsrecht in Einklang steht, kann nur im Wege einer umfassenden Betrachtung der bestehenden Regelungen beantwortet werden.

aa) Grundsätze

Wie sich aus § 1896 Abs.2 S.1 BGB ergibt, ist die Betreuung volljähriger Personen durchweg als ultima ratio ausgestaltet. Ein Betreuer darf nur für denjenigen Aufgabenkreis bestellt werden, für den die Betreuung auch tatsächlich erforderlich ist. Theoretisch kommt dies dem Betreuten zugute, denn eine Fremdbestimmung ist nur insoweit zulässig, als es der Zustand des Betreuten und seine konkreten Lebensverhältnisse erfordern[392] und auch dann nur in den Grenzen des § 1901 BGB.

Für den Bereich der Personensorge, die auch die ärztliche Behandlung eines betreuten Volljährigen umfaßt, gilt grundsätzlich, daß im Falle der hinreichenden natürlichen Einsichtsfähigkeit allein die Willensäußerung des Betreuten rechtlich maßgeblich ist.[393] Diese Rechtsregel ist zwar nicht positiv ausgedrückt worden, liegt dem Gesetz aber zugrunde, denn das neue Betreu-

---

389 Formal handelt es sich überwiegend um ein Bündel von Änderungsgesetzen, so daß es kein Gesetz unter dem Titel "Betreuungsgesetz" gegeben hat. Erfaßt von dieser Änderung ist z.B. der Dritte Abschnitt des Familienrechts im BGB.
390 BT-Drucks. 11/4528, S. 142.
391 BT-Drucks. 13/4355, S. 4.
392 Schwab, FamRZ 1990, 681 (682).
393 Deutsch, AcP 1992, 161 (175); Ukena, MedR 1992, 202 (203).

ungsrecht stellt weitestgehend die Respektierung der Selbstbestimmung des Betreuten in den Vordergrund.[394]

Fehlt die Einwilligungsfähigkeit im konkreten Fall, so hat der Arzt die Zustimmung desjenigen Betreuers einzuholen, in dessen Aufgabenkreis die ärztliche Maßnahme fällt, die ihrerseits unter den Voraussetzungen des § 1904 BGB der Genehmigung des Vormundschaftsgerichts bedarf. § 1904 S.1 BGB verlangt die zwingende Mitwirkung des Gerichts für den Fall, daß die begründete Gefahr besteht, daß der Betreute auf Grund der bevorstehenden Maßnahme stirbt oder einen schweren und länger andauernden gesundheitlichen Schaden erleidet.

bb) Selbständige Erklärung über eine Lebendspende

Wegen der mit der Organentnahme zu Lebzeiten verbundenen Nachteile, sind an die Einwilligungsfähigkeit des Betreuten besonders hohe Anforderungen zu stellen.[395]

Menschen, die wegen psychischer Krankheit oder geistiger Behinderung unter Betreuung stehen, besitzen meines Erachtens nicht die intellektuelle Fähigkeit, Schwere und Tragweite einer Organentnahme zu erfassen und sich ein selbstbestimmtes Urteil zu bilden. Für diese Personengruppe muß deshalb ein selbständiges Entscheidungsrecht bei der Lebendspende abgelehnt werden.

Eine andere Beurteilung ergibt sich hingegen, wenn der Grund der Betreuung in einer rein körperlichen Behinderung des Sorgebefohlenen liegt. Bei diesen Betreuten ist kein Grund ersichtlich, der gegen eine Einsichtsfähigkeit sprechen könnte, so daß nach den Grundsätzen des Betreuungsrechts in diesen Fällen ausschließlich die Einwilligung des Betreuten für die Zulässigkeit einer Lebendspende rechtlich maßgeblich sein kann.[396]

cc) Entscheidungsrecht des gesetzlichen Vertreters

Bei *einwilligungsunfähigen* Betreuten ist normalerweise der für den medizinischen Aufgabenkreis bestellte Betreuer berechtigt, in einen ärztlichen Eingriff einzuwilligen. Diese Fremdbestimmungsmöglichkeit steht auch im Einklang mit § 1901 S.1 BGB, denn ärztliche Maßnahmen dienen grundsätzlich dem Wohl des von dem Eingriff Betroffenen. Eine Organentnahme hingegen ist auf das Wohl eines anderen gerichtet und widerspricht demzufolge den gesundheitlichen

---

394 Coester, Jura 1991, 1 (7 f.); Schwab, FamRZ 1990, 681 (686).
395 Kern, MedR 1991, 66 (70).
396 So auch Kern, MedR 1991, 66 (70); Voll, Einwilligung, S. 242.

Belangen des Betreuten. Nach einhelliger Auffassung kann der Betreuer deshalb prinzipiell nicht rechtswirksam in eine Organspende einwilligen.[397]

Der Gesetzgeber hat in den Gesetzesmaterialien zum Betreuungsrecht allerdings ausgeführt, daß Ausnahmefälle denkbar seien, in denen die Organspende dem *seelischen Wohl* des Betreuten diene, so daß in diesem Fall eine stellvertretende Entscheidung zulässig sei. Exemplarisch wird der Fall angeführt, daß das Leben eines Kindes des Betreuten nur durch dessen Organspende gerettet werden kann.[398] Dem Betreuer auf dieser Grundlage eine Einwilligungsbefugnis einzuräumen, würde letztlich darauf abzielen, einen fremdnützigen Eingriff zu gestatten, dessen positiv-seelischen Auswirkungen auf den Spender lediglich vermutet werden. Dies kann keinesfalls akzeptiert werden, vor allem deshalb nicht, weil es sich bei einwilligungsunfähigen Betreuten um Menschen handelt, die infolge ihrer geistigen Behinderung stark geschwächt und demzufolge besonders schutzbedürftig sind. Der Gefahr einer Vernutzung dieser Menschen als Organspender muß deshalb bereits im Keim begegnet werden. Dies kann meines Erachtens nur dann gelingen, wenn man - entsprechend der Situation des einsichtsunfähigen Minderjährigen - bei einsichtsunfähigen Betreuten eine "Verfügungsmacht" des Betreuers in Fragen der Lebendspende ausnahmslos verneint.

dd) Anwendbarkeit des § 1904 S.1 BGB

Man könnte schließlich eine Anwendung des § 1904 S.1 BGB in Betracht ziehen, der neben der Zustimmung des Betreuers eine Genehmigung des Vormundschaftsgerichts verlangt, wenn mit dem ärztlichen Eingriff für den Betroffenen besondere Gefahren verbunden sind. Damit bestünde die Möglichkeit, daß Lebendspenden bei entsprechender doppelter Mitwirkung von Betreuer und Vormundschaftsgericht auch bei einsichtsunfähigen Betreuten zulässig wären. Dagegen aber spricht schon, daß die auch hier geforderte Zustimmung des Betreuers zur Organentnahme gegen § 1901 Abs.1 S.1 BGB verstößt. Eine unmittelbare Anwendung des § 1904 S.1 BGB scheidet deshalb aus.

In Anlehnung an den Rechtsgedanken dieser Vorschrift könnte man schließlich ein Entscheidungsrecht des Vormundschaftsgerichts für die Lebendspende einer betreuten Person erwägen, ohne daß es auf die zusätzliche Zustimmung des Betreuers ankäme.

---

397 Vgl. Damrau, in: Damrau/Zimmermann, BtG, § 1904 Rdnr. 9; Lachwitz, FuR 1990, 266 (269); Kern, MedR 1991, 66 (70); BT-Drucks. 11/4528, S. 142.
398 BT-Drucks. 11/4528, S. 142.

Wie bereits im Zusammenhang mit der Lebendspende Minderjähriger ausgeführt, reichen die Zuständigkeiten des Vormundschaftsgerichts nicht weiter, als die Möglichkeiten der Vertretung. Diese Überlegungen haben für den hier zu beurteilenden Fall uneingeschränkte Geltung. Indem diese staatliche Instanz über keine weitergehende Rechtsmacht verfügt als der Betreuer selbst, kann die mangelnde Einsichtsfähigkeit des Schützlings auch nicht durch eine Genehmigung des Vormundschaftsgerichts überwunden werden.

ee) Fazit

Nach der hier vertretenen Ansicht besteht also die Möglichkeit, daß der einsichtsfähige Betreute selbst in eine Organexstirpation einwilligen kann. Fehlt es hingegen an der entsprechend hinreichenden Urteilsfähigkeit des Betroffenen, so ist die Lebendspende unzulässig und kann auch nicht durch die Zustimmung Dritter legitimiert werden. Die derzeitigen Entwürfe für ein Transplantationsgesetz erscheinen mir in dieser Hinsicht nicht eindeutig genug. Es ist zu hoffen, daß der Gesetzgeber im Laufe des Gesetzgebungsverfahrens eine klare Regelung hierzu trifft.

3. Aufklärung über den Eingriff

Auch ein urteils- und einsichtsfähiger Patient hat als regelmäßig medizinischer Laie nicht den notwendigen Wissensstand über Möglichkeiten und Gefahren ärztlicher Eingriffe. Die Einwilligungserklärung des Patienten ist aber nur dann rechtswirksam, wenn der Betroffene sie in Kenntnis der Tragweite und Folgen des Eingriffs erteilt. Nach ständiger Rechtsprechung und Literatur[399] ist der Arzt deshalb verpflichtet, den Patienten im Vorfeld hinreichend aufzuklären und ihn auf diese Weise zu einer auf Einsicht beruhenden Einwilligung zu befähigen.

a) Aufklärungsintensität

Über Gegenstand, Art und Umfang der Aufklärungspflicht gegenüber einem Lebendspender, liegt bis heute keine richtungsweisende Rechtsprechung vor. Wie weitgehend die Aufklärung hier sein muß, kann sich deshalb zunächst nur an den

---

399 BGH NJW 1976, 363 (364); BGH JZ 1986, 201 (201); OLG Hamm, MDR 1963, 520 (521); OLG Düsseldorf, MedR 1984, 28 (29 f.); Deutsch, NJW 1982, 2585 (2585); Tröndle, StGB, § 223 Rdnr. 9 f ff.; Laufs, Arztrecht, Rdnr. 168 ff.; Trockel, NJW 1970, 489 (490).

Grundsätzen orientieren, die die höchstrichterliche Rechtsprechung für den ärztlichen Heileingriff entwickelt hat.

aa) Aufklärungsumfang bei Heileingriffen

Obwohl die ärztliche Aufklärungspflicht eine zentrale Funktion vornehmlich in Zivilrechtsprozessen einnimmt, ist sie - abgesehen von speziellen Regelungen im Kastrations- und Arzneimittelgesetz - nicht generell gesetzlich normiert worden. Notwendigkeit und Inhalt der ärztlichen Aufklärung stehen gleichwohl nicht im Ermessen des Arztes, sondern ergeben sich aus objektiven Kriterien und den Erwartungen des Patienten, jedenfalls soweit diese sichtbar werden.[400] Dabei hat der behandelnde Mediziner festzustellen, wieviel sein Gegenüber wissen sollte und an Wissen verträgt.

Damit der Patient zu einer informierten Risikoabwägung in der Lage ist, das Für und Wider des Heileingriffs also in den Grundzügen erfassen kann, muß er von dem Arzt im Vorfeld des Eingriffs über Art, Bedeutung, Ablauf und Tragweite der Behandlung in Kenntnis gesetzt werden.[401] Generell gilt, daß nur über die "typischen Gefahren"[402] aufgeklärt werden muß, also solche, die der spezifischen Eigenart des Eingriffs unterliegen, nicht jedoch über solche, die allgemein mit einer Operation verbunden oder unbedeutend sind, seltenst auftreten, mit den Mitteln der Medizin ohne Schwierigkeiten abwendbar sind oder bei denen eine Verkettung unübersehbarer Umstände im Spiel ist.[403]

bb) Gesteigerter Aufklärungsumfang bei der Lebendspende

Daß mit dem Rückgriff auf diese soeben vorgestellten Grundsätze über die Reichweite der Aufklärung bei ärztlichen Heileingriffen die Frage nach dem Aufklärungumfang beim Lebendspender befriedigend beantwortet wäre, muß bezweifelt werden. Für den lebenden Spender eines Organs können auch außergewöhnliche, gleichwohl vorstellbare und deshalb in seiner Entscheidungsfindung zu berücksichtigende Erwägungen eine zentrale Rolle spielen. Aufgrund der fehlenden medizinischen Indikation bei Explantationen, könnte es deshalb geboten sein, bei der Aufklärungspflicht einen strengeren Maßstab anzulegen.

---

400 Deutsch, Arztrecht, S. 60.
401 BGH NJW 1984, 1397 (1398); BGH NJW 1986, 780 (780); BGH NJW 1992, 2351 (2352); Giesen, Arzthaftungsrecht, S. 131 f.; ders., JZ 1982, 391 (394).
402 Vgl. hierzu im einzelnen Voll, Einwilligung, S. 123 m.w.N.
403 Gramer, Organtransplantation, S. 34; Kramer, Rechtsfragen, S. 170.

Der Bundesgerichtshof hat sich mit einigen Fällen beschäftigt, bei denen er an die Aufklärungspflicht des Arztes vor der Operation besonders hohe Anforderungen gestellt hat.[404] In den zitierten Entscheidungen war der operative Eingriff nicht erforderlich, sondern nur gegeben oder aufschiebbar, etwa rein prophylaktisch oder diagnostisch. In diesen Fällen lehnt die Rechtsprechung die für akute Heileingriffe anerkannten Aufklärungsbeschränkungen[405] ab und fordert, daß Für und Wider der ärztlichen Maßnahme dem Patienten gegenüber klar benannt werden.[406] Dies muß erst Recht für die Aufklärung eines Lebendspenders gelten, der nicht geheilt, sondern körperlich dezimiert werden soll.[407]

Um in jeder Hinsicht auszuschließen, daß der Spender später eintretende Verschlechterungen in seinem Gesundheitszustand mangels Aufklärung nicht vorhersehen konnte, wird man verlangen müssen, daß der Arzt auf mögliche Schädigungen infolge der Voruntersuchungen, das Risiko der Operation selbst, postoperative Zwischenfälle und insbesondere spezifische Folgen des Organverlustes hinweist.[408] Auch empfiehlt es sich, die psychischen Auswirkungen einer gelungenen oder gar gescheiterten Transplantation in die Aufklärung mit einzubeziehen.[409]

Damit der Spender den an ihm vorzunehmenden Eingriff insgesamt richtig würdigen kann, wird im weiteren zu Recht verlangt, daß er im Rahmen der Aufklärung auch über den Grad der Dringlichkeit des vorgesehenen Heileingriffs beim Empfänger und die reellen Erfolgsaussichten der Verpflanzung nach dem Stand der Wissenschaft und klinischen Erfahrung im Einzelfall in Kenntnis gesetzt wird.[410] Hierbei muß der Arzt strenge Objektivität wahren, damit der po-

---

404 BGHSt 12, 379 ff.; BGH VersR 1968, 558 f.; BGH NJW 1971, 1887 f.; BGH NJW 1972, 335 ff.; BGH NJW 1979, 1933 ff.; BGH NStZ 81, 351.
405 Vgl. BGHZ 29, 46 (58, 62).
406 BGHSt 12, 379 (382 ff.); BGH VersR 1968, 558 (558); BGH NJW 1971, 1887 (1888); BGH NJW 1972, 335 (337); BGH NJW 1979, 1933 (1934 f.); BGH NStZ 81, 351; LG Bremen, MedR 1983, 73 (75).
407 Einhellige Ansicht, vgl. K.H. Bauer, Der Chirurg 1967, 245 (247); Carstens, Organtransplantation, S. 47; Engisch, Der Chirurg 1967, 252 (254); Gramer, Organtransplantation, S. 32; Henne-Bruns/Küchler u.a., ZTxMed 1993, 32 (36); Kallmann, FamRZ 1969, 572 (573); Kohlhaas, NJW 1967, 1489 (1490); Korthals, Strafrechtliche Probleme, S. 77; Laufs, Arztrecht, Rdnr. 275; Möx, ArztR 1994, 39 (42); Rüping, MMG 1982, 77 (82); Sasse, Veräußerung von Organen, S. 128 f.; Schoeller, Organspende vom lebenden Spender, S. 89 f.; H.-L. Schreiber, in: FS Steffen, S. 451 (452); Spann/Liebhardt, MMW 1967, 672 (672).
408 Carstens, Organtransplantation, S. 49 ff.; Laufs, VersR 1972, 1 (7).
409 So auch Gutmann, in: Dt. BT/Aussch.-Drucks. 591/13, S. 32 (38).
410 Brenner, in: Mergen (Hrsg.), Juristische Problematik/Bd.I, S. 126 (128); Gramer, Organtransplantation, S. 32; Laufs, Arztrecht, Rdnr. 275; Sasse, Veräußerung von Organen, S. 129; Schoeller, Organspende vom lebenden Spender, S. 90.

tentielle Spender die Bedeutung seiner Entscheidung für die eigene Person erkennen kann, ohne durch die Hoffnungen für den Empfänger vollständig geblendet zu sein.
Der Arzt kann sich also auf die rechtfertigende Wirkung der Einwilligung des Lebendspenders nur dann berufen, wenn der Spender vor der Organentnahme exakt und schonungslos hinsichtlich etwaiger Komplikationen belehrt wurde. Die Forderung nach einer allumfassenden Tatsachenvermittlung läßt allerdings unschwer erkennen, daß die praktische Ausführung Grenzen in der Aufnahme- und Einsichtsfähigkeit des Patienten finden wird.

b) Stellungnahme zu den Gesetzentwürfen

Da im Vergleich zum Aufklärungsumfang bei ärztlichen Heileingriffen im Vorfeld der Organentnahme eine intensivere Aufklärung erforderlich ist, empfiehlt es sich, dieses Verlangen in dem Transplantationsgesetz explizit zu formulieren. In den beiden Entwurfsvorschlägen ist dies geschehen.

aa) Aufklärungsintensität

Im Lösungsvorschlag der Fraktion BÜNDNIS 90/DIE GRÜNEN wird in § 13 Nr.1 eine *"[...] Aufklärung über die Art des Eingriffs, den Umfang, die Nachteile und alle unmittelbaren und mittelbaren Folgen der Organentnahme und ihre Risiken sowie über alle Umstände, denen eine Bedeutung für die Organentnahme zukommt [...]"*, gefordert.[411]
Eine ähnliche Formulierung findet sich in § 7 Abs.2 S.1 des interfraktionellen Gesetzentwurfs. Im Gegensatz zum Vorschlag von BÜNDNIS 90/DIE GRÜNEN will der CDU/CSU, SPD, F.D.P. Entwurf die Reichweite der Aufklärung allerdings an der Person des Spenders orientieren, indem es hier heißt: *"Der Organspender ist über [...] sonstige Umstände, denen er erkennbar eine Bedeutung für die Organspende beimißt, durch einen Arzt aufzuklären"*.[412]
Diese Formulierung weckt Bedenken. Zwar ist die Art und Weise der Aufklärung unzweifelhaft dem Verständnisvermögen des potentiellen Spenders anzupassen. Das darf aber nicht darauf hinauslaufen, daß der Umfang der Information von dem Aufklärungswunsch bzw. -bedürfnis des Betroffenen abhängig gemacht wird. Der Arzt muß den Spender in jedem Fall erschöpfend belehren, will er sich nicht der Gefahr aussetzen, vom Spender selbst oder dessen Angehörigen

---

411 BT-Drucks. 13/2926, S. 4.
412 BT-Drucks. 13/4355, S. 4.

später belangt zu werden. Diese Formulierung sollte deshalb nochmals überdacht werden.

bb) Durchführung der Aufklärung

Gemäß § 14 Abs.1 des Entwurfsvorschlages der Fraktion BÜNDNIS 90/ DIE GRÜNEN[413] und § 7 Abs.2 S.2 des Lösungsentwurfs von CDU/CSU, SPD, F.D.P.[414], muß das Aufklärungsgespräch durch den explantierenden Arzt unter Hinzuziehung eines weiteren Arztes erfolgen, der an dem Explantationseingriff nicht beteiligt ist.

Angesichts der strengen Anforderungen, die das Gesetz selbst im Hinblick auf den Aufklärungsumfang bestimmt, dürfte sich darüber hinaus bei der Aufklärung potentieller Spender die Heranziehung eines einschlägig erfahrenen Psychologen nachdrücklich empfehlen. Eine psychologische Beratung kann dabei helfen, daß der Spender spontan getroffene Entscheidungen reflektieren und in eine eigenverantwortliche Entscheidung für oder gegen die Organentnahme überführen kann. Insoweit sollte der Gesetzgeber also die Konsequenz ziehen, die von der ratio seiner Regelung bereits implizit gefordert wird.

4. Freiwilligkeit der Spendeerklärung

Die Zustimmung zur Organentnahme muß als bewußte, autonome, nicht unter Zwängen irgendwelcher Art erfolgende Entscheidung vorliegen[415], womit die eigentliche rechtliche Schwierigkeit der Lebendspende angesprochen ist. Zweifellos gibt es zwar für jedermann einsehbare Situationen völlig altruistischer Spendewilligkeit. Es läßt sich aber nur schwer beurteilen, wann jemand seine Entschlüsse autonom und wann fremdbestimmt trifft. Während rechtlich noch nachprüfbar ist, ob der Arzt nach den erarbeiteten Kriterien dem Einzelfall entsprechend ausführlich genug aufgeklärt hat, läßt sich nicht überprüfen, inwieweit der potentielle Organspender seine Einwilligung tatsächlich freiwillig erklärt hat.

---

413 BT-Drucks. 13/2926, S. 4.
414 BT-Drucks. 13/4355, S. 4.
415 Eigler, in: Toellner (Hrsg.), Organtransplantation, S. 43 (45); Rüping, GA 1978, 129 (132); H.-L. Schreiber, in: Toellner (Hrsg.), Organtransplantation, S. 97 (99). Die Freiwilligkeit der Spendeentscheidung ist insbesondere unter psychologischen Aspekten sehr bedeutsam, denn der Empfänger wird die Spende nur dann als "Geschenk des Lebens" ohne psychische Reserviertheiten - etwa Schuldgefühle oder besondere Dankbarkeitsbekundungen - annehmen können, wenn die Spende aus freien Stücken erfolgt; vgl. hierzu Hillebrand/Schmeller u.a., ZTxMed 1996, 101 (106, 109 f.).

a) Anhaltspunkte für eine unfreiwillige Entscheidung

aa) Finanzielle Anreize

Eine Unfreiwilligkeit der Spendeentscheidung wird vereinzelt dann angenommen, wenn sich der Spender wegen der Zahlung eines Entgelts für die Lebendspende entscheidet.[416]

Die Prämisse, daß finanzielle Anreize freiwilliges Handeln unmöglich machen, mag in Extremfällen sozialer Not nicht auszuschließen sein. Menschliches Handeln aber ist komplex motiviert, so daß nicht jede geldwerte Gegenleistung eine altruistische Grundmotivation verdrängen muß. Allein die Tatsache, daß der Spender aus oder *auch* aus kommerziellen Interessen handelt, reicht deshalb meines Erachtens nicht aus, die Spendeentscheidung ohne Hinzutreten weiterer Umstände per se als unfreiwillig zu deklarieren. Dies gilt schon deshalb, weil die Grenze zwischen bloßem Ersatz von Aufwendungen, Heilungskosten, Verdienstausfall etc. und die den Spender vielleicht (mit-)bestimmende Motivation eines Entgelt zumeist fließend sein wird.

bb) Psychischer Druck

Man könnte sich auch auf den Standpunkt stellen, daß der Spender unfreiwillig handelt, wenn er während seiner Entscheidungsfindung psychischem Druck ausgesetzt ist. Dann taucht allerdings die Frage auf, ob wirkliche Freiwilligkeit überhaupt jemals bestehen kann, denn einem Spender wird in der Regel bewußt sein, daß durch sein "Opfer" einem organkranken Menschen zu wesentlich besserer Lebensqualität, vielleicht gar Lebensrettung verholfen werden kann.[417] Gerade in Anbetracht der Tatsache, daß die Organentnahme bei einem lebenden Menschen nur zugunsten einer dem Spender nahestehenden Person erfolgen darf - sei es das eigene Kind, der Ehegatte, der Lebensgefährte, ein Verwandter oder enger Freund - wird deutlich, daß auf dem Spender durchweg eine bestimmte Erwartungshaltung lasten kann, die mittelbar einen stark wirkenden Druck zu erzeugen vermag.

Der Spender wird seine Entscheidung also nur äußerst selten frei von psychischen Zwängen treffen können. Soll dies nun Anlaß sein, die Freiwilligkeit seiner Entscheidung in Abrede zu stellen mit der Folge, daß die Organentnahme bei ihm unzulässig ist?

---

416 So Rüping, GA 1978, 129 (132); Wolfslast, DÄBl. 1995, A-39 (42).
417 Eigler, in: Toellner (Hrsg.), Organtransplantation, S. 43 (45).

Eine dahingehende Konsequenz wäre wenig durchdacht, denn letztlich kann es nicht darauf ankommen, ob der Spender jede psychische Einflußnahme erfolgreich blockiert hat. Vielmehr muß entscheidend sein, ob er trotz aller Beeinflussung Herr seiner Entschlüsse geblieben ist. Seine Entscheidungsfindung kann deshalb auch in psychischen Drucksituationen als autonom gelten, solange die starke Einflußnahme auf seinen Willen nicht zur Fremdbestimmung führt.

b) Beurteilungsmethoden

Ob der Spender aus eigener Überzeugung oder fremdbestimmt agiert, ist ein Vorgang, der sich im Inneren abspielt und der sich insoweit jeglicher Kontrolle entzieht. Als einziges Mittel, den Entscheidungsprozeß des Spenders ansatzweise beurteilen zu können, bleibt das intensive Gespräch zwischen den Beteiligten. Gewinnt der Arzt im Rahmen dieses Gesprächs den Eindruck, daß der Organgeber nicht aus eigenem inneren Antrieb, sondern unter äußerem Zwang handelt, so sollte er den Eingriff ablehnen.

Die Beweggründe des Spenders zu erforschen, verlangt dem Arzt ein großes Einfühlungsvermögen und viel Entscheidungsfreudigkeit ab. Es bietet sich deshalb die unterstützende Einschaltung eines Psychologen an, der durch gezielte Fragen nach familiären Verhältnissen und sonstigen Lebensumständen gewiß einige verläßliche Anhaltspunkte für die Motivation des Spenders erkennen kann.

c) Stellungnahme zu den Gesetzentwürfen

Im Gegensatz zum Entwurf der Fraktion BÜNDNIS 90/DIE GRÜNEN, ist in § 7 Abs.3 S.1 des interfraktionellen Entwurf von CDU/CSU, SPD, F.D.P. eine entsprechende Verfahrensregelung vorgesehen, die die Freiwilligkeit der Spendereinwilligung gewährleisten soll. Hierin ist bestimmt, daß die Organentnahme beim Lebendspender erst dann durchgeführt werden darf, wenn *"[...] nach gutachtlicher Stellungnahme durch eine Kommission bei der Ärztekammer keine begründeten tatsächlichen Anhaltspunkte dafür vorliegen, daß die Einwilligung in die Organspende nicht freiwillig erfolgt [...]"*[418].

Eine dahingehende Regelung ist grundsätzlich zu begrüßen, denn sie bietet den behandelnden Ärzten an den Transplantationszentren eine Unterstützung. Daß diese Bestimmung letztlich eine reine Verfahrensmaßnahme darstellt, die nur empfehlenden Charakter hat[419], erscheint ebenfalls sachgerecht, denn die Heranziehung solcher Kommissionen darf im Ergebnis nicht dazu führen, daß

---

418 BT-Drucks. 13/4355, S. 4 f.
419 BT-Drucks. 13/4355, Begründung, S. 21.

der explantierende Arzt glaubt, seine eigene Entscheidung über die Freiwilligkeit der Spende an die Kommission delegieren zu können. Dies würde den Gesetzeszweck, über ein Verfahren einen *zusätzlichen* Schutz für die betroffenen Rechtsgüter zu schaffen, konterkarieren.

Fraglich bleibt allerdings, ob die konkrete Ausgestaltung des Verfahrens Zustimmung finden kann. Teilweise wird eingewandt, daß durch die Einführung eines derart formellen Prüfverfahrens die - ohnehin geringe - Anzahl der Lebendspender drastisch sinken würde, da nicht viele Bürger bereit seien, sich im Vorfeld der Organentnahme einem "gerichtsähnlichen" Verfahren vor der Ärztekammer zu unterziehen.[420] Kritiker des Kommissionsverfahrens befürchten weiterhin negative Auswirkungen auf die Vertrauensbildung zwischen Arzt und Patient.[421] Darüber hinaus wird bemängelt, daß der Entwurf an dieser Stelle keine Entscheidungsfrist festlegt, binnen derer die Kommission ihr Gutachten abgeben muß.[422]

Daß das Verfahren vor der Ärztekammer viele Menschen von der Lebendspende abhalten und das Vertrauensverhältnis zwischen Arzt und Patient gefährden wird, halte ich für übertrieben. Letztlich dient dieses Verfahren doch dem Spender selbst und läßt ihm die Gelegenheit, seine Entscheidung nochmals zu überdenken. Angebracht erscheint mir dagegen die Kritik, daß der Lösungsvorschlag keine Frist für die gutachterliche Kommissionsentscheidung festschreibt, denn damit läßt der Entwurf unberücksichtigt, daß bei der Lebendspende ein sehr schnelles Vorgehen zur Rettung des Patienten vonnöten sein kann.[423] Längerandauernde "Ermittlungsverfahren" könnten den Zweck der Transplantation möglicherweise gefährden. Deshalb empfiehlt es sich, die Kommissionsentscheidung binnen einer knapp bemessenen Frist zu verlangen.

5. Widerrufsmöglichkeit

Will man dem Selbstbestimmungsrecht des Spenders gerecht werden, so müssen auch Änderungen des geäußerten Willens zulässig sein.[424] In das Transplantationsgesetz sind deshalb Bestimmungen aufzunehmen, die sicherstellen, daß der Spender sein Einverständnis ohne Angaben von Gründen widerrufen kann und das dieser Widerruf als actus contrarius zur Einwilligung respektiert wird.

---

420 BVO, in: Dt. BT/Aussch.-Drucks. 599/13, S. 14 (16).
421 Wolff, in: Dt. BT/Aussch.-Drucks. 593/13, S. 10 (15, 19).
422 H.-L. Schreiber, in: Dt. BT/Aussch.-Drucks. 603/13, S. 17 (21).
423 Gutmann, MedR 1997, 147 (151); H.-L. Schreiber, in: Dt. BT/Aussch.-Drucks. 603/13, S. 17 (21).
424 BGH VersR 1974, 752 (753).

Der Entwurf von BÜNDNIS 90/DIE GRÜNEN normiert in § 6 explizit eine Widerrufsmöglichkeit.[425] Wortlaut und systematische Stellung der Vorschrift lassen allerdings erkennen, daß diese Regelung nur auf die Totenspende Anwendung finden soll. Ob die Einwilligung in eine Lebendspende nachträglich zurückgenommen werden kann, läßt der Gesetzesvorschlag nicht erkennen.

Hingegen ist in § 7 Abs.2 S.4 des Transplantationsgesetzentwurfs der Fraktionen von CDU/CSU, SPD und F.D.P. klargestellt, daß der Lebendspender seine Einwilligung jederzeit formlos und ohne Angabe von Gründen widerrufen kann. Ausweislich der Begründung hat der Widerruf keine rückwirkende, sondern nur eine in die Zukunft gerichtete Rechtswirksamkeit[426], so daß es für die Praxis *empfehlenswert* sei, nach der Einwilligung mit dem Eingriff noch einige Tage zu warten. Diese Regelung ist zwar im Grundsatz zu begrüßen. Unbefriedigend erscheint mir allerdings, daß mit der Formulierung einer "jederzeitigen" Widerrufsmöglichkeit und der bloßen "Empfehlung" für die Praxis wenig Rechtssicherheit zu erreichen sein dürfte. Ich halte es deshalb für angebracht, anstelle dieses unverbindlichen Hinweises eine klare Regelung in den Gesetzestext aufzunehmen, die unüberlegte, später bereute Organentnahmen weitestmöglich verhindert. Zu denken ist insoweit an die Festschreibung einer Frist, die zwischen der Abgabe der positiven Spendeerklärung und dem tatsächlichen Eingriff verstreichen muß und innerhalb derer der Spender die Erklärung widerrufen kann. Durch die Gewährung eines solchen Mindestzeitraums würde dem Spender die Möglichkeit geboten, seine Entscheidung nochmals zu überdenken. Eine Ausnahme könnte für den Fall bestimmt werden, daß die Organentnahme aus medizinischen Gründen keinen Aufschub mehr duldet.

6. Formbedürftigkeit

Fraglich bleibt, ob neben den bis zu dieser Stelle genannten materiellen Voraussetzungen der Einwilligungserklärung auch bestimmte Formvorschriften eingehalten werden müssen, damit die Zustimmung des Spenders rechtswirksam ist.

Die Einwilligung in eine Lebendspende zielt auf einen Rechtsgutverzicht ab, der ausschließlich das Persönlichkeitsrecht des Einwilligenden, nicht aber Rechte Dritter tangiert. Im Interesse einer optimalen Durchsetzung des Selbstbestimmungsrechts des Spenders, besteht hier deshalb ebensowenig ein Form-

---

425 BT-Drucks. 13/2926, S. 4.
426 BT-Drucks. 13/4355, Begründung, S. 21.

zwang wie bei der Heilbehandlung.[427] Die Bereitschaft zur Organspende kann daher in jeder Form erklärt werden.

Aus Beweisgründen wird allerdings eine schriftliche Fixierung des Einverständnisses zu verlangen sein, denn im Falle späterer Streitigkeiten trägt der Arzt die volle Beweislast für die Rechtfertigung des Entnahmeeingriffs.[428]

Sowohl im Lösungsvorschlag der Fraktion BÜNDNIS 90/DIE GRÜNEN[429] als auch im Entwurf von CDU/CSU, SPD, F.D.P.[430] sind entsprechende Verfahrensvorschriften vorgesehen. Der Inhalt der Aufklärung und die Einwilligungserklärung des Organspenders sind danach in einer Niederschrift aufzuzeichnen, die von dem aufklärenden Arzt, dem weiteren Arzt und dem Spender eigenhändig zu unterschreiben ist, was insoweit durchweg sachgerecht erscheint.

E. Abschließende Anmerkung

Das exponierte medizinische Leistungsangebot "Lebendspende" muß unter Berücksichtigung fortschreitender medizinischer Entwicklungen auch rechtlich ständig neu evaluiert und vor dem Hintergrund gesundheitspolitischer und medizinethischer Fragestellungen gründlich reflektiert werden. Der Gesetzgeber darf diese Tatsache aber nicht zum Anlaß für ein weiteres Moratorium nehmen, sondern sollte die bis heute gewonnenen Erfahrungen entsprechend umsetzen und rechtliche Wertentscheidungen treffen.

Mit den aktuellen Entwürfen zum Transplantationsgesetz befindet sich die Legislative meines Erachtens prinzipiell auf dem richtigen Wege, denn die Organentnahme *ex vivo* muß wegen der eintretenden irreversiblen Schädigung der körperlichen Unversehrtheit des Spenders an rigide Voraussetzungen geknüpft werden. Dieser Befund sollte nicht mit Wehmut aufgenommen werden, sondern Anlaß sein, die vorgegebenen Rahmenbedingungen im Einzelfall gerecht zur Anwendung zu bringen.

---

427 Carstens, Organtransplantation, S. 65; Kramer, Rechtsfragen, S. 120; Voll, Einwilligung, S. 105 ff., 233.
428 Vgl. zur Beweislastverteilung im Arzthaftpflichtprozeß Laufs, Arztrecht, Rdnr. 589 ff.
429 BT-Drucks. 13/2926, § 14 Abs.2 E-TPG, S. 5.
430 BT-Drucks. 13/4355, § 7 Abs.2 S.3 E-TPG, S. 4.

VIERTES KAPITEL
RECHTLICHE ERWÄGUNGEN ZUR ZULÄSSIGKEIT DER TOTENSPENDE

A. Problemaufriß

Die Medizin ist im Hinblick auf die "Beschaffung" von Körperteilen weitestgehend auf Leichenteile angewiesen. Dies gilt natürlicherweise für die lebensnotwendigen Organe wie beispielsweise Herz und Leber, aber ebenso für die Niere, da auch hier der tatsächliche Bedarf keinesfalls durch die Möglichkeiten der Lebendspende gedeckt wird. Damit eine optimale Ausschöpfung des "Spenderpools" in Zukunft gewährleistet ist, fordern transplantationsinteressierte Kreise vom Gesetzgeber die Schaffung transplantationsfreundlicher Idealbedingungen für die Totenspende.[431] Aus der Sicht dieser Lobby sind die Toten viel stärker als bisher für die Lebenden in Anspruch zu nehmen, und eine Nichtwahrnehmung potentieller Spenderkapazitäten wird als kaum noch vertretbar erachtet.[432]

Großteile der Bevölkerung aber stehen der Totenspende mit Desinteresse, Verhaltenheit oder gar Ablehnung gegenüber. Viele Menschen wollen keinen postmortalen Eingriff in ihren Körper, sondern - teils aus religiös motivierten Beweggründen - äußerlich unversehrt in ihre letzte Ruhestätte gelangen. Andere wiederum haben Sorge, Klinikärzte könnten sie als Schwerkranke oder Sterbende vorzeitig aufgeben, den Tod zu schnell feststellen, um verpflanzbare Organe zu gewinnen, so daß man möglicherweise bei noch lebendigem Leibe im Interesse Dritter ausgeschlachtet werde.[433] Diese Ängste spiegeln die hohe emotionale Belastung des Themas "Totenspende" deutlich wider. Sie sind letztlich aber unbegründet und das Ergebnis von Falschinformationen.

Die bestehende Verwirrung unserer Gesellschaft auf diesem Sektor hat verständlicherweise zu einem Rückgang der Spendebereitschaft geführt. Dieser Entwicklung kann nur entgegengewirkt werden, wenn durch Vermittlung nüchterner Sachkenntnis Einsicht verschafft wird, Irrtümer aufgehellt, Vorurteile aufgehoben werden und der Interessierte, letztendlich auf dem Gebiet aber nicht

---

431 So Großmann, RuP 1992, 60 (63); Lührs, ZRP 1992, 302 (302); Wolfslast, MMW 1982, 105 (108).
432 Gegen eine Polemisierung mit dem Schlagwort "Sozialisierung der Leiche" vgl. Lührs, ZRP 1992, 302 (303).
433 Voll, Einwilligung, S. 249; Wesslau/May u.a., ZTxMed 1995, 3 (6).

Sachkundige, die Möglichkeit erhält, zu einer begründeten Meinung zu gelangen.

Das bevorstehende Transplantationsgesetz kann durch die Schaffung klarer Rechtsgrundlagen eine Vertrauensgrundlage schaffen und so einen wesentlichen Beitrag dazu leisten, daß bestehende Unsicherheiten ausgeräumt werden. Von besonderer Relevanz ist dabei die Bestimmung des für die Organentnahme maßgeblichen Todeszeitpunktes, die Normierung von Verfahrensregeln zur sicheren und zweifelsfreien Feststellung des Todeseintritts sowie die Regelung der Frage, in welcher Form Zustimmung oder Ablehnung des Betroffenen und seiner Angehörigen zu berücksichtigen sind.

Bevor die Diskussion um die rechtlichen Zulässigkeitsvoraussetzungen der Totenspende im einzelnen aufgenommen wird, erfolgt zunächst eine Darstellung der geltenden speziellen Rechtsgrundlagen sowie der Lösungsansätze, die der Gesetzgeber zur Regelung dieses Teilgebiets der Transplantationsmedizin verfolgt. Die sich aus diesem Überblick ergebenden Positionen werden dann weitergehend in die Auseinandersetzung um Zulässigkeit und Grenzen der Organentnahme *ex mortuo* einfließen.

B. Bestehende spezielle Rechtsgrundlagen

Da die Transplantationsverordnung der ehemaligen DDR heute faktisch auch in den neuen Bundesländern nicht mehr angewandt wird[434], bietet sich als einzige spezielle "Rechtsgrundlage" für die heutige Praxis der Totenspende der Transplantationskodex[435].

Dieser Kodex befaßt sich in den Ziffern 1 bis 5 mit der Organentnahme beim Verstorbenen und gibt den Transplantationschirurgen folgende Richtlinien vor:
- In Ziffer 1 ist bestimmt, daß die Zulässigkeit der Organexplantation zunächst die unzweifelhafte Todesfeststellung voraussetzt. Als tot gilt *auch* der hirntote Mensch, dessen Tod entsprechend den Empfehlungen der Bundesärztekammer[436] durch zwei an der Organentnahme und Transplantation nicht be-

---

434 Vgl. zur Frage der Fortgeltung der DDR-VO die Ausführungen im vorstehenden 3. Kapitel unter Gliederungspunkt B./I. 2.
435 Abgedruckt in ZTxMed 1995, 154 f.
436 Die Empfehlungen wurden durch den Wissenschaftlichen Beirat der Bundesärztekammer im Jahre 1982 erstmals festgeschrieben und in den folgenden Jahren immer wieder aktualisiert. Die Richtlinien sind vollständig abgedruckt in DÄBl. 1982, B-45 ff.; DÄBl. 1986, B-2940 ff.; DÄBl. 1991, B-2855 ff.; DÄBl. 1993, B-2177 ff.; DÄBl. 1997, A-1296 ff. Die Fortschreibungen der Entscheidungshilfen

teiligte und von einem Transplantations- bzw. Entnahmeteam unabhängige Ärzte festgestellt und dokumentiert werden muß.
- Ziffer 2 schreibt die sogenannte "Erweiterte Zustimmungslösung" vor, wonach die Organentnahme grundsätzlich nur bei Einwilligung des Verstorbenen oder seiner Angehörigen vorgenommen werden darf. Die Einwilligung des Verstorbenen kann in Form eines Organspendeausweises oder sonstwie schriftlich, aber auch mündlich erklärt sein.
- Für den Fall der fehlenden Einwilligung ist in Ziffer 2 ferner bestimmt, daß eine Organentnahme unter den Voraussetzungen des rechtfertigenden Notstandes in Betracht kommen kann, wenn hierin die einzige Möglichkeit zur Abwendung einer akuten Lebensgefahr eines anderen Menschen besteht und ein die Organspende ablehnender Wille des Verstorbenen nicht angenommen werden muß.
- Ziffer 3 betont, daß sich der Umfang der Organentnahme nach der Einwilligungserklärung bestimmt, also nur diejenigen Organe entnommen werden dürfen, auf die sich die Spendeeinwilligung ihrem Umfang nach erstreckt.
- Ziffer 4 erhebt das Gebot, die Würde des Verstorbenen bei den Exstirpationsmaßnahmen zu wahren.
- In Ziffer 5 ist bestimmt, daß die Organentnahme als eine für den Erfolg beim Empfänger besonders verantwortungsvolle Operation nach den Regeln der bestmöglichen Technik von darin erfahrenen Ärzten durchgeführt werden muß.

C. Gesetzesinitiativen im historischen Überblick

Der bis heute andauernde Diskussionsprozeß um die gesetzliche Regelung der Organtransplantation wurde stets von der Frage nach den Zulässigkeitsvoraussetzungen der Organentnahme bei Verstorbenen dominiert. Um eine Vorstellung von den verschiedenen Lösungsansätzen zu bekommen, sollen die entsprechenden Initiativen im Hinblick auf die Kernpunkte "Entnahmezeitpunkt" und "Einwilligungsmodalitäten" an dieser Stelle vorgestellt werden.

---

aus den Jahren 1991 und 1997 betreffen stets die diagnostischen Elemente der Hirntodfeststellung.

I. Gescheiterte Initiativen der 70er Jahre

1. Initiative der Berliner CDU-Fraktion

Der Entwurf der CDU-Fraktion des Berliner Abgeordnetenhauses vom 22. Juni 1973 für ein "Gesetz über Sektionen und Transplantationen"[437] normierte in § 10 die Zulässigkeitsvoraussetzungen der Organentnahme von einer Leiche.
- In § 10 Abs.2 E[438] war bestimmt, daß die Transplantatentnahme beim Verstorbenen die vorherige Feststellung des Todes voraussetzt.
- § 10 Abs.1 Nr.1 E sah vor, daß eine Organentnahme zulässig ist, wenn der Verstorbene selbst bzw. einer seiner Angehörigen in den Eingriff eingewilligt hat. Als Angehörige bezeichnete § 13 Abs.1 i.V.m. § 2 Abs.4 E den Ehegatten, die Eltern sowie die Geschwister, Kinder, Enkelkinder und den Verlobten des Toten.
- Nach § 10 Abs.1 Nr.2 E sollte die Entnahme eines Transplantats auch ohne Willen des Verstorbenen statthaft sein, sofern eine Transplantation zur Rettung eines Menschenlebens oder zur Behandlung einer Krankheit oder eines Körperschadens geboten erschien. Gemäß § 10 Abs.3 i.V.m. § 2 Abs.2 E durfte diese "Zwangsexstirpation" aber nicht im Widerspruch zu dem Glauben oder der Weltanschauung des Verstorbenen stehen.

2. Entwurf der Bundesregierung

Der von der Bundesregierung am 29.09.1978 vorgelegte "Entwurf eines Gesetzes über Eingriffe an Verstorbenen zu Transplantationszwecken"[439] enthielt im Vergleich zu dem CDU-Fraktionsentwurf eine wesentlich detailliertere Regelung.
- Nach § 2 Abs.1 E-TPG[440] sollte die Organentnahme beim Verstorbenen frühestens zulässig sein, wenn seit dem endgültigem Stillstand des Kreislaufs mindestens drei Stunden verstrichen waren.
- § 2 E-TPG sah die sogenannte "Widerspruchslösung" vor, die auch der DDR-VO zugrunde lag.[441] Bei fehlender expliziter Einwilligung des Verstorbenen

---

437 AbgH-Drucks. 6/948.
438 = Entwurf.
439 BR-Drucks. 395/78, Regierungsentwurf.
440 = Entwurf-Transplantationsgesetz.
441 Der von der Bundesregierung vorgelegte Entwurf enthielt allerdings eine modifizierte Widerspruchslösung, da eine Information des Bürgers bei Neuausstellung oder Verlängerung des Personalausweises und die notwendige Eintragung des Wi-

sollte der Arzt danach zur Explantation *einzelner Organe*[442] befugt sein, wenn ihm ein entgegenstehender Wille des Verstorbenen nicht bekannt geworden war und der Personalausweis[443] des Spenders keine dem Eingriff widersprechende Erklärung enthielt.
- Für den Fall, daß der Personalausweis vor dem Inkrafttreten des Gesetzes ausgestellt oder letztmals verlängert worden war, bestimmte § 2 Abs.3 S.1 E-TPG, daß die nächsten Angehörigen des Verstorbenen entweder ausdrücklich in den Eingriff einwilligen oder bis zum Beginn der Entnahme widersprechen konnten, wenn sie zuvor durch einen Arzt von der beabsichtigten Exstirpation einzelner Körperteile des Verstorbenen unter Hinweis auf die Möglichkeit des Widerspruchs in Kenntnis gesetzt worden waren. Als nächste Angehörige wurden der Ehegatte, die volljährigen Kinder, die Eltern und volljährigen Geschwister benannt.
- Hatte der Verstorbene das 16. Lebensjahr noch nicht vollendet, oder war er zu Lebzeiten infolge einer Beeinträchtigung des Gesundheitszustandes unfähig, eine wirksame Einwilligung abzugeben, sollte nach § 2 Abs.4 E-TPG der gesetzliche Vertreter des Verstorbenen zur Entscheidung über den Eingriff befugt sein.

---

derspruchs zwingend vorgeschrieben waren. Das DDR-Modell war hingegen wesentlich strikter, da eine Organentnahme nach § 4 Abs.1 DDR-VO schon dann zulässig sein sollte, *"[...]falls der Verstorbene zu Lebzeiten keine anderweitigen Festlegungen getroffen hat [...]"* - (DDR-GBl. 1975/Teil I, S. 597 ff.). *Wie* der Bürger diese Festlegung treffen konnte und *ob* die Explanteure zu entsprechenden Nachforschungen verpflichtet waren, blieb offen, da keinerlei Verfahrensmaßnahmen normiert worden waren. Weitergehend hierzu in diesem Kapitel unter Gliederungspunkt D./IV. 2.c) aa).

442 Die in § 2 Abs.2 S.2 enthaltene Gleichstellungsklausel diente der Klarstellung, daß die Anwendung der Widerspruchsregelung des Absatzes 2 auf die Fälle beschränkt sein sollte, in denen der Eingriff auf die Entnahme *einzelner* Körperteile gerichtet war. Umfangreichere Eingriffe sollten nur mit entsprechender Einwilligung gemäß § 2 Abs.1 Nr.1 E-TPG zulässig sein - vgl. BR-Drucks. 395/78, Regierungsentwurf, Begründung, S. 10.

443 Der Regierungsentwurf enthielt in § 5 eine Vorschrift zur Änderung des Gesetzes über Personalausweise. In Absatz 1 der Vorschrift war bestimmt, daß jede Person, die die Ausstellung oder Verlängerung eines Personalausweises beantragte, bei der Antragsstellung darauf hinzuweisen war, daß sie jederzeit einem Eingriff im Sinne des Transplantationsgesetzes widersprechen und eine entsprechende Eintragung in den Personalausweis verlangen konnte, nachdem sie über die Bedeutung der Eintragung belehrt worden war. Absatz 2 der Vorschrift sah zugleich die Möglichkeit der Eintragung einer expliziten Einwilligung vor - vgl. BR-Drucks, Regierungsentwurf, S. 4.

3. Entwurf des Bundesrates

Der Bundesrat lehnte das von der Bundesregierung initiierte Lösungsmodell ab und stellte dem Regierungsentwurf einen eigenen Gesetzesvorschlag gegenüber.[444]

- Der Entwurf formulierte an keiner Stelle explizit den maßgeblichen Todeszeitpunkt, ließ aber in der Begründung erkennen, daß er in Anlehnung an den Regierungsentwurf ebenfalls auf den endgültigen Stillstand des Kreislaufs abstellen wollte.[445]
- In § 2 Abs.1, 2, 4, 5 E-TPG waren die Zulässigkeitskriterien der Organentnahme entsprechend dem "Erweiterten Zustimmungsmodell" bestimmt worden. Danach war die Organentnahme grundsätzlich von der erklärten Einwilligung des Spenders zu Lebzeiten abhängig. Fehlte es an einer solchen positiven Äußerung[446], aber auch an einem Widerspruch, so mußte die Exstirpation unterbleiben, wenn nicht der nächste Angehörige des Verstorbenen zustimmte. Der Kreis der nächsten Angehörigen war hier entsprechend dem Regierungsentwurf definiert.
- Eine Organentnahme bei Verstorbenen, die das 16. Lebensjahr noch nicht vollendet hatten oder die geistig behindert waren, sollte nach § 2 Abs.3 E-TPG zulässig sein, wenn dem Arzt ein dem Eingriff entgegenstehender Wille des Verstorbenen selbst nicht bekanntgeworden war und sein gesetzlicher Vertreter, der zugleich nächster Angehöriger sein mußte, eingewilligt hatte.

II. Initiativen der 90er Jahre

1. Außerparlamentarische Initiativen

a) Erklärung der Deutschen Bischofskonferenz und des Rates der Evangelischen Kirche in Deutschland

- In ihrer gemeinsamen Erklärung erkennen die beiden großen Kirchen neben dem Herztod auch den Hirntod als Tod des Menschen an.[447]

---

444 BR-Drucks. 395/78, Bundesratsentwurf.
445 BR-Drucks. 395/78, Bundesratsentwurf, Begründung, S. 11.
446 Gemäß § 5 E-TPG bestand die Möglichkeit, diese Einverständniserklärung in den Personalausweis eintragen zu lassen - BR-Drucks. 395/78, Bundesratsentwurf, S. 6.
447 Deutsche Bischofskonferenz/Rat der Evangelischen Kirche, Erklärung-Organtransplantationen, S. 18, 21.

- Ausweislich der gemeinsamen Erklärung soll die Organentnahme beim Verstorbenen in erster Linie von dem zu Lebzeiten geäußerten Willen des Verstorbenen abhängen. Sowohl eine explizite Spendeerklärung als auch ein Widerspruch seien uneingeschränkt zu respektieren. Fehlt eine etwaige Erklärung des Spenders, so soll den Angehörigen ein subsidiäres Entscheidungsrecht zustehen.[448]
- Darüber hinaus wird eine Notstandsrechtfertigung in Erwägung gezogen, allerdings beschränkt auf diejenigen Fallgruppen, wo es sowohl an einer Willensäußerung des Verstorbenen als auch der Angehörigen fehlt, etwa weil diese nicht ermittelt oder trotz aller Bemühungen nicht erreicht werden können.[449]

b) Entwurf der Arbeitsgemeinschaft der Dialysepatienten und Nierentransplantierten in Bayern e.V.

- In dem "Gutachten-Entwurf"[450] für ein Transplantationsgesetz aus dem Jahr 1991 wird in § 7 E der Hirntod als maßgeblicher Todeszeitpunkt für eine Organentnahme betrachtet.
- In § 4 E entsprechen die Zulässigkeitsvoraussetzungen der Organentnahme bei Verstorbenen in der Grundkonzeption der "Widerspruchslösung". Die Entnahme bei Verstorbenen ist demnach statthaft, wenn diese nach umfassender Belehrung[451] über die Möglichkeiten und das Verfahren eines eventuellen Widerspruchs zu Lebzeiten keine Erklärung hinterlassen haben, wonach sie eine Organ- oder Gewebespende nach dem Tod für ihre Person ablehnen. Der Gesetzesvorschlag verzichtet allerdings auf Einspruchsrechte der Angehörigen.

---

448 Deutsche Bischofskonferenz/Rat der Evangelischen Kirche, Erklärung-Organtransplantationen, S. 19.
449 Deutsche Bischofskonferenz/Rat der Evangelischen Kirche, Erklärung-Organtransplantationen, S. 20.
450 Seewald, Gutachterliche Stellungnahme, S. 80 ff.
451 Nach § 4 S.2 E soll die Belehrung durch Zustellung einer Broschüre erfolgen, in der die Probleme der Organtransplantation und der Organspende sowie die diesbezügliche Rechtslage dargestellt sind. Die Broschüre soll allen Personen zugestellt werden, die das 16. Lebensjahr vollendet haben und die Bürger der BRD sind. An Ausländer oder Staatenlose soll die Belehrung nur verschickt werden, wenn sie ihren ständigen Wohnsitz seit mindestens 6 Monaten in Deutschland haben. Die gleiche Information soll nach dem Entwurf bei jeder Ausstellung und Verlängerung eines Personalausweises gegen Empfangsbestätigung ausgehändigt werden - vgl. Seewald, Gutachterliche Stellungnahme, S. 81 f.

- Nach § 5 E soll die Widerspruchsregelung allerdings nicht für die Organentnahme bei Jugendlichen und geistig kranken Menschen gelten. Hier wird stets die ausdrückliche Zustimmung der nächsten Angehörigen des Verstorbenen verlangt.

c) Entwurf der Arbeitsgemeinschaft der Deutschen Transplantationszentren e.V. und der DSO

- Der Entwurfsvorschlag der Arbeitsgemeinschaft der Deutschen Transplantationszentren e.V. und der DSO[452] aus dem Jahr 1991 verlangt als Voraussetzung der Organexstirpation in § 2 Abs.1 Nr.1 i.V.m. § 4 E den Eintritt von Herz- oder Hirntod.
- In § 2 E ist eine detaillierte Regelung zur Entnahme von Organen bei volljährigen Verstorbenen auf der Basis einer sogenannten "Informationslösung" verankert. Danach soll eine Explantation beim Leichnam im Falle einer fehlenden Erklärung des Verstorbenen zulässig sein, wenn nicht die Angehörigen nach entsprechender Information über die beabsichtigte Entnahme diesem Eingriff explizit widersprechen.
- Darüber hinaus ist in § 2 Abs.2 E eine Eilfallkompetenz vorgesehen, die auf Notstandserwägungen aufbaut. Fehlt es im konkreten Fall an einer Einwilligung und ebenso an einer Einwilligungsfiktion, sind die Angehörigen nicht erreichbar, ist der Verstorbene Deutscher mit ständigem Wohnsitz im Geltungsbereich dieses Gesetzes und haben der zuständige Richter oder Staatsanwalt am Todesort die Entnahme genehmigt, so besteht die Möglichkeit, die fehlende Willensäußerung durch Notstandskriterien zu ersetzen, sofern eine entgegenstehende Einstellung des verstorbenen Spenders selbst nicht ersichtlich ist.

2. Initiativen auf Landesebene

a) Entwurf der niedersächsischen SPD-Landtagsfraktion

Der Entwurf der niedersächsischen SPD-Landtagsfraktion[453] folgt in den Grundzügen dem Vorschlag der Arbeitsgemeinschaft der Deutschen Transplantationszentren e.V. und der DSO. Er unterscheidet sich von diesem nur insoweit, als er

---

452 Abgedruckt bei Toellner (Hrsg.), Organtransplantation, S. 105 ff. und bei H.-L. Schreiber/Wolfslast, MedR 1992, 189 (194 f.).
453 Abgedruckt bei Lührs, ZRP 1992, 302 (304 f.).

in den §§ 3, 9 E die Organentnahme bei geistig oder seelisch Behinderten ausgeschlossen hat.

b) Entwurf der AGLMB

Der Musterentwurf eines Transplantationsgesetzes der Länder[454], den die Arbeitsgemeinschaft leitender Medizinalbeamter (AGLMB) erstellt hat, entspricht in den wesentlichen Punkten ebenfalls dem bereits vorgestellten Entwurfsvorschlag der Arbeitsgemeinschaft der Deutschen Transplantationszentren e.V. und der DSO, so daß an dieser Stelle auf die Darstellung weiterer Einzelheiten verzichtet werden kann.

c) Transplantationsgesetz des Landes Rheinland-Pfalz

- Das im Jahr 1994 verabschiedete und 8 Wochen später wieder einstimmig aufgehobene Transplantationsgesetz für das Land Rheinland-Pfalz[455] erkennt in § 3 Abs.1 neben dem Herztod auch den Hirntod als Tod des Menschen an.
- § 2 TPG/Rh.-Pf. regelt die Zulässigkeitsvoraussetzungen im Sinne der bereits vorgestellten Widerspruchslösung. Die Widerspruchserklärung soll in einen von dem für den Wohnsitz des Erklärenden zuständigen Gesundheitsamt auszugebenden Ausweis aufgenommen werden, der von dem Erklärenden stets mitzuführen ist. Kann der Arzt einen solchen Ausweis im Entscheidungsfall nicht auffinden, so muß gemäß § 2 Abs.4 TPG/Rh.-Pf. einer der nächsten Angehörigen nach einem einer Entnahme entgegenstehenden Willen des Verstorbenen befragt werden. Läßt sich danach kein Widerspruch des Verstorbenen gegen eine Entnahme feststellen, darf sie erfolgen.
- Entgegen dem ursprünglich eingebrachten Entwurf[456] fehlt in dem Gesetzesbeschluß eine ausdrückliche Regelung zur Organentnahme bei Minderjährigen oder geistig behinderten Personen.

---

454 Der Mustergesetzentwurf ist abgedruckt bei Becker, Berliner Ärzte 1993, 30 f.
455 LT-Drucks. 12/5037.
456 LT-Drucks. 12/2094. § 3 E-TPG/Rh.-Pf. a.F. wurde nach dem Beschluß des Gesundheitsausschusses gestrichen, vgl. LT-Drucks. 12/5037.

3. Aktuelle Initiativen auf Bundesebene

a) Gesetzentwurf der Abgeordneten Knoche, Häfner und der Fraktion BÜNDNIS 90/DIE GRÜNEN

- In dem Gesetzentwurf der Abgeordneten Knoche, Häfner und der Fraktion BÜNDNIS 90/DIE GRÜNEN vom 07.11.1995[457] wird der Hirntod lediglich als Zeitpunkt für die Exstirpation lebenswichtiger Organe akzeptiert, nicht aber seine Gleichsetzung mit dem Tod des Menschen. In § 18 E-TPG ist allein der irreversible Herztod als Tod des Menschen anerkannt.
- Der Gesetzentwurf sieht in § 18 Abs.1 E-TPG die "Enge Zustimmungslösung" vor, wonach eine Organentnahme beim Verstorbenen nur dann zulässig sein soll, wenn durch einen vorliegenden Organspendeausweis[458] die Einwilligung des toten Spenders dokumentiert ist. Von dem Erfordernis der höchstpersönlichen Einwilligung wird nur in § 4 Abs.3 E-TPG eine Ausnahme gemacht. Danach können bei Kindern, die das 16. Lebensjahr noch nicht vollendet haben, die sorgeberechtigten Eltern in eine Organentnahme einwilligen, sofern nicht der erkennbare oder ausdrückliche Wille des Kindes oder des Jugendlichen entgegensteht.
- Klarstellend ist in § 7 E-TPG hervorgehoben, daß das Erfordernis der höchstpersönlichen Einwilligung nicht durch Berufung auf den Tatbestand des rechtfertigenden Notstandes nach § 34 StGB entfällt.

b) Gruppenantrag Wodarg, Däubler-Gmelin, Schmidbauer, Schily und anderer Abgeordneter

- In dem Gruppenantrag der Abgeordneten Wodarg, Däubler-Gmelin, Schmidbauer, und Schily vom 14.03.1996, den über 90 Abgeordnete unterzeichnet haben, wird der Hirntod ebenfalls lediglich als Zeitpunkt für die Exstirpation akzeptiert, nicht aber seine Gleichsetzung mit dem Tod des Menschen.[459]

---

457 BT-Drucks. 13/2926.
458 Zu diesem Zweck enthält der Entwurf in § 5 eine Regelung über Organspendeausweise. Danach muß die Einwilligung in eine Organspende stets schriftlich auf einem amtlichen Organspendeausweis erklärt und eigenhändig unterschrieben sein. Für den Entwurf eines solchen Ausweises soll gemäß § 5 Abs.5 E-TPG das Bundesministerium für Gesundheit zuständig sein - vgl. BT-Drucks. 13/2926, S. 3.
459 BT-Drucks. 13/4114, S. 1 f. Dieser Antrag beinhaltet keinen kompletten Gesetzesvorschlag. Vielmehr ist hierin allein eine Entscheidung über die Bedeutung

- Im weiteren sprechen sich die Unterzeichner für eine enge Zustimmungsregelung im Sinne des Entwurfs der Fraktion BÜNDNIS 90/DIE GRÜNEN aus.[460]

c) *Gesetzentwurf der Fraktionen der CDU/CSU, SPD, F.D.P.*

- Der Gesetzentwurf der Fraktionen der CDU/CSU, SPD und F.D.P. vom 16.04.1996 läßt noch offen, ob der Hirntod als Tod des Menschen anerkannt wird.[461]
- Der Entwurf zielt auf die Normierung des Zustimmungsmodells ab. Allerdings hat man noch keine Entscheidung darüber getroffen, ob die Organentnahme *post mortem* im Fall des Fehlens einer höchstpersönlichen Erklärung des Verstorbenen durch die Zustimmung anderer Personen legitimiert sein kann.[462]

d) *Gruppenantrag Dreßler, Scharping, Seehofer, Schäuble und anderer Abgeordneter*

Der Antrag Dreßler, Scharping, Seehofer, Schäuble und anderer Abgeordneter vom 17.04.1996[463] ergänzt den CDU/CSU, SPD, F.D.P. Entwurf in den noch offenen Punkten.

- Das Konzept des Hirntodes wird gleich dem Herztod als Kriterium zur Feststellung des Todes anerkannt.[464]
- Die Frage der Einwilligungsmodalitäten will man im Sinne einer erweiterten Zustimmungsregelung lösen. Nahe Angehörige oder eine diesen gleichgestellte Person sollen stellvertretend den mutmaßlichen Willen bekunden dürfen, wenn sich der Verstorbene zu Lebzeiten nicht zur Organspende erklärt hat. Zur Ausübung dieses subsidiären Bestimmungsrechts werden den Ersatzentscheidern verschiedene Möglichkeiten eingeräumt: Sie können dem Explantationseingriff *ausdrücklich* zustimmen bzw. widersprechen; sie kön-

---

des Hirntodkriteriums für die Organentnahme sowie über eine enge oder erweiterte Zustimmungslösung getroffen worden.
460 BT-Drucks. 13/4114, S. 2.
461 § 3 Abs.1 Nr.2 E-TPG weist insoweit noch eine Leerstelle auf - vgl. BT-Drucks. 13/4355, S. 4.
462 § 4 E-TPG ist insoweit noch offen - vgl. BT-Drucks. 13/4355, S. 4.
463 BT-Drucks. 13/4368. Dieser Antrag beinhaltet keinen umfassenden Gesetzesvorschlag, sondern beschränkt sich seinem Inhalt nach auf die Fragen des Hirntodkriteriums und der Einbeziehung der Angehörigen in die Entscheidung über eine Organentnahme nach dem Tode.
464 BT-Drucks. 13/4368, S. 4 ff.

nen aber auch mit dem Arzt vereinbaren, daß ihre Zustimmung als erteilt gilt, wenn sie der Entnahme innerhalb einer bestimmten Erklärungsfrist nicht widersprochen haben.[465]

III. Zusammenfassung

Der vorstehende Überblick hat deutlich werden lassen, daß im Laufe der Jahre sehr unterschiedliche Vorschläge zur Regelung der Totenspende unterbreitet wurden. Es ist aber auch deutlich geworden, daß sich die Diskussionsebene inzwischen komprimiert hat, denn die derzeitigen Entwürfe eines Transplantationsgesetzes sehen übereinstimmend die Normierung einer Zustimmungsregelung vor. In ganz wesentlichen Fragen bestehen aber nach wie vor Meinungsverschiedenheiten, die das Fortkommen des Gesetzgebers zu lähmen scheinen.

D. Diskussion der Zulässigkeitsvoraussetzungen der Totenspende

Das rechtliche Problempotential der postmortalen Organentnahme ist vielfältig. Ein Großteil der hier aufgekommenen juristisch-ethischen Fragen berührt das menschliche Selbstverständnis und die innerste Gefühlswelt der Beteiligten zu tief, als daß sie einfachen Lösungsmustern zugänglich wären. Die Bedeutung der tangierten Rechtsgüter aber verlangt nach einer Konsensfindung, die nachfolgend erarbeitet werden soll. Hierzu werden die vorgeschlagenen Regelungen aufgegriffen und einer kritischen Betrachtung unterzogen.

I. Tod des Spenders

1. Problemaufriß

Der rechtsethische Grundsatz, daß eine Organentnahme keinesfalls menschliches Leben beenden darf, hat uneingeschränkte Geltung. Dementsprechend dürfen lebenswichtige Organe erst dann explantiert werden, wenn der Spender tot ist. Sucht man nun in der bestehenden Rechtsordnung eine klare Antwort auf die Frage, wann der Tod eines Menschen eingetreten ist, so wird man enttäuscht. Der Tod ist weder normiert, noch juristisch definiert. Nicht einmal die Folge,

---

465 BT-Drucks. 13/4368, S. 2.

daß die Rechtsfähigkeit des Menschen mit dem Tod endet, findet sich im Gesetz positiv niedergelegt. § 1 BGB stellt lediglich den *Beginn* der Rechtsfähigkeit fest.[466]

Bis in jüngste Zeit wurde - neben dem Herz-Kreislauf-Tod - der Gesamthirntod[467] als maßgeblicher Todeszeitpunkt erachtet, und die Transplantationspraxis orientiert sich bis heute vordergründig an diesem Todesmoment.[468] Nichtstaatliche Organisationen wie die Bundesärztekammer haben diese Konvention des Todesbegriffs festgeschrieben.[469] Sie hat, über das Arztrecht vermittelt, ihre Rezeption in Wissenschaft[470] und Rechtspraxis gefunden.[471] Inzwischen erfährt der Begriff des Hirntodes allerdings Kritik - und zwar aus entgegengesetzten Richtungen: Die einen sehen im Gesamthirntod eine unzulässige Vorverlagerung des Todeszeitpunktes und fordern dementsprechend die Abkehr von diesem Todesmoment; die anderen betrachten das Gesamthirntod-Kriterium als "überholt" und wollen den Todeszeitpunkt früher ansetzen.[472]

Die unterschiedlichen Auffassungen zu der Frage, ab wann der Mensch tot ist, prägen gerade in Deutschland die Diskussion um die Todeszeitpunktbestimmung im Transplantationsgesetz. Um eine optimale Transparenz der Problematik zu erreichen, möchte ich zunächst den Gang der Entwicklung nachzeichnen, der zur heutigen Misere des Todesverständnisses geführt hat. Im Anschluß werden die im Gesetzgebungsverfahren aktuell vertretenen Positionen zum Hirntod-Kriterium näher beleuchtet. Daran anknüpfend wird das Hirntod-Konzept einer umfassenden Würdigung unterzogen, bevor schließlich die Argumente der Hirntod-Kritiker aufgegriffen und auf ihre sachliche Fundierung hin überprüft werden. Abschließend werden die Möglichkeiten einer sicheren Todesdiagnose erläutert und zu der Frage Stellung bezogen, ob der Gesetzgeber entsprechende Verfahrensregeln in das Transplantationsgesetz aufnehmen sollte.

---

466 Nach den Beratungen zum BGB hat man davon abgesehen, den Tod als das Ende der Rechtsfähigkeit gesetzlich zu umschreiben, da dies selbstverständlich erschien. S. hierzu Mugdan, Materialien zum BGB/Bd.I, § 3, S. 4.
467 Der im weiteren verwendete Begriff des "Hirntodes" meint stets den Gesamthirntod.
468 Siehe Ziffer 1 des Transplantationskodexes, abgedruckt in ZTxMed 1995, 154 (154).
469 Wissenschaftlicher Beirat der Bundesärztekammer, DÄBl. 1982, B-45 ff.; zuletzt fortgeschrieben in DÄBl. 1997, A-1296 ff.
470 Vgl. statt vieler Lorenz, in: Isensee/Kirchhof (Hrsg.), Handbuch des Staatsrechts/ Bd.VI, § 128 Rdnr. 15.
471 Zur Problematik eines Begriffsimports siehe Geilen, in: FS Heinitz, S. 373 (373 ff.); Höfling, JZ 1995, 26 (28 ff.); ders., JZ 1996, 615 (616 ff.).
472 Ausführlich hierzu unter nachfolgendem Gliederungspunkt 4.d).

Das Ergebnis dieser Untersuchung mündet dabei keinesfalls in der Präsentation einer "Wesens"-Definition von Tod bzw. Leben. Vielmehr kann es im hier interessierenden Kontext allein darum gehen, Möglichkeiten zur Feststellung des Todes eines Organspenders aufzuzeigen und in diesem Rahmen die rechtliche Tragfähigkeit des Hirntod-Konzepts zu untersuchen.

2. Wandel des Todesverständnisses

Die Rechtspraxis benötigte stets die Festlegung eines bestimmten Todeszeitpunktes, da mit diesem Ereignis bedeutende Rechtsfolgen verbunden sind.[473] Ein Mensch ist entweder de iure tot oder nicht, das heißt, alle Stadien des Sterbens müssen einer der beiden Alternativen zugeordnet werden. Diese Grenzziehung verlangt nach einer Wertung, die der Jurist seit jeher nur unter Berücksichtigung medizinischer Fakten vornehmen konnte. Seine Aufgabe ist es, die rechtliche Beurteilung der das Ableben des Menschen begleitenden biologischen Phänomene vorzunehmen und die daraus resultierenden rechtlichen Konsequenzen zu ziehen.

Um den Todeseintritt punktuell zu fixieren, hat die Medizin im Laufe der Jahre verschiedene Momente aus dem Sterbeprozeß herausgeschnitten, so daß sich die "Arbeits-" und Bewertungsgrundlage der Rechtswissenschaft dementsprechend ständig geändert und in der Folge schließlich ein Wandel des Todesverständnisses vollzogen hat.

a) Klassisches Todesverständnis

Mitte des vorigen Jahrhunderts bestand für den Juristen Friedrich Karl von Savigny noch kein Anlaß, die Todesfrage rechtswissenschaftlich zu problematisieren: "Der Tod als die Grenze der natürlichen Rechtsfähigkeit ist ein so einfaches Naturereignis, daß derselbe nicht, wie die Geburt, eine genauere Feststellung seiner Elemente nötig macht"[474]. Mit diesem einfachen Naturereignis waren der Stillstand des Herzens und das Aussetzen der Atmung - der sogenannte klinische Tod - gemeint, die Jahrtausende als allein entscheidende Kriterien galten, um den Tod eines Menschen festzustellen. Infolge des Funktionsausfalls von Herz und Lungen kam es zum irreparablen Verlust elementarster Lebensfunktionen. Ab diesem Zeitpunkt konnte der Tod nicht mehr aufgehalten bzw. umgekehrt

---

473 Man denke nur an erb-, versicherungs- und strafrechtliche Aspekte; vgl. hierzu Kaiser, in: Mergen (Hrsg.), Juristische Problematik/Bd.I, S. 31 (43 ff.).
474 V. Savigny, System des Römischen Rechts/Bd.2, S. 17.

werden[475], weshalb man bei Herz- und Kreislaufstillstand insoweit von den *"atria mortis"*, den Eingangshallen des Todes sprach, die den Sterbevorgang eröffneten und unweigerlich zum Absterben aller Organe und Zellen und damit zum Gesamttod des Betroffenen führten.

Auch für die Jurisprudenz war mit diesem klassischen Todesbegriff eine augenfällige und zugleich praktikable Grenze für den Übergang vom Leben in den Tod entwickelt. Die Beweisführung war verhältnismäßig einfach, denn das Bestehen oder Nichtbestehen von Atmung und Kreislauf konnte ohne größere Schwierigkeiten anhand äußerer, sichtbarer Zeichen wie Totenflecken und Totenstarre forensisch eindeutig festgestellt werden.[476] Die Medizin hatte die Begriffsbildung also in gewisser Weise vorweggenommen, und für die Rechtswissenschaft blieb der Tod damit zunächst etwas "deutungslos Gegebenes"[477].

b) Unzulänglichkeit der klassischen Todeskriterien

Bis heute geben die soeben beschriebenen klassischen Todeskriterien eine gute Faustregel ab, und die meisten Menschen erleiden den klinischen Tod. Teilweise aber sind die in dem Stillstand von Herztätigkeit und Atmung erkennbaren Zeichen des Todes durch die progressiven Erfolge der modernen Apparate- und Transplantationsmedizin überrundet worden. Ein Herz- und Kreislaufstillstand ist heute reversibel[478], indem er durch Reanimation[479] überbrückt werden kann. Erfolgt diese innerhalb der Wiederbelebungszeit des Gehirns, besteht grundsätzlich die Chance, daß alle Organe und Organsysteme vital erhalten bleiben und der Mensch ohne Gehirnschädigung weiterleben kann.[480] Im Ergebnis kann es also wieder zur Spontanatmung und damit zu normalen, nicht künstlichen Lebensfunktionen kommen.[481] Darüber hinaus können Atmung und Kreislauf auch dann künstlich aufrecht erhalten werden, wenn das Gehirn bereits irreparabel geschädigt ist.[482]

---

475 H.-L. Schreiber, JZ 1983, 593 (593); Stratenwerth, in: FS Engisch, S. 528 (530).
476 Geilen, FamRZ 1968, 121 (124).
477 So Jacoby, Ontologie/Bd.1-2, S. 21.
478 Höfling/Rixen, Verfassungsfragen, S. 51 f.; Laufs, Arztrecht, Rdnr. 277; Roth/ Dicke, in: Hoff/i.d. Schmitten (Hrsg.), Wann ist der Mensch tot?, S. 51 (51); Stratenwerth, in: FS Engisch, S. 528 (531 f.).
479 Dieser Begriff ist eigentlich nicht ganz richtig, denn es wird nicht der Tod eines Organs rückgängig gemacht, sondern nur ein Funktionsstillstand überbrückt. So auch die Kritik von Englert, Element des Totenrechts, S. 32; Saerbeck, Beginn und Ende, S. 105; Spann/Kugler u.a., MMW 1967, 2161 (2161).
480 Brenner, Arzt und Recht, S. 89.
481 H.-L. Schreiber, in: Schlaudraff (Hrsg.), Loccumer Protokolle 54/94, S. 87 (91).
482 Albrecht, Transplantatentnahmen, S. 18.

Für die Transplantationsmedizin, die bei der Verpflanzung parenchymatöser Organe wie Niere, Herz und Leber seit jeher auf möglichst "lebensfrische" Leichenorgane angewiesen ist[483], brachte diese Entwicklung den entscheidenden Durchbruch. Der bis dahin schicksalhafte Ablauf der Kausalkette Atmungsstillstand - Herzstillstand - Sauerstoffmangel - Organzerstörung ließ sich nunmehr für eine gewisse Zeitspanne blockieren und es konnte eine Art Schwebezustand hergestellt werden. Durch Aufrechterhaltung des Herz-Kreislauf-Systems war die Durchblutung der zu explantierenden Organe bis zur Entnahme gewährleistet, eine völlige Zerstörung der Zellstruktur verhindert und in der Folge die Verpflanzung vitaler Organe und Gewebe möglich geworden.[484]

Dieses Nebeneinander von Leben und Tod infolge medizintechnischer Neuerungen, rückte den herkömmlichen Todesbegriff ins Zentrum der Diskussion[485], denn hiermit hatte man ad oculus demonstriert, daß der Mensch seinen eigenen Herztod überleben kann und vice versa das Herz den individuellen Tod. Die nun aktuell gewordenen Fragen, wann eine Intensivbehandlung abgebrochen werden darf, wann die Pflicht zur künstlichen Aufrechterhaltung von Herzschlag und Atemfunktion, wann die Berechtigung zum Abbruch oder überhaupt zur Unterlassung von Wiederbelebungsmaßnahmen besteht und wann bei einem potentiellen Spender zum Zweck der Transplantation Organe entnommen werden dürfen, konnten mit dem klassischen klinischen Todesbegriff allein nicht mehr gelöst werden. Der Blick war damit auf eine Problematik freigelegt, die bis heute für Diskussionsstoff sorgt: der Wandel der "Todesdefinition".

c) Etablierung des Gesamthirntod-Konzepts

Der Zeitpunkt für eine wirkmächtige Todeskonzeption, die eine Antwort auf diese notvollen Fragen geben konnte, kam im Jahr 1968. Das Ad Hoc Comittee der Harvard Medical School veröffentlichte eine Stellungnahme, die den Vorschlag

---

483 Eine Ausnahme von diesem Erfordernis besteht lediglich bei sogenannten bradytrophen Geweben wie Augenhornhaut, Sehnen und Knochen. Diese Gewebe haben einen sehr geringen Stoffwechsel und können deshalb auch noch Stunden nach einem Herz-Kreislauf-Stillstand erfolgreich transplantiert werden. Vgl. hierzu R. Pichlmayr/Lauchart u.a., in: R. Pichlmayr (Hrsg.), Operationslehre/Bd.III, S. 19 (21).

484 Zu der weitergehenden Frage, wie lange ein Organ ohne Schädigung blutfrei sein kann (= Ischämiezeit), vgl. die Darstellung im vorstehenden 2. Kapitel unter Gliederungspunkt D./III.

485 Aus der juristischen Literatur vgl. vor allem Geilen, in: FS Heinitz, S. 373 ff.; Henninger, Todesdefinititon, S. 1 ff; König, Todesbegriff, S. 6 ff.; Maurer, in: Evangelische Akademie Bad Boll (Hrsg.), Tagungsprotokolle 6/1979, S. 18 (32 f.); Rüping, GA 1978, 129 (133 f.); Stratenwerth, in: FS Engisch, S. 528 ff.; H.-L. Schreiber, JZ 1983, S. 593 f.; Zenker, in: FS Bockelmann, S. 481 (484).

beinhaltete, das sogenannte "irreversible coma" als maßgeblichen Todeszeitpunkt festzulegen.[486] Gemeint war damit nicht etwa nur eine irreversible Bewußtlosigkeit, sondern ein ganz spezielles Koma, das auf der irreversiblen Zerstörung des gesamten Gehirns beruhte. Der Sache nach war damit der Hirntod etabliert.[487]

Die getroffene Verabredung entsprach dem medizinischen Erkenntnisstand und stellte eine verläßliche Grenze dar, so daß sie von Ärzten und anderen betroffenen Menschen dankbar aufgenommen wurde. Der Vorschlag der Harvard-Kommission setzte sich innerhalb weniger Jahre in den meisten Industriestaaten durch.

d) Definition des Gesamthirntodes

Nachdem die Harvard-Konzeption auch in Deutschland weitgehende Zustimmung gefunden hatte, veröffentlichte der Wissenschaftliche Beirat der Bundesärztekammer im Jahre 1982 erstmals "Richtlinien zur Hirntod-Feststellung"[488], die bis heute ständig fortgeschrieben worden sind. Diese ausdrücklich als "Entscheidungshilfen" bezeichneten Richtlinien haben für die Bundesrepublik Deutschland fast gesetzesartige, die ethischen Normen festschreibende Bedeutung.[489]

In der aktuellen Fortschreibung wird der Gesamthirntod als Zustand des irreversiblen Erloschenseins aller Funktionen des Groß- und Kleinhirns sowie des Hirnstammes (Ausfall der gesamten Hirnfunktionen), bei einer durch kontrollierte Beatmung noch aufrechterhaltenen Herz-Kreislauf-Funktion definiert.[490]

3. Positionen zum Gesamthirntod-Kriterium in den Entwürfen zum Transplantationsgesetz

Ob der von der medizinischen Profession fixierte Anknüpfungspunkt des Gesamthirntodes die Zäsur Tod begründen kann, die vor den Wertungen des Rechts - gerade auch vor den Anforderungen des Art.2 Abs.2 S.1 GG - zu beste-

---

486 Capron, in: Korein (Hrsg.), Brain death, S. 45 (48).
487 Der Begriff "Hirntod" war bereits im Jahr 1800 durch den französischen Anatom und Histologen M.-F. Xavier Bichat geprägt worden. Vgl. zur "Vorgeschichte" des Hirntodkonzepts die anschaulichen Darstellungen bei Schlake/Roosen, Hirntod, S. 10 und Hoff/i.d. Schmitten, in: dies. (Hrsg.), Wann ist der Mensch tot?, S. 153 (154 ff.).
488 Wissenschaftlicher Beirat der Bundesärztekammer, DÄBl. 1982, B-45 ff.
489 Spittler, in: Tagungsband der Initiative-Fortbildung, S. 85 (87).
490 Wissenschaftlicher Beirat der Bundesärztekammer, DÄBl. 1997, A-1296 (1297).

hen vermag, wird in der Diskussion um das Transplantationsgesetz kontrovers beurteilt.[491] Wie dem vorgestellten Überblick der Gesetzesinitiativen zu entnehmen ist, besteht zwar Einigkeit dahingehend, daß der Eintritt des Gesamthirntodes den Zeitpunkt bezeichnet, ab dem eine Entnahme lebenswichtiger Organe zulässig sein soll, wenn alle anderen Voraussetzungen vorliegen. Offen und zwischen den Sachverständigen aus gleichen Wissenschaftsbereichen außerordentlich umstritten ist jedoch die Frage, welche anthropologische Bedeutung dieser vollständige Ausfall aller Hirnfunktionen hat. Ist der hirntote Patient ein sterbender Mensch im Zustand unumkehrbaren Hirnversagens und damit als (noch) Lebender zu begreifen, oder kennzeichnet der vollständige Ausfall aller Hirnfunktionen den bereits eingetretenen Tod des Menschen?

Zu dieser Frage werden zwei verschiedene Positionen eingenommen. Die einen vertreten den Standpunkt, daß *auch* der Hirntod den Tod des Menschen kennzeichnet, und sie fordern dementsprechend dessen Festschreibung als Todeszeitpunkt im Transplantationsgesetz.[492] Die anderen wollen den Hirntod al-

---

491 Siehe dazu das Protokoll der 17. Sitzung vom 28.06.1995 des Bundestags-Gesundheitsausschusses (13.WP/Prot. Nr. 17, S. 356 ff.) und das Protokoll der 64. Sitzung vom 25.09.1996 (13.WP/Prot. Nr. 64, S. 1649 ff.). Vgl. im weiteren die zahlreichen Stellungnahmen in der Tagespresse, bspw. Angstwurm, "Der Hirntod ist der Tod des Menschen", FAZ v. 26.02.1997, Nr.48/S. N-2; Gleisner, "Ohne Anspruch auf grenzenlose Hilfeleistung", FAZ v. 01.08.1996, Nr.17/S. 10; Gubernatis, "Wenn das Individuum erloschen ist-Ist der Hirntod eine gesellschaftlichen Konsens stiftende Todesdefinition?", FAZ v. 17.07.1996, Nr.164/S. 7; Höfling, "Hinter dem Hirntodkonzept steckt ein reduziertes Menschenbild", Frankfurter Rundschau v. 10.08.1994, Nr.184/S. 16; Lütz, "Beim Zusammenbruch der Ganzheit Mensch", FAZ v. 13.08.1996, Nr.187/S. 6; Mazura, "Zweckgerichtete Hirntoddefinition in Harvard", FAZ v. 01.08.1996, Nr.17/S. 10; Fuchs, "Den Tod kann man nicht gesetzlich definieren", FAZ v. 29.01.1997, Nr.24/S. 4; H.-L. Schreiber, "Wann ist der Mensch tot? Im Transplantationsgesetz muß die Frage nach dem Ende des Lebensschutzes beantwortet werden", FAZ v. 24.02.1997, Nr.46/S. 8; Siegmund-Schultze, "Das ist nicht Deine, sondern meine Niere-Austausch von Argumenten bei der letzten Anhörung zum Transplantationsgesetz", SZ v. 24.10.1996, Nr.246/S. VII; Sonnenfeld, "Hirntod und Personaltod sind nicht identisch", FAZ v. 06.08.1996, Nr.181/S. 5; Thomas, "Hirntod als quantifizierende Entscheidung", FAZ v. 08.08.1996, Nr.183/S. 9; Vössing, "Zwei verklammerte Komplexe", FAZ v. 01.08.1996, Nr.17/S. 10.
492 So der Ergänzungsantrag zum interfraktionellen Entwurf, BT-Drucks. 13/4368, S. 3 f.. Vgl. im weiteren Angstwurm, in: Dt.-BT/Aussch.-Drucks. 13/114, S. 1 (4 f.); H. Bauer, in: Dt.-BT/Aussch.-Drucks. 13/114, S. 9 (10); Birnbacher, in: Hoff/i.d. Schmitten (Hrsg.), Wann ist der Mensch tot?, S. 28 (34 f.); Gilmer, in: Dt.-BT/Aussch.-Drucks. 13/114, S. 46 (46); Graf-Baumann, in: Dt.-BT/Aussch.-Drucks. 13/114, S. 50 (50); Heun, JZ 1996, 213 (217); Kloth, Todesbestimmung und Organentnahme, S. 51; Kluth, in: Dt.-BT/Aussch.-Drucks. 586/13, S. 7 (10); Lang, ZRP 1995, 457 (459); Link, in: Dt.-BT/Aussch.-Drucks. 588/13, S. 7 (9 f.);

lein als Voraussetzung für die Entnahme lebenswichtiger Organe normieren[493], lehnen seine Gleichstellung mit dem Tod des Menschen hingegen ab.

4. Gesamthirntod als Todeskriterium

Mit der Antwort auf die Frage, ob der Hirntote im Grundrechtssinne tot ist oder lebt, ist eine fundamentale Weichenstellung für den Gestaltungsspielraum des Gesetzgebers verbunden, so daß nunmehr eine verfassungsrechtliche Würdigung des Hirntod-Konzepts angestrengt werden soll.

a) Maßstabsnorm

Ob der Funktionsausfall des gesamten Gehirns den Tod des Menschen im Sinne der Verfassung kennzeichnet, läßt sich angesichts der Intransparenz des Todes nicht positiv, sondern nur als Negation des Lebens bestimmen. Zentrale verfassungsrechtliche Maßstabsnorm für die Beurteilung des grundrechtlichen Status des Hirntoten ist damit Art.2 Abs.2 S.1 GG, der jedem Menschen ein *Recht auf Leben* garantiert, was inhaltlich nichts anderes bedeutet als ein *Recht zu leben*.[494] Der umfassende Lebensschutz des Grundgesetzes verbietet deshalb jeden das Leben beeinträchtigenden oder zerstörenden Eingriff und bewahrt menschliches Leben gegenüber externer Verfügbarkeit.[495]

Möx, ArztR 1994, 39 (39); Nickel, MedR 1995, 139 (144); Sandvoß, ArztR 1996, 151 (152); H.-L. Schreiber, in: Hoff/i.d. Schmitten (Hrsg.), Wann ist der Mensch tot?, S. 424 (431); Sundmacher, in: Dt.-BT/Aussch.-Drucks. 13/114, S. 62 (62).

493 In § 15 des Gesetzentwurfs der Fraktion BÜNDNIS 90/DIE GRÜNEN, BT-Drucks. 13/2926, S. 5, wird der Hirntote ausdrücklich als Lebender bezeichnet. Ebenso der Antrag der Abgeordneten Wodarg, Däubler-Gmelin, Schmidbauer, Schily u.a., BT-Drucks. 13/4114, Begründung, S. 3. Vgl. im weiteren Bavastro, in: Dt.-BT/Aussch.-Drucks. 13/114, S. 14 (17 f.); R. Beckmann, ZRP 1996, 219 (224 f.); Berliner Initiative, in: Dt.-Bt/Aussch.-Drucks. 582/13, S. 17 (17); Däubler-Gmelin, in: Hoff/i.d. Schmitten (Hrsg.), Wann ist der Mensch tot?, S. 401 (409); Dörner, in: Dt.-BT/Aussch.-Drucks. 574/13, S. 11 (12); Geisler, in: Dt.-BT/Aussch.-Drucks. 582/13, S. 6 (8); Greinert, in: Dt.-BT/Aussch.-Drucks. 586/13, S. 14 (15); Grewel, in: Dt.-BT/Aussch.-Drucks. (Hrsg.), Wann ist der Mensch tot?, S. 332 (337); Hoff/Rixen u.a., in: Dt.-BT/Aussch.-Drucks. 117/13, S. 1 (1); Höfling, MedR 1996, 6 (8); Jonas, in: Hoff/i.d. Schmitten (Hrsg.), Wann ist der Mensch tot?, S. 21 (24); Lütz, Zeitschrift für Lebensrecht 1996, 39 (40); J.K. Meisner, in: Dt.-BT/Aussch.-Drucks. 602/13, S. 14 (15); Rixen, in: Hoff/i.d. Schmitten (Hrsg.), Wann ist der Mensch tot?, S. 434 (444); Tröndle, StGB, vor §§ 211 ff. Rdnr. 3 a f.

494 Pieroth/Schlink, Staatsrecht II, Rdnr. 429.

495 Dürig, in: Maunz/Dürig u.a., GG/Bd.I, Art.2 Abs.2 Rdnr. 9.

b) Lebensbegriff des Art.2 Abs.2 S.1 GG

Der Art.2 Abs.2 S.1 GG zugrundeliegende Begriff des Lebens bezieht sich auf die der Rechtsordnung vorgegebene, biologisch-physische menschliche Existenz, der im Hinblick auf den Schutzzweck der Vorschrift unter gleichzeitiger Berücksichtigung naturwissenschaftlicher Erkenntnisse normativ zu bestimmen ist. Menschliches Leben ist danach gegeben, sobald und solange nach medizinisch-biologischer Erkenntnis menschliche Individualexistenz vorhanden ist.[496]

Diese "Definition" zeigt, daß der Begriff des Lebens nicht durch Wertungen - etwa nach sozialer Nützlichkeit - einschränkend ausgelegt werden darf.[497] Dies bedeutet allerdings keinesfalls, daß auf die für die Interpretation zweifellos zu beachtenden aktuellen Gefährdungslagen mit der "Wachstumsfähigkeit des Schutzbereichs"[498] zu reagieren ist, um ein umfassendes Verständnis des Lebensbegriffs herauszuholen. Denn im Gegensatz zu vielen Begriffen in anderen Grundrechtsbestimmungen, ist der Begriff des Lebens trotz der Abgrenzungsschwierigkeiten am Beginn und Ende nicht durch "offene Weite" charakterisiert.

Für eine extensive Auslegung wird vereinzelt der Grundsatz der größtmöglichen Grundrechtseffektivität herangezogen[499], der besagt, daß in Zweifelsfällen von mehreren, mit Wortlaut, Dogmen- und Entstehungsgeschichte einer Grundrechtsnorm zu vereinbarenden Auslegungen diejenige zu wählen ist, welche die juristische Wirkkraft der Vorschrift am stärksten entfaltet[500]. Dieser methodische Ansatz kann wenig überzeugen, da dieser vom Bundesverfassungsgericht entwickelte Grundsatz aus der ersten Entscheidung zum Schwangerschaftsabbruch resultiert, und die Begründungen für den Lebensbeginn nicht symmetrisch auf die Stadien des Lebensendes übertragbar sind.[501]

---

496 Dürig, in: Maunz/Dürig u.a., GG/Bd.I, Art.2 Abs.2 Rdnr. 9; Kluth/Sander, DVBl. 1996, 1285 (1288); Kübler, Verfassungsrechtliche Aspekte, S. 40; Lorenz, in: Isensee/Kirchhof (Hrsg.), Handbuch des Staatsrechts/Bd.VI, § 128 Rdnr. 8; Murswiek, in: Sachs, GG, Art.2 Rdnr. 144; Starck, in: v. Mangoldt/Klein, GG/Bd.1, Art. 2 Abs.2 Rdnr. 129; Stern, Staatsrecht/Bd.III/1, S. 1056 ff.
497 Dürig, in: Maunz/Dürig u.a., GG/Bd.I, Art.2 Abs.2 Rdnr. 10 f.; Lorenz, in: Isensee/Kirchof (Hrsg.), Handbuch des Staatsrechts/Bd.VI, § 128 Rdnr. 8; Starck, in: v. Mangoldt/Klein, GG/Bd.1, Art.2 Abs.2 Rdnr. 129; Stern, Staatsrecht/Bd.III/1, S. 1060 f.
498 So aber der Ansatz von Höfling, Grundrechtsinterpretation, S. 92 ff. u. 123.
499 Höfling/Rixen, Verfassungsfragen, S. 68 f.
500 Vgl. BVerfGE 39, 1 (38); Starck, in: v. Mangoldt/Klein, GG/Bd.1, Art.1 Abs.3 Rdnr. 105.
501 Hierzu noch ausführlich unter nachfolgendem Gliederungspunkt d) bb) (4).

Ebensowenig nötigen generelle methodische Überlegungen der Grundrechtsinterpretation zu einer Weiterung des Lebensbegriffs. Eine allgemeine Auslegungsregel, in dubio pro libertate den jeweiligen Schutzbereich des Grundrechts möglichst weit auszulegen, besteht entgegen vereinzelter Stimmen in der Literatur[502] nicht.[503] Die in dem Zusammenhang immer wieder angeführte Formulierung des Bundesverfassungsgerichts von *"der grundsätzlichen Freiheitsvermutung des Art.2 Abs.1 GG"*[504] bezieht sich nämlich gerade nicht auf eine Auslegungsregel, sondern bestätigt allein die Auslegung des Absatzes 1 dieser Norm als Auffanggrundrecht. Genau diese Rechtsprechung läßt deshalb die Notwendigkeit entfallen, zwanghaft den Schutzbereich jedes anderen Grundrechts weit auszulegen, denn das staatliche Handeln bedarf in jedem Fall mit Blick auf Art.2 Abs.1 GG der verfassungsrechtlichen Rechtfertigung. Abgesehen davon sei darauf hingewiesen, daß selbst ein noch so weites Tatbestandsverständnis nicht von dem Schmerz einer Grenzmarkierung befreien kann, denn der umfassende Lebensschutz des Art.2 Abs.2 S.1 GG erstreckt sich nicht ins Uferlose, sondern endet eben mit dem Tod des Menschen. Wann dieser eingetreten ist, kann sicher nicht - weder negativ noch positiv - durch methodische Überlegungen präjudiziert werden.

c) Gesamthirntod als Ende des Lebensschutzes

Mit Blick auf das unserer Verfassung zugrundeliegende Verständnis von Leben, sind für die Annäherung an den rechtlich akzeptablen Todesbegriff insgesamt zwei zu kombinierende Ansatzpunkte in den Blick zu nehmen[505], nämlich ein biologischer (Leben als körperliches Dasein) sowie ein anthropologischer (Was macht den Menschen aus?).

aa) Biologischer Ansatz

Bedingt durch die divergente Toleranz einzelner Organe gegenüber einem Sauerstoffmangel, ist der Tod des Menschen biologisch gesehen kein punktuelles Ereignis, kein Fixpunkt, sondern ein sich länger hinziehender Auflösungspro-

---

502 Vgl. etwa Denninger, in: AK, GG/Bd.1, vor Art.1 Rdnr. 12 ff.; Höfling/Rixen, Verfassungsfragen, S. 68.
503 So auch Hesse, Grundzüge des Verfassungsrechts, Rdnr. 72.
504 BVerfGE 6, 32 (42).
505 Vgl. zur Unterscheidung der unterschiedlichen Problemebenen Birnbacher/Angstwurm u.a., DÄBl. 1993, A-2926 ff.; Höfling, JZ 1995, 26 (30); Kurthen/Linke u.a., MedKlinik 1989, 483 (484).

zeß.⁵⁰⁶ Erst mit dem Absterben aller Zellen und Gewebe findet der gesamte Organismus sein endgültiges Ende⁵⁰⁷, so daß grundsätzlich verschiedene Momente als Todeszeitpunkte herausgegriffen werden könnten.⁵⁰⁸ Will man sich unter Berücksichtigung dieser Tatsache des Vorwurfs erwehren, daß der Hirntod eine willkürliche Festlegung auf der Skala der Möglichkeiten ist⁵⁰⁹, so bedarf dieses Todeskriterium einer überzeugenden und stichhaltigen Begründung, die jedem Zweifel Schweigen gebietet.

Der Hirnfunktionsausfall kennzeichnet den Tod des Menschen deshalb, weil durch die Tätigkeit des Gehirns alle Lebensmerkmale entstehen, die ein höheres Lebewesen wie den Menschen ausmachen. Das Gehirn befähigt diese Lebewesen zur selbständigen Integration, Steuerung und Abstimmung der Tätigkeiten einzelner Körperteile sowie ihrer Wechselbeziehungen und schafft so eine übergeordnete Ganzheit.⁵¹⁰ Kann das Gehirn nicht mehr als Regulator fungieren, ist zugleich die fundamentalste Voraussetzung für die Existenz eines Lebewesens entfallen, denn der Ursprung seiner Wirkkraft kommt nun nicht mehr von innen heraus.⁵¹¹ Der biologische Gesamtverfall ist ab diesem Moment unaufhaltsam⁵¹², und physiologische Reaktionen werden nicht mehr selbstintegrativ gesteuert, sondern durch den Einsatz umfangreicher apparativer Behandlungsmaßnahmen partiell aufrechterhalten.⁵¹³ Da das Leben eines Menschen aber eben mehr und

---

506 Albrecht, Transplantatentnahmen, S. 12 f.; Pribilla, DÄBl. 1968, 2256 (2257); Reisner, ÖJZ 1973, 349 (350); Roxin, in: Krösl/Scherzer (Hrsg.), Bestimmung des Todeszeitpunktes, S. 299 (299); H.-L. Schreiber, in: Schlaudraff (Hrsg.), Loccumer Protokolle 54/94, S. 87 (90); Stratenwerth, in: FS Engisch, S. 528 (530).
507 Henninger, Todesdefinition, S. 3; Karl, Todesbegriff, S. 18; Körner, Hirntod, S. 6; Roxin, in: Krösl/Scherzer (Hrsg.), Bestimmung des Todeszeitpunktes, S. 299 (299); Stratenwerth, in: FS Engisch, S. 528 (530); Wagner/Brocker, ZRP 1996, 226 (226).
508 Die verschiedenen Todesstadien sind anschaulich dargestellt bei Karl, Todesbegriff, S. 19 f.
509 So die Kritik von I. Müller, in: Greinert/Wuttke (Hrsg.), Kritische Ansichten, S. 56 (59).
510 Birnbacher, in: Hoff/i.d. Schmitten (Hrsg.), Wann ist der Mensch tot?, S. 28 (34 ff.); Bonelli, in: M. Schwarz/Bonelli (Hrsg.), Status des Hirntoten, S. 83 (99); Dt. Gesellschaft für Anästhesiologie u.a., Erklärung zum Tod durch Hirnausfall, S. 6; Schlake/Roosen, Hirntod, S. 13 ff.
511 Bonelli, in: M. Schwarz/Bonelli (Hrsg.), Status des Hirntoten, S. 83 (98); Pöltner, in: M. Schwarz/Bonelli (Hrsg.), Status des Hirntoten, S. 125 (138 ff.).
512 Bockelmann, in: Krösl/Scherzer (Hrsg.), Bestimmung des Todeszeitpunktes, S. 277 (279); H.-L. Schreiber, in: Schlaudraff (Hrsg.), Loccumer Protokolle 54/94, S. 87 (93).
513 Grassberger, in: Krösl/Scherzer (Hrsg.), Bestimmung des Todeszeitpunktes, S. 295 (295); Kluth/Sander, DVBl. 1996, 1285 (1287).

etwas qualitativ anderes ist als bloß lebendes Gewebe[514], kann auch die künstlich hervorgerufene, isolierte "Tatkraft" einzelner Organe und Zellen nicht über den Befund hinwegtäuschen, daß dieser Mensch aufgehört hat zu leben.[515]

Rein medizinisch-wissenschaftlich betrachtet kann der Hirntod demzufolge mit einer inneren Enthauptung verglichen werden.[516] Die Wirklichkeit dieses Todes erweist sich spätestens bei der Obduktion. Der pathologisch-anatomische Befund zeigt, daß die dem Tod folgende Auflösung am Gehirn weiter als im übrigen Körper fortgeschritten ist, und zwar umso mehr, je länger die Herz-Kreislauf-Tätigkeit nach dem Funktionsausfall des Gehirns intensivmedizinisch aufrecht erhalten wurde. Der Unterschied in der Zersetzung kann nur dadurch bedingt sein, daß das Gehirn vor dem übrigen Körper abgestorben ist. Dies wird vor allem dadurch sichtbar, daß sich das länger "lebende" Gewebe vom abgestorbenen Gehirn im Bereich des obersten Rückenmarks, der beiden Sehnerven und der Hirnanhangsdrüse absetzt.[517]

bb) Anthropologischer Ansatz

Das Abstellen allein auf die physiologische Selbstregulationsfähigkeit des Körpers unter Ausblenden aller geistig-kommunikativen Vorgänge bringt zwar den nicht gering zu erachtenden Vorteil mit sich, von vornherein der Gefahr einer bewertenden Grenzziehung menschlichen Lebens je nach der Fähigkeit zu bewußter bzw. selbstbewußter Kommunikation enthoben zu sein. Für sich genommen wird dieser Teilaspekt das Hirntod-Kriterium aber nicht dauerhaft tragen können. Für die Frage des Lebensstatus kann es nämlich angesichts der allgegenwärtigen Künstlichkeit moderner lebenserhaltender oder den Lebensbeginn artifiziell unterstützender Medizintechnik kaum ein zureichendes Argument sein, ob de facto stattfindende Körperfunktionen wie Atmung und Kreislauf durch cerebrale Eigenleistungen integriert und gesteuert werden, oder aber durch künstliche Hilfe.[518] Hinzu kommt, daß die Behauptung der Unersetzbarkeit der Hirnfunktionen in dem Augenblick widerlegt sein wird, in dem es gelingt, bislang

---

514 Geilen, FamRZ 1968, 121 (127); Lüttger, JR 1971, 309 (313); Deutsche Bischofskonferenz/Rat der Evangelischen Kirche, Erklärung-Organtransplantationen, S. 18.
515 Vgl. statt vieler Kloth, Todesbestimmung und Organentnahme, S. 33 m.w.N. in FN 143.
516 Eigler, DÄBl. 1995, A-38; Reinhard, Der Kassenarzt 1995, 28.
517 Angstwurm, in: Politische Studien 1995/Heft 339, S. 60 (61).
518 Insoweit korrekt der Einwand von Geisler, in: Dt.-BT/Aussch.-Drucks. 13/114, S. 36 (38) und i.d. Schmitten, in: Evangelische Akademie Iserlohn (Hrsg.), Tagungsprotokolle 93/1994, S. 14 (16); Schöne-Seifert, in: Hoff/i.d. Schmitten (Hrsg.), Wann ist der Mensch tot?, S. 477 (480).

zwingend an den Hirnstamm gebundene Steuerungs- und Integrationsleistungen von außen erbringen zu lassen, etwa durch Implantation von Neurochips in das Stammhirn, die als "Atmungsschrittmacher" entsprechend dem Herzschrittmacher fungieren könnten.

Auf Dauer tragfähiger dürfte sich deshalb die hier zu betrachtende zweite, meines Erachtens entscheidende Säule der Gesamthirntod-Konzeption erweisen, nämlich die unersetzliche Rolle des Gehirns für alle geistigen Leistungen des Menschen.[519] Das Gehirn dient der zentralen Informationsverarbeitung, ist Sitz der Gefühle, Intuitionen und lebensgeschichtlichen Erinnerungen, die allesamt Teil der unverwechselbaren Identität des Menschen sind. Unabhängig von ihrem noch ungeklärten Zustandekommen im einzelnen steht jedenfalls fest, daß diese geistig-seelischen Funktionen niemals unabhängig vom Gehirn in einem Körper zu beobachten sind.[520] Hirntote Menschen können nie mehr eine Beobachtung oder Wahrnehmung machen, verarbeiten und beantworten, nie mehr einen Gedanken fassen, verfolgen und äußern, nie mehr eine Gefühlsregung empfinden und zeigen, sich nicht mehr bewegen, nie mehr etwas tun oder entscheiden, sich nicht mehr erinnern.[521] Die menschliche Individualität ist also augenscheinlich an die Struktur des Gehirns gebunden.[522] Definiert sich ein Lebewesen aber aus seiner Überlegenheit gegenüber der Tier- und Pflanzenwelt, bezieht es sein anthropologisches Selbstverständnis aus Sprache, Geist, Urteils- und Liebesfähigkeit, aus ratio und anima, aus Hirnfunktionen also, wie wir heute wissen, so darf das geistig-seelische wie somatische Ende seiner Existenz als Mensch und Person mit dem vollständigen und irreversiblen Ausfall dieser Funktionen und ihres morphologischen Substrats gleichgesetzt werden.

cc) Fazit

Der völlige und irreversible Ausfall der Funktionen von Groß-, Klein- und Stammhirn ist mit dem Überleben des Menschen als handelnde, denkende und erlebende Persönlichkeit nicht zu vereinbaren, denn mit dem Tod des Gehirns entfällt jede biologische Grundlage für die Entfaltung des spezifisch Menschlichen.[523] Das Hirn bildet das unerläßliche und unersetzbare Zentrum für all das,

---

519 Hierzu Spittler, EthikMed 1995, 128 (138 ff.).
520 Spittler, Universitas 1995, 313 (317).
521 Angstwurm, in: Hoff/i.d. Schmitten (Hrsg.), Wann ist der Mensch tot?, S. 41 (45).
522 Spittler, Universitas 1995, 313 (316); Zeier, in Eccles/Zeier (Hrsg.), Gehirn und Geist, S. 15 (15).
523 Angstwurm, Arzt im Krankenhaus 1984/Beil., 17 (37); Maßhoff, MMW 1968, 2473 (2478); Lüttger, JR 1971, 309 (312); Sengler/A. Schmidt, MedR 1997, 241 (241); Spann, MMW 1969, 2253 (2254).

was den Menschen als Menschen ausmacht: Es ist Integrationsorgan und Garant für die Identität eines Menschen. Jede Transplantation ist der experimentelle Nachweis für diesen Befund, denn der Besitzer des Gehirns integriert das Transplantat, ohne dadurch auch nur irgendwie die Identität zu ändern. Der Subjektwechsel vollzieht sich allein beim Transplantat, nicht aber beim Empfänger. Das Gehirn übt also nicht nur - wie andere Organe - gewisse Funktionen aus, sondern definiert den Menschen als Individuum.[524] Mit dem völligen Ausfall der Hirnfunktionen ist deshalb der archimedische Punkt erreicht, der den Schlußpunkt des Lebens setzt und damit zum definitorischen Gegenspieler des normativen Lebensschutzes wird.

d) Zurückweisung der Kritik am Gesamthirntod-Konzept

Die vorstehend vertretene Auffassung, daß der Gesamthirntod den Tod des Menschen darstellt, erfährt aus zwei entgegengesetzten Richtungen Kritik.

aa) Vorverlagerung des Todeszeitpunktes

(1) "Bevorstehen" des Gesamthirntodes

Vereinzelt wird der Vorschlag erhoben, statt auf den Eintritt des Gesamthirntodes auf sein *"alsbaldiges Bevorstehen"* infolge irreversibler Hirnschädigung bei Vorliegen irreversibler Bewußtlosigkeit abzuheben.[525]

Diese These relativiert den Lebensschutz meines Erachtens in unzulässiger Weise, denn ein "bloß" absterbendes Gehirn ist noch kein totes Gehirn, ein irreversibel Sterbender noch kein Toter. Ungeachtet dieser fundamentalen Bedenken beschwört dieses Konzept außerdem ein Höchstmaß an Rechtsunsicherheit für die Grenzziehung zwischen Leben und Tod herauf. Was bedeutet "alsbaldiger" Stillstand der Hirnfunktionen?[526] Das Recht verlangt eine eindeutige Scheidelinie und eine handhabbare Zäsur, die allein dann gegeben sein kann, wenn der Zustand totaler Hirnzerstörung definitiv erreicht ist.

Aufgrund der angeführten Bedenken kann dieser Vorschlag deshalb keine Zustimmung erfahren.

---

524 Birnbacher, Universitas 1995, 343 (354); Bonelli, in: M. Schwarz/Bonelli (Hrsg.), Status des Hirntoten, S. 83 (103).
525 Dencker, NStZ 1992, 311 (314 f.).
526 Joerden, NStZ 1993, 268 (269 f.); Mitsch, JuS 1995, 787 (790).

(2) Teilhirntod-Konzept

Die Vertreter der Teilhirntod-These gehen davon aus, daß die geistigen Fähigkeiten wie das Bewußtsein, Denken, Empfinden, das Gedächtnis oder die Fähigkeit zu zwischenmenschlichen Beziehungen die allein entscheidenden Elemente sind, die den Menschen ausmachen. Da diese kognitiven Fähigkeiten vom Großhirn ausgingen, sei dessen Funktionsausfall das Kriterium des Todes und "genüge" für den Tod des Individuums.[527] Wegen dieser Betonung der Funktionen des Großhirns bzw. dessen Rinde (kortex cerebri), wird der Teilhirnausfall auch als Kortikaltod bezeichnet.[528]

Gegen die Kortikaltod-These lassen sich bereits neurologische Bedenken anmelden.[529] Aufgrund der komplexen Verbindungen innerhalb der einzelnen Hirnzentren, kann die Hirnforschung heute gerade nicht sagen, welche anatomischen Strukturen für bestimmte begriffliche Komponenten des Geistigen verantwortlich sind.[530] Es gilt vielmehr als sicher, daß für das Entstehen von Bewußtsein eine spezifische Interaktion von kortikalen mit subkortikalen Zentren notwendig ist, so daß die Hirnrinde auch nur als ein Teil im Interaktionsnetz des Gehirns zum Zweck der Wahrnehmung und Verhaltenssteuerung agieren kann.[531] Es ist insofern also keineswegs gerechtfertigt, den Kortex als Sitz des "eigentlich Menschlichen" zu überhöhen.

Im übrigen schafft diese Todeskonzeption die Gefahr, daß Werturteile über einzelne Menschen gefällt werden. Alle zwar körperlich gesunden, aber geistig schwer behinderten Menschen, müßten konsequenterweise als tot bezeichnet und dementsprechend behandelt werden, weil es ihnen an der geistigen Fähigkeit zum bewußten Sein mangelt. Entsprechendes müßte für Patienten im permanenten vegetativen Zustand gelten, die trotz fehlenden Bewußtseins und fehlender Wahrnehmungsfähigkeit noch *selbständig* atmen und andere vegetative Funktionen aufrecht erhalten. Würde dieser Schritt getan, könnten beispielsweise Appa-

---

527 Aus dem deutschsprachigen Raum soweit ersichtlich nur Funck, MedR 1992, 182 ff.
528 Lamb, Brain Death, S. 41; Wolfslast, MedR 1989, 163 (166).
529 Vgl. zur Kritik an diesem Todeskonzept eingehend Kloth, Todesbestimmung und Organentnahme, S. 28 f.; Kurthen/Linke u.a., EthikMed 1989, 134 ff., jeweils m.w.N.
530 Kloth, Todesbestimmung und Organentnahme, S. 31, Schlake/Roosen, Hirntod, S. 18; Vollmann, MedKlinik 1996, 39 (42).
531 Schlake/Roosen, Hirntod, S. 18.

liker[532] und Anenzephale[533] bereits als Tote behandelt werden, folgerichtig wohl auch Foeten und für eine geraume Zeit nach der Geburt auch Kleinkinder.

Die Unannehmbarkeit dieses Ergebnisses ist offensichtlich. Sie liegt in erster Linie darin begründet, daß die Teilhirntod-These zu einseitig an den geistig-kognitiven Fähigkeiten orientiert ist und den biologisch-vegetativen Körperfunktionen zu wenig Bedeutung beimißt. Der Mensch bildet eben eine Einheit von Körper und Geist, so daß erst bei Verlust dieser *beiden* Komponenten von Tod gesprochen werden kann.

Die Teilhirntod-These läuft also letztlich auf eine Bewertung menschlichen Lebens hinaus. Qua definitionem würde lebenswertes und lebensunwertes Leben geschaffen. Menschliches Leben ist aber eben keiner Bewertung zugänglich, so daß sich die Teilhirntod-Konzeption meines Erachtens als unhaltbar erweist.

bb) Abkehr vom Gesamthirntod-Kriterium

Eine im deutschen Raum stark vertretene Meinungsgruppe fordert die Abkehr von der "Zerebralideologie", ein Rekurieren auf den Tod des Gesamtorganismus und damit die Rückkehr zum klinischen Tod. Getragen wird diese Kritik von Befürchtungen, das Hirntod-Paradigma berge die Gefahr einer Abwertung menschlichen Lebens im Sinne einer Verwertbarkeit des Leibes. Zu den wichtigsten Einwürfen dieser Kritik möchte ich nachfolgend Stellung beziehen.

(1) Einseitigkeit der Hirntod-Formulierung

Die Hirntod-Gegner halten das Hirntod-Kriterium für medizinisch und anthropologisch verfehlt und erblicken hierin eine übertriebene und einseitige Hervorhebung des Organs Gehirn.[534] Die Hirntod-Konzeption lasse insoweit ein redu-

---

532 Appaliker sind Menschen, die sich im Wachkoma befinden, das heißt, bei ihnen ist die "Wachheit" erhalten, das Bewußtsein aber ausgefallen.
533 Neugeborene, bei denen Gehirn und Schädeldecke weitgehend fehlen. Zu den verschiedenen Definitionen der Anenzephalie vgl. v. Loewenich, in: Hiersche/ G. Hirsch/Graf-Baumann (Hrsg.), Rechtliche Fragen, S. 106 (106).
534 Bavastro, in: Dt.-BT/Aussch.-Drucks. 13/114, S. 14 (17 f.); R. Beckmann, ZRP 1996, 219 (224 f.); Berliner Initiative, in: Dt.-BT/Aussch.-Drucks. 582/13, S. 17 (17); Däubler-Gmelin, in: Hoff/i.d. Schmitten (Hrsg.), Wann ist der Mensch tot?, S. 401 (409); Dörner, in: Dt.-BT/Aussch.-Drucks. 574/13, S. 11 (12); Geisler, in: Dt.-BT/Ausschuß für Gesundheit, Aussch.-Drucks. 13/114, S. 36 (37); ders., in: Dt.-BT/Aussch.-Drucks. 582/13, S. 6 (8); Greinert, in: Dt.-BT/Aussch.-Drucks. 586/13, S. 14 (15); Grewel, in: Hoff/i.d. Schmitten (Hrsg.), Wann ist der Mensch tot?, S. 332 (337); Hoff/Rixen u.a., in: Dt.-BT/Aussch.-Drucks. 117/13, S. 1 (1); Höfling, JZ 1995, 26 (32); ders., MedR 1996, 6 (8); Jonas, in: Hoff/i.d. Schmitten

ziertes Bild vom Menschen erkennen[535], das einen radikalen Bruch mit der traditionellen Pluralität an Vorstellungen von Leben, Sterben und Tod darstelle[536]. Die Einheit von Körper und Geist werde preisgegeben und in Verfolgung cartesianischen Denkens der körperlose Geist vom Körper als beliebig reparierbare Maschine separiert.[537]

Ein derartiges Auseinanderdividieren von Körper und Geist vermag ich selbst im Hirntod-Konzept gerade nicht zu erkennen. Die Hirntod-Konzeption basiert doch eben auf der Anerkennung, daß der Mensch mehr ist, als die bloße Summe seiner Körperteile. Nach dem Absterben der Gesamtfunktionen des menschlichen Gehirns können artifiziell am Leben erhaltene Körperteile nicht mehr als selbständige und selbsttätige Einheit Mensch zusammenwirken. Ohne das Gehirn als Regel- und Koordinationszentrum ist der Organismus derzeit weder selbständig auf Dauer am Leben zu erhalten, noch können geistig-seelische Fähigkeiten des Menschen auch nur ansatzweise entfaltet werden. Das Gehirn ist - konnektionistischen und systemtheoretischen Vorstellungen zum Trotz - eben kein Organ inter pares.

Mag es damit für manchen auch ein offensichtlich narzißtisch kränkender Vorgang sein, erleben zu müssen, daß geistig-seelische Abläufe als das Spezifische des Menschen an die unabdingbare Grundlage eines funktionierenden Gehirns gebunden sind; für unser Selbstverständnis ist das Gehirn aber nunmal dasjenige Organ, das den Menschen definiert. Ergänzend sei die Bemerkung gestattet, daß der genannte anthropologische Aspekt, also Geist und Bewußtsein als das spezifisch den Menschen Begründende, hier ausschließlich als legitimierender Hintergrund einer auf den Gesamthirntod abstellenden Zäsur verstanden wird und nicht etwa als unmittelbares Merkmal der Todesdefinition.

(Hrsg.), Wann ist der Mensch tot?, S. 21 (24); Linke/Kurthen, in: Hoff/i.d. Schmitten (Hrsg.), Wann ist der Mensch tot?, S. 255 (264); Lütz, Zeitschrift für Lebensrecht 1996, 39 (40); J.K. Meisner, in: Dt.-BT/Aussch.-Drucks. 602/13, S. 14 (15); Roth/ Dicke, in: Hoff/i.d. Schmitten (Hrsg.), Wann ist der Mensch tot?, S. 51 (52); Tröndle, StGB, vor § 211 Rdnr. 3 a.
535 Grewel, in: Hoff/i.d. Schmitten (Hrsg.), Wann ist der Mensch tot?, S. 332 (339 f.); Höfling, "Hinter dem Hirntodkonzept steckt ein reduziertes Menschenbild", Frankfurter Rundschau v. 10.08.1994, Nr. 184/S. 16.
536 V. Engelhardt, in: Marquard/Staudinger (Hrsg.), Anfang und Ende, S. 62 (67); Höfling, in: Evangelische Akademie Iserlohn (Hrsg.), Tagungsprotokolle 93/1994, S. 59 (64); Jörns, in: Hoff/i.d. Schmitten (Hrsg.), Wann ist der Mensch tot?, S. 350 ff.
537 Jonas, in: ders. (Hrsg.), Medizin und Ethik, S. 224 (234).

(2) Hirntod als neue Art von Tod

Ein weit verbreitetes Urteil über das Hirntod-Kriterium lautet, die Ärzteschaft habe mit der Hirntod-Definition eine *neue* "Tod-Festsetzungs-Grenze" markiert, wohl wissend, daß der ganze Organismus durch künstliche Beatmung lebendig gehalten werde.[538]
Zwangsläufig hat sich das Todesverständnis infolge medizinischer Neuerungen erweitert. Der Hirntod ist ein Artefakt moderner Medizin und der Terminus mag den Eindruck nahelegen, daß es sich dabei um eine Neudefinition des Todes handelt. Diese Form des Todeseintritts hat es aber stets gegeben, denn ein Herz-Kreislauf-Stillstand führt bei natürlichem Fortgang unweigerlich zur unumkehrbaren Schädigung des Gesamthirns.[539] Dieser Sachverhalt blieb lediglich bis in die zweite Hälfte unseres Jahrhunderts zwar nicht unbemerkt, aber weitgehend unbeachtet und praktisch unwichtig. Erst die maschinelle Beatmung und Entwicklung der Intensivbehandlung machte deutlich, daß sich der Tod eben auch in dem isolierten, vollständigen und endgültigen Hirnausfall bemerkbar machen kann.[540] Neu am Hirntod ist insoweit also nur seine, unter den Bedingungen der Intensivtherapie mögliche, dissoziierte Form[541], das heißt, der Hirntod kann unabhängig und mit erheblicher zeitlicher Latenz *vor* dem Erlöschen der übrigen Körperfunktionen eintreten.[542]
Der Begriff des Hirntodes muß deshalb primär in Analogie zum Herztod gesehen werden. Er bezieht sich auf die auslösende Ursache des Todes, markiert ein Todeskriterium, dessen Feststellung anzeigt, daß der Tod eingetreten ist und konstruiert keinesfalls eine zweite Art von Tod.

(3) Zweckgebundenheit des Hirntod-Kriteriums

Ein Großteil der Kritiker erblickt in dem Hirntod-Konzept einen interessengeleiteten, definitorischen Kunstgriff.[543] Es handele sich hierbei um eine pragmatische Konvention, geschaffen im Sinne der Transplantationsmedizin. Schließlich

---

538 So ausdrücklich Grewel, Westf. ÄrzteBl. 1992, 406 (407).
539 Eigler, MedR 1992, 88 (90).
540 Angstwurm, in: Hoff/i.d. Schmitten (Hrsg.), Wann ist der Mensch tot?, S. 41 (42).
541 Zutreffend Körner, Hirntod, S. 13.
542 Schlake/Roosen, Hirntod, S. 14.
543 Grewel, in: Hoff/i.d. Schmitten (Hrsg.), Wann ist der Mensch tot?, S. 332 (341); Hoff/i.d. Schmitten, in: dies. (Hrsg.), Wann ist der Mensch tot?, S. 153 (157 ff.); Höfling, JZ 1996, 615 (616); Knoche, in: Hoff/i.d. Schmitten (Hrsg.), Wann ist der Mensch tot?, S. 417 (418); Kurthen/Linke, in: Hoff/i.d. Schmitten (Hrsg.), Wann ist der Mensch tot?, S. 82 (91). Vgl. auch die Begründung zum Gesetzentwurf der Fraktion BÜNDNIS 90/DIE GRÜNEN, BT-Drucks. 13/2926, S. 11.

habe man diesen Punkt im Verlauf des Sterbeprozesses ja eben nicht herausgegriffen, um den hirntoten Menschen endgültig seinem Sterben zu überlassen, sondern um seine Organe explantieren zu können.[544]

Wenn das Hirntod-Konzept auch unzweifelhaft durch die Transplantationschirurgie besondere Aktualität erfahren hat, so ändert dies nichts an der Tatsache, daß es unabhängig von ihren Belangen entwickelt und auch angewendet wurde.[545] Die Hirntod-Feststellung war und ist bis heute eine medizinische Notwendigkeit von eigenständigem Wert. Sie dient zur Entscheidung, ob eine für den Patienten absolut frustran gewordene Behandlung abgebrochen werden darf und ist a priori in keiner Weise mit der Frage nach einer Organentnahme verknüpft.[546] Erst im Falle einer sicheren Hirntod-Diagnose wird die Möglichkeit einer Organspende ins Auge gefaßt, und erst jetzt dient die künstliche Aufrechterhaltung des Kreislaufs ausschließlich dem Zweck einer eventuellen Organentnahme. Daß ab diesem Moment funktionale Beziehungen zwischen Hirntod und Transplantation bestehen, ist unbestritten. Damit kann die grundsätzliche Angemessenheit dieses Kriteriums aber sicher nicht ohne weiteres in Zweifel gezogen werden. Ebensowenig wie eine Nutzanwendung die Adäquanz einer Bewertung bestätigen kann, vermag sie *den* Grund oder auch nur einen der Gründe darzustellen, aus denen sie sich als unhaltbar erweist. Das Hirntod-Kriterium ist vielmehr deshalb plausibel, weil mit dem unumkehrbaren Gesamthirntod der irreversible Verlust der Bewußtseinsfähigkeit, der Fähigkeit zur willentlichen Verhaltenssteuerung und zentralen Steuerung der vegetativen Körperfunktionen einhergeht.

Mag das Hirntod-Kriterium also zugegebenermaßen den Bedürfnissen der Transplantationsmedizin entgegenkommen - seine inhaltliche Angemessenheit ist dadurch nicht tangiert.

(4) Hirntod als Widerspruch zur Ablehnung des Hirnlebenskonzepts

Die Gleichsetzung "Hirntod = Tod des Menschen" wird schließlich damit zu entkräften versucht, daß der Gehirntod am Lebensende im Widerspruch zur Ab-

---

544 Grewel, Westf. ÄrzteBl. 1992, 406 (407).
545 R. Pichlmayr/Brölsch, in: R. Pichlmayr (Hrsg.), Operationslehre/Bd.III, S. 461 (465), Eigler, in: Evangelische Akademie Iserlohn (Hrsg.), Tagungsprotokolle 93/1994, S. 28 (30); Haupt, MedKlinik 1996, 46; Spittler, Universitas 1995, 313 (326).
546 Dt. Gesellschaft f. Anästhesiologie u.a., Erklärung zum Tod durch Hirnausfall, S. 10; Haupt, MedKlinik 1996, 46.

lehnung des Hirnlebenskonzept zur Bestimmung des *Beginns* schutzwürdigen menschlichen Lebens stehe.[547]

Es ist zutreffend, daß der in Art.2 Abs.2 S.1 GG verbürgte Schutz des Lebens auf den nasciturus bis zum Vorgang der Nidation, teilweise sogar noch weiter, vorverlegt wird.[548] Daß der Embryo damit dem Lebensschutz unterstellt ist, läßt aber keinesfalls Rückschlüsse auf den Lebensschutz des Hirntoten zu. Die Ausdehnung des Lebensschutzes auf die Stadien noch vor Ausbildung der Hirnfunktionen erfolgt nämlich mit dem entscheidenden Argument, daß angesichts des kontinuierlichen Entwicklungsprozesses die Vorstufen im Hinblick auf die spätere Ausbildung zum "fertigen" Menschen geschützt werden müssen und bereits die potentiellen Fähigkeiten genügen, um die Menschenwürde zu begründen.[549] Diese Kriterien für den Lebensbeginn lassen sich eben auf das Ende des menschlichen Lebens nicht ohne weiteres übertragen.[550] Dem sich auf die Ganzheit Mensch hin entwickelnden Embryo fehlt eine Hirntätigkeit im Vergleich zum Hirntoten eben nur vorübergehend.[551] Außerdem kann der Embryo aufgrund der Totipotenz[552] der Zellen zu Beginn des Lebens ohne Gehirn leben und sich entwickeln. Dies aber gilt nicht für einen Menschen, dessen Gehirn bereits ausgebildet war. Denn die Totipotenz der Zellen geht mit der Differenzierung der Embryonalzellen zu organspezifischen Zellen verloren.[553] Das heißt für den hier interessierenden Fall des Organs Gehirn, daß mit Ausbildung der Gehirnzellen allein diese die spezifischen Integrationsfunktionen wahrnehmen. Mit dem endgültigen Verlust des einmal ausgebildeten Gehirns hat das Lebewesen dann keinen somatischen Ersatz mehr, der seine Funktionen übernehmen könnte.

---

547 R. Beckmann, ZRP 1996, 219 (223); Fuchs, Tod bei Bedarf, S. 66 f.; Meran/Poliwoda, in: Hoff/i.d. Schmitten (Hrsg.), Wann ist der Mensch tot?, S. 68 (71); Mieth, in: Hoff/i.d. Schmitten (Hrsg.), Wann ist der Mensch tot?, S. 458 (459 f.); Seifert, in: Greinert/Wuttke (Hrsg.), Kritische Ansichten, S. 185 (190); Voll, Einwilligung, S. 249.
548 Vgl. BVerfGE 39, 1 ff.
549 BVerfGE 39, 1 (37, 41).
550 Zutreffend auch Birnbacher, in: Hoff/i.d. Schmitten (Hrsg.), Wann ist der Mensch tot?, S. 28 (38); Sternberg-Lieben, JA 1997, 80 (86).
551 Angstwurm, in: Hoff/i.d. Schmitten (Hrsg.), Wann ist der Mensch tot?, S. 41 (48); vgl. auch Kluth/Sander, DVBl. 1996, 1285 (1288).
552 Das heißt, daß jede einzelne Zelle des Embryos in der Lage ist, je nach Bedarf alle Funktionen, die für seine Existenz notwendig sind, selbst auszuüben.
553 Bonelli, in: M. Schwarz/Bonelli (Hrsg.), Status des Hirntoten, S. 83 (111).

(5) Gesamthirntod als erster Schritt auf dem "slippery slope"

Gegner des Hirntod-Kriteriums greifen oftmals die bereits vorgestellte Teilhirntod-Konzeption auf, um eine verhängnisvolle Weiterentwicklung des Gesamthirntod-Kriteriums als sich geradezu zwangsläufig und lawinenartig ausweitenden Prozeß aufzuzeigen. Dabei wird suggeriert, das Ganzhirntod-Kriterium führe zu einer weiteren Aufweichung der Todeskriterien, schließlich zur gesellschaftlich legitimierten "Entsorgung" anenzephaler Neugeborener, Behinderter und älterer Menschen und zur Verfügbarkeit des hirntoten Leichnams als Zuchtstation für Organe, für gentechnologische Experimente oder als Schulungsobjekt angehender Chirurgen.[554] Dem Konzept des Hirntodes sei dementsprechend die Tendenz immanent, unser Bild vom bedingungslos schutzwürdigen menschlichen Leben verblassen zu lassen und den Lebensschutz auszuzehren.[555]

Solange am *Gesamt*-Hirntod-Kriterium festgehalten wird, führt die Anerkennung des Hirntod-Konzepts auch nicht zu den prophezeiten Abgründen. Für Deutschland trifft diese Voraussetzung uneingeschränkt zu, denn es gibt keine ernstzunehmende Stimme, die ernsthaft das Teilhirntod-Kriterium etablieren will.[556] Der Wissenschaftliche Beirat der Bundesärztekammer hat in seiner Stellungnahme explizit hervorgehoben, daß aus Gründen der Eindeutigkeit der Todesfeststellung das Konzept des Teilhirntodes in unserem Land nicht übernommen wird.[557]

(6) "Lebenszeichen" des Hirntoten

Eine weitere Opposition kommt von der großen Gruppe derer, die Todeskriterien nicht in medizinischen und mittels technischer Hilfsmittel erhobenen Befunden, sondern in äußerlich sichtbaren Merkmalen sehen möchten. So wird vorgebracht, daß sich das Erscheinungsbild eines "Hirntoten" durch die augenscheinlichen Lebenszeichen wie Herzschlag, Blutkreislauf, Atmung, Hautfarbe, Nieren-

---

554 So ausdrücklich Grewel, in: Hoff/i.d. Schmitten (Hrsg.), Wann ist der Mensch tot?, S. 332 (346).
555 So Knoche, in: Hoff/i.d. Schmitten (Hrsg.), Wann ist der Mensch tot?, S. 417 (418 f.); Rixen, in: Evangelische Akademie Iserlohn (Hrsg.), Tagungsprotokolle 93/1994, S. 39 (51 f.); Roth/Dicke, in: Hoff/i.d. Schmitten (Hrsg.), Wann ist der Mensch tot?, S. 51 (54 f.).
556 Vgl. Schöne-Seifert, in: Hoff/i.d. Schmitten (Hrsg.), Wann ist der Mensch tot?, S. 477 (481); Wolfslast, MedR 1989, 163 (166) m.w.N.
557 Wissenschaftlicher Beirat der Bundesärztekammer, DÄBl. 1993, B-2177 (2178 f.).

funktionen und Lazarus-Zeichen[558] in fundamentaler und evidenter Weise von einer Leiche unterscheide.[559]

Für einen Laien ist es zugegebenermaßen äußerst schwierig, einen künstlich beatmeten Hirntoten, der noch durchblutet und warm ist, der einem Lebenden äußerlich ähnlicher sein kann als mancher lebende Schwerkranke, als tot zu begreifen. Der Hirntod kann eben nur von Experten und durch besondere technische Untersuchungen festgestellt werden, während die klassischen signa mortis wie Totenstarre und Leichenflecken auch für den Nichtfachmann anschaulich machen, daß der Tod mit prädiktiver Sicherheit eingetreten ist. Wenn aber äußere Eindrücke die Grundlage von Urteilen darüber sein sollen, ob ein Mensch tot ist oder lebt, dann wäre die Konsequenz doch wohl die, daß wir auch einen Lebenden, der lediglich *tot wirkt*, für tot erklären dürften. Eine reine Orientierung am Phänotyp kann deshalb kein durchschlagendes Argument gegen das Hirntod-Kriterium sein, denn eine solche Vorgehensweise wäre übergebührlich relativistisch und dadurch potentiell interessenabhängig.[560]

Mag auch mancher den Gedanken eines "atmenden Leichnams" nicht denken können oder wollen - der medizinische Befund belegt, daß Organe beim Hirntoten allein als Teilsysteme funktionieren, ohne untereinander kommunikationsfähig zu sein. Das Herz schlägt nur, weil und solange der Restkörper über die Beatmungsmaschine mit Sauerstoff und der Restkreislauf über die Infusion mit allen erforderlichen Stoffen versorgt wird. Beobachtetes Schwitzen kommt nicht aktiv, emotional zustande, sondern der Hirntote kann lediglich unter bestimmten Bedingungen noch Schweiß absondern. Er wird poikilotherm, das heißt, er paßt sich mehr und mehr seiner Umgebungstemperatur an. Seine Nieren sezernieren infolge einer Störung hypothalamischer Strukturen meistens übermäßig dünnen Harn, so daß die Verabreichung eines Hormons erforderlich ist. Bewegungen wie das Lazarus-Zeichen entstehen außerhalb des Gehirns auf der Ebene von

---

558 Hierunter versteht man die Imitation bewußt ausgeführter Bewegungen, z.B. langsames Hochheben der Arme, Gehbewegungen im Liegen. In Anlehnung an den Bibeltext in Johannes 11, 44 *„... und der Verstorbene kam heraus"*, werden diese beobachteten Phänomene als "Lazarus-Zeichen" bezeichnet.
559 Däubler-Gmelin, in: Hoff/i.d. Schmitten (Hrsg.), Wann ist der Mensch tot?, S. 401 (413); Geisler, in: Dt.-BT/Ausschuß für Gesundheit, Aussch.-Drucks. 13/114, S. 36 (38); Grewel, ZRP 1995, 217 (218); Höfling, in: Dt.-BT/Ausschuß für Gesundheit, Aussch.-Drucks. 586/13, S. 1 (4).
560 Den unumkehrbaren Zusammenbruch des Kreislaufs als allein maßgeblichen Todeszeitpunkt zu betrachten, würde sich dann nämlich tatsächlich als interessengeleitet darstellen, etwa von dem Interesse, Todesdefinition und -kriterien so zu modifizieren, daß sie der Anmutungsqualität des künstlich beatmeten Leichnams - wie ein Lebender zu wirken - besser entsprechen.

Rückenmark, Nerven und Muskulatur. Sie sind Reflexe vitaler Restfunktionen, die mit keiner Empfindung verbunden sein können.[561]

(7) Zeugungsfähigkeit und Schwangerschaft bei Hirntoten

Schließlich wird eingewandt, daß hirntote Frauen empfängnisfähig, hirntote Männer grundsätzlich erektions-, ejakulations- und damit rein theoretisch zeugungsfähig seien.[562] Gerade vor dem Hintergrund der Behandlungserfahrungen mit hirntoten Schwangeren könne die Gleichsetzung "Hirntod=Tod" keinesfalls aufrechterhalten werden.[563]

Ein Hirntoter kann mit Sicherheit kein Sperma "abgeben". Bei über 300 Untersuchungen ist eine Ejakulation nicht ein einziges Mal beobachtet worden. Im übrigen würde sie nur belegen, daß spinale Mechanismen auch im Hirntod fortbestehen können.[564] Auch die Schwangerschaft einer Hirntoten[565] ist nicht der Beweis gegen den Tod. Zweifellos ist zuzugestehen, daß eine hirntote Schwangere in gewisser Weise ein Paradoxon ist, und die Konstellation eines unmittelbaren Zusammentreffens von werdendem und gewesenem Leben in einem einzigen Leib die Vorstellungskraft der meisten Menschen überfordert. Die einer Schwangerschaft zugrundeliegenden physiologischen Fakten aber sollten nicht mystifiziert werden. Die Weitergabe des Lebens durch die Mutter erfolgt

---

561 Schlake/Roosen, Hirntod, S. 54; H.-L. Schreiber, in: Hoff/i.d. Schmitten (Hrsg.), Wann ist der Mensch tot?, S. 424 (426).
562 Bavastro, in: Dt.-BT/Aussch.-Drucks. 13/114, S. 14 (16); Geisler, in: Dt.-BT/ Aussch.-Drucks. 13/114, S. 36 (38); Linke, Hirnverpflanzung, S. 119 ff.; i.d. Schmitten, in: Evangelische Akademie Iserlohn (Hrsg.), Tagungsprotokolle 93/1994, S. 14 (15 f.); Hoff/i.d. Schmitten, in: dies. (Hrsg.), Wann ist der Mensch tot?, S. 153 (214 ff.).
563 Bavastro, in: Hoff/i.d. Schmitten (Hrsg.), Wann ist der Mensch tot?, S. 486 (486 ff.); Grewel, ZRP 1995, 217 (218); Höfling, JZ 1995, 26 (32); Müller-Heidelberg, in: Dt.-BT/Aussch.-Drucks. 579/13, S. 33 (35).
 Bavastro stützt sich hierbei auf *seinen* Fall an der Filderklinik aus dem Jahr 1991. Eine hirntote Patientin war in der 17. Woche schwanger und wurde unter höchstem Einsatz intensivmedizinischer Maßnahmen per Kaiserschnitt von einem gesunden Kind entbunden. *Höfling* führt hier als instruktives Beispiel den Fall des sogenannten "Erlanger Babys" aus dem Jahr 1992 an. Hier kam es allerdings aufgrund einer Infektion der Mutter zu einem Spontanabort. Vgl. zum Erlanger Fall die Dokumentation von Bockenheimer-Lucius/Seidler, Hirntod und Schwangerschaft; aus dem rechtswissenschaftlichen Schrifttum Heuermann, JZ 1994, S. 133 ff.
564 Lang, ZRP 1995, 457 (460).
565 Zu der praxisrelevanten Frage der Verpflichtung zur Aufrechterhaltung der Lebensfunktionen von Schwangeren, bei denen der Gehirntod diagnostiziert wurde, vgl. die ausführliche Darstellung bei Herranz, in: M. Schwarz/Bonelli (Hrsg.), Status des Hirntoten, S. 165 ff.

bei der Zeugung, nicht während oder durch die Schwangerschaft. Die Schwangerschaft wird nach der Entwicklung des Mutterkuchens von ihm, nicht vom Gehirn der Mutter, gesteuert und aufrechterhalten. In der Gebärmutter entwickelt sich das Kind aus eigener Kraft und braucht dazu biologisch, neben der Steuerung der Schwangerschaft durch Botenstoffe der Plazenta, allein die für sein Leben und seine Entwicklung wichtige Versorgung mit Sauerstoff, Nähr- und Wachstumsstoffen.[566] Wird demgemäß durch Außensteuerung bei einer Hirntoten die erforderliche Blutzusammensetzung gewährleistet, kann sich der Embryo/Fetus entwickeln.[567] Tatsächlich hängt das Reifen des neuen Lebens im Mutterleib unter intensivmedizinischen Bedingungen damit eben nicht mehr entscheidend vom Leben der Mutter ab.[568]

(8) Resümée

Im nostalgischen Wunsch nach dem Kreislauftod schwingt zwar die verständliche Sehnsucht nach Schlichtheit und Überschaubarkeit mit, zugleich aber viel falsche Kritik am Hirntod-Konzept. Ich selbst bin davon überzeugt, daß die geäußerten Bedenken weniger auf echte Differenzen in weltanschaulichen und ethischen Plausibilitäten zurückzuführen sind, sondern auf Mißverständnisse, die sich durch adäquate Sachinformation, sorgfältige Begriffsklärung und argumentative Transparenz im Prinzip auflösen lassen. Da das Gesamthirntod-Konzept aus sich heraus das Ende menschlichen Lebens überzeugend begründen kann, eine empirisch ausreichend fundierte und anthropologisch schlüssige Erklärung für ein sicheres Todeszeichen bietet und die vorgebrachten Einwände jeder sachlichen Grundlage entbehren, besteht damit insgesamt kein verfassungsrechtliches Bedürfnis für die Anwendung einer Zweifelsregel in dubio pro vita. Der hirntote Mensch ist ebenso wie derjenige, der einen Herz-Kreislauf-Stillstand erleidet, ein toter Mensch. Das Grundrecht auf Leben kann seine Abwehr- und Schutzdimension[569] hier folglich nicht mehr zur Geltung bringen, so daß es auch für den Gesetzgeber auf die Schranken dieses Grundrechts nicht mehr ankommt.

Ergänzend möchte ich in dem Zusammenhang noch anmerken, daß die vielfach geäußerte Gefahr, mit Anerkennung des Gesamthirnausfalls als Tod des Menschen werde eine schiefe Ebene betreten, geringer einzustufen ist als die Gefahren, die umgekehrt die Haltung vieler Hirntod-Kritiker zur Spende lebens-

---

566 Angstwurm, in: Dt.-BT/Aussch.-Drucks. 579/13, S. 2 (15).
567 Angstwurm, in: Politische Studien 1995/Heft 339, S. 60 (65); Link, in: Dt.-BT/Aussch.-Drucks. 588/13, S. 7 (25); Schlake/Roosen, Hirntod, S. 68.
568 Angstwurm, in: Hoff/i.d. Schmitten (Hrsg.), Wann ist der Mensch tot?, S. 41 (47).
569 Zu der Doppelfunktion der Grundrechte vgl. Isensee, in: Isensee/Kirchhof (Hrsg.), Handbuch des Staatsrechts/Bd.V, § 111.

notwendiger, unpaariger Organe heraufbeschwören. Auch die Kritiker betrachten den Hirntod ja letztlich als entscheidendes Kriterium für die Entnahme lebenswichtiger Organe, das allerdings *"intra vitam"* angesiedelt wird.[570] Die höchstpersönliche Einwilligung des Betroffenen soll die Tötung durch Explantation dann rechtfertigen.[571] Explantation als Vivisektion? Meines Erachtens ein fataler Abweg, der zudem in offensichtlichem Widerspruch zu dem in § 216 StGB niedergeschriebenen ausnahmslosen Verbot aktiver Fremdtötung steht.

In der Sache zeigt diese Lösungsvariante nur allzu deutlich, daß das angeblich mit Würdeschutz gesicherte Leben der Hirntoten von den Hirntod-Gegnern in Wirklichkeit als ein Leben minderer Qualität angesehen und behandelt wird. Hirntote "leben" dieser Auffassung zufolge in einem status quo minus, denn es ist kein eigentliches, uneingeschränktes Leben mehr, wenn es keinen Schutz mehr gegen einen Behandlungsabbruch genießt und auf Einwilligung hin beseitigt werden darf. Dieses Ergebnis ist mit dem verfassungsrechtlichen Gebot, daß menschliches Leben keiner Bewertung zugänglich ist[572], unvereinbar. Zwar werden in anderen Bereichen, etwa dem der Sterbehilfe, bereits de lege lata wertende Abwägungen getroffen, in die eine reduzierte Lebenserwartung und eingeschränkte Lebensqualität einbezogen werden.[573] Zu nennen sind hier Stichworte wie "indirekte Sterbehilfe infolge lebensverkürzender Schmerzbekämpfung" sowie "Behandlungsabbruch bei irreversibler Bewußtlosigkeit". Hierbei geht es aber stets um eine Entscheidung, die im alleinigen Interesse des Rechtsgutsinhabers steht und ausschließlich dies Faktum rechtfertigt die einer eventuellen Lebensverkürzung zugrundeliegende Abwägung. Im Falle konsentierter Tötung zwecks Organentnahme läge hingegen eine zwar dem Willen des "Sterbenden" entsprechende, aber letztlich doch drittnützige Tötung vor, durch die menschliches Leben fremden Interessen zur Verfügung gestellt würde. Eine

---

570   Vgl. die Begründung zum Gesetzentwurf der Fraktion BÜNDNIS 90/DIE GRÜNEN, BT-Drucks. 13/2926, S. 11
571   Arnold, Universitas 1995, 307 (311 f.); R. Beckmann, ZRP 1996, 219 (225); Däubler-Gmelin, in: Hoff/i.d. Schmitten (Hrsg.), Wann ist der Mensch tot?, S. 401 (411); Höfling, JZ 1996, 615 (617); Huber, in: Hoff/i.d. Schmitten (Hrsg.), Wann ist der Mensch tot?, S. 462 (463, 473); Jörns, in: Hoff/i.d. Schmitten (Hrsg.), Wann ist der Mensch tot?, S. 350 (367 ff.); Lütz, in: Hoff/i.d. Schmitten (Hrsg.), Wann ist der Mensch tot?, S. 496 (497 f.); Rixen, ZRP 1995, 461 (464).
572   Dürig, in: Maunz/Dürig u.a., GG/Bd.I, Art.2 Abs.2 Rdnr. 10 f.; Geilen, in: Honekker (Hrsg.), Probleme der Organverpflanzung, S. 126 (171); Lorenz, in: Isensee/Kirchof (Hrsg.), Handbuch des Staatsrechts/Bd.VI, § 128 Rdnr. 8; Starck, in: v. Mangoldt/Klein, GG/Bd.1, Art.2 Abs.2 Rdnr. 129; Stern, Staatsrecht/Bd.III/1, S. 1060 f.
573   Vgl. hierzu BGH NJW 1995, 204 ff.

Lösung, die unter ethischen und verfassungsrechtlichen Gesichtspunkten keinesfalls akzeptiert werden kann.[574]

e) Fazit

Der Gesamthirntod stellt eine Zäsur im Sterbeprozeß dar, an die der Gesetzgeber sinnvoll und rechtssicher für die Frage des maßgeblichen Todeszeitpunktes bei der Organentnahme anknüpfen sollte. Auch der traditionelle, allgemein anerkannte Herz-Kreislauf-Tod sollte in die gesetzliche Regelung einbezogen werden, denn bestimmte Transplantate[575] können auch noch mehrere Stunden nach Eintritt eines Herz-Kreislauf-Stillstandes entnommen und erfolgreich verpflanzt werden, so daß es nicht in jedem Fall auf eine gesonderte Hirntod-Feststellung ankommt.

Der Regelungsentwurf der Fraktionen der CDU/CSU, SPD, F.D.P.[576] in Verbindung mit dem Ergänzungsantrag[577] sieht die Festschreibung *beider* Todeskriterien vor und ist insoweit zustimmungswürdig.

5. Verbindliche Regelung der Todesfeststellungskriterien

Sind irreversibler Hirnfunktionsausfall und Herz-Kreislauf-Stillstand damit sichere Zeichen für den Eintritt des Todes eines Menschen, so kommt ihrer Feststellung und dem dabei einzuhaltenden Verfahren größte Bedeutung zu. Die Medizin bedient sich hierzu teils hochkomplizierter Untersuchungsverfahren. Dies gilt vor allem für die Hirntod-Diagnostik, die außerordentlich schwierig und aufwendig ist.

Ob der Gesetzgeber aus Gründen der Rechtssicherheit verbindliche Verfahrensregeln zur Feststellung des Todeseintritts normieren sollte, und wie detailliert diese Regelungen sein dürfen, damit zugleich eine praktikable Rechtsanwendung gewährleistet bleibt, soll nachfolgend erörtert werden.

---

574 So im Ergebnis auch Gubernatis, MedKlinik 1996, 47 (48); Heun, JZ 1996, 213 (218 f.); Kluth, Zeitschrift für Lebensrecht 1996, 43 (45); Körner, Hirntod, S. 48; H.-L. Schreiber, in: Hoff/i.d. Schmitten (Hrsg.), Wann ist der Mensch tot?, S. 424 (429 f.); Sengler/A. Schmidt, MedR 1997, 241 (242); Taupitz, JuS 1997, 203 (206); Wagner/Brocker, ZRP 1996, 226 (229).
575 Es handelt sich dabei um bradytrophe Gewebe, die einen sehr geringen Stoffwechsel haben, wie z.B. Augenhornhaut, Sehnen, Knochen.
576 BT-Drucks. 13/4355.
577 BT-Drucks. 13/4368.

a) Todesfeststellungskriterien

Um zu der soeben aufgeworfenen Frage als Jurist Stellung beziehen zu können, ist es zunächst notwendig, die entsprechenden Untersuchungsverfahren zur Feststellung des Todeseintritts überblicksmäßig vorzustellen.

aa) Herztod-Diagnostik

Der Eintritt des irreversiblen klinischen Todes ist zwar relativ einfach zu erkennen, entsprechend der Hirntod-Diagnose aber ebenfalls an das Vorhandensein klinischer Kriterien gebunden. Im einzelnen müssen vorliegen[578]:
- irreversibler Atem- und Herz-Kreislauf-Stillstand,
- Erloschensein des Hornhautreflexes am Auge,
- Feststellung der sicheren Todeszeichen wie Leichenflecken, Totenstarre oder Fäulnis sowie
- Absinken der Körpertemperatur.

bb) Hirntod-Diagnostik

Die Ermittlung des irreversiblen Verlusts der Gesamthirn-Funktionen ist im Vergleich deutlich komplizierter, da ein umfangreicher Kriterienkatalog erfüllt werden muß, der besondere Anforderungen an Sorgfalt und Kompetenz der untersuchenden Ärzte stellt.[579] Nach dem heutigen Wissensstand erfolgt die Hirntod-Diagnose entsprechend den Richtlinien der Bundesärztekammer[580] nach einem dreistufigen Schema, das sich wie folgt skizzieren läßt[581]:
Die erste Stufe des Untersuchungsablaufs betrifft die *Voraussetzungen* zur Diagnose des Hirntodes. Diese Untersuchung umfaßt den eindeutigen Nachweis einer schwerwiegenden primären oder sekundären Hirnschädigung und den Ausschluß verwechslungsfähiger reversibler Krankheitszustände infolge Kreislauf-

---

578 Eisenmenger, Rechtsmedizin 1991, 1 (6); Frowein, in: Eser/v. Lutterotti/Sporken (Hrsg.), Lexikon, Stichwort "Todesfeststellung/Todeskriterien/Todeszeitpunkt", Sp. 1191; Karl, Todesbegriff, S. 34 f.
579 Haupt, in: Evangelische Akademie Iserlohn (Hrsg.), Tagungsprotokolle 93/1994, S. 7 (7).
580 Wissenschaftlicher Beirat der Bundesärztekammer, DÄBl. 1997, A-1296 (1297 ff.).
581 Die nachfolgenden Ausführungen gehen nicht ins Detail, sondern geben nur die Grundsätze der Hirntod-Diagnostik wieder. Anschauliche Darstellungen zum aktuellen Stand finden sich bei Binder/Pinter u.a., in: M. Schwarz/Bonelli (Hrsg.), Status des Hirntoten, S. 113 ff.; Bock, in: Dt.-BT/Aussch.-Drucks. 585/13, S. 9 ff.; Haupt/Schober u.a., DÄBl. 1993, B-2222 ff.

schocks, Intoxikation, Unterkühlung, Stoffwechselentgleisung, medikamentöser Vorbehandlung.

Liegen diese Voraussetzungen vor, müssen anschließend die maßgeblichen *klinischen Symptome* des Hirnfunktionsausfalls diagnostiziert werden. Hierzu zählt der Nachweis einer tiefen Bewußtlosigkeit (Koma) sowie des Ausfalls aller Hirnstammreflexe (Hirnstammareflexie)[582] und der Spontanatmung (Apnoe). Die geforderten klinischen Befunde müssen alle gleichzeitig vorliegen und übereinstimmend von zwei verschiedenen Untersuchern festgestellt und dokumentiert werden.

Die mit der Diagnose "Hirntod" verbundene Feststellung des Ausfalls aller Hirnfunktionen beinhaltet auf der dritten Ebene schließlich den *Nachweis seiner Irreversibilität*, der auf zweierlei Weise erfolgen kann. Zum einen durch mehrmalige Wiederholung der klinischen Untersuchungen mit übereinstimmendem Ergebnis über festgelegte Beobachtungszeiten. Zum anderen durch ergänzende apparative Untersuchungsverfahren, die alternativ angewandt werden können: Null-Linien-EEG, Erlöschen evoziierter Potentiale oder zerebraler Zirkulationsstillstand.[583]

cc) Sicherheit der Befunde

Von den Kritikern der Hirntod-Konzeption wird eingewandt, daß der Ausfall der gesamten Hirnfunktionen tatsächlich gar nicht diagnostizierbar sei. Mit der Feststellung "Hirntod" werde vielmehr nur ein teilweiser, wenn auch bedeutsamer Ausfall von Hirnfunktionen nachgewiesen.[584]

---

582 Der Nachweis der Hirnstammareflexie erfolgt durch Prüfung von fünf verschiedenen Reflexmustern, welche die Funktion des Hirnstamms auf unterschiedlichen anatomischen Ebenen repräsentieren. Zu erbringen sind folgende Befunde: Lichtstarre beider wenigstens mittel-, meistens maximal weiten Pupillen; Fehlen des okulo-zephalen Reflexes (= Verharren der Augäpfel in der Ausgangsstellung, unabhängig von jeder Kopfbewegung); Fehlen des Kornealreflexes (= kein Zusammenkneifen von Ober- und Unterlid bei Bestreichen der Augenhornhaut); Fehlen von Schmerzreaktionen im Gesicht; Fehlen des Würgereflexes. Nur der *gleichzeitige* und *beidseitige* Ausfall aller Hirnstammreflexe wird - bei Erfüllung der übrigen Hirntodkriterien - als Beweis für den Hirntodeintritt gewertet.
583 Für Kinder vor dem 3. Lebensjahr gelten Besonderheiten bei der Hirntod-Diagnostik. Vgl. hierzu im einzelnen Wissenschaftlicher Beirat der Bundesärztekammer, DÄBl. 1997, A-1296 (1298).
584 Geisler, in: Dt.-BT/Aussch.-Drucks. 13/114, S. 36 (39); Klein, in: Hoff/ i.d. Schmitten (Hrsg.), Wann ist der Mensch tot?, S. 500 ff.; Rixen, in: Hoff/i.d. Schmitten (Hrsg.), Wann ist der Mensch tot?, S. 434 (437).

Bis heute ist kein einziger Fall nachgewiesen worden, in welchem nach fachmännisch durchgeführter Hirntod-Feststellung eine Umkehr des klinischen Verlaufs oder gar eine Rückkehr ins Leben beobachtet wurde.[585] Die Diagnose Hirntod ist wahrscheinlich die sicherste der ganzen Medizin überhaupt. Wenn sich dennoch, insbesondere in den Medien, Berichte finden, ein zur Explantation vorgesehener hirntoter Patient sei wieder nach Hause gegangen und - sinngemäß - nur aufgrund der Intervention der Angehörigen der Tötung durch Organentnahme entgangen, so entbehren diese Behauptungen jeder sachlichen Grundlage. Daß dieser holländische Patient wieder nach Hause gegangen ist, ist zwar richtig; nachweislich falsch hingegen ist, daß bei ihm jemals die Diagnose "Hirntod" gestellt wurde.

Der Gesamthirntod läßt sich unter Beachtung der vorgeschriebenen Kriterien medizinisch eindeutig feststellen und die Einhaltung der Vorschriften kann im nachhinein überprüft werden.[586] Die Hirntod-Feststellung beinhaltet eine große Anzahl von Einzeluntersuchungen, welche sich in vielfältiger Weise überschneiden. Dieses Prinzip der Redundanz sorgt dafür, daß die interne Fehlerwahrscheinlichkeit dieses Systems weitestmöglich reduziert ist. Was allerdings bleibt, ist die "Fehlerquelle Mensch". Dieser begegnen die erlassenen Richtlinien auf mehrfache Weise: zunächst durch die Forderung nach zwei, vom Transplantationsteam unabhängigen Untersuchern, wodurch die menschlich bedingte Irrtumsmöglichkeit bereits erheblich minimiert ist; im weiteren durch die vorgeschriebene Wiederholung der klinischen Untersuchungen innerhalb festgelegter Beobachtungszeiten, welche im internationalen Vergleich[587] zu den längsten überhaupt gehören. Hierdurch wird zusätzliche diagnostische Sicherheit geschaffen, die im weiteren durch Einbeziehung technischer Untersuchungsverfahren maximiert ist.

b) Notwendigkeit einer gesetzlichen Fixierung der Kriterien

Wie aus dem soeben vorgestellten Überblick deutlich zu erkennen ist, unterliegt die Erarbeitung der Standards zur Feststellung des Todeseintritts unzweifelhaft medizinischer Sachkompetenz. Die Ärzteschaft verfügt über die medizinischen Fachkenntnisse, die technisch-apparativen Einrichtungen und steht in größerer Nähe zu den vielfältigen, täglich wechselnden Situationen, in denen eine Todesbestimmung notwendig ist. Mit der Festschreibung der diagnostischen Todes-

---

585 H.-L. Schreiber, in: Schlaudraff (Hrsg.), Loccumer Protokolle 54/94, S. 87 (97).
586 Angstwurm, in: Politische Studien 1995/Heft 339, S. 60 (61, 66); Haupt/Schober u.a., DÄBl. 1993, B-2222 (2222).
587 Vgl. zu den in anderen Ländern geltenden Beobachtungszeiten die Darstellung bei Schlake/Roosen, Hirntod, S. 48 f.

feststellungsmethoden im Transplantationsgesetz könnte dementsprechend die Gefahr verbunden sein, daß starre und unflexible Normen geschaffen werden, die der ständig wechselnden Lebenswirklichkeit und den in stetigem Wandel begriffenen wissenschaftlichen Erkenntnissen nicht genügend Rechnung tragen, ja sogar den medizinischen Fortschritt behindern, da Gesetzgebungsverfahren zu langwierig und schwerfällig sind.[588] Andererseits muß bedacht werden, daß die Feststellung des Todes den Verlust der Grundrechtsträgerschaft zur Folge hat, also einen Fall der grundrechtlichen Statusbestimmung betrifft und damit den Parlamentsvorbehalt aktiviert[589].

Letztere Erwägung muß maßgeblich sein, denn nur im Wege eines formellen Gesetzgebungsverfahrens kann ein Höchstmaß an Publizität und Legitimität erreicht werden, das meines Erachtens in Anbetracht der Verunsicherung der Öffentlichkeit durch irreführende Informationen über das Hirntod-Kriterium besonders wichtig erscheint. Gerade hier muß Vertrauen durch Rechtssicherheit geschaffen werden, damit eine gute Ausgangsbasis für eine weitgehende Akzeptanz der in dem Transplantationsgesetz insgesamt kodifizierten Regelungen geschaffen wird. Daß der Gesetzgeber im Fall einer Festschreibung von Verfahrensregeln zur Todesbestimmung in einem förmlichen Gesetz mit dem rasanten wissenschaftlichen Fortschritt nicht mithalten kann, erscheint mir insoweit kein durchgreifendes Argument *gegen* eine Normierung. Letztlich kann einer derartigen Gefahr durch eine entsprechende Fassung des Gesetzes wirksam vorgebeugt werden. Eine gesetzliche Formulierung könnte einen unbestimmten Rechtsbegriff verwenden, über den sowohl diagnostische Kriterien wie auch Testverfahren im Wege einer dynamischen Verweisung Bestandteil des Gesetzes werden. Fortschritte der Medizin würden dann jeweils ohne Tätigwerden des Gesetzgebers automatisch in das Gesetz integriert.[590] Auf diesem Wege vermag ein Gesetz also durchaus in praktikabler Weise Rechtsklarheit zu verschaffen.

Aus verfassungsrechtlicher Sicht muß der Gesetzgeber das Verfahren zur Todesfeststellung deshalb jedenfalls in seinen wichtigsten Grundzügen selbst regeln. Zu verlangen ist insoweit eine Aussage über anerkannte Methoden zur Todesfeststellung sowie nähere Bestimmungen über die Personen, die zu dieser Feststellung berechtigt sind, denn nur auf diesem Wege können mögliche Interessenkonflikte und daraus resultierende etwaige Mißbrauchsgefahren minimiert werden.

---

588 Vgl. hierzu auch die Kritik von Geilen, in: Eser (Hrsg.), Suizid und Euthanasie, S. 301 (306, 310 f.); Samson, in: Ziegler (Hrsg.), Organverpflanzung, S. 22 (37); Eser, in: Schönke/Schröder, StGB, vor §§ 211 ff. Rdnr. 20; Steinbach, in: Krösl/Scherzer (Hrsg.), Bestimmung des Todeszeitpunktes, S. 271 (271).
589 BVerfGE 40, 237 (248 ff.); 49, 89 (126 f.).
590 So auch H.-L. Schreiber/Wolfslast, MedR 1992, 189 (193).

c) Aktuelle Vorschläge

Der Gesetzgeber hat das Regelungsbedürfnis in dieser Frage erkannt. Die Vorstellungen über die Reichweite der Normierung klaffen allerdings noch weit auseinander.

aa) Inhalt

In dem Regelungsentwurf von CDU/CSU, SPD, F.D.P. ist in § 5[591] ein entsprechendes förmliches Todesfeststellungsverfahren vorgesehen, das allerdings nur grobe Richtlinien vorgibt.
§ 5 Abs.1 E-TPG bestimmt lediglich, daß der Eintritt des Todes in Gestalt des irreversiblen Herz-Kreislauf-Stillstandes oder Ausfalls der gesamten Hirnfunktionen nach Regeln, die dem Stand der medizinischen Wissenschaft entsprechen, durch zwei dafür qualifizierte Ärzte, die den Organspender unabhängig voneinander untersucht haben, nachgewiesen werden muß. Absatz 2 der Vorschrift verlangt weitergehend, daß diese Ärzte weder an der Entnahme noch an der Übertragung der Organe beteiligt sein dürfen und auch nicht Weisungen eines hieran beteiligten Arztes unterstehen dürfen. Im weiteren ist gefordert, daß die Untersuchungsergebnisse und der Feststellungszeitpunkt von beiden Ärzten getrennt unter Angabe der erhobenen Befunde niedergeschrieben und unterzeichnet werden müssen. Eine Ausnahme von dem Erfordernis der Beteiligung zweier Ärzte ist in § 5 Abs.1 S.4 E-TPG lediglich bei der Feststellung des *klinischen Todes* vorgesehen und zwar dann, wenn seit dem Herz-Kreislauf-Stillstand bereits mehr als drei Stunden verstrichen sind. In diesem Fall genügt die Untersuchung durch einen Arzt.

Im Vergleich dazu bietet der Entwurf von BÜNDNIS 90/DIE GRÜNEN in §§ 16, 17[592] eine weitaus detailliertere Regelung.
Zunächst sind in § 16 E-TPG die medizinisch-technischen Elemente der Hirntod-Diagnose *im einzelnen* festgelegt. § 17 E-TPG ist fast deckungsgleich mit § 5 Abs.2 des Entwurfs von CDU/CSU, SPD, F.D.P., verlangt aber in Abweichung hierzu, daß die den Hirnfunktionsausfall feststellenden Untersucher Fachärzte für Neurologie sein müssen.

---

591 BT-Drucks. 13/4355, S. 4.
592 BT-Drucks. 13/2926, S. 5.

bb) Stellungnahme

Der Ansatz des Entwurfs der Fraktion BÜNDNIS 90/DIE GRÜNEN erweist sich meines Erachtens aus zwei Gesichtspunkten als verfehlt. Das Verfahren zur Hirntod-Diagnose als medizinische Technik unterliegt der ständigen Weiterentwicklung der Wissenschaft, so daß eine derartige gesetzliche Fixierung des ärztlichen Untersuchungsablaufs den unerfreulichen Effekt entwickelt, daß neuentdeckte und sicherere oder einfacher einzusetzende Methoden erst nach entsprechenden Gesetzesänderungen zulässig wären. Auch wird es dem Gesetzgeber auf diesem Wege nicht gelingen, die je nach medizinischer Situation des Sterbenden erforderliche differenzierte Anwendung einzelner Maßnahmen sachgerecht zu beschreiben.

Zum anderen können dem Gesetzgeber bei einer solch detaillierten Festschreibung allzu leicht schlichte Fehler mit verhängnisvollen Auswirkungen unterlaufen, da er insoweit nicht über die nötige Sachkenntnis verfügt. Beispiel hierfür ist § 16 E-TPG. Bei dem Inhalt dieser Vorschrift handelt sich offensichtlich um eine modifizierte Wiedergabe der Richtlinien der Bundesärztekammer zur Hirntod-Feststellung. Diese Wiedergabe ist zwar für sich betrachtet durchaus umfangreich, allerdings bei weitem nicht exakt und mit unbegründeten Erweiterungen des diagnostischen Vorgehens versehen. Schlimmer aber ist noch, daß vereinzelt falsche Aussagen getroffen werden.[593]

Schließlich ist auch die in § 17 E-TPG scheinbar - vor allem für Laien - plausible Forderung, daß der Hirntod von zwei Fachärzten für Neurologie festgestellt werden muß, der Sache nicht dienlich. Dieses formale Qualifikationskriterium besagt nämlich keineswegs, daß diese Fachärzte auch bei allen Spezialfragen kompetent ist. Aus gutem Grund ist in den Richtlinien der Bundesärztekammer als Qualifikationsmerkmal der den Hirnfunktionsausfall untersuchenden Ärzte verlangt, daß diese über eine mehrjährige Erfahrung in der Intensivbehandlung von Patienten mit schwerer Hirnschädigung verfügen müssen[594]. Dies können Neurologen, aber auch anästhesiologische oder internistische Intensivmediziner, Neurochirurgen und Ärzte anderer Disziplinen sein. Eine gesetzliche Regelung muß diesem Umstand Rechnung tragen und darf sich nicht auf ein einseitiges, formales Qualifikationskriterium zurückziehen, das weder die Sicherheit des Verfahrens erhöht noch den unterschiedlichen Gegebenheiten in den verschiedenen Kliniken Rechnung trägt.

---

593 Hierzu ausführlich Link, in: Dt.-BT/Aussch.-Drucks. 588/13, S. 7 (28 f.).
594 Wissenschaftlicher Beirat der Bundesärztekammer, DÄBl. 1997, A-1296 (1299)/ Anmerkung 5.

Wesentlich gelungener erscheint mir dagegen der Entwurf von CDU/CSU, SPD und F.D.P., der keine kasuistische Normierung aller denkbaren Methoden auf sich nimmt, sondern sich mit der Festschreibung grundsätzlicher Anforderungen begnügt. Die hier vorgesehenen Verfahrensregelungen versprechen ein ausreichendes Maß an Rechtssicherheit, gewährleisten die Unabhängigkeit der für die Untersuchung verantwortlichen Ärzte von dem Transplantationsteam und tragen auf diese Weise dazu bei, daß möglichen Interessenkonflikten zwischen beiden Seiten bereits im Vorfeld wirksam begegnet werden kann. Durch die Verwendung des unbestimmten Rechtsbegriffs "nach dem Stand der medizinischen Wissenschaft" und die in 15 E-TPG vorgesehene Ermächtigung der Bundesärztekammer zur Aufstellung entsprechender Richtlinien, werden im weiteren die Voraussetzungen dafür geschaffen, daß diagnostische Neuerungen umgehende Anwendung finden können. Der Entwurfsvorschlag ist deshalb insoweit zustimmungswürdig.

II. Rechtliche Qualifizierung des toten Körpers

Ist der Tod eines potentiellen Organgebers eingetreten, bleibt die Frage, ob sein Körper jetzt dem Zugriff Dritter preisgegeben ist, Organe nunmehr beliebig entnommen werden dürfen. Die Antwort bemißt sich danach, welchen Rechtsstatus der Mensch mit seinem Ableben einnimmt: Hat er achtenswerte Rechte, die durch einen Entnahmeeingriff nach dem Tode verletzt sein könnten, oder ist er rechtlos und damit als Organlieferant verfügbar?

1. Problemaufriß

Das Bürgerliche Gesetzbuch schweigt über die Rechtsstellung des Toten, und für die Rechtswissenschaft gab der menschliche Leichnam lange Zeit kaum Anlaß zu privatrechtlichen Erörterungen. Letztlich fiel er doch alsbaldiger Verwesung anheim und bot auch keine wirtschaftlichen Nutzungsmöglichkeiten. Dementsprechend waren es großteils die Lehren der Religion, die Pietät oder der Dämonenglaube, die das Schicksal der Leiche bestimmten.[595]
Spätestens mit dem Fortschritt der Transplantationschirurgie hat sich dieses Bild allerdings vom Tatsächlichen her gewandelt. Ab diesem Moment ging es nicht mehr ausschließlich um die Erarbeitung theoretischer Spitzfindigkeiten, sondern um die Frage, welche Rechtspositionen im Rahmen einer Organentnahme beim Leichnam tangiert sein könnten. Es war somit ein aktueller Hintergrund

---

595 Rausnitz, Das Recht 1903, 593 (593 f.).

entstanden, der die Rechtswissenschaft zur Auseinandersetzung veranlaßte. Als Resultat der hieraufhin entbrannten Diskussion, zeigt sich heute eine fast unüberschaubare Meinungsvielfalt.[596] Für eine allumfassende Wiedergabe ist hier kein Raum, so daß nachfolgend allein die grundsätzlich bestehenden Strömungen in die Auseinandersetzung um die Rechtsqualität des Leichnams einbezogen werden können.

2. Rechtsqualität des Leichnams

a) Sachenrechtlicher Ansatz

Nach überwiegender Auffassung verliert der menschliche Körper mit Eintritt des Todes seine Rechtssubjektqualität. Was bleibt, sei allein die materielle Substanz des toten Körpers, so daß dem Leichnam grundsätzlich Sachqualität zugeschrieben werden könne.[597] Diese zivilrechtliche Klassifizierung soll allerdings keinesfalls die uneingeschränkte Anwendung der an die Sacheigenschaft anknüpfenden Vorschriften zur Folge haben. Vielmehr will man der naturgemäßen Sonderstellung des Leichnams dadurch Rechnung tragen, daß trotz Einordnung als Sache vorrangig persönlichkeitsrechtliche Regeln Anwendung finden.

b) Persönlichkeitsrechtlicher Ansatz

Aus mehr oder minder gefühlsmäßigen Erwägungen heraus, leugnet die Gegenmeinung den Sachcharakter des Leichnams gänzlich und spricht von der Leiche als einem "Rückstand der Persönlichkeit".[598]

c) Überlagerungsthese

Schünemann vertritt auch hier seine Überlagerungsthese und überträgt die für den lebenden Körper entwickelte Denkform der zweistufigen Rechtsbeziehung

---

596 Einen umfassenden Überblick bietet Schünemann, Rechte am menschlichen Körper, S. 212 ff.
597 Dilcher, in: Staudinger, BGB/Bd.I, § 90 Rdnr. 19 f.; Dotterweich, JR 1953, 174 (174); Eichholz, NJW 1968, 2272 (2274); Gareis, in: FS Schirmer, S. 61 (92 f.); Görgens, JR 1980, 140 (141); Gramer, Organtransplantation, S. 55; Heinrichs, in: Palandt, BGB, vor § 90 Rdnr. 11; Holch, in: MüKo, BGB/Bd.1, § 90 Rdnr. 23; Jauernig, in: Jauernig, BGB, vor § 90 Anm. 6; Kallmann, FamRZ 1969, 572 (578); Kohlhaas, NJW 1967, 1489 ff.; Kramer, Rechtsfragen, S. 71; Mühl, in: Soergel, BGB/Bd.I, § 90 Rdnr. 5; Spann/Liebhardt, MMW 1967, 672 (674).
598 Henninger, Todesdefinition, S. 65 m.w.N.; Hubmann, Persönlichkeitsrecht, S. 341 ff.; Schreuer, in: FS Bergbohm, S. 242 (262).

des Menschen zu seinem Körper auf die Leiche. Da das Persönlichkeitsrecht am Körper nicht automatisch mit dem Tode erlösche, komme es zu einer abgestimmten Anwendung von sachenrechtlichen und persönlichkeitsrechtlichen Regelungen.[599] Da die Frage nach der Organentnahme die Persönlichkeit des Verstorbenen betreffe, sei diese dementsprechend auch auf der persönlichkeitsrechtlichen Ebene zu entscheiden.[600]

d) Diskussion

Wenn damit auch grundsätzlich verschiedene Ansatzpunkte für die Qualifizierung des Leichnams gewählt werden, so sind sich doch alle darüber einig, daß die hier allein interessierende Frage nach der Entscheidungsbefugnis zur Explantation post mortem ausschließlich ein Problem des fortwirkenden Persönlichkeitsrechts betrifft. Der Weg, der zur Begründung dieses Ergebnisses eingeschlagen wird, ist allerdings nur selten überzeugend dargelegt und allzu oft mit dogmatischen Unzulänglichkeiten belastet.

Die Autoren, die dem Leichnam eine eingeschränkte Sachqualität zubilligen, sachenrechtliche Grundsätze aber im Falle ihrer Ungeeignetheit durch persönlichkeitsrechtliche Regeln verdrängt sehen wollen, bringen damit zwar die Besonderheit des Leichnams zum Ausdruck, setzen sich aber dem Vorwurf einer willkürlichen Anwendung von Rechtsvorschriften aus.

Diejenigen, die den toten, menschlichen Körper ausschließlich nach persönlichkeitsrechtlichen Grundsätzen behandeln, können wiederum den Übergang vom Persönlichkeitsrückstand des Leichnams zu seiner Sachqualität - der sich unbestrittenermaßen irgendwann vollziehen muß - nicht schlüssig erklären.

Die besondere Rechtsstellung des Leichnams läßt sich dogmatisch einwandfrei nur anhand einer Synthese mit Überlagerung der sachenrechtlichen durch die persönlichkeitsrechtliche Betrachtung einwandfrei erklären, so daß der Ansicht Schünemanns insoweit zu folgen ist.

3. Ergebnis

Festgehalten werden kann damit, daß der Körper eines Verstorbenen keinesfalls rechtlos[601] ist, denn der Mensch genießt auch nach seinem Ableben noch Per-

---

599 Schünemann, Rechte am menschlichen Körper, S. 249 f.
600 Schünemann, Rechte am menschlichen Körper, S. 282.
601 Funck, MedR 1992, 182 (182), spricht hier davon, daß der Mensch mit dem Tod aufhört, Schutzobjekt der Rechtsgemeinschaft zu sein. Diese Aussage ist inhaltlich sicher nicht korrekt, da auch der Leichnam Schutz durch die Rechtsordnung genießt. Der Sache nach aber ist es durchaus zutreffend, daß dieser Schutz im Ver-

sönlichkeitsschutz. Für die Frage nach den Zulässigkeitsmodalitäten der Totenspende bedeutet dies, daß alle Maßnahmen mit der Achtung der Persönlichkeit des Verstorbenen in Einklang stehen müssen.

III. Verfassungsrechtliche Vorgaben

Die Erarbeitung der rechtlichen Kriterien der Totenspende hat sich an den Interessen und Rechten derjenigen Personengruppen zu orientieren, die von diesen Regelungen in grundrechtlich geschützten Rechtspositionen betroffen sein könnten. Zu denken ist hier zunächst an die Empfänger von Organen, die auf Verbesserung ihrer Gesundheit oder gar ein Weiterleben hoffen, aber vor allem an die Spender, die ein Recht auf Achtung ihrer Persönlichkeit auch nach dem Tode haben. Dieses Recht findet in der Verfassung zwar nicht explizit Erwähnung, kommt aber in verschiedenen Bestimmungen zum Ausdruck, die nachfolgend herausgearbeitet werden sollen. Im weiteren muß nach schützenswerten Rechtspositionen der Hinterbliebenen gefragt werden, damit der verfassungsrechtliche Rahmen des Gesetzgebers bei der Fassung des Transplantationsgesetzes insgesamt abgesteckt werden kann.

1. Interessen und Rechte der Empfänger

Die Rechts- und Interessenlage der Organempfänger wurde im vorstehenden Kapitel bereits herausgearbeitet.[602] Im hier interessierenden Kontext der postmortalen Organspende haben diese Ausführungen uneingeschränkte Geltung. Eine abermalige Ausbreitung wäre insoweit eine unnütze Wiederholung, auf die ich hier verzichten möchte.

Repetiert sei lediglich die im vorigen Kapitel getroffene Feststellung, daß für die auf ein Organ angewiesenen Patienten aus dem in Art.2 Abs.2 S.1 GG verbürgten Recht auf Leben und körperliche Unversehrtheit kein Anspruch auf Organverschaffung erwächst. Vielmehr erschöpft sich der Bedeutungsgehalt dieser Vorschrift darin, daß die Empfängerinteressen bei der Ausgestaltung der Zulässigkeitsvoraussetzungen der Totenspende berücksichtigt werden müssen und eventuell als Rechtfertigungsschranke für etwaige Grundrechtsbeschränkungen auf Spenderseite zum Zuge kommen.

---

gleich zu demjenigen gegenüber dem lebenden Menschen in mancherlei Hinsicht defizitär ist.
602 Siehe hierzu die Ausführungen im vorstehenden 3. Kapitel unter Gliederungspunkt D./II. 1.

2. Interessen und Rechte der Spender

Menschen, die sich bereit erklärt haben, nach Eintritt ihres Todes als Organspender zu "fungieren", haben primär ein vitales Interesse daran, daß ihre medizinische Versorgung nicht zu früh abgebrochen wird und sie nicht - zur Ermöglichung einer Organentnahme - vorzeitig aufgegeben werden.

Im weiteren ist es ein Anliegen dieser Menschen, daß die von ihnen zu Lebzeiten getroffene Entscheidung darüber, was mit ihrem Körper nach dem Tode geschehen soll, von der Nachwelt respektiert wird.

Bürger, die eine natürliche Abneigung dagegen verspüren, sich zu Lebzeiten überhaupt mit Fragen ihres Todes und dem Schicksal ihres Körpers zu befassen, haben ein Interesse daran, daß dieser Wunsch nach Enthaltung akzeptiert wird und sie nicht von Rechts wegen zu einer dahingehenden Entscheidung gezwungen werden.

All diese Belange finden ihre verfassungsrechtliche Absicherung in verschiedenen Vorschriften des Grundgesetzes, die im folgenden herauszustellen sind.

a) Menschenwürdegarantie nach dem Tode

Die in Art.1 Abs.1 GG aller staatlichen Gewalt auferlegte Verpflichtung, dem einzelnen Schutz gegen Angriffe auf seine Würde als Mensch zu gewähren[603], gilt zwar primär für den lebenden Menschen. Die Würde des Menschen wirkt aber im toten Körper nach, der substantieller Wert dessen ist, was der Mensch einmal war.[604] Die verfassungsrechtliche Garantie des Art.1 Abs.1 GG erstreckt sich daher nach einhelliger Ansicht auch auf den Leichnam[605], so daß der Körper

---

603 Zum Inhalt der Menschenwürdegarantie vgl. im einzelnen die Ausführungen im vorstehenden 3. Kapitel unter Gliederungspunkt D./II. 2.a).
604 Vgl. hierzu Schnizer, in: FS Maresch, S. 383 (383 f.).
605 BVerfGE 30, 173 (194); Dürig, in: Maunz/Dürig u.a., GG/Bd.I, Art.1 Abs.1 Rdnr. 23, 26; Forkel, JZ 1974, 593 (598); Hilchenbach, Transplantatentnahmen, S. 74; Jarass, in: Jarass/Pieroth, GG, Art.1 Rdnr. 5; Kaiser, in: Mergen (Hrsg.), Juristische Problematik/Bd.I, S. 31 (53 f.); Maurer, DÖV 1980, 7 (9 f.); Rüping, MMG 1982, 77 (80). Kritisch hierzu Kübler, Verfassungsrechtliche Aspekte, S. 67 ff., die jedoch die Explantation ausschließlich unter der Frage erörtert, ob der noch Lebende über seine Leiche bestimmen kann und deshalb - insoweit folgerichtig - bei Art.2 Abs.1 GG ansetzt und dem Art.1 Abs.1 GG keine selbständige Bedeutung mehr zumißt.

des Verstorbenen keinem achtlosen oder erniedrigenden Umgang ausgesetzt werden darf[606].
Ein Eingriff beim Leichnam mit dem Ziel, Organe zur Heilung oder Lebensrettung eines kranken Menschen zu gewinnen, stellt nun für sich gesehen sicher keine unwürdige Behandlung dar, die den fortdauernden Achtungsanspruch des Toten per se verletzt.[607] Von einem die Menschenwürde verletzenden Eingriff kann deshalb nur dann die Rede sein, wenn die Entnahme gegen den Willen des Verstorbenen erfolgt. Im weiteren kann die Menschenwürde tangiert sein, wenn eine "Totalausschlachtung" des Leichnams erfolgt, also alle brauchbar erscheinenden Organe entnommen werden. Hiervon abgesehen stellt eine Explantation allerdings solange keine ehrverletzende Maßnahme am Leichnam dar, wie der Eingriff unter menschenwürdigen Umständen geschieht.

b) Allgemeines Persönlichkeitsrecht nach dem Tode

aa) Schutzbereich

Das aus Art.2 Abs.1 i.V.m. Art.1 Abs.1 GG abgeleitete allgemeine Persönlichkeitsrecht[608], das dem einzelnen ein umfassendes Selbstbestimmungsrecht garantiert, entfaltet auch über den Tod hinaus noch Wirkungen.[609] Es ist seiner Natur nach zwar unübertragbar und geht mit dem Tod seines Trägers unter.[610] Es besteht jedoch ein Recht des Lebenden, in Ausübung der persönlichen Selbstbestimmung verbindliche Anordnungen für den Todesfall zu treffen.[611] Dieses oftmals als "postmortales Persönlichkeitsrecht" bezeichnete Bestimmungsrecht umfaßt selbstverständlich die Befugnis, über das Schicksal des eigenen Leichnams und demzufolge auch über eine Organentnahme nach dem Ableben rechtsverbindlich zu entscheiden.[612]

---

606 Albrecht, Transplantatentnahmen, S. 32 f.; Deutsch, Der Chirurg 1980, 349 (350); G. Hirsch/Schmidt-Didczuhn, Transplantation, S. 46; Kloth, Todesbestimmung und Organentnahme, S. 118; Maurer, DÖV 1980, 7 (9); Vogel, NJW 1980, 625 (627).
607 Karl, Todesbegriff, S. 44; Maurer, DÖV 1980, 7 (10); Schmidt-Didczuhn, ZRP 1991, 264 (265).
608 Vgl. zum Inhalt dieser grundrechtlichen Gewährleistung im einzelnen die Ausführungen im vorstehenden 3. Kapitel unter Gliederungspunkt D./II. 2.b).
609 BGHZ 15, 249 (259); 50, 133 (136 ff.).
610 BVerfGE 30, 173 (194).
611 Großmann, RuP 1992, 60 (62); Kübler, Verfassungsrechtliche Aspekte, S. 62; Maurer, DÖV 1980, 7 (10); Schmidt-Didczuhn, ZRP 1991, 264 (266); H.-L. Schreiber, in: FS Klug/Bd.II, S. 341 (350).
612 Karl, Todesbegriff, S. 45; Kloth, Todesbestimmung und Organentnahme, S. 121.

Art.2 Abs.1 GG i.V.m. Art.1 Abs.1 GG gewährleistet zusätzlich eine *negative* Selbstbestimmungsfreiheit, das heißt das Recht, sich mit bestimmten Fragen nicht befassen zu müssen.[613] Im hier interessierenden Zusammenhang bedeutet dies, daß der einzelne befugt ist, Fragen, die wie die postmortale Organspende den eigenen Tod betreffen, von sich fernzuhalten und nicht darüber entscheiden zu müssen.[614] Diese "negative Komponente" des allgemeinen Persönlichkeitsrechts kann berührt sein, wenn der einzelne zur Auseinandersetzung und Entscheidungsfindung gezwungen wird.

bb) Einschränkbarkeit

Das Selbstbestimmungsrecht über den Leichnam unterliegt den in Art.2 Abs.1 GG genannten Schranken[615], so daß der Gesetzgeber dieses Freiheitsrecht der prospektiven Spender prinzipiell einschränken darf. Er ist insoweit allerdings an die übrigen Grundrechte und allgemeinen Verfassungsgrundsätze unter Beachtung der Bedeutung des einschränkbaren Grundrechts gebunden.[616]

Als Grundrecht, das eine Einschränkung des Selbstbestimmungsrechts rechtfertigen könnte, kommt Art.2 Abs.2 S.1 GG in Betracht, der das Recht eines jeden Menschen auf Leben und körperliche Unversehrtheit normiert. Da sich der Schutzbereich dieses Grundrechts allein auf den lebenden Menschen erstreckt[617], ist diese Vorschrift als Rechtfertigungsschranke allerdings nur in zweierlei Hinsicht von Bedeutung.

Einmal legt diese Verfassungsnorm im Vorfeld eines Entnahmeeingriffs Schranken fest, denn mit der Explantation darf erst begonnen werden, wenn der Tod des Spenders auch zweifelsfrei feststeht. Die damit verbundenen Rechtsfragen wurden bereits zuvor gesondert abgehandelt, so daß hier auf obige Ausführungen verwiesen werden kann.[618]

---

613 BVerfGE 27, 1 (6); 44, 197 (203); Albrecht, Transplantatentnahmen, S. 50; G. Hirsch/Schmidt-Didczuhn, Transplantation, S. 47; Jarass, in: Jarass/Pieroth, GG, Art.2 Rdnr. 27; Maurer, DÖV 1980, 7 (12).
614 Vgl. auch G. Hirsch/Schmidt-Didczuhn, Transplantation, S. 47, die in FN 8 in dem Zusammenhang auf die ursprüngliche, nur aus sprachlichen Gründen geänderte Entwurfsfassung des Art.2 Abs.1 GG verweisen: "Jedermann ist frei zu tun und *zu lassen*, was die Rechte anderer nicht verletzt ...".
615 BVerfGE 65, 1 (44); 78, 77 (85); 79, 256 (269).
616 G. Hirsch/Schmidt-Didczuhn, Transplantation, S. 47 f.
617 Jarass, in: Jarass/Pieroth, GG, Art.2 Rdnr. 46; Kloth, Todesbestimmung und Organentnahme, S. 119; Kübler, Verfassungsrechtliche Aspekte, S. 40 f.; Maurer, DÖV 1980, 7 (10).
618 Vgl. hierzu die Ausführungen unter vorstehendem Gliederungspunkt I.

Im weiteren gewinnt diese Vorschrift im Hinblick auf die Interessen organkranker Menschen Relevanz. Zwar erwächst aus Art.2 Abs.2 S.1 GG kein Anspruch gegenüber dem Staat auf Bereitstellung einer ausreichenden Anzahl transplantierfähiger Organe. Das in Art.2 Abs.2 S.1 GG erwähnte Recht auf Leben und Gesundheit kann aber eine Einschränkung des Selbstbestimmungsrechts potentieller Spender legitimieren.[619] Die verfassungsrechtlich relevante Frage ist damit, *wie weit* das persönliche Entscheidungsrecht beschnitten werden darf. Kann eine gesetzliche Regelung vom Erfordernis einer expliziten Spendererklärung absehen? Reicht ein fehlender Widerspruch zu Lebzeiten? Kann der Gesetzgeber gar so weit gehen, daß Organentnahmen beim Verstorbenen *gegen* dessen zu Lebzeiten ausdrücklich erklärten Willen statthaft sind?

Eine Antwort auf diese gerade auch rechtspolitisch bedeutsamen Fragen ist erst nach sorgfältiger Abwägung der widerstreitenden Interessen möglich. Diese soll allerdings nicht auf abstrakter Ebene stattfinden, sondern vor dem konkreten Hintergrund der Regelungsmodelle, die an späterer Stelle vorgestellt werden[620]. Hier möchte ich mich deshalb mit der Feststellung begnügen, daß das Bestimmungsrecht der prospektiven Organgeber durch das Lebens- und Gesundheitsinteresse transplantatbedürftiger Patienten grundsätzlich eingeschränkt werden kann.

c) Glaubens- und Gewissensfreiheit nach dem Tode

Im weiteren kann eine gesetzliche Regelung der postmortalen Organentnahme das Grundrecht der potentiellen Spender aus Art.4 Abs.1 GG berühren.

Die Verfassungsgarantie des Art.4 Abs.1 GG zeigt Folgewirkungen über den Tod hinaus.[621] Auch eine postmortale Organentnahme darf deshalb nicht ohne Rücksicht auf ihre Verträglichkeit mit der religiösen oder weltanschaulichen Überzeugung des einzelnen durchgeführt werden.[622] Eine ablehnende Haltung gegenüber einer Spende, wie sie beispielsweise die Zeugen Jehovas mit ihrer Forderung nach Unversehrtheit des Körpers im Tode einnehmen, muß respektiert werden.[623] Gleiches gilt für die *negative* Glaubens- und Gewissensfreiheit. Sie ist berührt, wenn der Gesetzgeber die Offenbarung der Entscheidungsgründe

---

619 Kloth, Todesbestimmung und Organentnahme, S. 123.
620 Hierzu ausführlich unter nachfogendem Gliederungspunkt IV.
621 G. Hirsch/Schmidt-Didczuhn, Transplantation, S. 48.
622 Schmidt-Didczuhn, ZRP 1991, 264 (266).
623 Dannecker/Görtz-Leible, in: Oberender (Hrsg.), Transplantationsmedizin, S. 161 (180).

verlangen würde, da der einzelne das Recht hat, seine religiöse Überzeugung zu verschweigen.[624]

Wie bereits bei der Lebendspende ausgeführt, gilt das Grundrecht des Art.4 Abs.1 GG allerdings nicht schrankenlos, sondern wird, wie jedes andere Grundrecht auch, durch verfassungsimmanente Schranken begrenzt.[625] Mit dem Eingriff in den Schutzbereich des Art.4 Abs.1 GG korrespondiert also nicht zwingend dessen Verletzung. Kollidierende Grundrechte Dritter sowie andere mit Verfassungsrang ausgestattete Rechtsgüter, können bestimmte Einschränkungen legitimieren.

3. *Interessen und Rechte der Hinterbliebenen*

Darüber hinaus könnte eine gesetzliche Regelung der Transplantation achtenswerte Belange der Hinterbliebenen tangieren. Diese haben oftmals ein Interesse daran, die zu Lebzeiten geäußerten Wünsche des nunmehr Toten zu realisieren. Ein weiteres Anliegen der Hinterbliebenen besteht in der Respektierung ihrer eigenen Pietätsgefühle und Wertvorstellungen. Es erhebt sich damit die Frage, inwieweit diese Interessen verfassungsrechtlichen Schutz genießen und bei der Ausgestaltung des Transplantationsgesetzes zu berücksichtigen sind.

a) Totensorgerecht

Das Interesse der Hinterbliebenen an der Durchsetzung der Vorstellungen des Verstorbenen ist rechtlich allgemein anerkannt. Es wird überwiegend aus dem persönlichkeitsrechtlich geprägten, durch Art.2 Abs.1 GG geschützten sogenannten Totensorgerecht abgeleitet.[626]

---

624 G. Hirsch/Schmidt-Didczuhn, Transplantation, S. 48; Taupitz, JuS 1997, 203 (204 f.).
625 Dannecker/Görtz-Leible, in: Oberender (Hrsg.), Transplantationsmedizin, S. 161 (180); G. Hirsch/Schmidt-Didczuhn, Transplantation, S. 48; Kloth, Todesbestimmung und Organentnahme, S. 125; Maurer, DÖV 1980, 7 (13).
626 BGH FamRZ 1978, 15 (15); OLG Zweibrücken, NJW-RR 1993, 1482 (1482); OLG München, NJW 1976, 1805 (1805); Edenhofer, in: Palandt, BGB, vor § 1922 Rdnr. 9; Ehmann, JuS 1997, 193 (201); Hubmann, Persönlichkeitsrecht, S. 266 f.; Kirschbaum, MedKlinik 1971, 1666 (1668); Laufs, VersR 1972, 1 (9); H.-L.-Schreiber/Wolfslast, in: Dietrich (Hrsg.), Organspende, S. 33 (38).

aa) Reichweite

Das Totensorgerecht verleiht den Hinterbliebenen bestimmte Entscheidungs- und Verfügungskompetenzen über den Leichnam.[627] Demgemäß könnten die Inhaber dieses Rechts auch zur Entscheidung über eine postmortale Organexplantation befugt sein. Es erscheint allerdings nicht unbedenklich, daß ein anderer als der Verstorbene selbst über eine Organentnahme aus dessen Körper bestimmen können soll. Dies stellt eine derart höchstpersönliche Angelegenheit dar, daß jedwede Fremdbestimmung ausgeschlossen sein muß. Wäre aber nicht letztlich die Entscheidung durch die Hinterbliebenen eine solche unzulässige Fremdbestimmung?

Man wird die Gefahr einer Fremdbestimmung jedenfalls dadurch erheblich mildern können, daß man den Angehörigen kein originäres Entscheidungsrecht einräumt, sondern sie lediglich als Boten[628] bei der Übermittlung einer fremden Willenserklärung oder als Auskunftsperson dazu ansieht, welchen Willen der Verstorbene hatte oder mutmaßlich hatte. Damit würde auch dem Charakter des Totensorgerechts am ehesten entsprochen. Dies kann nämlich nur im Zusammenhang mit dem fortwährenden Persönlichkeitsrecht des Verstorbenen gesehen werden, das von den Hinterbliebenen fremdnützig im Interesse des Verstorbenen auszuüben ist.[629] Zwar wird auch mit Anerkennung eines nur subsidiären Entscheidungsrechts niemals eine jeden Zweifel ausschließende Gewißheit zu erlangen sein, daß die Angehörigen ihre eigenen Vorstellungen nicht vor diejenigen des Verstorbenen setzen. Hiermit ist jedoch ein Problem angesprochen, dessen sich die gesamte Rechtsordnung nicht erwehren kann. Auch in anderen Fällen sind etwaige Rollenmißverständnisse oder gar -mißbräuche zu befürchten, und die Entscheidung wird dennoch auf die Familie delegiert.[630] Für die hier interessierende Frage der Entscheidungsbefugnis Dritter bei einer Organentnahme kann nichts anderes gelten, denn letztlich bietet eine Einbeziehung dieser Per-

---

627 Edenhofer, in: Palandt, BGB, vor § 1922 Rdnr. 9; Ehmann, JuS 1997, 193 (201); Hubmann, Persönlichkeitsrecht, S. 266 f.; Laufs, VersR 1972, 1 (9); H.-L. Schreiber/Wolfslast, in: Dietrich (Hrsg.), Organspende, S. 33 (38).
628 Höfling, MedR 1996, 6 (8).
629 Hubmann, Persönlichkeitsrecht, S. 341; Kern, in: Gramberg/Danielsen (Hrsg.), Rechtliche Grundlagen, S. 2/800 (809); Laufs, Arztrecht, Rdnr. 279; Maurer, DÖV 1980, 7 (14); H.-L. Schreiber, in: FS Klug/Bd.II, S. 341 (350); Stiebeler, in: FS Martens, S. 505 (511); Voll, Einwilligung, S. 255 f.; Wolfslast, MMW 1982, 105 (106).
630 Etwa im Bereich der Sterbehilfe; vgl. hierzu BGH NJW 1995, 204 ff.

sonengruppe zumindest die *zusätzliche* Möglichkeit, den Willen des Verstorbenen zu erforschen und diesem im positiven Sinne Geltung zu verschaffen.[631]

Für eine Beteiligung der Hinterbliebenen spricht im weiteren ein großes praktisches Bedürfnis. Potentielle Spender sind häufig Opfer von Verkehrsunfällen.[632] Ihr Tod ist dementsprechend plötzlich und unerwartet eingetreten, so daß diese Menschen in der Regel noch keine ausdrücklichen Dispositionen für den Fall ihres Ablebens getroffen haben. Den Angehörigen kommt hier eine bedeutende Rolle bei der Ermittlung des Willens des Verstorbenen zu, insbesondere bei der Frage nach einer Organspende.[633]

Was aber gilt, wenn eine Erklärung des Verstorbenen vorliegt? Ist eine abweichende Meinung der Angehörigen in dieser Situation erheblich, oder anders gefragt, können die Angehörigen aus *eigenem* Persönlichkeitsrecht über eine Organentnahme bestimmen und dabei gegebenenfalls eine dem Willen des Verstorbenen zuwiderlaufende Entscheidung treffen?

Es wurde bereits vorstehend darauf hingewiesen, daß kein originäres Entscheidungsrecht der Hinterbliebenen am Leichnam besteht. Sie wirken einzig als Sachwalter bzw. Treuhänder des Verstorbenen, sind deshalb in ihrem Entscheidungsspielraum begrenzt.[634] Dies bedeutet, daß die Hinterbliebenen die Entscheidung des Verstorbenen anerkennen müssen, sich also über seinen zu Lebzeiten geäußerten Willen nicht wirksam hinwegsetzen können.

---

631 *A.A.* Albrecht, Transplantatentnahmen, S. 48, der ein Entscheidungsrecht der Angehörigen ablehnt, weil das Totensorgerecht nur das subsidiäre Bestimmungsrecht über die Bestattungsart, nicht aber derart weitreichende Entscheidungen wie die einer Organentnahme umfasse. Dieses mit Blick auf § 2 Abs.2 S.1 FeuerbestG verwandte Argument vermag allerdings nicht zu überzeugen. Mindestens ebenso wie der Eingriff am Körper zum Zwecke einer Organentnahme die körperliche Integrität des Leichnams berührt, gilt dies für den Verbrennungsakt. Zudem kann eine Verbrennung ebensowenig im objektiven Interesse des Toten liegen wie eine Organentnahme, denn die Organentnahme dient fremdem Nutzen, eine Feuerbestattung dient aus Kosten- und Pflegegründen auch dem Nutzen Dritter. Beide Sachverhalte sind also durchaus vergleichbar. Das Entscheidungsrecht der Hinterbliebenen kann hiermit deshalb keinesfalls in Zweifel gezogen werden.
632 Land/Angstwurm, in: Dietrich (Hrsg.), Organspende, S. 65 (65); Wolfslast, MMW 1982, 105 (106); Wollenek/Wolner, in: Brandstetter/Kopetzki (Hrsg.), Organtransplantationen, S. 10 (19).
633 Uhlenbruck, in: Laufs/Uhlenbruck (Hrsg.), Handbuch des Arztrechts, § 131 Rdnr. 12.
634 H.-L. Schreiber, in: FS Klug/Bd.II, S. 341 (350); Stiebeler, in: FS Martens, S. 505 (511); Voll, Einwilligung, S. 255 f.; Wolfslast, MMW 1982, 105 (106).

bb) Einschränkbarkeit

Das Totensorgerecht ist aufgrund des allgemeinen Schrankenvorbehalts in Art.2 Abs.1 GG einschränkbar. Grundrechte anderer sowie allgemeine Verfassungsgrundsätze können Eingriffe in dieses Recht legitimieren. Wie weit der Gesetzgeber die Inhaber des Totensorgerechts in ihrer Rechtsposition beschneiden darf, wird im Rahmen der verfassungsrechtlichen Würdigung der Regelungsmodelle abschließend erörtert.

b) Inhaber des Totensorgerechts

Im weiteren stellt sich die Frage, *wer* zum Kreis der subsidiär entscheidungsbefugten Personen zu zählen ist.

Während die überwiegende Ansicht davon ausgeht, daß das Totensorgerecht gewohnheitsrechtlich den Angehörigen des Verstorbenen zusteht[635], werden vereinzelt die Erben als geeignetere Sachwalter vorgeschlagen[636]. Die Anhänger der letzteren Auffassung begründen ihre Entscheidung damit, daß die Angehörigenlösung Probleme in sich berge, wenn Angehörige und Erben im konkreten Fall nicht identisch seien. Den Erben falle schließlich das Eigentum an abgetrennten Leichenteilen zu.[637] Würde man nun den Angehörigen die Ausübung des Totensorgerechts zugestehen, bestünde die Gefahr, daß enterbte Angehörige kraft ihrer persönlichkeitsrechtlichen Befugnisse versuchen könnten, ausdrückliche Anordnungen des Erblassers über die Verwendung des Leichnams zu unterlaufen. Hinzu komme, so die Befürworter der Erbenlösung, daß enterbte Angehörige nicht gerade besonders geeignet seien, den Willen des Verstorbenen umzusetzen.

Welche Meinung den Vorzug verdient, ist zweifelsohne eine sehr theoretische Frage, da Erben und Angehörige statistisch gesehen zumeist personengleich sind. Sollten nun aber im Einzelfall Erbenstellung und Angehörigenstatus tat-

---

635 Bieler, JR 1976, 224 (226 f.); Forkel, JZ 1974, 593 (594); Geilen, JZ 1971, 41 (45); Hubmann, Persönlichkeitsrecht, S. 266; Reimann, in: FS Küchenhoff/ 1.Halbb., S. 341 (347); Strätz, Rechtsstellung des Toten, S. 31 ff.; Zimmermann, NJW 1979, 569 (571).
636 Peuster, in: F.W. Albert/Kreiter u.a. (Hrsg.), Praxis, S. 151 (155); Schäfer, Rechtsfragen, S. 84 f., 144 f.; Schünemann, Rechte am menschlichen Körper, S. 271 f.
637 Das Eigentum der Erben an abgetrennten Leichenteilen wird teilweise mit dem Aufleben des latenten Eigentums nach Verzicht auf das Persönlichkeitsrecht begründet. Die überwiegende Auffassung begründet den Eigentumserwerb damit, daß mit Abtrennung eines Körperteils vom Verstorbenen eine aneignungsfähige Sache entstehe. Vgl. hierzu insgesamt Schünemann, Rechte am menschlichen Körper, S. 279 ff. m.umf.N. zum Meinungsstand.

sächlich auseinanderfallen, so erlangt der vorstehende Meinungsstreit Relevanz, denn in derartigen Sachverhaltskonstellationen besteht keine Klarheit darüber, wer beispielsweise wegen einer Organentnahme befragt werden muß. Aus Gründen der Rechtssicherheit soll deshalb eine Entscheidung zwischen vorstehenden Ansichten herbeigeführt werden.

Meines Erachtens spricht vieles für die Angehörigenlösung. Neben der beachtenswerten Tradition sind dies vor allem die Vorgaben in anderen gesetzlichen Regelungen. Nach § 2 LeichenVO-NW obliegt den Angehörigen die Bestattungspflicht. Gemäß § 2 FeuerbestG sind sie auch diejenigen, die über die Bestattungsart bestimmen dürfen, wenn der Verstorbene selbst keine Anordnungen getroffen hat. Im weiteren stellt die Angehörigenlösung auch die zweck- und interessengerechtere Lösung dar, denn die Erforschung, wer die Erben sind, kann geraume Zeit in Anspruch nehmen, die den Ärzten in aller Regel nicht zur Verfügung steht. Insgesamt erscheint es deshalb vorzugswürdig, den Angehörigen die Dispositionsbefugnis über den Leichnam zuzuordnen.

4. Notwendigkeit eines Interessenausgleichs

Die vorstehenden Ausführungen haben deutlich werden lassen, daß bei der Normierung der rechtlichen Zulässigkeitsvoraussetzungen der Totenspende verschiedenste und teilweise gegenläufige Interessen berücksichtigt werden müssen. Die Situation ist insoweit durchaus mit der Lebendspende vergleichbar. Ein Unterschied hierzu zeigt sich allerdings insoweit, als bei der Organentnahme vom Verstorbenen eine weitere Interessengruppe Beachtung verlangt, nämlich die der Angehörigen auf Spenderseite.

Entsprechend dem Grundsatz der größtmöglichen Grundrechtseffektivität müssen die verschiedenen Rechtspositionen nach Möglichkeit in einen optimalen Ausgleich gebracht werden. Dies erfordert eine sorgfältige Güterabwägung, deren Resultat im Einklang mit dem Verhältnismäßigkeitsgrundsatz stehen muß, der nach der Geeignetheit, Erforderlichkeit und Angemessenheit gesetzgeberischer Maßnahmen verlangt.[638]

IV. Regelungsmöglichkeiten

Im Laufe der nun Jahrzehnte andauernden Auseinandersetzung um ein Transplantationsgesetz wurden verschiedenste Vorschläge zur Regelung der postmor-

---

638 Hierzu im einzelnen BVerfGE 20, 45 (49 f.); 30, 292 (316 f.); 67, 157 (173, 175 ff.).

talen Organentnahme unterbreitet. Sie lassen sich mit den etwas schematischen Bezeichnungen Notstands-, Widerspruchs-, Zustimmungs- und Informationsmodell umschreiben und weisen sich durch eine sehr unterschiedliche Betonung der Rechte des Verstorbenen, der Angehörigen und des Organempfängers aus. Einige dieser Regelungstypen werden inzwischen nicht mehr ernsthaft erörtert und im Deutschen Bundestag dreht sich der Streit ebenfalls nur noch um Varianten eines ansonsten einstimmig favorisierten Lösungskonzepts.

Ob das vom derzeitigen Gesetzgeber bevorzugte Regelungsmodell den verfassungsrechtlichen Vorgaben genügt und sich als Ergebnis eines schonenden Interessenausgleichs darstellt, kann nur im Rahmen einer vergleichenden Betrachtung beurteilt werden. Nachfolgend möchte ich deshalb das Spektrum der Regelungsmöglichkeiten insgesamt vorstellen und einer verfassungsrechtlichen Überprüfung unterziehen. Zentraler Punkt der Untersuchung wird sein, ob und in welchem Ausmaß die Lösungsvorschläge den Entnahmeeingriff vom Willen des Verstorbenen bzw. dessen Angehörigen abhängig machen.

1. Notstandsmodell

Eine sogenannte "Notstandslösung" sah der Gesetzentwurf der CDU-Fraktion des Berliner Abgeordnetenhauses aus dem Jahr 1973 vor.[639] Dieses Lösungsmodell ist zwar nie Gesetz geworden und auch heute nicht mehr Gegenstand der rechtspolitischen Diskussion.[640] Seine Erörterung ist aber gleichwohl von Bedeutung, denn bei der generell-abstrakten Notstandslösung handelt es sich um eine der beiden denkbaren Extremlösungen zur Transplantationsproblematik.

a) Inhalt

Nach der Notstandslösung ist eine Organexplantation auch ohne vorherige Einwilligung, ja sogar gegen den erklärten Willen des Verstorbenen bzw. seiner Angehörigen zulässig, wenn die Transplantatentnahme zur Rettung eines Menschenlebens oder zur Behandlung einer Krankheit oder eines Körperschadens geboten erscheint.

---

639 AbgH-Drucks. 6/948.
640 Die Notstandslösung ist auch in keinem anderen west- oder nordeuropäischen Staat kodifiziert worden.

b) Allgemeine Beurteilung

Für die Transplantationschirurgie bietet eine solche Lösung eindeutige Vorteile, denn dem Zugriff auf den Leichnam stehen kaum rechtliche Hindernisse entgegen. Unabhängig vom Willen des Verstorbenen ist die Explantation statthaft, wenn nur die *abstrakte* Möglichkeit besteht, daß durch die Entnahmehandlung Leben gerettet werden kann. Anders als beim rechtfertigenden Notstand gemäß § 34 StGB, kommt es auf eine Einzelabwägung nicht mehr an. Indem auch den Angehörigen die Entscheidungskompetenz entzogen ist, erübrigen sich etwaige Befragungen und es kann schnellstmöglich explantiert werden.

Die Notstandslösung erweckt den Eindruck, daß der "Spenderpool" um jeden Preis ausgeschöpft werden soll. Der Tote wird als Organfeld betrachtet, das je nach Bedarf abgeerntet werden darf. Die daraus resultierenden Gefahren sind immens. Erkennt man den Toten schon als Organreservoir an, so kann man auch seine Verarbeitung und Nutzstellung für andere Zwecke erwägen. Bereits heute ist es in den USA gegen Übernahme der Beerdigungskosten möglich, frisch Verstorbenen die Köpfe abzutrennen, um sie Schönheitschirurgen als Übungsmodelle zur Verfügung zu stellen.[641] Deutlicher läßt sich kaum veranschaulichen, wie der tote Mensch seines Wertes, seiner Würde und seiner transzendenten Bezüge beraubt werden kann. Die Notstandslösung scheint ein erster Schritt in diese Richtung, der sich auch nicht ohne weiteres mit den Interessen der Organempfänger rechtfertigen lassen dürfte. Sicher ist der Zustand eines Transplantationskandidaten oftmals erschütternd. Er schwankt zwischen Hoffnung und Depression. Der Organkranke kann sein Weiterleben letztlich nur auf Kosten des Todes eines anderen Mitmenschen sichern.[642] Da aber eben kein Recht auf fremde Organe besteht, darf eine gesetzliche Regelung nicht zu einer Verdinglichung des menschlichen Leichnams führen - insbesondere deshalb nicht, weil keineswegs klar ist, ob die durch eine Transplantation geretteten Jahre der Operierten tatsächlich schwerer wiegen, als das, was eine Versachlichung des menschlichen Leichnams an Niederträchtigem und Anrüchigem nach sich ziehen würde.

---

641 Bericht der Sendung "Stern-TV" vom 07.04.1993 auf RTL, wonach sich auch deutsche Schönheitschirurgen an diesen Übungen beteiligen.
642 R. Pichlmayr, in: Toellner (Hrsg.), Organtransplantation, S. 21 (22); Braun, in: Greinert/Wuttke (Hrsg.), Kritische Ansichten, S. 209 (210).

c) Verfassungsrechtliche Beurteilung

Die vorstehenden Einwände haben deutlich werden lassen, daß das Notstandsmodell kaum eine tragfähige Regelung für die postmortale Organentnahme sein dürfte. Im weiteren soll untersucht werden, ob diese Bedenken ihre Stütze in den Wertevorgaben unseres Grundgesetzes finden.

aa) Vereinbarkeit mit der Menschenwürdegarantie

Die Notstandslösung gestattet eine Organentnahme losgelöst vom Willen des Betroffenen und könnte deshalb gegen die Menschenwürde verstoßen.

Unsere Verfassung betrachtet den Menschen zwar durchaus als ein in die Gemeinschaft eingebundenes Individuum, das Beschränkungen in seiner Gestaltungsfreiheit aus Gründen eines sozial verträglichen Zusammenlebens hinnehmen muß.[643] Die Notstandslösung geht jedoch darüber hinaus, denn sie begründet die Pflicht eines jeden Bürgers zu passiver Solidarität, zur Verfügungstellung seines Leichnams zum Zweck der Organentnahme. Eine derartige Sozialpflichtigkeit steht keinesfalls mehr mit der Menschenwürdegarantie in Einklang, denn unser Grundgesetz kennt eine Sozialpflichtigkeit allenfalls beim Eigentum[644], nicht aber in dem höchstpersönlichen Bereich der körperlichen Integrität.[645]

Die Notstandslösung läuft demzufolge insgesamt auf eine fremdbestimmte Instrumentalisierung unter Mißachtung des persönlichen Eigenwerts des Menschen hinaus und bedeutet zweifelsohne eine Verletzung von Art.1 Abs.1 GG. Verfassungsrechtlich unbedenkliche Interessen organkranker Menschen an gesundheitsverbessernden oder gar lebensrettenden Transplantationen vermögen an dieser Wertung nichts zu ändern, denn die in Art.1 Abs.1 GG verbürgte Garantie ist als oberster Wert der Verfassung absolut umfassend, eine etwaige Einschränkung der Menschenwürde durch nichts zu rechtfertigen.

bb) Vereinbarkeit mit dem allgemeinen Persönlichkeitsrecht

Die Bedenken gegen das Notstandsmodell gründen im weiteren auf einer möglichen Verletzung der Grundrechte der Spender aus Art.2 Abs.1 i.V.m. Art.1 Abs.1 GG.

---

643 BVerfGE 30, 173 (193); 32, 98 (108).
644 Vgl. Art.14 Abs.2 GG.
645 Maurer, DÖV 1980, 7 (13); Rüping, GA 1978, 129 (136).

Da es nach der Notstandslösung in keinem Fall auf den Willen des Betroffenen ankommt, berührt sie das Recht des einzelnen, verbindliche Verfügungen über seinen Körper für den Todesfall zu treffen.[646] Dieser Eingriff ist allerdings zulässig, wenn die ihm zugrundeliegenden Empfängerinteressen unter eine der Schranken des Art.2 Abs.1 GG fallen.

Wie bereits ausgeführt[647], kommen die von Art.2 Abs.2 S.1 GG geschützten Rechte organkranker Menschen auf Leben und Gesundheit als Rechtfertigungsschranke in Betracht. Es erscheint allerdings bereits äußerst zweifelhaft, daß der von Verfassungs wegen gebotene Schutz dieser Interessen auch die zwanghafte Inanspruchnahme Dritter zur Organspende umfaßt. Ungeachtet dieser grundlegenden Bedenken muß sich die damit verbundene Grundrechtsbeeinträchtigung auf Spenderseite jedenfalls an dem Grundsatz der Verhältnismäßigkeit orientieren.

Der in der Notstandslösung liegende Eingriff in das Selbstbestimmungsrecht des Spenders ist dann verhältnismäßig, wenn eine gesetzliche Umsetzung dieses Modells *taugliches Mittel* zum gesetzgeberischen Zweck der Lebensrettung und Gesundheitsverbesserung durch Steigerung der Anzahl verfügbarer Spenderorgane ist. Nach dem Notstandsmodell kommt es weder auf den Willen des Verstorbenen noch auf den der Angehörigen an. Demzufolge können alle Personen, die medizinisch als Spender geeignet sind, nach ihrem Ableben zur Entnahme sämtlicher brauchbarer Organe und Gewebe herangezogen werden. Theoretisch wird damit eine erhebliche Steigerung des Organaufkommens bewirkt, so daß die Notstandslösung objektiv geeignet scheint, den gesetzgeberischen Zweck zu erreichen. Zur tatsächlichen Effizienz dieses Modells kann allerdings nichts gesagt werden, da es, soweit ersichtlich, nirgends in Europa praktiziert wird.

Das Gebot der Verhältnismäßigkeit verlangt im weiteren nach der *Erforderlichkeit* des Eingriffs, das heißt, es darf kein milderes, gleich wirksames Mittel zur Erreichung des angestrebten Zwecks zur Verfügung stehen.[648] Als milderes Mittel käme eine Regelung in Betracht, die die Zulässigkeit der Entnahme von dem zu Lebzeiten geäußerten Willen des Betroffenen abhängig macht. Daß mit diesen, das Selbstbestimmungsrecht der Spender weniger fühlbar einschränkenden Maßnahmen eine gleiche Anzahl transplantabler Organe zur Verfügung stehen wird wie bei Anwendung der Notstandslösung, dürfte allerdings so gut wie ausgeschlossen sein. Es wird immer Menschen geben, die eine Organentnahme

---

646 Kloth, Todesbestimmung und Organentnahme, S. 140.
647 Vgl. unter vorstehendem Gliederungspunkt D./III. 2.b) bb).
648 BVerfGE 67, 157 (177); 68, 193 (219); Jarass, in: Jarass/Pieroth, GG, Art.20 Rdnr. 60.

nach dem Tode für sich ablehnen. Zollt man diesem Willen Respekt, stehen auch zwangsläufig weniger Transplantate zur Verfügung.

Zweifelhaft ist allerdings, ob das Notstandsmodell der *Verhältnismäßigkeit im engeren Sinne*[649] entspricht. Dies Gebot setzt voraus, daß die Grundrechtsbeeinträchtigung nach Abwägung der kollidierenden Interessen subjektiv zumutbar und angemessen erscheint.[650] Vereinzelte Stimmen in der Literatur haben die Angemessenheit des Notstandsmodells unter Hinweis auf den Grundsatz "Der Lebende hat Recht" einfach bejaht. Dem Lebensschutz komme in unserer Rechtsordnung höchste Priorität zu, so daß ein der Organentnahme entgegenstehender Wille des Verstorbenen gegenüber einer Lebensrettung zurückstehen müsse.[651] Es mag vielleicht im Einzelfall um Menschenleben gehen. Dies macht aber nicht per se jeden Abwägungsprozeß hinfällig, wie dies in der vorstehenden lapidaren und einseitigen Argumentation der Befürworter des Notstandsmodells zum Ausdruck kommt. Sie übersehen bei ihrer Bewertung, daß die Notstandslösung nicht nur über jedwede subjektive Einstellung des Verstorbenen hinweggeht, sondern ihn unausweichlich einer gesetzlichen Verpflichtung ausliefert. Die Notstandsregelung verlangt von dem Bürger, schon zu Lebzeiten in dem Bewußtsein zu leben, daß seine Verweigerung nicht berücksichtigt wird, er bereits von Gesetzes wegen als potentieller Spender gilt. Eine derartige Unterordnung der Individualinteressen des Spenders entspricht meines Erachtens keinesfalls mehr dem Gebot der Angemessenheit. Auch das Selbstbestimmungsrecht ist nämlich ein Fundamentalgrundrecht[652], das wie das Recht auf Leben obersten Verfassungsrang und dementsprechende Anerkennung genießt. Unsere Rechtsordnung garantiert die Achtung der zu Lebzeiten getroffenen Entscheidung des Verstorbenen schließlich auch im Bereich des Erbrechts. Gesteht man nun dem einzelnen schon das Recht zu, über seine Wirtschaftsgüter erbrechtlich bindende Verfügungen zu treffen, so muß dies doch erst recht und um so mehr für die Verfügung über den eigenen Leib gelten.

Das Argument von Carstens[653], auch im Erbrecht gebe es Möglichkeiten den Willen des Erblassers zu vereiteln, etwa durch Ausschlagung der Erbschaft, verfängt hier nicht. Im übertragenen Sinn würde dies die zur Verfügungstellung eines Organs und die Verweigerung der Annahme auf Empfängerseite bedeuten.

---

649 Hier werden auch die Begriffe "Zumutbarkeit" oder "Proportionalität" des Eingriffs verwendet, die aber in der Sache das gleiche meinen.
650 BVerfGE 67, 157 (173); 83, 1 (19).
651 Vgl. etwa Brenner, in: Mergen (Hrsg.), Juristische Problematik/Bd.I, S. 126 (132); v. Bubnoff, GA 1968, 65 (74 f.); Carstens, Organtransplantation, S. 131; Laufs, Arztrecht, Rdnr. 280; Linck, JZ 1973, 759 (764).
652 H.-L. Schreiber, in: FS Klug/Bd.II, S. 341 (352).
653 Carstens, Organtransplantation, S. 133 f. in FN 115.

Dies wird in der Realität niemals der Fall sein. Verweigert der Erblasser hingegen einem Dritten testamentarisch die Erbschaft und hält sich der Dritte für berechtigt, muß er seinen vermeintlichen Anspruch gerichtlich geltend machen. Ein kranker Lebender hat aber im Gegensatz dazu von vornherein kein forensisch durchsetzbares Recht auf Organe des Verstorbenen.

Ebensowenig vermag das Argument zu überzeugen, in anderen gesetzlichen Vorschriften, vornehmlich solchen der Strafprozeßordnung, müßten zahlreiche Eingriffe in die körperliche Integrität zwangsweise geduldet werden.[654] Es ist zwar richtig, daß der Verstorbene oder seine Angehörigen in den Fällen des §§ 87, 159 StPO, die die Zulässigkeit der Leichenöffnung im Falle eines unnatürlichen Todes regeln, keinen Einfluß auf die körperliche Integrität nach dem Tode nehmen können.[655] Diese Vorschriften stellen aber Ausnahmeregelungen dar, die ihre Rechtfertigung aus übergeordneten Interessen der Allgemeinheit an der Aufdeckung und Aufklärung von Straftaten beziehen. Die zwangsweise Organentnahme zu Transplantationszwecken würde hingegen der Befriedigung von Individualinteressen der Empfänger dienen, was insoweit ein fundamentaler Unterschied ist. Eben diese Divergenz läßt erkennen, daß die §§ 87, 159 StPO kein Argument für das Notstandsmodell sein können. Letztlich würde damit ein Ausnahmetatbestand zu einem Grundsatz erhoben, was nicht zu rechtfertigen ist.

Zusammenfassend kann damit festgehalten werden, daß der in der Notstandslösung liegende Eingriff in das Selbstbestimmungsrecht der Spender keinesfalls mehr dem Gebot der Angemessenheit entspricht. Das Selbstbestimmungsrecht ist in seinem elementaren Kern verletzt, da es den Rechten und Interessen anderer von vornherein geopfert wird. Eine andere Bewertung kann möglicherweise Platz greifen, wenn der postmortale Wille des Verstorbenen in einer akuten, engen Notstandssituation i.S.v. § 34 StGB übergangen wird. Dies aber ist eine andere, hier zunächst nicht interessierende Frage, der im Anschluß an die Darstellung der Regelungsmodelle nachgegangen wird.[656]

cc) Vereinbarkeit mit der Glaubens- und Gewissensfreiheit

Die Notstandslösung könnte die potentiellen Spender außerdem in ihrem Grundrecht aus Art.4 Abs.1 GG verletzen.

---

654 So der Einwand von Carstens, Organtransplantation, S. 132; Karl, Todesbegriff, S. 62.
655 Vgl. Kuckuk, JR 1974, 410 (412).
656 Siehe hierzu an späterer Stelle unter Gliederungspunkt E. in diesem Kapitel.

Indem eine Organentnahme nach diesem Modell ohne Rücksichtnahme auf die religiöse oder weltanschauliche Überzeugung des Betroffenen durchgeführt werden darf, ist der Schutzbereich des Art.4 Abs.1 GG berührt. Die Glaubensfreiheit kann allerdings durch die sogenannten verfassungsimmanenten Schranken in zulässiger Weise begrenzt werden. Insoweit gewinnt auch an dieser Stelle das durch Art.2 Abs.2 GG geschützte Interesse kranker Empfänger Bedeutung. Eine unter Bezugnahme auf deren Belange vorgenommene Einschränkung des Art.4 Abs.1 GG wäre jedoch auch hier nicht mehr von dem Grundsatz der Verhältnismäßigkeit gedeckt[657], da ein Übergehen der religiösen und weltanschaulichen Überzeugung keinesfalls mehr dem Gebot der Angemessenheit entspricht. Etwas anderes gilt nur dann, wenn das Notstandsmodell durch die Aufnahme eines Religionsvorbehalts abgeschwächt wird.[658] Im Entwurf der CDU-Fraktion aus dem Berliner Abgeordnetenhaus hatte man diesem Befund Rechnung getragen und eine entsprechende Bestimmung in den Gesetzestext aufgenommen.[659] Gemäß § 10 Abs.3 i.V.m. § 2 Abs.2 E sollte eine Entnahme vom Verstorbenen unzulässig sein, wenn sie dem Glauben oder der Weltanschauung des Verstorbenen zuwiderlief. Insoweit war die Notstandslösung hier also entsprechend eingeschränkt worden, womit dieser Entwurf keine Verletzung des Art.4 Abs.1 GG implizierte.

dd) Vereinbarkeit mit dem Bestimmungsrecht der Hinterbliebenen

Das Notstandsmodell könnte schließlich die Rechte der Angehörigen verletzen, denn ihre aus dem Totensorgerecht abgeleiteten Entscheidungskompetenzen werden völlig negiert.

Die Angehörigen sind Treuhänder und Sachwalter des fortwirkenden Persönlichkeitsrechts des Toten. In Wahrnehmung dieser Funktion verschaffen sie dem zu Lebzeiten geäußerten Willen des Verstorbenen Geltung. Ihr Entscheidungsrecht bezieht sich demgemäß auf dasselbe Rechtsgut, nämlich das Selbstbestimmungsrecht des Verstorbenen. Angesichts der Identität der wahrgenommenen Rechtsgüter kann für den Schutz der Angehörigenrechte letztlich nichts anderes gelten, als für die Rechte des Verstorbenen selbst[660], so daß die oben angestellten Überlegungen hier entsprechend gelten. Die völlige Beseitigung der subsidiären Entscheidungsbefugnis der Angehörigen verletzt deren

---

657 G. Hirsch/Schmidt-Didczuhn, ZRP 1991, 264 (267); Maurer, in: Evangelische Akademie Bad Boll (Hrsg.), Tagungsprotokoll 6/1979, S. 18 (32).
658 Maurer, DÖV 1980, 7 (13).
659 AbgH-Drucks. 6/948.
660 H.-L. Schreiber/Wolfslast, in: Dietrich (Hrsg.), Organspende, S. 33 (57).

Rechte ebenfalls, so daß die Notstandslösung auch insoweit verfassungswidrig ist.

d) Ergebnis

Als Ergebnis ist zu konstatieren, daß die transplantationsfreundliche Notstandslösung sowohl eine Verletzung der Spender- als auch der Angehörigenrechte beinhaltet. Sie steht deshalb in eklatantem Widerspruch zu geltendem Verfassungsrecht.

2. Widerspruchsmodell

Der im Jahr 1978 von der Bundesregierung[661] vorgelegte Gesetzentwurf beinhaltete die sogenannte "Widerspruchslösung". Dieser Vorschlag konnte sich auf Bundesebene jedoch nicht durchsetzen. Der in den 90er Jahren unternommene Schnellschuß des Landes Rheinland-Pfalz zur Kodifizierung der Widerspruchsregelung ist im Ergebnis ebenso mißglückt. Die ehemalige DDR und viele andere europäische Länder haben die Widerspruchslösung hingegen kodifiziert.[662] Warum sich der deutsche Gesetzgeber mit diesem Regelungstyp schwer tut, soll im folgenden untersucht werden.

a) Inhalt

Nach der Widerspruchsregelung[663] ist eine Organentnahme beim Leichnam prinzipiell statthaft, wenn dem Arzt ein entgegenstehender Wille des Verstorbenen nicht bekannt geworden ist. Die Angehörigen müssen über die beabsichtigte Explantation weder informiert noch befragt werden.

---

661 BR-Drucks. 395/78, Regierungsentwurf.
662 Z.B. Beispiel Österreich, Belgien, Italien. Einen vollständigen Überblick über die nach dem Widerspruchsmodell praktizierenden Länder bieten Seewald, in: Politische Studien 1995/Heft 339, S. 20 (23) - Übersicht 1 und Wolfslast, ZTxMed 1989, 43 ff.
663 Die vorgeschlagenen und teilweise kodifizierten Widerspruchsmodelle weichen in Einzelheiten erheblich voneinander ab, so daß von "der" Widerspruchslösung nur bedingt gesprochen werden kann. Eine alle Facetten erfassende Darstellung ist hier schlichtweg unmöglich, so daß Gegenstand der nachfolgenden Auseinandersetzung nur die Grundform dieses Modells sein kann.

b) Allgemeine Beurteilung

Das Widerspruchsmodell proklamiert die Zulässigkeit einer Organentnahme als Normalfall und die Unzulässigkeit im Falle eines Widerspruchs als Ausnahme. Sie bedient sich hierzu allerdings einer Regelungstechnik, die mit einem grundlegenden Makel behaftet ist: Hinter einem bloß inhaltlosen Schweigen wird eine Einwilligung vermutet. Eine Transplantationspraxis auf der Grundlage dieses Modells würde also mit einer fingierten Zustimmung und demzufolge mit dem gleichen Vehikel hantieren, das auch die Obduktionspraxis ins Zwielicht gebracht hat. Daß die Widerspruchsregelung die mit der postmortalen Organentnahme verbundenen Probleme zu lösen vermag, darf daher bezweifelt werden.

Die Gründe für diesen Mißmut resultieren aus der Tatsache, daß der Satz "qui tacet consentire videtur" dem deutschen Recht fremd ist. Vielmehr gilt das Prinzip, daß an ein Schweigen gerade keine Rechtsfolgen zu knüpfen sind. Nur ganz vereinzelt hat der Gesetzgeber Ausnahmen hiervon zugelassen.[664] Diese Sondervorschriften betreffen allesamt eine Regelungsmaterie, die weitestgehend durch vertragliche Bindungen und mangelndes Schutzbedürfnis der Parteien gekennzeichnet ist. Bei einer Transplantation geht es hingegen nicht um irgendwelche Vertragsbeziehungen, sondern um die Gestattung eines Eingriffs in die körperliche Integrität, mithin um Fragen, die den höchstpersönlichen Bereich betreffen. Mangels Vergleichbarkeit der Sachlagen erscheint es deshalb durchweg bedenklich, diesen Ausnahmenormen durch legislatorischen Akt in einem Transplantationsgesetz eine weitere hinzuzufügen.

Auch das von Seewald bemühte Argument vermag diese Skepsis nicht zu überwinden. Er sieht in dem Widerspruchsmodell eine Parallele zum Wehrpflichtmodell. Der Staat verpflichte die Männer zum unter Umständen lebensbedrohenden Dienst mit der Waffe. Dieser Verpflichtung und Gefährdung könne der einzelne ebenfalls nur dann entgehen, wenn er einen entsprechenden Antrag auf Kriegsdienstverweigerung stelle, also aktiv werde.[665] Meines Erachtens übersieht Seewald in dem Zusammenhang völlig, daß das Wehrpflichtmodell seine Legitimation aus einer gänzlich anders gearteten Interessenlage bezieht. Beim Kriegsdienst geht es um übergeordnete Interessen der Allgemeinheit, die Wahrung der Sicherheit und des Bestandes unserer demokratischen Ordnung, bei der Organentnahme dagegen um Individualinteressen der Empfänger. Aufgrund der Verschiedenheit der Sachverhalte, kann mit dieser Argumentation deshalb

---

664 Vgl. etwa §§ 108 Abs.2 S. 2, 177 Abs.2 S. 2, 415 Abs.2 S. 2, 458 Abs.1 BGB, wo das Schweigen *als Ablehnung* gewertet wird. Nach §§ 416 Abs.1 S. 2, 496 S. 2, 516 Abs.2 S. 2, 568 S.1 BGB sowie §§ 346, 362 Abs.1 HGB gilt das Schweigen hingegen *als Zustimmung*.
665 Seewald, in: Dt.-BT/Ausschr.-Drucks. 118/13, S. 2 (6).

keinesfalls eine Durchbrechung des in unserer Rechtsordnung tief verwurzelten Grundsatzes, daß ein Schweigen als nullum gilt, für den Bereich der Organspende gerechtfertigt werden. Dies gilt um so mehr, als sich auf diesem Gebiet die Gleichsetzung eines fehlenden Widerspruchs mit einer Zustimmung bereits *tatsächlich* nicht begründen läßt, denn die Fiktion einer Zustimmung ist in vielen Fällen nachweislich falsch.[666]

Mit der Widerspruchslösung geht demnach die Gefahr einher, daß dem tatsächlichen Wille des Verstorbenen in der Praxis nicht Rechnung getragen wird - und dies nicht nur wegen des fiktiven Umgangs mit dem Spenderwillen, sondern insbesondere wegen der fehlenden Nachforschungspflicht des Arztes. Denn maßgebliches Kriterium für die Unrechtmäßigkeit des Entnahmeeingriffs ist nicht allein die Formulierung eines Widerspruchs, sondern die Kenntnis des Arztes hiervon. Ein dokumentierter Widerspruch wird im Ernstfall aber vielleicht nicht aufgefunden oder ist nicht mehr lesbar. Der Arzt ist zu keinen weiteren Recherchen verpflichtet, insbesondere muß er keine Befragung der Angehörigen durchführen, so daß es ausschließlich von seinem persönlichen Willen und Eifer abhängt, ob die Erklärung überhaupt Beachtung findet.[667]

Trotz der vorstehend vorgetragenen Bedenken halten namhafte Vertreter der Fachbereiche Medizin, Recht und Theologie die Widerspruchslösung für ein zulässiges Modell, dessen Kodifizierung auch für Deutschland denkbar sei[668]. Meines Erachtens ist die Konsensfähigkeit einer solchen Regelung mehr als zweifelhaft. Ob diese Skepsis berechtigt ist, wird sich im Rahmen der nachfolgenden verfassungsrechtlichen Würdigung dieses Regelungstyps herausstellen.

---

666 Umfragen zufolge gibt es einen festen Kern von Menschen, die unter keinen Umständen bereit sind, Organe zu spenden. Eine 1990 durchgeführte Umfrage in den USA hat ergeben, daß 40 % der Befragten niemals ein eigenes Organ spenden würden - hierzu Veatch, New Eng J Med 1991, 1246 (1247).
667 So auch Dahl, in: Greinert/Wuttke (Hrsg.), Kritische Ansichten, S. 35 (37 f.).
668 Vgl. etwa H. Bauer, Bay. ÄrzteBl. 1994, 122 (126); Hobmaier/Rößner, in: Dt.-BT/Aussch.-Drucks. 593/13, S. 28 (29); Kramer, Rechtsfragen, S. 197 f.; Linck, ZRP 1975, 249 (251); Rüping, GA 1978, 129 (137); C. Schreiber, in: Kaufmann (Hrsg.), Moderne Medizin, S. 73 (83 f.); H.-L. Schreiber/Wolfslast, in: Dietrich (Hrsg.), Organspende, S. 33 (52 f.); Stroh, in: Politische Studien 1995/Heft 339, S. 89 (97 f.). Auch Seewald, Gutachterliche Stellungnahme, S. 36 ff. und Sundmacher, in: Dt.-BT/Aussch.-Drucks. 579/13, S. 44 (45) sehen in der Widerspruchslösung ein zulässiges Modell, wollen es allerdings als "Selbstbestimmungsmodell" bezeichnet wissen.

c) Verfassungsrechtliche Beurteilung

aa) Vereinbarkeit mit der Menschenwürdegarantie

Die Widerspruchslösung könnte das unantastbare Grundrecht der Menschenwürde tangieren. Eine Verletzung von Art.1 Abs.1 GG setzt voraus, daß der einzelne seines subjektiven Wertes beraubt und zum Objekt herabgewürdigt wird, indem an die Stelle der eigenverantwortlichen Autonomie eine fremdbestimmte Instrumentalisierung tritt.[669] In so weitgehendem Maße greift die Widerspruchslösung jedoch nicht ein, denn sie erkennt die Entscheidungsbefugnis des Bürgers ja grundsätzlich an. Zwar legt sie ihm eine gewisse Entscheidungslast auf. Darin liegt aber weder eine Fremdbestimmung, noch eine Degradierung zum Objekt, sondern gerade eine Anerkennung des Selbstbestimmungsrechts eines jeden Menschen.

Eine Verletzung der Menschenwürde könnte allenfalls dann angenommen werden, wenn der einzelne über die Möglichkeiten und Rechte nicht informiert, ihm also nicht zur Kenntnis gebracht wird, was ein fehlender Widerspruch im Falle seines Ablebens für Konsequenzen im Hinblick auf eine Organentnahme hat.[670] Der eine Widerspruchslösung implementierende Gesetzgeber müßte deshalb entsprechende verfahrensrechtliche Vorkehrungen treffen, die der Durchsetzung eines optimalen Grundrechtsschutzes dienen.[671] Zu verlangen ist insoweit zunächst eine über die bloße Verkündung im Gesetzes- oder Verordnungsblatt hinausgehende Information, die sicherstellt, daß der einzelne über seine Rechtsausübungsmöglichkeiten hinreichend aufgeklärt ist.[672] Im Spiegel des deutschen Grundgesetzes betrachtet erscheint die DDR-VO in dieser Hinsicht problematisch, denn hier ist kein spezielles Verfahren vorgesehen, das den Bürger gezielt auf die Möglichkeit eines Widerspruchs hinweist. Gleiches gilt für das Gesetz des Mainzer Landtags. Die sich daraus ergebenden verfassungsrechtlichen Bedenken lassen sich auch nicht durch die vom rheinland-pfälzischen Ministerium für Arbeit, Soziales, Familie und Gesundheit versuchte *allgemeine*

---

669 BVerfGE 50, 166 (175); 87, 209 (228); Dürig, in: Maunz/Dürig u.a., GG/Bd.I, Art.1 Abs.1 Rdnr. 28.
670 Zutreffend Gruber, MMG 1988, 205 (208); G. Hirsch/Schmidt-Didczuhn, Transplantation, S. 57 f.; Maurer, DÖV 1980, 7 (12).
671 Das Bundesverfassungsgericht hat wiederholt die verfassungsrechtliche Notwendigkeit eines effektiven Grundrechtsschutzes durch geeignete Verfahrensregelungen und organisatorische Bestimmungen betont, vgl. nur BVerfGE 53, 30 (65); 63, 131 (143).
672 H. Bauer, in: Dt.-BT/Aussch.-Drucks. 13/114, S. 9 (12), hält es in dem Zusammenhang für geboten, daß die Aufklärung bereits in den Schulen anfängt.

Aufklärung der im Lande wohnenden Bevölkerung ausräumen.[673] Nach der vom Bundesverfassungsgericht entwickelten Wesentlichkeitstheorie, muß der Gesetzgeber grundsätzliche, den Bürger unmittelbar betreffende, bedeutsame Fragen selbst im Gesetz regeln. Um eine solche Frage handelt es sich hier, so daß die Anforderungen an die Aufklärung über Rechtsfolgen eines Schweigens auch normativ zu fixieren sind.[674]

Soll die Verbindlichkeit des Widerspruchs nicht lediglich einen inhaltslosen pro-forma-Schutz der Grundrechtspositionen des Verstorbenen darstellen, muß darüber hinaus sichergestellt sein, daß ein Widerspruch in einer Weise dokumentiert werden kann, die ausreichende Gewähr für dessen faktische Beachtung bietet. Die DDR-VO wird diesen Anforderungen nicht gerecht, denn hier fehlt jedwede Bestimmung über die Möglichkeiten der Kundgabe des Widerspruchs. Auch die im rheinland-pfälzischen Gesetz vorgeschriebene Dokumentation in einem vom Gesundheitsamt auszugebenden Ausweis[675] weckt Bedenken, denn ein solcher Ausweis ist durchaus verlustanfällig und möglicherweise nicht rechtzeitig auffindbar. Selbst die im damaligen Regierungsentwurf vorgesehene Dokumentation im Personalausweis bietet keine vollends befriedigende Lösung. Auch Personalpapiere sind - wenn sie überhaupt vom Bürger mitgeführt werden - der Vernichtung leicht zugänglich oder können durch interessierte Personen ohne weiteres unterdrückt werden. Selbst bei schriftlicher Fixierung kann die Beachtung eines Widerspruchs also nicht in jedem Fall garantiert werden. Um die Sicherheit zu optimieren, könnte man *zusätzlich* zu einer schriftlichen Erklärung eine Erfassung von Widersprüchen durch ein Register erwägen, das im Entscheidungsfall durch entsprechend legitimierte Personen abgefragt werden kann.[676]

---

673 Das Ministerium hatte Ende Juli 1994 an die Haushalte in Rheinland-Pfalz ein Faltblatt "Informationen zum Thema Organspende" verteilt, in dem auch ein neu konzipierter Ausweis zur Abgabe der persönlichen Erklärung zur Organspende enthalten war.
674 Vgl. G. Hirsch/Schmidt-Didczuhn, Transplantation, S. 58; Nickel, MedR 1995, 139 (142).
675 § 2 Abs.3 des Gesetzes sah eine entsprechende Eintragungsmöglichkeit vor und legte fest, daß dieser Ausweis vom Bürger stets mitzuführen ist.
676 Das belgische Transplantationsrecht kennt ein entsprechendes zentrales Datensystem, zu dem die in Betracht kommenden Transplantationskliniken, gegebenenfalls auch unter Einschaltung staatlicher Einrichtungen, Zugriff nehmen und nach Feststellung des Todes und der Identität des Verstorbenen einen etwa erklärten Widerspruch abfragen können - vgl. hierzu Kerremans, in: Politische Studien 1995/Heft 339, S. 55 (56 f.). Seit November 1993 hat auch Österreich eine

Wird dieser Verfahrensschutz gewährleistet, ist die Menschenwürdegarantie durch eine Widerspruchsregelung nicht verletzt.

bb) Vereinbarkeit mit dem allgemeinen Persönlichkeitsrecht

Die verfassungsrechtlichen Bedenken gegen das Widerspruchsmodell gründen vielmehr auf einer möglichen Verletzung des von Art.2 Abs.1 i.V.m. Art.1 Abs.1 GG geschützten allgemeinen Persönlichkeitsrechts des Spenders. Der Schutzbereich dieses Grundrechts wurde bereits umrissen und festgestellt, daß das Selbstbestimmungsrecht des Menschen eine "positive" und eine "negative" Komponente hat.[677] Beide könnten durch das Widerspruchsmodell betroffen sein.

(1) Positive Selbstbestimmungsfreiheit

Nach der Widerspruchslösung kann sich der einzelne ausdrücklich gegen eine Organentnahme aussprechen oder durch Schweigen indirekt dafür entscheiden. Vorausgesetzt, der Bürger wird über die Widerrufsmöglichkeit hinreichend informiert, ist eine Verletzung des positiven Selbstbestimmungsrechts mithin nicht feststellbar.

(2) Negative Selbstbestimmungsfreiheit

Eine andere Wertung könnte aber im Hinblick auf die negative Selbstbestimmungsfreiheit greifen, die das Recht umfaßt, sich mit bestimmten Fragen nicht beschäftigen zu müssen.
Die Widerspruchslösung stellt zu Lebzeiten die Anforderung an den Bürger, sich mit der Frage der postmortalen Organspende auseinanderzusetzen und eine Entscheidung zu fällen, auch wenn ihm dies widerstrebt. Dieser Zwang wird zwar nicht ausdrücklich angeordnet, er besteht jedoch faktisch. Will der einzelne nicht, daß ihn die an das Unterlassen der Willenserklärung geknüpften Rechtsfolgen treffen, so kann er dies nur durch aktive Gegenwehr sicherstellen. Er hat insoweit praktisch keine Alternative, will er den ihm zustehenden, gesetzlich ausdrücklich vorgesehenen Schutz ausschöpfen. Durch diese aufgebürdete Entscheidungslast ist die negative Selbstbestimmungsfreiheit berührt. Dieses Recht ist allerdings einschränkbar, so daß mit der Betroffenheit des Grundrechts nicht

---

zentrale Registrierungsstelle - hierzu Margreiter, in: Politische Studien 1995/Heft 339, S. 50 (53).
677   Vgl. unter vorstehendem Gliederungspunkt III. 2.b)aa).

zwangsläufig seine Verletzung einhergeht. Das gesetzgeberische Ziel, durch Bereitstellung einer ausreichenden Anzahl von Organen Leben zu retten oder die Gesundheit wiederherzustellen, könnte die Einschränkung auf Spenderseite legitimieren. Auch hier kulminiert die verfassungsrechtliche Fragestellung in der Problematik der Verhältnismäßigkeit des Eingriffs. Entsprechend der Diskussion zum Notstandsmodell, ist im folgenden zu erörtern, ob die Widerspruchslösung zum Schutz der Empfängerrechte geeignet, erforderlich und angemessen erscheint.

Daß die Widerspruchslösung *geeignet* ist, den intendierten rechtspolitischen Zweck der Vergrößerung des Organkontingents zu erreichen, ist eine vielfach geäußerte Vermutung.[678] Bislang konnte allerdings nicht verifiziert werden, daß sich das Organaufkommen infolge eines Verfahrens nach dem Widerspruchsmodell tatsächlich erhöht hat, auch nicht von Staaten, die auf der Grundlage dieses Modells praktizieren.[679] Meines Erachtens kann dieses Regelungsmodell ebenso den gegenteiligen Effekt bewirken. Der Bürger kann sich nämlich trotz eingehender Belehrung verunsichert oder gar unter Druck gesetzt fühlen, wenn schon sein bloßes Schweigen zu einer von ihm nicht gewollten Organentnahme führt.[680] Es ist vorstellbar, daß sich infolgedessen eine Negativ-Stimmung zur Frage der Organspende in der Bevölkerung breit macht und viele einen Widerspruch vorsorglich erklären. Die Geeignetheit der Widerspruchslösung ist also bereits äußerst fragwürdig.

Ist nun schon die Geeignetheit dieses Modells zweifelhaft, so kann für die *Erforderlichkeit* nichts anderes gelten. Solange empirisch nicht einwandfrei feststeht, daß die Widerspruchslösung zur Steigerung des Organaufkommens beiträgt, solange ist auch die Notwendigkeit dieser Lösung nicht hinreichend dargetan.

Zweifelhaft ist außerdem, ob der Eingriff in die negative Selbstbestimmungsfreiheit unter Abwägung der miteinander konkurrierenden Verfassungsgüter dem Gebot der *Verhältnismäßigkeit im engeren Sinn* entspricht. Verfechter der Widerspruchslösung führen an, daß die dem Bürger auferlegte Erklärungslast Ausdruck der vom Grundgesetz geforderten mitmenschlichen Solidarität mit den

---

678 So bspw. Weber/Lejeune, in: Politische Studien 1995/Heft 339, S. 44 (45), die die Widerspruchsregelung zumindest für geeignet halten, die Anzahl verfügbarer Transplantate zu erhöhen.
679 Zweifelnd auch Akveld, ZTxMed 1989, 36 (39); Gruber, MMG 1988, 205 (209); Kunert, Jura 1979, 350 (354); Wesslau/Krüger u.a., ZTxMed 1992, 212 (217); Wolfslast, ZTxMed 1989, 43 (47).
680 Diese Befürchtungen brachte auch der Bundesrat im Jahr 1978 zum Ausdruck, vgl. BR-Drucks. 395/78, Bundesratsentwurf, Begründung, S. 8. Vgl. im weiteren auch Panzer, MMW 1979, 1 (2); Wolfslast, Arzt im Krankenhaus 1982, 526 (530).

wartenden Organempfängern sei.[681] An der Angemessenheit dieser Regelung hegen ihre Anhänger insgesamt keinen Zweifel, da es dem einzelnen, der eine Organentnahme nach seinem Tode verhindern wolle, durchaus zumutbar sei, für die Beachtung dieses Willens selbst Sorge zu tragen und einen entsprechenden Widerspruch zu formulieren. Nehme er diese Möglichkeit nicht wahr, deute dies auf sein mangelndes Interesse an der Unversehrtheit des Leichnams hin, das bei Abwägung gegen die Lebensrettungschance Kranker den Ausschlag zugunsten letzterer geben müsse.[682] Dieser Bewertung ist entschieden entgegenzutreten, denn sie baut auf einer absolut unhaltbaren These auf. Es mag vielleicht im Einzelfall zutreffen, daß ein fehlender Widerspruch das Resultat reinen Desinteresses ist. Derart pauschal läßt sich dies aber nicht behaupten. Der einzelne kann nämlich verschiedenste Gründe dafür haben, von einer Widerspruchserklärung abzusehen, sei es, weil er über den Entscheidungskonflikt gar nicht informiert ist, sei es, um nicht mit dem Gedanken an den eigenen Tod konfrontiert zu werden, sei es, um sich nicht einer moralischen Disqualifikation und gesellschaftlichen Ächtung auszusetzen oder sei es, weil er noch nicht bereit ist, eine abschließende Entscheidung zu treffen. Mit dem Widerspruchsmodell werden sonach sehr verschiedene Personengruppen vereinnahmt. Es sind nicht nur diejenigen, die kein echtes Interesse an einer Entscheidung haben, sondern auch die Nachdenklichen, Abwägenden und Verschwiegenen. Führt man sich dies vor Augen, so läßt sich die Einschränkung der Selbstbestimmungsfreiheit der Spender auch nicht mehr ohne weiteres mit dem Hinweis auf die Empfängerinteressen "abbügeln". Es ist zwar richtig, daß dem Recht auf Leben im Rahmen der Abwägung widerstreitender Interessen entscheidendes Gewicht zukommt. Damit ist aber keinesfalls die Angemessenheit dieser Lösung hinreichend dargetan. Dies muß vor allem deshalb bezweifelt werden, weil das Argument der Lebensrettung letztlich zu abstrakt ist und an der Wirklichkeit heutiger Transplantationspraxis vorbeigeht: Eine Organentnahme dient nur in seltenen Fällen tatsächlich zur Lebensrettung eines bestimmten Empfängers, so daß in der Abwägung gerade nicht ein bestimmtes Menschenleben gegen das Selbstbestimmungsrecht steht.

Unter Berücksichtigung dieser Sachlage erscheint ein Gesetz auf der Basis einer Widerspruchsregelung nicht mehr als Ergebnis eines schonenden Interes-

---

681 BR-Drucks. 395/78, Regierungsentwurf, Begründung, S. 7; G. Hirsch/Schmidt-Didczuhn, Transplantation, S. 56; H.-L. Schreiber, in: FS Klug/Bd.II, S. 341 (355); ders./Wolfslast, in: Dietrich (Hrsg.), Organspende, S. 33 (59); Seewald, DÄBl. 1992, B-702 (703).
682 BR-Drucks. 395/78, Regierungsentwurf, Begründung, S. 7. Im Ergebnis so auch Kluth/Sander, DVBl. 1996, 1285 (1292); H.-L. Schreiber, in: FS Klug/Bd.II, S. 341 (355).

senausgleichs, denn es impliziert eine Art moralische Sozialpflichtigkeit[683] zur Spende, die de lege lata nicht existiert. An dieser Bewertung vermag auch das - nur scheinbar - fürsorgliche Argument nichts zu ändern, man wolle dem Bürger die Entscheidung *für* eine Totenspende erleichtern, indem er sich eben nicht besonders äußern müsse[684]. Ich selbst kann mich des Eindrucks nicht erwehren, daß mit der Widerspruchslösung vielmehr eine etwaige Erklärungsunwilligkeit des Bürgers ausgenutzt werden soll. Ja sie erscheint mir in gewisser Weise gerade im Vertrauen darauf konzipiert, daß zahlreiche Menschen aus Unwissenheit, Bequemlichkeit oder Vergeßlichkeit von ihrem Vetorecht keinen Gebrauch machen. Die Begründung der Bundesregierung zu ihrem damaligen Lösungsvorschlag, das Widerspruchsmodell fuße auf der Annahme, daß *positive* Spendeerklärungen in einer Zahl, wie sie den Bedarf decken, nicht zu erhalten sein werden[685], dient nicht gerade dazu, diesen Verdacht zu entkräften.

Die vorstehenden Ausführungen machen deutlich, daß der Bürger nach Abwägung aller Umstände davor geschützt werden muß, daß sein Schweigen im Ergebnis in eine vermutete Einwilligung umgemünzt wird. Letztlich würde dies auf eine Bevormundung derjenigen Menschen hinauslaufen, die nachvollziehbare Gründe dafür haben, von einem ausdrücklichen Widerspruch abzusehen. Indem die Widerspruchslösung dieses Individualinteresse der Spender einfach hinten anstellt, verletzt sie das Selbstbestimmungsrecht des einzelnen und ist insoweit verfassungswidrig.

cc) Vereinbarkeit mit der Glaubens- und Gewissensfreiheit

Zusätzliche Einwände gegen das Widerspruchsmodell könnten sich aus einer Verletzung des Art.4 Abs.1 GG ergeben. Wer eine Explantation aus religiösen Gründen ablehnt, kann seinen Widerspruch erklären, so daß die "positive" Glaubensfreiheit nicht beeinträchtigt wird. Fraglich erscheint hingegen, ob auch die "negative" Glaubens- und Gewissensfreiheit gewahrt ist, denn ein Widerspruch könnte auf eine religiöse Motivation schließen lassen und in der Folge auf eine unzulässige erzwungene weltanschauliche Offenbarung hinauslaufen. Diese Bedenken greifen letztlich nicht durch. Zum einen gibt es eine Vielzahl von Glaubens- und Weltanschauungsgemeinschaften, so daß die bloße Widerspruchserklärung nicht per se Rückschlüsse auf die spezielle Zugehörigkeit des Erklärenden erlaubt. Zum anderen kann davon ausgegangen werden, daß der individuelle Entschluß zwar von religiösen oder weltanschaulichen Positionen *mitbestimmt*

---

683 Brendel, MMW 1979, 2 (3).
684 So bspw. Seewald, in: Dt.-BT/Aussch.-Drucks. 118/13, S. 2 (5).
685 BR-Drucks. 395/78, Regierungsentwurf, Begründung, S. 7.

wird. Daneben gibt es allerdings mannigfaltige Gründe anderer Art, die die Urteilsfindung prägen: Auf der einen Seite sind dies oftmals Ängste vor einem dahingehenden Eingriff, Mißtrauen in die Medizin und Furcht vor verfrühten ärztlichen Übergriffen, auf der anderen Seite der besondere Wunsch, durch Organspende anderen Menschen zum Weiterleben verhelfen zu können. Meines Erachtens impliziert die Entscheidung für oder gegen eine Organspende deshalb keinesfalls eine Glaubens- oder Weltanschauungsaussage. Da die Widerspruchslösung auch keine Begründungspflicht vorsieht, bleibt damit insgesamt offen, ob der Widerspruch religiös oder weltanschaulich motiviert ist. Die "negative" Garantie des Art.4 Abs.1 GG wird hier also nicht aktuell.

Zusammenfassend ist festzustellen, daß sich aus Art.4 Abs.1 GG keine *zusätzlichen* Einwände gegen das Widerspruchsmodell ergeben.[686] Die bei der Erörterung von Art.2 Abs.1, Art.1 Abs.1 GG gegen die Widerspruchslösung vorgebrachten Bedenken werden aber durch Art.4 Abs.1 GG verstärkt.

dd) Vereinbarkeit mit dem Bestimmungsrecht der Hinterbliebenen

Weitere Bedenken gegen die Verfassungsmäßigkeit der Widerspruchslösung könnten sich aus einer Verletzung der grundrechtlich geschützten Positionen der Angehörigen ergeben. Kennzeichnend für das Widerspruchsmodell ist, daß, entgegen der bislang gängigen und ganz überwiegend für richtig empfundenen Praxis, die Angehörigen vor dem Entnahmeeingriff nicht befragt werden müssen. Rein formal steht dieser Personengruppe also kein Entscheidungsrecht zu. Gleichwohl können sie eine Organentnahme verhindern, denn die Explantation ist dem Arzt ja nur dann gestattet, wenn ihm kein entgegenstehender Wille bekanntgeworden ist. Dieser kann ihm letztlich durch die Angehörigen mitgeteilt werden. Daß die Rechte der Angehörigen hiermit hinreichend gewahrt sind, erscheint gleichwohl fraglich. Mangels Informationspflicht gegenüber diesem Personenkreis hängt es nämlich vom Zufall ab, ob die Hinterbliebenen ihre grundrechtlich geschützten Rechtspositionen ausüben und es zur Weitergabe des Willens des Verstorbenen kommt.

Die Vertreter dieser Lösung rechtfertigen die Beschneidung der Angehörigenrechte damit, daß es für die Hinterbliebenen psychologisch in hohem Maße problematisch sei, wenn sie in der schwierigen Situation des plötzlichen Todes eines Verwandten zusätzlich mit der Frage nach einer Organentnahme konfrontiert würden.[687] Mit einer solchen Befragung gehe eine immense emotionale

---

686 Wenig überzeugend insoweit Vultejus, ZRP 1993, 435 (437).
687 G. Hirsch/Schmidt-Didczuhn, Transplantation, S. 63; Stroh, in: Politische Studien 1995/Heft 339, S. 89 (97); Vogel, NJW 1980, 625 (628).

Belastung einher, so daß befürchtet werden müsse, daß die Angehörigen in diesem Moment gar nicht in der Lage seien, eine Entscheidung von derartiger Reichweite überlegt zu treffen.[688] Es ist sicher zutreffend, daß die an die Angehörigen adressierte Frage nach einer postmortalen Organentnahme die schwierigste Frage, zum ungünstigsten Zeitpunkt, an die unglücklichsten Menschen ist. Schließlich geht es um einen Eingriff am Körper des toten, oftmals geliebten Menschen, was zwangsläufig die Gefühle der Hinterbliebenen berührt. Den Ärzten ist es aber durchaus zuzutrauen, daß sie die Gespräche in angemessener Form zu gestalten vermögen.[689] Selbst wenn im Einzelfall ein psychischer Entscheidungsdruck aufkommen sollte, kann man den Hinterbliebenen nicht von vornherein die Fähigkeit absprechen, eine durchdachte Erklärung abgeben zu können. In anderen Situationen hält man ja schließlich den unmittelbar von einem körperlichen Eingriff Betroffenen auch für imstande, rechtsverbindlich in diesen Eingriff einzuwilligen oder ihn zu verweigern. Zu denken ist hier beispielsweise an schwere und risikobehaftete Operationen. Hier ist die psychische Belastung nicht geringer als bei einer Entscheidung über eine Organentnahme von einem Toten.

Im weiteren dürfte es durchaus zweifelhaft sein, daß die mit einer Befragung verbundene seelische Belastung dadurch ausgeräumt wird, daß man die Rechte der Hinterbliebenen einfach übergeht. Meines Erachtens kann bei einer solchen Vorgehensweise für sie das ebenso schmerzhafte Gefühl der Hilflosigkeit und "des Ausgeliefertseins" entstehen. Es könnte sich vor allem der Eindruck einer heimlichen Explantation aufdrängen, was in einem derart hochsensiblen Bereich wie dem der Organtransplantation unbedingt vermieden werden muß.

Praktikabilitätserwägungen könnten allerdings wiederum gegen eine Beteiligung der Angehörigen sprechen, denn bei einer Transplantation ist zumeist Eile geboten und eine Befragung aufgrund zeitlicher Engpässe vielleicht nicht zu bewerkstelligen. Die Angehörigen werden aber ohnehin im Falle des Todes informiert, so daß hier dann auch die unmittelbare Gelegenheit für ein Gespräch über eine Organentnahme besteht. Das hiermit zeitliche Einbußen verbunden sind, ist zuzugeben. Ein etwaiger Zeitgewinn wird meines Erachtens aber nie-

---

688 Heinitz, Fragen der Organtransplantation, S. 25; Maurer, DÖV 1980, 7 (14); Vogel, NJW 1980, 625 (628).
689 Laut Aussage der Mediziner ist die Bevölkerung inzwischen hinreichend über die Möglichkeiten einer Organentnahme informiert, und die Gespräche hierüber werden als weniger belastend empfunden; vgl. hierzu R. Pichlmayr, Der Chirurg 1980, 344 (347).

mals eine Mißachtung der Interessen der Hinterbliebenen legitimieren können[690], denn es geht hier schließlich um die Wahrnehmung höchstpersönlicher Rechte. Die gegen die Möglichkeit der Autorisation des Eingriffs durch die Angehörigen vorgebrachten Einwände scheinen also insgesamt mehr emotionaler Natur zu sein. Sie halten jedenfalls einer kritischen Überprüfung nicht stand, so daß die Verfassungskonformität des Widerspruchsmodells auch insoweit in Frage steht.

d) Ergebnis

Als Ergebnis ist festzuhalten, daß die Widerspruchslösung den Bürger in seinem Selbstbestimmungsrecht verletzt und die Rechtspositionen der Hinterbliebenen in unzulässiger Weise beschneidet. Sie ist deshalb verfassungswidrig.

3. Zustimmungsmodell

Das gegensätzliche Modell zur Widerspruchslösung besteht in einer Zustimmungslösung, deren Normierung seitens des bundesdeutschen Gesetzgebers angestrebt zu werden scheint. Damit wird eine Regelung ins Auge gefaßt, die auf dem Gedanken aufbaut, daß die Organspendebereitschaft in der breiten Bevölkerung eher durch ein Gesetz geweckt werden kann, das die Zulässigkeit einer postmortalen Organentnahme von der freiwilligen und positiv erklärten Entscheidung des einzelnen abhängig macht. Uneinigkeit besteht allerdings bei der Frage, ob diese Entscheidung vertretbar ist, etwa durch Angehörige oder sonstige Vertrauenspersonen des Verstorbenen, oder ob die Entscheidung unvertretbar ist und allein dem potentiellen Spender vorbehalten bleiben muß.

a) Inhalt

Dem Gesetzentwurf von BÜNDNIS 90/DIE GRÜNEN[691] und dem Entschließungsantrag der Abgeordneten Wodarg, Däubler-Gmelin, Schmidbauer und Schily[692] liegt die sogenannte "enge Zustimmungsregelung" zugrunde. Danach ist eine Organentnahme vom Verstorbenen nur dann zulässig, wenn dieser selbst zu Lebzeiten explizit sein Einverständnis erklärt hat. Fehlt es an einer Spendeerklärung, ist die Entnahme unzulässig. Dieses Regelungsmodell ist nirgends in Europa kodifiziert und würde auch für Deutschland eine Verschärfung gegenüber der gegenwärtigen, vorgesetzlichen Praxis bedeuten.

---

690 Vgl. auch Laufs, NJW 1976, 1121 (1126).
691 BT-Drucks. 13/2926.
692 BT-Drucks. 13/4114.

In Verbindung mit dem Ergänzungsantrag der Abgeordneten Dreßler, Scharping, Seehofer und Schäuble[693], sieht der Gesetzentwurf der Fraktionen von CDU/CSU, SPD und F.D.P.[694] dagegen die sogenannte "erweiterte Zustimmungslösung" vor. Dieses Regelungsmodell läßt nicht nur eine zu Lebzeiten geäußerte Einwilligung als Legitimationskriterium für eine postmortale Organentnahme ausreichen, sondern ermöglicht im Falle einer fehlenden Spendererklärung die Entscheidung durch Angehörige oder sonstige Vertrauenspersonen des Verstorbenen.

Diese Variante des Zustimmungsmodells ist in vielen Staaten geltendes Recht[695] und wird auch in Deutschland de lege lata[696] praktiziert.

b) Allgemeine Beurteilung

Dem nachwirkenden Persönlichkeitsrecht des Toten wird bei der *engen* Zustimmungsregelung absolute Priorität eingeräumt. Unbestreitbarer Vorteil dieser strikten Variante ist in erster Linie die durch die ausdrückliche Einverständniserklärung erlangte Rechtssicherheit: Die Explantation ist im Falle einer zu Lebzeiten geäußerten Einwilligung zulässig; rechtliche Auseinandersetzungen sind nicht zu befürchten, da alle Beteiligten die Gewißheit haben, daß der Eingriff durch die Einwilligung des Betroffenen legitimiert ist.

Zweifelsohne ist eine vom Verstorbenen zu Lebzeiten abgegebene Einverständniserklärung der Idealfall, der aber - wie dem Ideal einmal eigen - nur selten eintreten wird. Eine Verfahrenspraxis nach dieser Regelung läßt deshalb befürchten, daß sich die Situation der Transplantationsmedizin drastisch verschlechtern wird, da es in der Realität tatsächlich schwierig sein dürfte, Einwilligungen in zumindest ansatzweise hinreichend großer Zahl zu erlangen. Die derzeitige Praxis bestätigt dies, denn nur etwa 5 % aller Explantationen *ex mortuo* beruhen auf einer zu Lebzeiten dokumentierten Einwilligung des Verstorbenen.[697]

Die *erweiterte* Zustimmungslösung könnte insoweit eine erträglichere Regelung darstellen. Auch hier ist die Zulässigkeit des Eingriffs beim Leichnam primär von der zu Lebzeiten erklärten Einwilligung abhängig. Zugleich besteht aber ein subsidiäres Entscheidungsrecht der Angehörigen bzw. sonstiger Vertrauenspersonen, wenn es an einer Erklärung des Betroffenen fehlt.

---

693 BT-Drucks. 13/4368.
694 BT-Drucks. 13/4355.
695 Nachweise hierzu bei Kloth, Todesbestimmung und Organentnahme, S. 172 ff.
696 Vgl. Ziffer 2 des Transplantationskodexes, der eine erweiterte Zustimmungslösung beinhaltet - abgedruckt in ZTxMed 1995, 154 f.
697 Vgl. BT-Drucks. 13/4368, Begründung, S. 7.

c) Verfassungsrechtliche Beurteilung

Die vorstehenden Erwägungen haben bereits deutlich werden lassen, daß auch die Tragfähigkeit eines Zustimmungsmodells nicht völlig zweifelsfrei ist. Dies muß zumindest für die strikte Variante gelten. Hier steht im Vergleich zu den bisher beurteilten Regelungsmodellen allerdings weniger eine Verletzung der Spenderrechte in Frage, sondern vordergründig eine Verletzung der Empfängerrechte. Auch die erweiterte Variante ist im Hinblick hierauf nicht gänzlich unbedenklich. Ob sich die Zustimmungsmodelle letztlich als Ergebnis eines schonenden Interessenausgleichs präsentieren, kann nur unter Berücksichtigung der verfassungsrechtlichen Wertevorgaben beurteilt werden.

aa) Vereinbarkeit mit der Menschenwürdegarantie

Beide Varianten der Zustimmungslösung machen die Zulässigkeit einer Entnahmehandlung primär von der zu Lebzeiten erklärten Einwilligung des Verstorbenen abhängig und untermauern damit in jeder Hinsicht das Recht des einzelnen, sich als geistig sittliches Wesen in elementaren Fragen selbst zu bestimmen. Die Menschenwürde ist damit umfassend berücksichtigt.

Im interfraktionellen Entwurf ist zur Wahrung der Menschenwürde im weiteren bestimmt, daß ein formulierter Widerspruch eine Entnahme unzulässig macht.[698] Bei Geltung einer Zustimmungslösung ergibt sich dies bereits aus der Sache selbst. Eine dahingehende Vorschrift scheint also nicht zwingend, ist als klarstellende Regelung aber durchaus zu begrüßen.

bb) Vereinbarkeit mit dem allgemeinen Persönlichkeitsrecht

Ein Zustimmungsmodell beschneidet den Bürger auch keineswegs in seinem von Art.2 Abs.1 i.V.m. Art.1 Abs.1 GG geschützten Selbstbestimmungsrecht, sondern trägt diesem im Gegenteil voll und ganz Rechnung.

(1) Positive Selbstbestimmungsfreiheit

Die positive Selbstbestimmungsfreiheit ist umfassend gewahrt, indem die Zulässigkeit des Eingriffs ausdrücklich von der Einwilligung des Spenders abhängig gemacht wird. Zur effektiven Grundrechtsausübung müßten allerdings entsprechende verfahrensrechtliche Vorkehrungen getroffen werden.

---

698 BT-Drucks. 13/4355, § 3 Abs.1 S. 2 E-TPG, S. 4.

Damit der Staatsbürger über die Voraussetzungen einer Organentnahme nach dem Zustimmungsmodell hinreichend informiert ist, muß der Gesetzgeber sicherstellen, daß die Bevölkerung entsprechend breit aufgeklärt wird. Mangels Erklärungszwangs sind hier aus rechtsstaatlicher Sicht zwar nicht unbedingt die gleichen Anforderungen an die Aufklärung zu stellen wie im Falle der Kodifizierung einer Widerspruchsregelung. Bei Geltung der Zustimmungslösung muß der Bürger aber zumindest über seine Möglichkeiten der Rechtsausübung in Kenntnis gesetzt werden, denn nur dann kann er eine bewußte Entscheidung treffen. Die derzeit diskutierten Gesetzentwürfe sehen alle entsprechend weitgehende Aufklärungsmaßnahmen vor[699], so daß sich insoweit keine Bedenken ergeben.

(2) Negative Selbstbestimmungsfreiheit

Gleiches gilt für die negative Selbstbestimmungsfreiheit. Es besteht weder ein direkter noch ein indirekter Zwang zur Willensäußerung, denn das Zustimmungsmodell normiert keine Pflicht, sich zu erklären und knüpft zudem keine für den Betroffenen nachteiligen Rechtsfolgen an das Unterlassen einer Willenskundgabe.

cc) Vereinbarkeit mit der Glaubens- und Gewissensfreiheit

Auch im Hinblick auf die Glaubens- und Gewissensfreiheit begegnen die Regelungsmodelle keinen Bedenken, da sie gerade ohne Beschränkung den Willen des Verstorbenen berücksichtigen.

dd) Vereinbarkeit mit dem Bestimmungsrecht der Hinterbliebenen

Gegen eine enge Zustimmungslösung bestehen allerdings mit Blick auf die verfassungsrechtlich geschützten Rechtspositionen der Hinterbliebenen Bedenken, denen ein subsidiäres Entscheidungsrecht aberkannt wird.

Die Verfechter der engen Zustimmungsregelung sind fast durchweg deckungsgleich mit denjenigen, die den Hirntoten als sterbenden, das heißt (noch) lebenden Menschen begreifen und das Hirntodkriterium lediglich als formales Entnahmekriterium betrachten. Weil es um Leben und Tod gehe, sei die Entscheidung über eine Organentnahme folglich unvertretbar.[700] Diese Behauptung

---

699 Vgl. § 2 Abs.1 S.1 des Entwurfs der Fraktionen der CDU/CSU, SPD, F.D.P., BT-Drucks. 13/4355, S. 3 sowie § 3 des Entwurfs der Fraktion BÜNDNIS 90/DIE GRÜNEN, BT-Drucks. 13/2926, S. 3.
700 Bavastro, in: Dt.-BT/Aussch.-Drucks. 13/114, S. 14 (19); Dörner, in: Dt.-BT/Aussch.-Drucks. 574/13, S. 11 (13); Gallwas, in: Dt.-BT/Aussch.-Drucks. 13/114,

ist unrichtig, denn beim Hirntoten geht es ebensowenig um Leben und Tod wie beim "Herz-Kreislauf-Toten". Vielmehr geht es hier ausschließlich um einen Eingriff *nach* dem Tode, der das postmortale Persönlichkeitsrecht betrifft. Dementsprechend steht hier nicht zur Diskussion, ob Dritte darüber entscheiden dürfen, daß der endgültige Tod durch Organentnahme herbeigeführt wird[701], sondern es geht allein darum, ob Angehörige des Verstorbenen - im Rahmen ihres Totensorgerechts - zur Entscheidung über eine postmortale Organentnahme ermächtigt sind, wenn es an einer ausdrücklichen Erklärung des Verstorbenen selbst fehlt. Diese Frage ist meines Erachtens schon deshalb zu bejahen, weil ein Ausbooten von Angehörigen als Entscheidungsträger im Sinne der engen Zustimmungslösung auf eine Entmündigung hinsichtlich des Rechts zu stellvertretend getroffenen Entscheidungen hinauslaufen würde.[702]

Es sind allerdings nicht nur schützenswerte Belange der Hinterbliebenen selbst, die für ihre Einbeziehung als Ersatzentscheider sprechen. Eine enge Zustimmungslösung wäre gerade auch mit Blick auf die Interessen der Empfänger bedenklich.[703] Eine derart radikale Regelung wertet nämlich nicht nur jede Ablehnung, sondern bereits jedes Fehlen einer Äußerung des Verstorbenen zu Lasten der transplantatbedürftigen Patienten. Auf ihre Kosten werden rigoros auch diejenigen als Organgeber ausgeschieden, die vielleicht durchaus den Wunsch hatten, ihre Organe für die Rettung anderer menschlichen Lebens zu verwenden, die diesen Wunsch aber entweder nicht ausdrücklich äußern wollten oder nicht

---

S. 29 (34); Geisler, in: Dt.-BT/Aussch.-Drucks. 13/114, S. 36 (40); Greinert, in: Dt.-BT/Aussch.-Drucks. 586/13, S. 14 (18); Höfling, in: Dt.-BT/Aussch.-Drucks. 13/114, S. 53 (59).

701 H.-L. Schreiber, in: Dt.-BT/Aussch.-Drucks. 600/13, S. 9 (18), hält dies für denkbar. Er verweist darauf, daß unser Recht schließlich auch in Angelegenheiten der Gesundheit ausdrücklich eine Vertretung anerkenne. Als Beispiel bedient er sich in dem Zusammenhang des Instituts der Betreuung (§ 1904 BGB). Hiernach bedarf der Betreuer einer Genehmigung des Vormundschaftsgerichts, wenn bei einer ärztlichen Behandlung die Gefahr des Todes für den Betreuten besteht. Schreiber ist zuzugestehen, daß der BGH (BGHSt 40, 257 ff.) diese Vorschrift auf die Entscheidung des Betreuers über einen Behandlungsabbruch angewandt hat. Ein Behandlungsabbruch erfolgt aber ausschließlich im Interesse des Betroffenen, was im Falle einer Entscheidung über eine Organentnahme keinesfalls zutrifft. Die Argumentation Schreibers halte ich deshalb für äußerst fragwürdig. Auf eine weitergehende Auseinandersetzung sei verzichtet, denn nach der hier vertretenen Ansicht ist der Ausfall der Gesamthirnfunktionen ein Zeichen für den Tod des Menschen, so daß sich die Frage nach der Tötung durch Organentnahme nicht stellt.

702 So zu Recht auch Kulil, in: Dt.-BT/Aussch.-Drucks. 574/13, S. 9 (9 f.).

703 So auch Linck, ZRP 1975, 249 (251); Graf-Baumann, in: Dt.-BT/Aussch.-Drucks. 13/114, S. 50 (51); Samson, NJW 1974, 2030 (2034).

mehr rechtzeitig äußern konnten. Ein enges Zustimmungsmodell würde demzufolge in zahlreichen Fällen bewirken, daß eine den Angehörigen bekannte, aber eben nicht entsprechend dokumentierte oder sonstwie registrierte Willensäußerung des Verstorbenen nicht umgesetzt werden kann.

Es liegt auf der Hand, daß mit der Anerkennung einer subsidiären Entscheidungskompetenz im Interesse der Empfänger mehr Transplantate verfügbar wären. Darin erschöpft sich die Bedeutung der Ersatzentscheiderrolle allerdings nicht. Zusätzlich würde auch das Selbstbestimmungsrecht der Spender eine weitere Stärkung erfahren, da durch die Angehörigenbefragung auch ein nicht dokumentierter Wille Beachtung findet.[704] Darüber hinaus ist eine Beteiligung der Angehörigen auch deswegen angezeigt, um Gerüchten über Unkorrektheiten bei der Intensität der Behandlung, der Todesfeststellung und dem ärztlichen Vorgehen bei der Entnahme wirksam vorzubeugen. Mit der Einschaltung der Angehörigen wird zwar nicht unbedingt eine Kontrollinstanz geschaffen[705], da diese als regelmäßig medizinische Laien kaum in der Lage sein dürften, etwaige Manipulationen bei der hochkomplizierten Hirntod-Diagnostik aufzudecken. Immerhin wird aber ein größeres Maß an Transparenz geschaffen, indem die Befunde nicht mehr intern in der Klinik verbleiben, sondern nach außen weitergegeben werden müssen. Für das Vertrauensverhältnis zwischen Arzt und Angehörigen ist dies von wesentlicher Bedeutung.

Gegen eine Vertretungsbefugnis wird schließlich noch eingewandt, hierbei handele es sich um eine unzulässige Verlagerung der originären Entscheidungskompetenz des Spenders auf Dritte, obwohl diese nur ein subsidiäres Entscheidungsrecht besäßen.[706] Dieser Einwand läuft fehl. Es ist zwar einzuräumen, daß die Hinterbliebenen in praxi oftmals diejenigen sein werden, die die Entscheidung treffen. Durch entsprechende Formulierungen kann der Gesetzgeber aber sicherstellen, daß diese subsidiären Rechte auch subsidiär bleiben, also nur ersatzweise und auch dann nur im Interesse des Verstorbenen wahrgenommen werden dürfen.[707] Wünschenswert erscheint insoweit eine Vorschrift, die den

---

704 So auch J.P. Beckmann, in: Dt.-BT/Aussch.-Drucks. 591/13, S. 4 (9); Kirste, in: Dt.-BT/Aussch.-Drucks. 593/13, S. 38 (39); Sandvoß, ArztR 1996, 151 (153); H.-L. Schreiber, in: Dt.-BT/Aussch.-Drucks. 600/13, S. 9 (18); Wesslau, in: Dt.-BT/Aussch.-Drucks. 594/13, S. 24 (27).
705 Dieser Auffassung sind Heuer/Conrads, MedR 1997, 195 (198).
706 So der Einwand von Grewel, ZRP 1995, 217 (220); G. Hirsch/Schmidt-Didczuhn, Transplantation, S. 62 f.; Großmann, RuP 1992, 60 (62); Trockel, NJW 1970, 489 (493).
707 Siehe hierzu den Ergänzungsantrag zum interfraktionellen Entwurf der Fraktionen der CDU/CSU, SPD, F.D.P., BT-Drucks. 13/4368, Begründung, S. 7.

Verzicht auf die Entnahme festschreibt, wenn die Angehörigen offensichtlich keine Anhaltspunkte für die Einstellung des Verstorbenen haben oder sich darüber hinwegzusetzen drohen. Zwar wird eine dahingehende Bestimmung nicht in jedem Fall ausschließen können, daß Angehörige ihre Entscheidungskompetenzen überschreiten. Aber auch in anderen Bereichen sind etwaige Rollenmißverständnisse oder gar -mißbräuche zu achten[708], und die Entscheidung bleibt dennoch in der Familie, die sicher *der* Ort ist, in den höchstpersönliche Angelegenheiten am ehesten gehören. Zudem kann im Zweifel davon ausgegangen werden, daß die Angehörigen aufgrund der zumeist bestehenden emotionalen Verbindung zwischen Familienmitgliedern, einen ihnen bekannten Willen des Verstorbenen auch tatsächlich befolgen.

Zuletzt sei darauf hingewiesen, daß selbst die enge Zustimmungslösung nur auf den ersten Blick und keineswegs in allen Fällen dem Willen des Verstorbenen in vollem Umfang Rechnung trägt. Dies deshalb nicht, weil die vom Spender unter Umständen lange vor dem herannahenden oder plötzlich eingetretenen Tod dokumentierte Zustimmung längst von einem gegensätzlichen, aber eben nicht nach außen sichtbar gewordenen Willen überholt worden sein kann. Selbst dieses Modell baut also letztlich auf nichts anderem auf, als auf der Vermutung eines vorhandenen "aktuellen" Willens.

d) Ergebnis

Eine enge Zustimmungslösung verletzt die Interessen der Spender, der Angehörigen und der Empfänger. Die erweiterte Variante dieses Modells erweist sich hingegen als verfassungskonform. Ihre Normierung würde letztlich allerdings auf die Kodifizierung der vorgesetzlich bereits geübten Rechtspraxis hinauslaufen, insoweit also keine wesentlichen Neuerungen bringen. Ob sich dadurch eine nennenswerte Steigerung der Zahl verfügbarer Transplantate bewirken läßt, erscheint durchaus fraglich.

4. Informationsmodell

Aufgrund der geäußerten Zweifel an der Effizienz eines erweiterten Zustimmungsmodells hat man eine Modifikation dieses Regelungstyps in Erwägung gezogen, die den Namen "Informationslösung" trägt. Durch den Ergänzungsantrag[709] zum interfraktionellen Gesetzentwurf, hat dieser Vorschlag inzwischen auch Eingang ins aktuelle Gesetzgebungsverfahren gefunden. Damit ist eine Re-

---

708 Vgl. etwa die Situation bei der Sterbehilfe - hierzu BGH NJW 1995, 204 ff.
709 BT-Drucks. 13/4368.

gelungsvariante aufgegriffen worden, die die Arbeitsgruppe der Deutschen Transplantationszentren e.V. in Zusammenarbeit mit der DSO im Jahre 1990 erarbeitet hat und die drei Jahre später dem Mustergesetzentwurf der Länder zugrunde lag. Ob diese Lösung die Schwächen des erweiterten Zustimmungsmodells ausgleichen kann und sich gleichzeitig als verfassungskonform erweist, möchte ich im folgenden untersuchen.

a) Inhalt

Das Informationsmodell hält an der prinzipiell erforderlichen Einwilligung des Verstorbenen zu Lebzeiten fest, läßt aber für den Fall, daß eine solche nicht erklärt wurde, die *bloße Information* der Angehörigen genügen und verzichtet auf deren explizite Zustimmung. Nur wenn diese nach gezielter Information über die Absicht einer Entnahme und Belehrung hinsichtlich ihres Ablehnungsrechts ausdrücklich widersprechen, muß die postmortale Explantation unterbleiben.

b) Allgemeine Beurteilung

Auf den ersten Blick scheint hier eine durchaus überzeugende Konsenslösung vorzuliegen, die die in der Polarisierung zwischen Zustimmungs- und Widerspruchsmodell liegenden ethischen und rechtlichen Spannungen zwar nicht abbaut, aber doch mildert. Sie könnte damit einen Weg darstellen, die im Kern gleichzuachtenden Interessen der Beteiligten optimal zu vereinbaren: Das Selbstbestimmungsrecht der Spender scheint durch die grundsätzlich notwendige Einwilligung gewahrt; das subsidiäre Entscheidungsrecht der Angehörigen scheint durch deren vorgeschriebene Information respektiert; den Interessen der Empfängerseite scheint ebenfalls Rechnung getragen, denn bei fehlender Erklärung eines entgegenstehenden Willens ist die Entnahme ohne weiteres zulässig. Insgesamt also eine hervorragende Lösung der Entnahmeproblematik beim Leichnam?

Bei näherer Betrachtung kommen Zweifel auf. Zwar verschafft auch die Informationslösung dem Willen des Verstorbenen durch Einbeziehung der Angehörigen über eine weitere Instanz Geltung. Letztlich findet aber nur eine Verschiebung der Widerspruchsnotwendigkeit vom potentiellen Spender auf dessen Angehörige statt, so daß sich hier erneut das Problem der Einwilligungsfiktion stellt.

c) Verfassungsrechtliche Beurteilung

Gegenstand der nachfolgenden verfassungsrechtlichen Betrachtung des Informationsmodells ist ausschließlich die auf der Angehörigenebene zum Tragen kommende Widerspruchskomponente. Eine gesonderte Untersuchung des Zustimmungselements ist obsolet, da dies bereits umfassend gewürdigt wurde[710] und sich hier keine andere rechtliche Bewertung ergibt.

aa) Vereinbarkeit mit dem Bestimmungsrecht der Hinterbliebenen

Das Informationsmodell verzichtet auf eine explizite Einwilligung der Angehörigen als Legitimationskriterium und läßt das bloße Schweigen für die Zulässigkeit des Entnahmeeingriffs genügen. Im Ergebnis wird ein fehlender Widerspruch also letztlich als Zustimmung "gehandelt". Es erhebt sich damit die Frage, ob diese Konstruktion aus den gleichen Gründen zu verwerfen ist, wie das Widerspruchsmodell oder ob die Tatsache, daß die Angehörigen hier nur als zweite Instanz in ihrem Entscheidungsrecht berührt sind, eine andere Beurteilung zuläßt.

Wie bereits herausgestellt, fungieren die Hinterbliebenen als verlängertes Sprachrohr des Toten. Sie machen keine eigenen Persönlichkeitsrechte geltend, sondern die des Verstorbenen. Daß sie dies nur subsidiär tun, kann meines Erachtens kein rechtlicher Grund für eine Ungleichbehandlung beider Fälle sein. Werden den Angehörigen nämlich nicht die gleichen Entscheidungsrechte zugestanden wie dem Verstorbenen selbst, läuft dessen negatives Selbstbestimmungsrecht de facto leer - äußert er sich zu Lebzeiten nicht, greift dann doch wieder die Widerspruchsregelung ein. Folge wäre eine verstärkte Ungewißheit für den potentiellen Spender, denn er kann, im Gegensatz zur erweiterten Zustimmungslösung, nicht mehr sicher davon ausgehen, daß eine Explantation unterbleibt, wenn er und seine Angehörigen nichts erklären. Vielmehr wird er bei der Informationslösung der begründeten Befürchtung ausgesetzt sein, daß sein Leichnam im Falle des Schweigens der Hinterbliebenen zur Entnahme freigegeben wird. Der Entscheidungszwang fällt also letztlich wieder auf den Spender zurück.

Befürworter der Informationslösung begründen die Rechtmäßigkeit der Einwilligungsfiktion mit einer angeblichen Befreiung der Angehörigen von seelischer Belastung. Dadurch, daß diese keine ausdrückliche Erklärung abgeben müßten, seien sie keinem Druck mehr bei der Entscheidung über eine Organent-

---

710 Vgl. die Ausführungen zum Zustimmungsmodell unter vorstehendem Gliederungspunkt 3.

nahme ausgesetzt.[711] Ob sich mit der Widerspruchskomponente die angestrebte psychologische Entlastung einstellen wird, scheint zweifelhaft, denn nach der Informationsregelung müssen die Angehörigen über die Absicht der Entnahme, deren Art und Reichweite sowie Möglichkeiten und Rechtsfolgen eines Widerspruchs und eines Schweigens in Kenntnis gesetzt werden.[712] In Anbetracht des Umfangs dieser Hinweispflicht, dürfte die Abgrenzung zu einem direkten Ersuchen um die Einwilligung zur Entnahme - wie sie die erweiterte Zustimmungslösung vorsieht - kaum zu realisieren sein. Ist aber bereits die Differenzierung zwischen bloßer Information und gezielter Nachfrage in der Gesprächspraxis nicht möglich, so ist wenig einsichtig, daß mit einer Informationslösung psychische Streßsituationen entschärft werden könnten.[713] Außerdem wissen die Angehörigen ja um die Explantationsmöglichkeit im Falle eines fehlenden Widerspruchs. Dies wird für sie sicher keinen minderen Entscheidungskonflikt bewirken. Das Entlastungsargument wirkt also äußerst konstruiert und wenig überzeugend. Selbst wenn im Einzelfall der Wegfall eines psychologisch belastenden Moments vollbracht sein sollte, kann dies die Widerspruchskomponente nicht legalisieren. Die Intention eines Lösungsmodells für die Materie der Organentnahme kann nämlich nicht primär in der Schonung der Angehörigen liegen. Vielmehr muß das Ziel der Regelung darin bestehen, daß dem Willen des Verstorbenen Geltung verschafft wird und die Willensvermittler im Bewußtsein ihrer Rollenfunktion verantwortungsbewußt entscheiden. Letzteres wird mit dem Informationsmodell nicht zu erreichen sein. Dies wird vielmehr förmlich zur Flucht vor gewissenhafter Auseinandersetzung verleiten, denn die Ersatzentscheider können dem Schicksal einfach seinen Lauf lassen und sind von dem vielleicht belastenden Gefühl befreit, durch *positives* Tun zur Inanspruchnahme des Körpers des Verstorbenen beigetragen zu haben. Die Möglichkeit der Passivität werden schließlich nicht nur diejenigen wahrnehmen, die eine Entnahme tatsächlich im Sinne des Verstorbenen befürworten, sondern auch diejenigen, die aus Überforderung oder Gleichgültigkeit keine Entscheidung treffen wollen. Insgesamt ist für diese Personen damit eine brillante Gelegenheit geschaffen, sich der Verantwortung gänzlich zu entziehen. Soll auf dieser Basis eine Entnahme zulässig sein? Meines Erachtens kann eine derartige Verfahrenspraxis gerade in einem solch sensiblen Bereich wie dem der postmortalen Organspende nicht hingenommen werden. Mag auf den Schultern der Angehörigen auch eine noch so starke Last liegen - so wie ihre Negativ-Entscheidung eine Entnahme verhindert,

---

711 So Carstens, Organtransplantation, S. 124; Körner, Hirntod, S. 56; Nagel/ R. Pichlmayr, EthikMed 1992, 195 (197); Schmidt-Didczuhn, ZRP 1991, 264 (269); H.-L. Schreiber/Wolfslast, MedR 1992, 189 (191).
712 H.-L. Schreiber/Wolfslast, MedR 1992, 189 (191).
713 Zutreffend G. Hirsch/Schmidt-Didczuhn, Transplantation, S. 64.

dient ihre positive Entscheidung letztlich als Legitimationskriterium für den Entnahmeeingriff. Der endgültige Entschluß muß daher in jedem Fall expressis verbis formuliert sein, denn in dem Moment der Kundgabe gegenüber dem Arzt werden Tragweite und Bedeutung der Entscheidung nochmals klar.

Auch mit Blick auf die Interessen der Empfänger ändert sich an der vorstehenden Wertung nichts, da es bereits mehr als fraglich erscheint, ob eine Verfahrenspraxis nach dem Informationsmodell tatsächlich zur Steigerung des Organaufkommens beiträgt. Über die Effektivität dieser Regelung lassen sich letztlich nur Vermutungen anstellen, da sie in der hier beschriebenen Form in keinem Staat geltendes Recht ist.[714] Um die "Beschaffungsquote" realistisch einschätzen zu können, muß man sich vor Augen führen, daß in der Praxis nur selten explizite Spendererklärungen vorliegen. Der Schwerpunkt der Informationslösung wird demzufolge auf der Entscheidung der Angehörigen liegen. Auf dieser Stufe wirkt dann die Widerspruchsregelung. Entsprechend den geäußerten Bedenken an der Effektivität eines Widerspruchsmodells, könnte auch hier die Gefahr bestehen, daß Angehörige infolge persönlicher Überforderung oder Unsicherheit vorsichtshalber zur Erklärung eines Widerspruchs neigen. Zumindest darf ernsthaft bezweifelt werden, daß mit dem Informationsmodell eine nennenswerte Steigerung des Organaufkommens zu erreichen sein wird. Heute liegt die Einwilligungsrate der befragten Angehörigen auf der Grundlage der vorgesetzlich praktizierten erweiterten Zustimmungslösung immerhin bei etwa 80-90 %.[715]

bb) Ergebnis

Die Informationslösung mag sich vielleicht vordergründig als Variante einer Zustimmungslösung darstellen. Dieser Eindruck wird allerdings durch die zweite, in der Praxis weitaus bedeutsamere Widerspruchskomponente zunichte gemacht, denn die Informationslösung läuft auf ein verkapptes Widerspruchsmodell hinaus.[716] Die Einwände gegen sie sind letzten Endes damit deckungsgleich mit den zum Widerspruchsmodell geäußerten Kritikpunkten. Der Gesetzgeber wäre des-

---

714 Daß die in dem Zusammenhang von G. Hirsch/Schmidt-Didczuhn, Transplantation, S. 63 FN 37, zitierten Transplantationsgesetze skandinavischer Staaten mit der in Deutschland diskutierten Informationslösung vergleichbar waren, ist zweifelhaft und heute jedenfalls aufgrund von Gesetzesänderungen unzutreffend.
715 V. Bülow, in: Hiersche/G. Hirsch/Graf-Baumann (Hrsg.), Rechtliche Fragen, S. 79 (81).
716 Im Ergebnis ähnlich Deutsch, Arztrecht, S. 263; Grewel, in: Hoff/i.d. Schmitten (Hrsg.), Wann ist der Mensch tot?, S. 332 (343), die die Informationslösung als "gedämpfte" bzw. "verschleierte" Widerspruchslösung bezeichnen.

halb gut beraten, von einer derartigen Modifikation der erweiterten Zustimmungslösung abzusehen.

5. Abschließende Beurteilung der Regelungsmodelle

Im Anschluß an die vorstehende Untersuchung möchte ich nunmehr zu der Frage Stellung beziehen, welcher Regelungstyp den Vorzug verdient. Dies kann sich abschließend nur danach beurteilen, welches Modell die Probleme der Totenspende am besten zu lösen vermag und dabei zugleich dem Anspruch eines optimalen Ausgleichs kollidierender Verfassungsgüter entspricht. Dies wird im Ergebnis nur eine Lösung sein können, die verfassungsmäßig geschützte Rechte nicht verletzt. Ein *zulässiger* Interessenausgleich findet hierin nämlich seine Grenze.

Die vorstehende Analyse der verschiedenen Modellvorschläge hat gezeigt, daß die Grenze einer zulässigen Balance widerstreitender Interessen zumeist überschritten ist.

Dies gilt zunächst für die *Notstandsregelung*. Sie wäre zwar sicher ein äußerst effektives Modell zur Steigerung des Organaufkommens. Zur Zielerreichung blendet sie aber die Interessen der Spender und Hinterbliebenen vollends aus, verletzt deren Rechte eklatant und scheidet deshalb von vornherein als Regelungsmodell aus.

Auch die *Widerspruchslösung* ist nicht verfassungskonform. Sie impliziert de facto einen Anspruch auf Organe, dem sich der potentielle Spender nur bei aktiver Gegenwehr entziehen kann. Der mit dieser Lösung einhergehende Erklärungszwang verletzt den einzelnen in seinem Recht auf negative Selbstbestimmung. Darüber hinaus werden die Interessen der Hinterbliebenen übergangen.

Das *Informationsmodell* läuft letztlich auf eine Widerspruchslösung hinaus und ist deshalb aus den gleichen Gründen zu verwerfen wie diese selbst.

Die *enge Zustimmungsregelung* verletzt im Vergleich zu den vorstehenden Modellen zwar nicht unbedingt das Selbstbestimmungsrecht der potentiellen Organgeber. Sie vernachlässigt aber gänzlich die Interessen der Empfänger. Ihre Striktheit läßt sich auch nicht mit den Spenderbelangen rechtfertigen, da durch das Ausbooten der Angehörigen dem Willen des Verstorbenen nicht in jedem Fall Rechnung getragen werden kann. Sie stellt damit ebenfalls keine adäquate Lösung dar. Die *erweiterte Zustimmungsregelung* vermeidet hingegen die Schwächen der engen Variante. Indem sie für die Zulässigkeit einer Organentnahme die ausdrückliche, positive Entscheidung verlangt und damit dem Willen des Verstorbenen zu Lebzeiten oder nach seinem Tode über seine Angehörigen

Geltung verschafft, entspricht sie in jeder Hinsicht den verfassungsrechtlichen Anforderungen.

Von einer *zulässigen* Egalisierung der widerstreitenden Interessen kann demzufolge nur bei der erweiterten Zustimmungslösung die Rede sein. Ist sie zugleich die optimale Lösung aller Probleme und damit taugliche Grundlage für ein bundesdeutsches Transplantationsgesetz? Es wäre voreilig, diese Frage ohne weiteres mit "Ja" zu beantworten. Ein gewisses Unbehagen bleibt nämlich auch bei diesem Regelungsmodell. Mit dieser Wahl fordert man ja letztlich nur die gesetzliche Festschreibung der nach den Richtlinien des Transplantationskodexes ohnehin geübten Praxis. Man könnte also Gefahr laufen, die rechtspolitische Zielsetzung zu verfehlen, denn eine Kodifizierung der bestehenden Rechtslage wird nicht unbedingt ein "Mehr" an Organen bewirken können. Eine Zielverfehlung liegt gleichwohl nicht vor. Mag mit dieser Lösung nämlich auch in allernächster Zeit kein rapider Anstieg des Organaufkommens zur Erwartung stehen; diese verfassungsrechtlich tadellose Regelung wird ihre Früchte aber unzweifelhaft im Laufe der Jahre tragen. Dies deshalb, weil man sich mit dem erweiterten Zustimmungsmodell für eine Lösung ausspricht, die klar strukturiert ist, die die freie und selbstverantwortliche Überzeugung des einzelnen respektiert und die sich darauf beschränkt, an das mitmenschliche Verantwortungsbewußtsein *zu appellieren*. Man verzichtet hiermit auf eine bevormundende Reglementierung und setzt mit dieser Wahl einen Vertrauensgrundstein. Gerade dies halte ich für einen derart heiklen Bereich wie den der Transplantationsmedizin für besonders wichtig. Viele Bürger haben sich in den letzten Jahren nur deshalb von dem Thema distanziert, weil sie durch die hochgepuschte und verfälschte Hirntod-Diskussion verunsichert worden sind. Es ist zu hoffen, daß mit der Klarstellung im Transplantationsgesetz und den vorgesehenen umfangreichen Aufklärungs- und Informationsmaßnahmen etwaige Mißverständnisse abgebaut werden. Letzterem wird in der Praxis entscheidendes Gewicht zukommen. Juristisches Instrumentarium allein wäre nämlich zu abstrakt und würde den Bürger sicher nicht erreichen. Tatsächliche Änderungen werden sich nur vollziehen, wenn die Bevölkerung nochmals eindringlich auf die Bedeutung einer Spende hingewiesen wird. Insbesondere muß die Bereitschaft zur eigeninitiativen Dokumentation geweckt werden, damit in Zukunft verstärkt potentielle und tatsächlich spendebereite Menschen eindeutig identifiziert werden können. Wird dieser Einsatz unternommen, so kann durchaus davon ausgegangen werden, daß mit einem Zustimmungsmodell auf langfristige Sicht ein befriedigendes Organaufkommen erreicht werden kann und damit ein Beitrag zu gesundheitspolitischen Notwendigkeiten geleistet wird. Selbst wenn diese Entwicklung wider Erwarten nicht einsetzen sollte, kann nach meiner Ansicht keine andere Bewertung Platz greifen. Dies deshalb nicht, weil bei der Frage nach der

Realisierung des rechtspolitischen Ziels die Grundrechte nicht übergangen werden dürfen. Angesichts der Tatsache, daß ein verfassungsrechtlich verbürgtes Recht auf fremde Organe eben nicht existiert, markieren die schützenswerten Rechtspositionen anderer mit aller Deutlichkeit die Grenze leistungsrechtlichen Denkens für die Transplantatversorgungsfrage. Demzufolge kann keine Lösung präferiert werden, die möglicherweise ein optimales Organaufkommen erwarten läßt, den grundgesetzlichen Vorgaben aber nicht entspricht.

Insgesamt betrachtet halte ich die erweiterte Zustimmungslösung deshalb für eine angemessene Lösung, die den komplexen Wertevorgaben am ehesten Rechnung trägt. Sie begegnet nicht nur in verfassungsrechtlicher Hinsicht keinen Bedenken, sondern gewährt Rechtssicherheit und -klarheit für alle Beteiligten. Dieses Modell ist verständlich, eindeutig und bestimmt, vermeidet mißverständliche Interpretationen und dürfte dementsprechend eine hohe Akzeptanz unter den Bürgern finden.

V. Wirksamkeitsvoraussetzungen von Einwilligung und Zustimmung

Die Entscheidung für das Zustimmungsmodell bedeutet für die Rechtspraxis, daß der Arzt einen Explantationseingriff am Leichnam nur dann vornehmen darf, wenn entweder der Verstorbene zu Lebzeiten selbst oder nach seinem Tode die Angehörigen in den Eingriff wirksam eingewilligt haben. Im weiteren stellt sich nunmehr die Frage, welche Voraussetzungen konkret erfüllt sein müssen, damit die Zustimmung *rechtswirksam* ist.

Die Anforderungen an die Rechtswirksamkeit der Spendeerklärung wurden bereits bei der Lebendspende erörtert.[717] Die hier statuierten Kriterien gelten weitestgehend auch für die Erklärung zur Totenspende, so daß nachfolgend ausschließlich auf die Besonderheiten bei der postmortalen Organspende eingegangen werden soll.

1. Einwilligungsbefugte Personen

Erklärt ein gesunder, erwachsener Mensch zu Lebzeiten seine Einwilligung zur Organentnahme *ex mortuo*, so bestehen hinsichtlich der Wirksamkeit dieser Willensäußerung keine Bedenken. Was aber gilt, wenn die prospektiven Organgeber wegen Minderjährigkeit, geistiger Behinderung oder aus sonstigen Gründen nicht geschäftsfähig sind und daher grundsätzlich keine rechtlich bindenden Erklärungen abgeben können?

---

717 Siehe hierzu im vorstehenden 3. Kapitel unter Gliederungspunkt D./III.

a) Grundsätzliche Anforderungen

Wie bei der Lebendspende ausgeführt, beurteilt sich die Wirksamkeit einer Entscheidung über eine Organentnahme nicht nach der Geschäftsfähigkeit, sondern allein nach der hierfür erforderlichen tatsächlichen Einsichts- und Urteilsfähigkeit des Betroffenen. Verfügen Geschäftsunfähige über dieses Maß an Entscheidungsvermögen, können auch sie eine rechtsverbindliche Erklärung zur Organspende abgeben.

Bei der Lebendspende wurde die Ansicht vertreten, daß eine derart hinreichende Einsichtsfähigkeit wegen der weitreichenden Konsequenzen einer Organentnahme *ex vivo* nur bei geistig gesunden, volljährigen Personen angenommen werden kann. Bei der postmortalen Organentnahme könnte hingegen eine andere Beurteilung zulässig sein.

b) Minderjährige

Fraglich ist im Rahmen der Zustimmungslösung zunächst, ob Minderjährige eine *selbständige* Entscheidung zur Totenspende treffen können.

aa) Selbständiges Entscheidungsrecht

In den aktuellen Entwurfsvorschlägen zum Transplantationsgesetz ist man von der bei der Lebendspende propagierten Altersgrenze abgerückt. Minderjährigen wird nunmehr im Hinblick auf die postmortale Organspende ein selbständiges Entscheidungsrecht eingeräumt.[718]

Dies erscheint im Grundsatz sachgerecht, denn es geht schließlich nicht um eine Erklärung, die den Spender zu Lebzeiten beeinträchtigt. Im weiteren hat er die Möglichkeit, seine Entscheidung jederzeit bis zum Tode zu revidieren. Letztlich kann durch eine Senkung der Altersgrenze auch ein Beitrag geleistet werden, die Anzahl der sich zu Lebzeiten ausdrücklich erklärenden Personen zu steigern, was für alle Seiten ein größtmögliches Maß an Klarheit bedeutet.

---

718 Vgl. § 3 Abs.1 S.3 des Entwurfs der Fraktionen der CDU/CSU, SPD, F.D.P., BT-Drucks. 13/4355, S. 3 f. sowie § 4 Abs.1 S.1 des Gesetzentwurfs der Fraktion BÜNDNIS 90/DIE GRÜNEN, BT-Drucks. 13/2926, S. 3. Auch in der Literatur geht man bei der postmortalen Organentnahme grundsätzlich von einem selbständigen Entscheidungsrecht Minderjähriger aus - vgl. etwa Albrecht, Transplantatentnahmen, S. 58; Carstens, Organtransplantation, S. 142; Kloth, Todesbestimmung und Organentnahme, S. 181; Kramer, Rechtsfragen, S. 115.

(1) Erfordernis einer Mindestaltersgrenze

Es bleibt allerdings die Frage, ab welchem Alter von einer entsprechenden Einsichtsfähigkeit und damit von einem selbständigen Entscheidungsrecht ausgegangen werden kann. Unzweifelhaft entzieht sich die Frage nach dem Bestehen einer hinreichenden Einsichtsfähigkeit einer allgemeingültigen Antwort. Es wird Minderjährige geben, die bereits mit 14 Jahren einen entsprechend weitgehenden Entwicklungsstand erreicht haben, und es wird ebenfalls solche geben, die diesen selbst im Alter von 18 Jahren noch nicht aufweisen. Eine Grenzziehung ist dennoch unumgänglich. Dies nicht nur aus Gründen der Rechtssicherheit, sondern insbesondere aus Gründen der Praktikabilität. Bei der Organentnahme vom Toten stellt sich nämlich im Unterschied zur Entnahme beim Lebenden das Problem, daß sich der explantierende Arzt hier nicht mehr selbst davon überzeugen kann, ob der junge Verstorbene, der eine Spendeerklärung bei sich trägt, *bei Abgabe* dieser Erklärung die notwendige Einsichtsfähigkeit besaß.[719] Diese Gewißheit ist für den Arzt aber dringend notwendig, da er sonst Gefahr läuft, daß die Einwilligung ungültig und eine Entnahme unzulässig ist. In Anbetracht dieser Problematik muß deshalb ein entsprechendes Mindestalter bestimmt werden, ab dem ohne weitere Prüfung per se von der Einwilligungsfähigkeit und damit von der Wirksamkeit der Einwilligung ausgegangen werden kann.

(2) Grenzsuche

Sucht man nun in der bestehenden Rechtsordnung Anhaltspunkte dafür, ab welcher Altersstufe die Einsichtsfähigkeit eines Minderjährigen zu vermuten ist, wenn es um Verfügungen von Todes wegen geht, so springt in erster Linie § 2229 Abs.1 BGB ins Auge. Danach wird dem Jugendlichen mit Erreichen des 16. Lebensjahres das Recht zur freien Verfügung über seine Vermögenswerte zugestanden. Diese Altersgrenze gilt gemäß § 5 FeuerBestG auch für die dem postmortalen Bereich zugehörige Entscheidung über die Bestattungsart. Die Einsichtsfähigkeit wird hier also ab dem 16. Lebensjahr als gegeben angesehen, was für die Einwilligung in eine Organentnahme ebenfalls gelten könnte. Es scheint allerdings auch denkbar, daß der Minderjährige in Analogie zur Religionsmün-

---

719 Die Ansicht von Uhlenbruck, in: Laufs/Uhlenbruck (Hrsg.), Handbuch des Arztrechts, § 131 Rdnr. 11, die Einwilligung sei wirksam, wenn der Minderjährige bei Abgabe der Erklärung 16 Jahre alt gewesen sei und die erforderliche Einsichtsfähigkeit gehabt habe, ist insoweit kaum nachvollziehbar, denn für den explantierenden Arzt dürfte dies ex post nicht feststellbar sein.

digkeit[720] ab dem 14. Lebensjahr in der Lage ist, die Bedeutung seiner Entscheidung über eine Organspende nach dem Tode hinreichend einzuschätzen. Letztlich handelt es sich hierbei ja ebenfalls um eine höchstpersönliche Gewissensentscheidung, so daß sich die Sachlagen insoweit ähneln.

Mit Blick auf diese Vorgaben neige ich dazu, die Altersgrenze für die Entscheidung zur postmortalen Organspende bei 16 Jahren anzusiedeln.[721] Diese Erwägung stützt sich weniger auf eine Analogie zur Testierfähigkeit, bei der eher ökonomische Aspekte im Vordergrund stehen, als vielmehr auf eine Analogie zu § 5 FeuerBestG. Bei normaler geistiger Entwicklung wird man einen Sechzehnjährigen als hinreichend reif und verständig ansehen können, die Bedeutung des Todes zu erfassen und im Hinblick auf seine höchstpersönlichen postmortalen Verhältnisse überlegte Entscheidungen zu treffen. Mag im Einzelfall auch ein Vierzehnjähriger hierzu in der Lage sein - größtenteils dürfte es sich hierbei um Ausnahmefälle handeln.

(3) Stellungnahme zum Gesetzentwurf

§ 3 Abs.1 S.3 des interfraktionellen Gesetzentwurfs sieht nicht nur die Möglichkeit der Einwilligung vor, sondern auch die des Widerspruchs.[722] Für die positive und negative Spendererklärung sind verschiedene Mindestaltersgrenzen fixiert worden. Die Einwilligung in eine postmortale Spende soll vom vollendeten 16. Lebensjahr, ein Widerspruch vom vollendeten 14. Lebensjahr an erklärt werden können.

Bei der Suche nach Anhaltspunkten für diese wenig einsichtige Unterscheidung, liest man in der Entwurfsbegründung, daß man sich bei der Einwilligung an der Testierfähigkeit orientiert habe.[723] Bei der Erklärung des Widerspruchs beruft man sich hingegen auf die Religionsmündigkeit. Meines Erachtens gehören sowohl Einwilligung als auch Widerspruch zum Prozeß eines einheitlichen Nachdenkens bzw. einer einheitlichen Entscheidungsfindung, so daß mir diese Differenzierung künstlich und wenig überlegt erscheint. Vielmehr empfiehlt sich

---

720 Art. 4 Abs.1 GG i.V.m. § 5 S.1 RelKEG.
721 So auch Albrecht, Transplantatentnahmen, S. 58; Carstens, Organtransplantation, S. 142; Kramer, Rechtsfragen, S. 115; Reimann, in: FS Küchenhoff/1.Halbb., S. 341 (343); Strätz, in: Soergel, BGB/Bd.8, § 1631 Rdnr. 22; Uhlenbruck, in: Laufs/Uhlenbruck (Hrsg.), Handbuch des Arztrechts, § 131 Rdnr. 11. *A.A.* Voll, Einwilligung, S. 258, die, wegen angeblich größerer Vergleichbarkeit zur freien Religionswahl, die Altersgrenze bei 14 Jahren ansetzen möchte.
722 BT-Drucks. 13/4355, S. 4.
723 Diese gilt für beide Entwürfe, vgl. BT-Drucks. 13/4355, Begründung, S. 18; BT-Drucks. 13/2926, Begründung, S. 15.

eine einheitliche Grenze für positive und negative Erklärungen, die aus den zuvor genannten Gründen bei 16 Jahren angesetzt werden sollte.

(4) Ergebnis

Im Regelfall kann davon ausgegangen werden, daß bei einem Jugendlichen ab dem 16. Lebensjahr die Einsichtsfähigkeit so weit ausgeprägt ist, daß er die Bedeutung seiner Entscheidung zur postmortalen Organentnahme erfassen und insoweit selbst eine wirksame Spendeerklärung abgeben kann. Der Arzt wird sich bei einem jung verstorbenen Menschen allerdings nur dann auf dessen niedergelegte Spendeerklärung allein verlassen dürfen, wenn sicher feststeht, daß diese Altersgrenze zum Erklärungszeitpunkt gewahrt wurde. Wie hier durch entsprechende verfahrensrechtliche Vorkehrungen ein größtmögliches Maß an Rechtssicherheit hergestellt werden kann, wird an späterer Stelle[724] bei der Untersuchung der *formellen* Wirksamkeitskriterien der Spendererklärung zu erörtern sein.

bb) Entscheidungsrecht des gesetzlichen Vertreters

Klärungsbedürftig bleibt die Frage, was gilt, wenn der Minderjährige zu Lebzeiten überhaupt keine oder eine ungültige Erklärung abgegeben hat. In dem Fall könnte ein Entscheidungsrecht der Sorgeberechtigten erwogen werden, die zu Lebzeiten des Kindes als dessen gesetzlicher Vertreter agiert haben.

(1) Personen- oder Totenfürsorge

Die Sorgeberechtigten - zumeist personengleich mit den Eltern eines Minderjährigen - sind zu Lebzeiten ihres Schützlings auch in solchen Angelegenheiten zur stellvertretenden Entscheidung ermächtigt, die die körperliche Integrität des Kindes betreffen.[725] Dementsprechend könnten sie in Ausübung ihrer Funktion als Personensorgeberechtigte auch zur Entscheidung über eine postmortale Organentnahme befugt sein.

Ein Vertretungsrecht muß allerdings verneint werden, denn das gesetzliche Vertretungsrecht der Sorgeberechtigten endet gemäß § 1698 b BGB mit dem Tod des Kindes. Dementsprechend unterfällt auch die Entscheidung über eine postmortale Organentnahme nicht mehr dem Personensorgerecht, sondern dem

---

724 Vgl. hierzu unter nachstehendem Gliederungspunkt 4.
725 Vgl. hierzu im einzelnen die Ausführungen im vorstehenden 3. Kapitel unter Gliederungspunkt D./III. 2.b) cc) (2).

Totensorgerecht[726], daß die Angehörigen - in diesem Fall die Eltern - im Interesse des Kindes auszuüben haben.

(2) Ergebnis

Liegt eine persönliche Erklärung des Minderjährigen nicht vor oder steht deren Wirksamkeit in Frage, so muß der Arzt die Eltern befragen. Unter Beachtung des Willens des Kindes sind diese insoweit zur Entscheidung berufen, üben aber keine Stellvertreterposition im eigentlichen Sinne mehr aus.

c) Betreute

Fraglich ist im Rahmen der Zustimmungslösung außerdem die Wirksamkeit der Spendeerklärung, wenn die prospektiven Organgeber zu Lebzeiten wegen Krankheit oder Behinderung betreut wurden. Hierzu findet sich weder im aktuellen Entwurfsvorschlag von CDU/CSU, SPD, F.D.P. noch in dem Ergänzungsantrag eine explizite Regelung.

aa) Selbständiges Entscheidungsrecht

Ob zu Lebzeiten betreute Personen rechtswirksam in eine Organentnahme nach dem Tode einwilligen können, kann sich nur danach beurteilen, ob die betreute Person über ein entsprechend ausgeprägtes Urteilsvermögen verfügt.

Bei psychisch oder geistig kranken Menschen wird man eine dahingehende Einsichtsfähigkeit generell ablehnen müssen, denn hier bestehen keine verläßlichen Kriterien, die Aufschluß darüber geben könnten, ob das Urteilsvermögen des Behinderten genügend ausgeprägt ist, um die Bedeutung seiner Entscheidung zu erfassen. Anders ist hingegen der Fall zu beurteilen, daß der Volljährige nicht wegen geistiger Abnormität, sondern wegen einer körperlichen Behinderung unter Betreuung steht. Hier ist kein Grund ersichtlich, der gegen die Einsichtsfähigkeit des Betreuten spricht, so daß er auch ohne Bedenken eine wirksame Erklärung zur postmortalen Organentnahme abgeben kann.

---

726 LG Bonn, JZ 1971, 56 (59 f.); AG Berlin-Schöneberg, FamRZ 1979, 633 (633); Strätz, in: Soergel, BGB/Bd.8, § 1631 Rdnr. 22; Bieler, JR 1976, 224 (226 f.); Forkel, JZ 1974, 593 (597, 599); Kloth, Todesbestimmung und Organentnahme, S. 182. *A.A.* Diederichsen, in: Palandt, BGB, § 1631 Rdnr. 2, der die Entscheidung zur Organspende noch der *Personen*sorge zuordnet.

bb) Entscheidungsrecht des gesetzlichen Vertreters

Ähnlich der Situation bei jung Verstorbenen, stellt sich auch hier die Frage, ob die Möglichkeit zur stellvertretenden Entscheidung besteht, wenn der Betreute zu Lebzeiten keine Erklärung abgegeben hat oder die Gültigkeit seiner Spendeeinwilligung fraglich ist.

In erster Linie könnte man hier an ein Entscheidungsrecht desjenigen Betreuers denken, dessen Aufgabenkreis zu Lebzeiten des Betreuten den Bereich der Gesundheitsfürsorge betraf. Das Betreuungsverhältnis und damit auch die Stellung des Betreuers als gesetzlicher Vertreter erlischt allerdings mit dem Tod des Betreuten. Dies ist zwar nicht explizit in den §§ 1896 ff. BGB bestimmt, ergibt sich aber aus dem Wesen der Betreuung.[727] Die Entscheidung über eine postmortale Organentnahme fällt demzufolge nicht mehr in den Zuständigkeitsbereich des Betreuers.

Eine Einschaltung des Vormundschaftsgerichts, entsprechend dem Rechtsgedanken des § 1904 S.1 BGB, kommt ebensowenig in Betracht, da die Legitimationsbasis für das Tätigwerden dieser Instanz mit dem Tod der betreuten Person endet.

Meines Erachtens muß die Entscheidung in den Fällen, in denen eine persönliche Erklärung des zu Lebzeiten Betreuten nicht vorliegt bzw. ihre Wirksamkeit zweifelhaft ist, von den Angehörigen getroffen werden. Als Inhabern des Totensorgerechts obliegt ihnen der Schutz und die Wahrung des postmortalen Persönlichkeitsrechts des Verstorbenen. Sie sind daher auch dazu ermächtigt, den Willen des Verstorbenen in Fragen der postmortalen Organentnahme ersatzweise zum Ausdruck zu bringen.

2. Zustimmungsbefugte Dritte

Im Rahmen der erweiterten Zustimmungslösung ist weiterhin klärungsbedürftig, *wer* zum Kreis der totensorgeberechtigten Angehörigen zu zählen ist und in welcher Rangfolge die Entscheidungsrechte auszuüben sind.

a) Personenkreis

Eine allgemeingültige gesetzliche Definition des Angehörigenbegriffs, die auch für den Bereich der Organspende maßgeblich wäre, existiert im deutschen Recht nicht. Je nach Gesetz wird unter diesem Begriff eine sehr unterschiedliche Per-

---

727 BT-Drucks. 11/4528, S. 155; Kern, MedR 1993, 248 (249).

sonengruppe verstanden.[728] Um Anhaltspunkte für die hier zu beurteilende Frage zu gewinnen, soll zunächst untersucht werden, anhand welcher Kriterien der Gesetzgeber bisher die Entscheidungskompetenzen verteilt hat, wenn es um die Wahrnehmung bestimmter Interessen des Verstorbenen geht.

aa) Anhaltspunkte in der bestehenden Rechtsordnung

Soweit ersichtlich, hat sich der Gesetzgeber bei der Auswahl der entscheidungsberechtigten Angehörigen durchweg an dem Kriterium familienrechtlicher Verwandtschaft orientiert.

In den § 60 Abs.2, 3 UrhG, § 22 S.3, 4 KunsturhG ist der Kreis der Angehörigen, die zur Wahrnehmung des Rechts am Bild des Verstorbenen befugt sind, sehr eng gezogen. Hierzu zählen ausschließlich der überlebende Ehegatte des Abgebildeten und seine Kinder. Existieren solche Personen nicht, so sind die Eltern wahrnehmungsberechtigt.

Nach § 194 Abs.1 S.5, Abs.2 S.1 i.V.m. § 77 Abs.2 S.1, 2 StGB steht das Recht zur Strafantragsstellung wegen Verunglimpfung des Andenkens eines (bereits oder zwischenzeitlich) Verstorbenen vorrangig dem Ehegatten und den Kindern zu. Hat der Verstorbene solche nicht hinterlassen oder sterben diese vor Ablauf der Antragsfrist, geht das Antragsrecht zunächst auf die Eltern, nachrangig auf die Geschwister, dann die Enkel des Verletzten über. Ähnlich ist der Kreis der antragsbefugten Angehörigen in § 361 Abs.2 StPO gestaltet. Ist der Verurteilte inzwischen verstorben, so steht das Recht zur Beantragung einer Wiederaufnahme des Verfahrens vorrangig dem Ehegatten, danach den Verwandten auf- und absteigender Linie, zuletzt den Geschwistern des Verstorbenen zu.

In § 2 Abs.1 S.1, 2 LeichenVO-NW ist geregelt, welche Angehörigen bestattungspflichtig sind. Hierzu zählen der Ehegatte, die Abkömmlinge, die Eltern und die Geschwister des Verstorbenen. Geht es dagegen um die Wahl der Bestattungsart, ist der Kreis der bestimmungsbefugten Angehörigen in § 2 Abs.2 FeuerbestG wesentlich erweitert: Ehegatte, Verwandte und Verschwägerte ab- und aufsteigender Linie, Geschwister und deren Kinder sowie der Verlobte sind zur Entscheidung ermächtigt.

---

728 Vgl. etwa Art.104 Abs.4 GG, §§ 530, 569 a, 1740 d BGB, §§ 11 Abs.1 Nr.1, 77 Abs.2, 194 Abs.1, 2 StGB, §§ 52, 63 StPO, § 2 FBG, § 60 Abs.2, 3 UrhG, § 22 S.3, 4 KunstUrhG.

bb) Überlegungen für die Organspende

Im Anschluß an vorstehende Ausführungen stellt sich die Frage, ob man den Kreis der Personen, die nach dem Tod eines potentiellen Spenders zur Entscheidung über eine Organentnahme befugt sind, ebenfalls auf Verwandte im familienrechtlichen Sinne beschränken sollte.

Meines Erachtens muß dies verneint werden. Ein Dritter hat die Legitimation zur Entscheidung hier deshalb, weil er bei der Ermittlung des mutmaßlichen Willens des Verstorbenen behilflich sein soll. Dies setzt weniger eine verwandtschaftliche, als vielmehr eine tatsächliche Verbundenheit voraus. Gerade das wirklich bestehende, enge, vertrauensvolle Verhältnis zum Verstorbenen ist für die Kenntnis seiner Auffassung entscheidend. Eine derartige Bindung mag sicher auch unter Verwandten bestehen können. Viele Menschen finden ihre wichtigsten persönlichen und sozialen Bindungen heute aber außerhalb der traditionellen Modelle von Ehe und Familie. In diesem Fall sind Lebensgefährten, engste Freunde und sonstige Vertrauenspersonen des Verstorbenen aufgrund ihrer emotionalen Nähe eher in der Lage, dessen persönlichen Anschauungen mitzuteilen, als Angehörige im familienrechtlichen Sinn. Auch in anderem Zusammenhang hat man sich bereits von dem strikten Angehörigenprivileg gelöst. Eine interessante Parallele findet sich insoweit in Art.104 Abs.4 GG. Hiernach muß im Falle einer richterlichen Entscheidung über eine Freiheitsentziehung entweder ein Angehöriger des Festgehaltenen oder eine *Person seines Vertrauens* benachrichtigt werden.

cc) Stellungnahme zum Gesetzentwurf

Im Ergänzungsantrag zum interfraktionellen Entwurf ist vorgesehen, daß das Entscheidungsrecht neben den nächsten Angehörigen auch solchen Personen zustehen soll, die dem Verstorbenen *"in besonderer persönlicher und sittlicher Verbundenheit offenkundig nahegestanden"* haben.[729]

Diese Formulierung entspricht der im interfraktionellen Gesetzentwurf gewählten Formulierung zur Bestimmung des Spenderkreises bei der Organentnahme *ex vivo*. Die Bedenken gegen diesen Terminus wurden im vorstehenden 3. Kapitel bereits dargelegt.[730] Für die Totenspende ergibt sich im Ergebnis keine andere Beurteilung, denn die Adjektive "sittlich" und "offenkundig" bringen auch hier keine Präzisierung für das Bestehen einer engen Verbundenheit. Der

---

729 BT-Drucks. 13/4368, Begründung, S. 7.
730 Vgl. Gliederungspunkt D./II. 4.b) bb).

Gesetzgeber sollte deshalb auf diese mißlungene Wortwahl verzichten und allein auf das Vorliegen einer engen persönlichen Beziehung abstellen.

b) Rangfolge

Sind mehrere Familienmitglieder oder sonstige Vertrauenspersonen vorhanden, so muß Klarheit darüber bestehen, wer in diesem Fall zur Entscheidung berufen ist. Um dies zu gewährleisten und etwaigen Streitfällen in der Praxis vorzubeugen, muß eine entsprechende Rangfolge der Entscheidungsträger bestimmt werden, die zuerst jene Personen mit dem Bestimmungsrecht betraut, die dem Lebenskreis und der Gedankenwelt des Verstorbenen am nächsten gestanden haben.

Für den Bereich der postmortalen Organentnahme könnte man sich insoweit an die Regelung des § 2 Abs.3 FeuerBestG anlehnen, die dem jeweils nächsten Angehörigen ein die übrigen ausschließendes Bestimmungsrecht einräumt. Primär wäre danach der überlebende Ehegatte des Verstorbenen, ihm folgend seine Kinder und Schwiegerkinder, die Eltern des Verstorbenen, schließlich die übrigen Verwandten nach dem Verwandtschaftsgrad und endlich der bzw. die Verlobte zur Abgabe der Einverständniserklärung zur Organentnahme berufen.[731] Darüber hinaus muß explizit bestimmt werden, daß solche Personen, die dem Verstorbenen persönlich besonders nahegestanden haben, neben den nächsten Angehörigen zur Entscheidung ermächtigt sind.

3. Aufklärung über den Eingriff

Bei der Lebendspende hängt die Wirksamkeit der Spendeerklärung im weiteren davon ab, daß der Betroffene von ärztlicher Seite über den Eingriff aufgeklärt wurde. Für die Erklärung zur postmortalen Organentnahme können diese Maßstäbe allerdings nicht gelten. Der Spender setzt sich durch den Eingriff nach dem Tode nämlich keinen Gefahren mehr aus, die im Sinne einer Risiko-Nutzen-Analyse individuelle Information über den Eingriff zwingend nötig machten. Die Entscheidung ist vielmehr eine primär ethisch und weltanschaulich geprägte Gewissensentscheidung, deren Tragweite heute allgemein bekannt ist und die deshalb keine besonderen Sachinformationen erfordert. Es ist vielmehr jedem Bürger überlassen, sich um Informationen zu bemühen, wenn er sie für seine Meinungsbildung und die daraus resultierende Entscheidung benötigt.[732] Die

---

731 In diese Richtung geht auch der Vorschlag von Strätz, Rechtsstellung des Toten, S. 59.
732 Lilie, MedR 1983, 131 (133).

Wirksamkeit einer zu Lebzeiten erklärten Einwilligung in eine postmortale Organentnahme hängt also nicht von einer vorausgehenden individuellen Eingriffsaufklärung ab.

4. Formbedürftigkeit

a) Erklärung des Spenders

aa) Formzwang

Fraglich ist, ob die Verfügung über eine postmortale Organentnahme etwaigen Formzwängen unterliegt. Man könnte insoweit an die erbrechtliche Formvorschrift des § 2247 BGB denken, die für die Wirksamkeit der Verfügung von Todes wegen die Einhaltung der Testamentsform verlangt. Die Anwendbarkeit dieser Norm scheitert allerdings schon daran, daß das Erbrecht ausschließlich den Fall letztwilliger Anordnungen über Vermögensgegenstände erfaßt. Bei der Entscheidung über die Organspende geht es hingegen nicht um vermögensrechtliche Angelegenheiten, sondern um solche des Persönlichkeitsrechts, das eben nicht vererbbar ist, sondern nach dem Tode fortwirkt. Eine Verfügung über dieses Recht kann deshalb auch nicht den Formzwängen des Erbrechts unterliegen.[733] Sonstige gesetzliche Formvorschriften, die für die Erklärung über eine postmortale Organspende maßgeblich sein könnten, sind nicht ersichtlich. Wie bei der Lebendspende[734] gilt deshalb auch hier kein Formzwang.[735] Aus dem Analogieschluß des argumentum a maiore ad minus heraus, würde es letztlich auch wenig sinnvoll erscheinen, die Einwilligung in die Verletzung des postmortal bereits reduzierten Persönlichkeitsrechts einer Form zu unterwerfen, gleichzeitig aber Verfügungen über das umfassendere Persönlichkeitsrecht zu Lebzeiten formfrei zu lassen.[736] Im Gesetzentwurf von CDU/CSU, SPD, F.D.P. wird diesem Befund Rechnung getragen. Zwar werden in § 2 Abs.2, 3 E-TPG entsprechende Erklä-

---

733 Zutreffend Kramer, Rechtsfragen, S. 119 f.; Lilie, MedR 1983, 131 (133); Uhlenbruck, in: Laufs/Uhlenbruck (Hrsg.), Handbuch des Arztrechts, § 131 Rdnr. 10.
734 Vgl. hierzu die Ausführungen im vorstehenden 3. Kapitel unter Gliederungspunkt D./III. 6.
735 Einhellige Ansicht, vgl. Albrecht, Transplantatentnahmen, S. 61; Carstens, Organtransplantation, S. 144; Dannecker/Görtz-Leible, in: Oberender (Hrsg.), Transplantationsmedizin, S. 161 (171); Forkel, JZ 1974, 593 (597); Gramer, Organtransplantation, S. 56; Kloth, Todesbestimmung und Organentnahme, S. 183; Kramer, Rechtsfragen, S. 120; Lilie, MedR 1993, 131 (133); Strätz, Rechtsstellung des Toten, S. 57; Uhlenbruck, in: Laufs/Uhlenbruck (Hrsg.), Handbuch des Arztrechts, § 131 Rdnr. 10; Voll, Einwilligung, S. 252.
736 Kramer, Rechtsfragen, S. 120.

rungsformen benannt. Diese Regelung ist aber als Kann-Vorschrift ausgestaltet und in der Begründung wird explizit darauf hingewiesen, daß die Einhaltung dieser Form-Vorgaben keineswegs zwingend sei. Vielmehr könne die Erklärung auf jede andere, geeignete Weise abgegeben werden.[737]

bb) Empfehlung für die Praxis

Wenngleich damit die Wahl der Erklärungsform dem einzelnen überlassen bleibt, wird es für die Praxis jedenfalls empfehlenswert sein, die Entscheidung über eine postmortale Spende zu Lebzeiten schriftlich zu fixieren oder sonst entsprechend verläßlich mitzuteilen. Der einzelne läuft sonst nämlich Gefahr, daß eine seinem Willen entsprechende Erklärung im entscheidenden Moment nicht zur Geltung kommt. Auch Gründe der Beweissicherung sprechen für eine entsprechende Fixierung.

(1) Organspendeausweis

Der "Arbeitskreis Organspende" hat in den letzten Jahren entsprechende Ausweise herausgegeben, in denen der Bürger seine Entscheidung manifestieren konnte. Die derzeitigen Gesetzentwürfe scheinen an diese Praxis anzuknüpfen, denn sie sehen ebenfalls die Möglichkeit der Erklärung in einem sogenannten "Organspendeausweis" vor, der nunmehr amtlich ausgegeben werden soll.[738] Diese Regelung ist zu begrüßen, denn ein derartiger Vordruck dürfte dem Bürger die Abfassung seiner Erklärung erleichtern.

Allerdings kann dieses Papier seinen Zweck nur dann tatsächlich erfüllen, wenn es bei Todeseintritt auch für die Ärzte auffindbar ist. Der Bürger ist in dieser Hinsicht selbst gefordert. Er allein kann durch das ständige Beisichführen der Erklärung - etwa in der Geldbörse oder Brieftasche - dafür Sorge tragen, daß sein Wille im Entscheidungsfall zur Geltung kommt. Es erscheint insoweit wünschenswert, daß bei Ausgabe des Ausweises eindringlich auf die Wichtigkeit des Dokuments hingewiesen wird.

---

737 BT-Drucks. 13/4355, Begründung, S. 17.
738 § 2 Abs.1 S.2 E-TPG der Fraktionen der CDU/CSU, SPD, F.D.P., BT-Drucks. 13/4355, S. 3 sowie § 5 Abs.4 i.V.m. § 3 Abs.3 E-TPG der Fraktion BÜNDNIS 90/DIE GRÜNEN, BT-Drucks. 13/2926, S. 3

(2) Zentralregister

Selbst bei schriftlicher Fixierung wird die Beachtung des Willens des Verstorbenen nicht in jedem Fall zu garantieren sein. Papiere sind nämlich durchaus verlustanfällig, der Vernichtung leicht zugänglich und können durch interessierte Personen ohne Schwierigkeit unterdrückt werden. Eine vollends befriedigende Lösung ist also auf diesem Wege nicht zu erreichen. Um ein Optimum an Sicherheit herbeizuführen, scheint es unumgänglich, *zusätzliche* Maßnahmen zu ergreifen.

In § 2 Abs.3 des interfraktionellen Gesetzentwurfs ist die Anlegung eines Organspenderegisters vorgesehen.[739] Auf Wunsch des einzelnen soll die Erklärung zur Organspende gespeichert werden können. Die Einzelheiten zu diesem Verfahren sind in den Ziffern 1 bis 6 der Vorschrift detailliert geregelt. Hier ist unter anderem bestimmt, daß der Zugriff auf diese Datenbank erst nach Abschluß der Hirntod-Diagnose zulässig ist. Diesen Punkt erachte ich für besonders wichtig, denn nur so wird der immer wieder zu beobachtenden Sorge begegnet werden können, daß bei einem potentiellen Organgeber *vor* Eintritt des Todes nicht mehr mit höchstmöglichem intensivmedizinischen Einsatz behandelt würde, um eine eventuell mögliche Explantation zu erleichtern. Etwaige Mißbrauchsgefahren werden dadurch minimiert, daß auch nach Feststellung des Todes allein solche Ärzte auskunftsberechtigt sein sollen, die sich durch entsprechende Codenummern legitimieren können. Datenschutz wird über § 13 TPG-E gewährleistet, so daß die Einführung dieses Registers insgesamt keinen Bedenken begegnet.[740]

Es ist zu hoffen, daß die Bürger von dieser Möglichkeit Gebrauch machen, denn das Register schafft einen zusätzlichen Sicherheitsfaktor, wenn eine schriftliche Äußerung im Entscheidungszeitpunkt vielleicht nicht auffindbar oder nicht mehr lesbar ist.

b) Erklärung der Ersatzentscheider

aa) Formzwang

Bei der erweiterten Zustimmungslösung stellt sich schließlich die Frage, ob die Angehörigen bei Ausübung ihres subsidiären Entscheidungsrechts gewissen formalen Zwängen unterliegen. Im Gesetzentwurf von CDU/CSU, SPD, F.D.P.

---

739 BT-Drucks. 13/4355, S. 3.
740 Zur Frage des Datenschutzes in dem Zusammenhang vgl. weitergehend G. Hirsch/ Schmidt-Didczuhn, Transplantation, S. 59.

findet sich zu dieser Frage keine Regelung, ebensowenig in dem Ergänzungsantrag.

Meines Erachtens kann hier wegen der Identität der wahrgenommenen Rechtsgüter letztlich nichts anderes gelten, als für die Erklärung des Spenders selbst, so daß auch die Ersatzentscheider keinem Formzwang bei der Kundgabe ihrer Entscheidung unterliegen.

bb) Empfehlung für die Praxis

Dem Arzt ist allerdings aus Gründen der Beweissicherung dringend anzuraten, eine schriftliche Erklärung einzuholen. Im Falle eines späteren Haftungsprozesses trägt er nämlich die volle Beweislast für die Rechtfertigung des Entnahmeeingriffs.[741] Derjenige Arzt, der die Explantation aufgrund einer mündlichen Einwilligung vorgenommen hat, ohne daß andere Personen dies bezeugen könnten, wird den Beweis der Rechtmäßigkeit seines Tuns nicht erfolgreich führen können. Unter Berücksichtigung dieser Fakten ist zu hoffen, daß die Ärzte schon aus eigenem Interesse den sensiblen Bereich der Organspende sorgfältig handhaben und eine schriftliche Absicherung der Angehörigenentscheidung herbeiführen werden.

VI. Reichweite der Legitimationswirkung

Fraglich bleibt schließlich, in welchem Umfang die Entnahme durch die Einwilligung gedeckt ist. Rechtfertigt ein Einverständnis auch eine sogenannte Mehrfach- bzw. Multiorganentnahme?

Aus dem Körper eines idealen Organspenders, bei dem lediglich das Gehirn zerstört ist, alle anderen Organe und Gewebe dagegen gesund sind, können theoretisch Herz, Leber, Lungen, Nieren, Bauchspeicheldrüse, Haut, Gehörknöchelchen und Augenhornhaut entnommen werden. Entsprechend vielen Patienten könnte also mit dem Körper *eines* Menschen geholfen werden. Es wurde allerdings bereits im Rahmen der Darstellung verfassungsrechtlicher Aspekte der Totenspende angemerkt, daß eine solche Mehrfach- bzw. Multiorganentnahme eine förmliche Ausschlachtung bedeutet, die einer unwürdigen Behandlung des Leichnams sehr nahe kommt und daher im Hinblick auf Art. 1 Abs. 1 GG nicht unbedenklich erscheint.[742]

---

741 Zur Beweislastverteilung im Arzthaftpflichtprozeß vgl. Laufs, Arztrecht, Rdnr. 589 ff.
742 Vgl. in diesem Kapitel unter Gliederungspunkt D./III. 2.a).

Eine Multiorganentnahme ist deshalb allenfalls dann durch die Einwilligung gedeckt, wenn der Verstorbene zu Lebzeiten eine *unbeschränkte*[743] Organspendeerklärung abgegeben hat[744] oder - bei Fehlen einer Erklärung des Verstorbenen - die Ersatzentscheider vor Erteilung ihrer Zustimmung ausdrücklich von den Ärzten über die Absicht einer Mehrfachorganentnahme informiert wurden. Wurde die Einwilligung hingegen nur für bestimmte Organe gegeben, so muß dieser Wille respektiert werden und eine Multientnahme unterbleiben, da die Explantation nur in dem Umfang gerechtfertigt ist, in dem ihr auch tatsächlich zugestimmt wurde.

E. Rechtfertigung der Entnahme durch Notstand

Auch wenn die Zulässigkeit der Organentnahme *ex mortuo* nach der hier vertretenen Ansicht grundsätzlich von der Einwilligung des Spenders bzw. Zustimmung der Ersatzentscheider abhängt, bleibt zu klären, ob der Eingriff *im Einzelfall* auch ohne Einwilligung aufgrund einer Notstandslage nach § 34 StGB gerechtfertigt sein kann.

Diese Frage zählt wohl zu den umstrittensten juristisch-ethischen Fragen im Bereich der Transplantationsmedizin.[745] Angesichts der hier bestehenden Rechtsunsicherheit verwundert es um so mehr, daß laut Ziffer 2 des Transplantationskodexes[746] eine Entnahme ohne Einwilligung unter den Voraussetzungen des rechtfertigenden Notstands in Betracht kommen soll. Bevor dazu Stellung bezogen wird, ob diese "Regelung" auf dem Gebiet der postmortalen Organexplantation Bestand haben kann, möchte ich zunächst untersuchen, welche Be-

---

743 Die derzeit vom Arbeitskreis Organspende herausgegebenen Organspendeausweise sehen entsprechende Eintragungsmöglichkeiten vor. Der Spender kann hier ausdrücklich bestimmen, daß bestimmte Organe und Gewebe von der Einwilligung ausgenommen sind.

744 Dannecker/Görtz-Leible, in: Oberender (Hrsg.), Transplantationsmedizin, S. 161 (171); Kloth, Todesbestimmung und Organentnahme, S. 181.

745 *Gegen* die Anwendbarkeit Trockel, NJW 1970, 489 (493); zweifelnd auch Heifer/Pluisch, Rechtsmedizin 1991, 73 (80 f.). *Für* die Anwendbarkeit des § 34 StGB Albrecht, Transplatentnahmen, S. 79; Carstens, Organtransplantation, S. 130 f.; Geilen, JZ 1971, 41 (46); Heinitz, Fragen der Organtransplantation, S. 24; G. Hirsch/Schmidt-Didczuhn, Transplantation, S. 19; Kirschbaum, MedKlinik 1971, 1627 (1630 f.); Kohlhaas, NJW 1970, 1224 (1225); Laufs, Arztrecht, Rdnr. 280 ff.; Linck, ZRP 1975, 249 (251); Samson, NJW 1974, 2030 (2032); H.-L. Schreiber, in: FS Klug/Bd.II, S. 341 (351 f.); Stiebeler, in: Gramberg/Danielsen (Hrsg.), Rechtsophthalmologie, S. 72 (74); Voll, Einwilligung, S. 269; Wimmer, ZRP 1976, 48 (48).

746 Abgedruckt in ZTxMed 1995, 154 f.

dingungen in concreto erfüllt sein müßten, damit § 34 StGB seine Legitimationswirkung überhaupt entfaltet.

I. Regelungsinhalt des § 34 StGB

§ 34 StGB rechtfertigt eine an sich verbotene Handlung. Die Anforderungen für das Eingreifen dieses Rechtfertigungsgrundes sind dementsprechend relativ hoch gesteckt. Die Vorschrift entfaltet ihre rechtfertigende Wirkung nur, wenn für hochrangige Rechtsgüter eine gegenwärtige Gefahr besteht, die Verletzungshandlung das einzige Mittel zu ihrer Abwendung darstellt, im Rahmen einer Interessenabwägung das geschützte Rechtsgut das beeinträchtigte wesentlich überwiegt und die Tat als angemessenes Mittel zur Gefahrenabwehr erscheint. Übertragen auf die Situation der Organentnahme würde dies bedeuten, daß der Arzt das über den Tod hinaus fortwirkende Persönlichkeitsrecht des Spenders und Totensorgerecht der Hinterbliebenen verletzen darf, wenn in der konkreten Situation keine andere Möglichkeit zur Abwendung der Gefahrenlage besteht, die Interessenabwägung einen Vorrang des Lebens oder der Gesundheit des potentiellen Organempfängers ergibt und der Eingriff am Leichnam zugleich ein angemessenes Mittel zur Gefahrenabwehr darstellt.

II. Tatbestandsvoraussetzungen

1. Notstandsfähige Rechtsgüter

Das Eingreifen des in § 34 StGB verankerten Rechtfertigungsgrundes setzt zunächst das Vorliegen einer Gefahr für hochrangige Rechtsgüter voraus. Die bedrohten Rechtsgüter im Rahmen einer Organexplantation sind einerseits das Leben und die körperliche Unversehrtheit des Empfängers, andererseits das Selbstbestimmungsrecht des Spenders und seiner Angehörigen. Alle hier in Frage stehenden Rechtsgüter sind notstandsfähig.

2. Gegenwärtige Gefahr

Eine gegenwärtige Gefahr für eines der betroffenen Rechtsgüter - hier der Rechtsgüter Gesundheit und Leben des potentiellen Organempfängers - liegt dann vor, wenn die Gefahr ohne Ergreifen der abwehrenden Maßnahme alsbald oder in allernächster Zeit in einen Schaden umzuschlagen droht oder dieser bereits eingetreten ist[747]. Für den Organempfänger besteht eine derartige Gefahrenlage dann, wenn gesundheitliche Schäden oder der Tod nur durch unverzügliche Implantation eines fremden Organs abgewendet werden können.[748]

Von einer gegenwärtigen Gefahr konnte vielleicht noch problemlos bei der ersten Herztransplantation im Jahr 1967 ausgegangen werden. Zu dieser Zeit war eine Verpflanzung noch selten von Erfolg gekrönt, so daß ohnehin nur Patienten mit infauster Prognose als Organempfänger in Betracht gezogen wurden. Der bis heute erreichte Stand der Medizin macht die Entscheidung über die Dringlichkeit einer Organverpflanzung allerdings wesentlich schwieriger. Die Indikationslagen für eine Transplantation haben sich ausgeweitet und mit zunehmender Überwindung immunologischer Barrieren wird diese Entwicklung tendenziell fortschreiten. Es ist deshalb zu vermuten, daß eine Transplantation schon bald nicht mehr erst ins Auge gefaßt wird, wenn sie die ultima ratio ist, sondern bereits dann, wenn sie bessere Resultate als herkömmliche Behandlungsmethoden verspricht.[749] Bei Nierentransplantationen wird die gegenwärtige Gefahr bereits heute nicht mehr ohne weiteres zu begründen sein, da der Patient über einen relativ langen Zeitraum mit Hilfe der Dauerdialyse sein Nierenversagen kompensieren kann.[750] Noch weniger kann von einer akuten Gefahrensituation ausgegangen werden, wenn es um eine langsame Eintrübung der Augenhornhaut oder Verminderung der Hörfähigkeit infolge Degeneration der Gehörknöchelchen geht.

Diese wenigen Beispiele verdeutlichen schon, daß nicht in jedem Fall von einer gegenwärtigen Gefahr für den organkranken Patienten ausgegangen werden kann. Welche Bewertungsmaßstäbe hier anzusetzen sind, ist schon bei allgemeiner Betrachtung schwer zu sagen. Die Problematik dürfte durch Sachverhaltsunklarheiten in der Praxis zusätzlich verschärft sein. Grundsätzlich wird man das Vorliegen einer gegenwärtigen Gefahr bei den Patienten bejahen können, die auf eine Leber-, Herz- oder Lungenverpflanzung angewiesen sind. Der Funktionsausfall dieser Organe bringt den Betroffenen schnell in eine krisenhafte Situation, die durch apparative Maßnahmen entweder nur schlecht oder gar nicht aufgefangen werden kann. In anderen Fällen wird stets zu fordern sein, daß die Krankheit des Patienten eine gewisse Progredienz aufweist, gesundheitliche

---

747 Lenckner, in: Schönke/Schröder, StGB, § 34 Rdnr. 17; Tröndle, StGB, § 34 Rdnr. 4.
748 Kramer, Rechtsfragen, S. 142.
749 Largiadèr, in: R. Pichlmayr (Hrsg.), Operationslehre/Bd.III, S. 1081 (1081).
750 Peter, in: Greinert/Wuttke (Hrsg.), Kritische Ansichten, S. 110 (119); Samson, NJW 1974, 2030 (2032). Zu der Frage, ob gerade mit Blick auf die mit der Dialysebehandlung verbundenen Einschränkungen für den Patienten eine andere Wertung geboten ist, vgl. Albrecht, Transplantatentnahmen, S. 85 f.

Schäden oder der Tod also nur durch sofortiges Handeln, das heißt durch unverzügliche Implantation eines Organs gerade von dem betroffenen Verstorbenen abgewendet werden kann.[751] Besteht hingegen die Möglichkeit, durch maschinelle Hilfe oder medikamentöse Behandlung die Notwendigkeit einer Transplantation weiter hinauszuschieben, so kann von einer Gefahrenlage, wie sie § 34 StGB verlangt, keinesfalls mehr ausgegangen werden.

3. Gebot der Erforderlichkeit

Weitere Voraussetzung für die Rechtfertigung einer Organentnahme nach § 34 StGB ist die Erforderlichkeit der Gefahrenabwehrhandlung, hier also der Explantation. Das Gebot der Erforderlichkeit verlangt, daß die Notstandshandlung unter den gegebenen Umständen zum Schutz des bedrohten Guts geeignet und zugleich im Hinblick auf das Eingriffsgut so schonend wie möglich ist.[752]

a) Geeignetheit

Daß eine Organübertragung zur Lebensrettung oder Gesundheitsverbesserung geeignet ist, bedarf keiner weiteren Begründung, denn die mittlerweile schon etablierten Transplantationen von Herz, Leber, Niere, Augenhornhaut und Gehörknöchelchen führen fast durchweg zu guten Resultaten.[753]

b) Geringstmöglicher Eingriff

Hinsichtlich der Frage, ob eine Entnahme dem Gebot des geringstmöglichen Eingriffs entspricht, ist eine differenzierende Betrachtung erforderlich.

aa) Ausdrückliche Verweigerung des Verstorbenen

Hat sich der Verstorbene zu Lebzeiten ausdrücklich gegen eine postmortale Spende ausgesprochen, so muß dieser Wille uneingeschränkt respektiert werden.

---

751 H.-L. Schreiber/Wolfslast, in: Dietrich (Hrsg.), Organspende, S. 33 (52); Kramer, Rechtsfragen, S. 142.
752 Kramer, Rechtsfragen, S. 149; Lenckner, in: Schönke/Schröder, StGB, § 34 Rdnr. 18.
753 So schon Samson, NJW 1974, 2030 (2032).

Der eigenmächtig explantierende Arzt wird in diesen Fällen niemals eine Rechtfertigung über § 34 StGB erfahren können.[754]

bb) Keine entgegenstehende Erklärung des Verstorbenen

Bleibt die Frage, was gilt, wenn eine ausdrückliche Verweigerung des Verstorbenen nicht vorliegt. Erfordert das Gebot des geringstmöglichen Eingriffs im konkreten Fall der Organentnahme, daß der Arzt zuvor die Angehörigen um eine Entscheidung ersucht, die Einholung der Einwilligung der Angehörigen also ein dem Notstandseingriff vorangehendes zwingendes Element darstellt? Diese Frage wird unterschiedlich beantwortet[755]:

Das Landgericht Bonn hat im Jahr 1971 in seiner als sogenanntes "Gütgemann-Urteil" bezeichneten Entscheidung die Ansicht vertreten, daß eine Organentnahme nur dann als erforderlich i.S.v. § 34 StGB gelten könne, wenn kein anderer Ausweg zur Rettung des bedrohten Rechtsguts bestehe.[756] Als derartigen Ausweg erachten die Richter die Zustimmung der Angehörigen, die zumindest einzuholen versucht werden müsse. Nur wenn auf diesem Weg keine Einwilligung herbeigeführt werden könne, sei es, weil man die Angehörigen nicht erreiche oder diese ihre Zustimmung verweigerten, sind nach Ansicht des Gerichts alle Möglichkeiten zur Vermeidung einer ungerechtfertigten Verletzung der Rechte des Spenders ausgeschöpft und die Voraussetzungen des § 34 StGB erfüllt.[757]

Nach anderer Ansicht bedeutet eine Notstandslage auch bei der Organtransplantation, daß weder eine Einwilligung eingeholt noch eine Verweigerung berücksichtigt werden muß.[758] Begründet wird diese Auffassung mit dem Argu-

---

754 Zutreffend deshalb Penning/Liebhardt, in: FS Spann, S. 440 (449); Rüping, GA 1978, 129 (136); Trockel, MDR 1969, 811 (812); Wolfslast, MMW 1982, 105 (107).
755 Ausführliche Darstellung des Meinungsstandes bei Kühl, in: Lackner, StGB, § 168 Rdnr. 4 und bei Lenckner, in: Schönke/Schröder, StGB, § 168 Rdnr. 8.
756 LG Bonn, JZ 1971, 56 ff. Der Chirurg Gütgemann war in dem vom LG Bonn zu entscheidenden Fall von den Angehörigen eines Verstorbenen auf Schmerzensgeld verklagt worden, weil er die Leber des Toten zur Rettung eines anderen Patienten entnommen hatte, ohne die Angehörigen zuvor um ihre Einwilligung ersucht zu haben. Der Arzt vertrat gegenüber dem Gericht den Standpunkt, daß er auch ohne vorherige Befragung der Angehörigen in seinem Handeln durch Notstand gerechtfertigt gewesen sei.
757 LG Bonn, JZ 1971, 56 (59).
758 Carstens, Organtransplantation, S. 136; Karl, Todesbegriff, S. 68; Kramer, Rechtsfragen, S. 150 f., 154; H.-L. Schreiber, in: FS Klug/Bd.II, S. 341 (351); Stiebeler, in: Gramberg/Danielsen (Hrsg.), Rechtsophthalmologie, S. 72 (74).

ment, die Einwilligung sei schließlich ein eigenständiger Rechtfertigungsgrund, für den kein Raum bestehe, wenn die Handlung schon kraft Gesetzes durch Notstand gerechtfertigt sei.[759]

Die Annahme einer Konsultationspflicht verdient meines Erachtens Zustimmung. Auch in sonstigen Fällen, in denen eine Güterabwägung stattfindet, ist anerkannt, daß bei disponiblen Rechtsgütern zunächst gefragt werden muß, ob man das Rechtsgut entsprechend zur Verfügung stellen will, bevor das höhere Interesse sich durchzusetzen vermag.[760] Zu denken ist hier beispielsweise an die Heranziehung von Grundstücken zum Straßenbau, wo man nicht sofort mit der zwangsweisen Enteignung beginnt, sondern zunächst versucht, die Möglichkeiten eines käuflichen Erwerbs auszuschöpfen. Bei einer Organentnahme, die einen Eingriff in höchstpersönliche Rechtsgüter betrifft, muß erst recht eine entsprechende Anfragepflicht angenommen werden. Durch die Befragung besteht die Möglichkeit, die besondere Interessenlage offen aufzuzeigen, den Vorwurf der Unlauterkeit zu vermeiden und das Vertrauen zwischen Arzt und Angehörigen zu stärken. Die Befragung der Angehörigen kann möglicherweise aufdecken, daß der Verstorbene einer Organspende positiv gegenüber gestanden hat, so daß in diesem Fall erst gar keine Konfliktlage entsteht. Entgegen der Ansicht des Landgerichts Bonn kann sich der Arzt meines Erachtens allerdings nicht über eine geäußerte Ablehnung der Ersatzentscheider hinwegsetzen. Ihre verweigerte Zustimmung ist wegen der Identität der wahrgenommenen Rechtsgüter nicht geringwertiger einzuschätzen als die explizite Ablehnung des Verstorbenen selbst. Der übermittelte Wille muß deshalb respektiert werden und die Entnahme unterbleiben.

Es bleibt die Frage, was gelten soll, wenn die Ersatzentscheider innerhalb der für eine erfolgreiche Verpflanzung zur Verfügung stehenden Zeit nicht erreichbar sind. Kann die Organentnahme in diesem Fall über § 34 StGB gerechtfertigt sein? In der Praxis ist es nur unzureichend kontrollierbar, ob ausreichende Versuche unternommen wurden, die Angehörigen zu erreichen. Hinzu kommt, daß Obdachlose, Staatenlose, Alleinstehende oder Waisen von vornherein als potentielle Spender betrachtet werden könnten, denn hier wird es in den seltensten Fällen gelingen, Angehörige in der knapp bemessenen Zeit aufzuspüren.[761] Auch im Falle fehlender Erreichbarkeit der Ersatzentscheider, weckt eine Rechtfertigung über § 34 StGB also durchweg Unbehagen.

---

759 So ausdrücklich Carstens, Organtransplantation, S. 136; H.-L. Schreiber, in: FS Klug/Bd.II, S. 341 (351).
760 Deutsch, ZRP 1982, 174 (176).
761 Hierauf verweist auch Hoffmann, in: Greinert/Wuttke (Hrsg.), Kritische Ansichten, S. 84 (92).

4. Wesentliches Überwiegen des geschützten Interesses

Die vorstehenden Bedenken werden noch deutlicher im Rahmen der Interessenabwägung. Eine Zwangsexplantation beim Verstorbenen ist nach § 34 StGB nur dann gerechtfertigt, wenn das geschützte Interesse, das heißt dasjenige Interesse, zu dessen Gunsten gehandelt wird, das durch die Notstandshandlung beeinträchtigte Interesse wesentlich überwiegt.

Für diese, im Einzelfall vorzunehmende Interessenabwägung, gelten die bei der generell-abstrakten Notstandslösung angestellten Überlegungen[762] entsprechend. Ließe man eine Organentnahme nunmehr über § 34 StGB zu, so würde dies bedeuten, daß man die Spenderinteressen in der konkreten Abwägungssituation zurückstellt und die Gesundheits- und Lebensinteressen des organkranken Patienten als wesentlich überwiegend im Sinne der Vorschrift bewertet. Ein derartiges Überwiegen der Empfängerinteressen wird man allerdings auch im Einzelfall kaum annehmen können. Ein Arzt, der unter Berufung auf Notstandsregeln explantiert, wird in diesem Punkt jedenfalls einem verstärkten Erklärungsbedarf ausgesetzt sein. Ob es ihm jemals gelingen wird, überzeugend darzulegen, daß die Rechtsgüterabwägung in der konkreten Situation zu einem absoluten Vorrang der Lebens- und Gesundheitsinteressen des Empfängers geführt hat, scheint mehr als fraglich.

5. Angemessenheit der Gefahrenabwehrhandlung

Eine einseitige Interessenabwägung zugunsten der Empfänger würde vor allem mit Blick auf die in § 34 S.2 StGB verlangte Angemessenheit der Tat Bedenken hervorrufen.

Die nachträglich in den gesetzlichen Tatbestand eingefügte Angemessenheitsklausel soll die schutzwürdigen Bewandtnisse der Betroffenen noch einmal in den Blickpunkt rücken. Für den Bereich der Organentnahme folgt hieraus, daß unter ethischen und rechtlichen Gesichtspunkten nochmals überprüft werden muß, ob auch bei eindeutigem Vorrang eines der kollidierenden Rechtsgüter - des Lebens, der Gesundheit - die Preisgabe des als geringer bewerteten - des fortwirkenden Persönlichkeitsrechts, des Totensorgerechts der Hinterbliebenen - zulässig erscheint.[763] Hier ist eine sorgfältige Abwägung verlangt, die die Besonderheiten des Einzelfalls in die Bewertung mit einbeziehen muß. Insoweit ist es durchweg zweifelhaft, daß ein Arzt in dem ihm nur begrenzt verfügbaren Zeitraum Gelegenheit für eine derart umfassende Betrachtung haben wird.

---

762 Vgl. unter vorstehendem Gliederungspunkt D./IV. 1.c) bb) in diesem Kapitel.
763 Laufs, in: Hiersche/G. Hirsch/Graf-Baumann (Hrsg.), Rechtliche Fragen, S. 57 (68.)

6. Fazit

Die vorstehenden Ausführungen haben gezeigt, daß die Rechtfertigung einer Organentnahme ohne oder gegen den Willen des Betroffenen nach § 34 StGB in der Regel scheitern dürfte, da die strengen Voraussetzungen dieser Ausnahmeregelung nicht erfüllt sein werden.[764]

III. Klarstellungsbedarf

Unabhängig davon, welches Regelungsmodell der Gesetzgeber für die postmortale Organentnahme wählt, muß er im Transplantationsgesetz eine verbindliche Entscheidung zur Anwendbarkeit und Reichweite der Notstandsregeln treffen, denn die Rechtslage ist insoweit keinesfalls eindeutig.

Meines Erachtens muß bei der Entscheidungsfindung zwingend berücksichtigt werden, daß es in der Praxis genügend Situationen gibt und weiterhin geben wird, in denen eine Erklärung des Verstorbenen fehlt, Angehörige oder sonstige Vertrauenspersonen nicht vorhanden oder nicht erreichbar sind. In diesen Fällen könnte dann sogleich die Rechtfertigung einer Entnahme über § 34 StGB erwogen werden, weil zumindest kein dem Eingriff entgegenstehender Wille bekannt geworden ist. Angesichts dieser latenten Gefahr neige ich zu der Ansicht, § 34 StGB für den Bereich der Transplantation generell auszuschließen. Es handelt sich hierbei um eine Vorschrift mit Ausnahmecharakter, die aus bloßen Nützlichkeits- und Erfolgsüberlegungen heraus allzu schnell zur Alltagsrechtfertigung herangezogen werden könnte. Einem derart inadäquaten Gebrauch einer juristischen "Notfall-Konstruktion" muß dringend vorgebeugt werden.

Im Gegensatz zum interfraktionellen Entwurf ist in § 7 des Gesetzentwurfs der Fraktion BÜNDNIS 90/DIE GRÜNEN[765] eine entsprechende Regelung getroffen worden, die klarstellt, daß das Erfordernis der Einwilligung in die Entnahme nicht durch eine Berufung auf den Tatbestand des rechtfertigenden Notstandes nach § 34 des Strafgesetzbuches entfällt. Diese Entscheidung halte ich für sachgerecht, denn jede andere Lösung beschnitte zutiefst eigene Entscheidungsbefugnisse des Menschen.

---

764 Karl, Todesbegriff, S. 68; Kloth, Todesbestimmung und Organentnahme, S. 147; Kramer, Rechtsfragen, S. 154 f.; H.-L. Schreiber, in: GGF (Hrsg.), Ethik, S. 39 (43).
765 BT-Drucks. 13/2926, S. 4.

F. Abschließende Anmerkung

Die Ausführungen in diesem Kapitel haben deutlich werden lassen, daß eine Pflicht zur Organspende nach dem Tode weder ethisch noch rechtlich zu begründen ist. Demzufolge darf der menschliche Leichnam auch nicht im Interesse potentieller Empfänger zum Objekt bloßer Organvernutzung degradiert werden. Vielmehr muß die Zulässigkeit der Entnahme von der freiwilligen Einwilligung des Spenders bzw. der Zustimmung der Ersatzentscheider abhängig gemacht werden. Die im Rahmen dieser Arbeit favorisierte erweiterte Zustimmungslösung geht diesen Weg.

Ein Transplantationsgesetz, das auf dem erweiterten Zustimmungsmodell aufbaut, würde im wesentlichen einen Rechtszustand festschreiben, der faktisch bereits jetzt schon in zentralen Punkten so besteht. Einschränkungen im Vergleich zum derzeitigen status quo würden allerdings durch den Ausschluß des rechtfertigenden Notstandes herbeigeführt, denn nur unter dieser Voraussetzung kann die Freiwilligkeit der Organgabe in jedem Fall gewährleistet und damit das erreicht werden, was im sensiblen Bereich der Transplantationsmedizin in besonderem Maße notwendig ist. Ein derart konzipiertes Transplantationsgesetz dürfte insgesamt eine gute Grundlage für die Transplantationsmedizin bieten, denn einerseits wird den involvierten Ärzten durch klare und einheitliche Vorgaben Rechtssicherheit verschafft; andererseits wird das Vertrauen der Geberseite gestärkt, da es sich bei der Explantation dann um ein gesetzlich zulässiges und kontrolliertes Prozedere handelt, bei dem die Achtung vor der Würde und Selbstbestimmung des Menschen im Vordergrund steht.

SCHLUßBETRACHTUNG

Diese Untersuchung hat gezeigt, daß es der freiwilligen Entscheidung des einzelnen überlassen werden muß, inwieweit er einem anderen, organkranken Menschen zu Lebzeiten oder nach dem Tode mit seinem eigenen Leib helfen will. Die Organspende kann nicht als "Bringschuld" begriffen werden, so daß diejenigen Menschen, die zu einer solchen Hilfeleistung nicht bereit sind, auch nicht diskreditiert und moralisch abgewertet werden dürfen. Für den Bereich der Transplantationsmedizin sind deshalb insgesamt restriktive Normen zu fordern, welche die Persönlichkeitsrechte des lebenden und toten Spenders schützen.

Der im Zeitpunkt der Fertigstellung dieser Arbeit inzwischen erreichte Diskussionsstand im Deutschen Bundestag läßt erwarten, daß der Gesetzgeber dem Gebiet der Transplantationsmedizin alsbald eine gesetzliche Regelung zur Seite stellen wird, die einen entsprechend restriktiven Charakter aufzeigt. Ein solches Gesetz wird zwar den Organbedarf nicht stillen können. Dieses Ziel wird aber auch durch keine andere, großzügigere gesetzliche Regelung erreicht werden können, denn der Transplantationsmedizin sind insoweit ganz besondere Grenzen gesetzt. Im Gegensatz zu anderen Verfahren ist das Therapeutikum, das organkranken Menschen hilft, eben ein Gewachsenes, das nicht produzierbar ist. Die Transplantationsmedizin wird deshalb mit dem Mangel an der Ressource leben müssen. Dies sollte nicht bedauert, sondern als Herausforderung betrachtet werden, denn es wird darauf ankommen, an diesem Beispiel zu lernen, wie man mit Grenzen umgeht: Das Mögliche zu tun und zu wissen, daß das Wünschenswerte nicht erreichbar ist.

LITERATURVERZEICHNIS

Akveld, J.: Überlegungen zu einem Transplantationsgesetz, in: Zeitschrift für Transplantationsmedizin 1989, S. 36 ff., (zit.: Akveld, ZTxMed)
Albert, E.: Histokompatibilitätstestung und ihre klinische Relevanz in: Pichlmayr, Rudolf (Hrsg.), Allgemeine und spezielle Operationslehre/Band III: Transplantationschirurgie, S. 171 ff., Berlin; Heidelberg; New York 1981, (zit.: E. Albert, in: R. Pichlmayr (Hrsg.), Operationslehre/Bd. III)
Albrecht, Volker: Die rechtliche Zulässigkeit postmortaler Transplantatentnahmen Marburg 1986, (zit.: Albrecht, Transplantatentnahmen)
Alexandre, G.P.J./Wonigeit, K./Bunzendahl, H.: Immunsuppression, in: Pichlmayr, Rudolf (Hrsg.), Allgemeine und spezielle Operationslehre/Band III: Transplantationschirurgie, S. 205 ff., Berlin; Heidelberg; New York 1981, (zit.: Alexandre/Wonigeit u.a., in: R. Pichlmayr (Hrsg.), Operationslehre/Bd. III)
Alternativkommentar: Kommentar zum Grundgesetz für die Bundesrepublik Deutschland/Band 1: Art.1 - 37, 2. Auflage Neuwied 1989, (zit.: Bearbeiter, in: AK, GG/Bd.1)
Angstwurm, Heinz: Medizinische Aspekte der Organtransplantation: Wann spricht man vom Hirntod?, in: Der Arzt im Krankenhaus 1984/Beilage: Organtransplantation heute, S. 17 ff., (zit.: Angstwurm, Arzt im Krankenhaus/Beil.)
Angstwurm, Heinz: Gibt es genügend postmortale Organspender?, in: Zeitschrift für Transplantationsmedizin 1989, S. 39 ff., (zit.: Angstwurm, ZTxMed)
Angstwurm, Heinz: Der Tod des Gehirns als sicheres Todeszeichen des Menschen, in: Hans Seidel Stiftung e.V. (Hrsg.), Politische Studien 1995/Heft 339: Organtransplantation - Gibt es eine tragfähige Regelung?, S. 60 ff., München 1995, (zit.: Angstwurm, in: Politische Studien 1995/Heft 339)
Angstwurm, Heinz: Der vollständige und endgültige Hirnausfall (Hirntod) als sicheres Todeszeichen des Menschen, in: Hoff, Johannes/in der Schmitten, Jürgen (Hrsg.), Wann ist der Mensch tot?, S. 41 ff., Erweiterte Auflage, Reinbek 1995, (zit.: Angstwurm, in: Hoff/i.d. Schmitten (Hrsg.), Wann ist der Mensch tot?)
Angstwurm, Heinz: Was ist und was bedeutet Hirntod?, in: Deutscher Bundestag/Ausschuß für Gesundheit, Ausschuß-Drucksache 13/114, S. 1 ff., (zit.: Angstwurm, in: Dt.-BT/Aussch.-Drucks.)

Angstwurm, Heinz: Der Hirntod als Ereignis, als Befund und als sicheres Todeszeichen des Menschen sowie Antworten auf Bedenken und Einwände, in: Deutscher Bundestag/Ausschuß für Gesundheit, Ausschuß-Drucksache 579/13, S. 2 ff., (zit.: Angstwurm, Dt.-BT/Aussch.-Drucks.)

Angstwurm, Heinz/Land, Walter: Organisation der Organspende, in: Der Chirurg 1988, S. 444 ff., (zit.: Angstwurm / Land, Der Chirurg)

Arbeitskreis Organspende: Organspende rettet Leben! Antworten auf Fragen, Neu-Isenburg 1995, (zit.: AK-Organspende, Antworten auf Fragen)

Arnold, Michael: Es geht um eine Technikfolgenabschätzung, in: Universitas 1995, S. 307 ff., (zit.: Arnold, Universitas)

Barth, Hermann: Die Evangelische Kirche in Deutschland und die bevorstehende Transplantationsgesetzgebung, in: Schlaudraff, Udo (Hrsg.), Loccumer Protokolle 54/94 - Transplantationsgesetzgebung in Deutschland - Streit um mehr als ein Gesetz, S. 1 ff., Rehburg-Loccum 1995, (zit.: Barth, in: Schlaudraff (Hrsg.), Loccumer Protokolle 54/94)

Bauer, K.H.: Über Rechtsfragen bei homologer Organtransplantation aus der Sicht des Klinikers, in: Der Chirurg 1967, S. 245 ff., (zit.: K.H. Bauer, Der Chirurg)

Bauer, Hartwig: Probleme der Organtransplantation - Organverfügbarkeit und organisatorische Aspekte der Organgewinnung, in: Bayerisches Ärzteblatt 1994, S. 122 ff., (zit.: H. Bauer, Bay. ÄrzteBl.)

Bauer, Hartwig: Organverfügbarkeit und organisatorische Aspekte der Organgewinnung, in: Hans Seidel Stiftung e.V. (Hrsg.), Politische Studien 1995/Heft 339: Organtransplantation - Gibt es eine tragfähige Regelung?, S. 68 ff., München 1995, (zit.: H. Bauer, in: Politische Studien 1995/Heft 339)

Bauer, Hartwig: Stellungnahme zur Anhörung zum Transplantationsgesetz, in: Deutscher Bundestag/Ausschuß für Gesundheit, Ausschuß-Drucksache 600/13, S. 2 ff., (zit.: H. Bauer, in: Dt.-BT/Aussch.-Drucks.)

Bauer, Hartwig: Vorbereitung eines Transplantationsgesetzes, in: Deutscher Bundestag/Ausschuß für Gesundheit, Ausschuß-Drucksache 13/114, S. 9 ff., (zit.: H. Bauer, in: Dt.-BT/Aussch.-Drucks.)

Bavastro, Paolo: Eine besondere Krankengeschichte, in: Hoff, Johannes/in der Schmitten, Jürgen (Hrsg.), Wann ist der Mensch tot?, S. 486 ff., Erweiterte Auflage, Reinbek 1995, (zit.: Bavastro, in: Hoff/i.d. Schmitten (Hrsg.), Wann ist der Mensch tot?)

Bavastro, Paolo: Stellungnahme zur Anhörung im Bundestag zu "Hirntod" und "Organtransplantation", in: Deutscher Bundestag/Ausschuß für Gesundheit, Ausschuß-Drucksache 13/114, S. 14 ff., (zit.: Bavastro, in: Dt.-BT/Aussch.-Drucks.)

Beck, U.: Risikogesellschaft - Auf dem Weg in eine andere Moderne, Frankfurt 1986, (zit.: Beck, Risikogesellschaft)

Becker, Helmut: Das neue Transplantationsgesetz, in: Berliner Ärzte 1993, S. 30 f., (zit.: Becker, Berliner Ärzte)

Beckmann, Jan P.: Stellungnahme im Rahmen der öffentlichen Anhörung am 25.09.96 zum Gesetzentwurf, in: Deutscher Bundestag/Ausschuß für Gesundheit, Ausschuß-Drucksache 591/13, S. 4 ff., (zit.: J.P. Beckmann, in: Dt.-BT/Aussch.-Drucks.).

Beckmann, Rainer: Ist der hirntote Mensch eine "Leiche"?, in: ZRP 1996, S. 219 ff., (zit.: R. Beckmann, ZRP)

Berliner Initiative für die Zustimmungslösung: Stellungnahme zur Anhörung im Blick auf ein Transplantationsgesetz, in: Deutscher Bundestag/Ausschuß für Gesundheit, Ausschuß-Drucksache 582/13, S. 17 ff., (zit.: Berliner Initiative, in: Dt.-BT/Aussch.-Drucks.)

Bieler, F.: Persönlichkeitsrecht, Organtransplantationen und Totenfürsorge, in: JR 1976, S. 224 ff., (zit.: Bieler, JR)

Binder, Heinrich K./Pinter, Michaela M./Helscher, Reinhard J.: Medizinische Aspekte der Hirntod-Diagnostik, in: Schwarz, Markus/Bonelli, Johannes (Hrsg.), Der Status des Hirntoten/Eine interdisziplinäre Analyse der Grenzen des Lebens, S. 113 ff., Wien; New York 1995, (zit.: Binder/Pinter u.a., in: M. Schwarz/Bonelli (Hrsg.), Status des Hirntoten)

Birnbacher, Dieter: Einige Gründe, das Hirntodkriterium zu akzeptieren, in: Hoff, Johannes/in der Schmitten, Jürgen (Hrsg.), Wann ist der Mensch tot?, S. 28 ff. Erweiterte Auflage, Reinbek 1995, (zit.: Birnbacher, in: Hoff/i.d. Schmitten (Hrsg.), Wann ist der Mensch tot?)

Birnbacher, Dieter: Definitionen, Kriterien, Desiderate, in: Universitas 1995, S. 343 ff., (zit.: Birnbacher, Universitas)

Birnbacher, Dieter/Angstwurm, Hans/Eigler, Friedrich-Wilhelm u.a.: Der vollständige und endgültige Ausfall der Hirntätigkeit als Todeszeichen des Menschen - Anthropologischer Hintergrund, in: Deutsches Ärzteblatt 1993, S. A-2926 ff., (zit.: Birnbacher/Angstwurm u.a., DÄBl.)

Blümke, M./Pisarski, P./Furtwängler, A. u.a.: Nierenlebendspende zwischen Nichtverwandten - eine erfolgreiche Therapiealternative, in: Zeitschrift für Transplantationsmedizin/Supplement 1996, S. 17, (zit.: Blümke/Pisarski u.a., ZTxMed/Suppl.)

Bock, Wolfgang J.: Hirntoddiagnostik, in: Deutscher Bundestag/Ausschuß für Gesundheit, Ausschuß-Drucksache 585/13, S. 9 ff., (zit.: Bock, in: Dt.-BT/ Aussch.-Drucks.)

Bockamp, Christoph: Transplantationen von Embryonalgewebe - Eine moraltheologische Untersuchung, Frankfurt am Main; Bern; New York; Paris 1991, (zit.: Bockamp, Embryonalgewebe)

Bockelmann, Paul: Strafrecht des Arztes, Stuttgart 1968, (zit.: Bockelmann, Strafrecht des Arztes)

Bockelmann, Paul: Rechtsfragen beim Hirntod, in: Krösl, Wolfgang/Scherzer, Erich (Hrsg.), Die Bestimmung des Todeszeitpunktes, S. 277 ff., Wien 1973, (zit.: Bockelmann, in: Krösl/Scherzer (Hrsg.), Bestimmung des Todeszeitpunktes)

Bockenheimer-Lucius, Gisela/Seidler, Eduard: Hirntod und Schwangerschaft - Dokumentation einer Diskussionsveranstaltung der Akademie für Ethik in der Medizin zum "Erlanger Fall", Stuttgart 1993, (zit.: Bockenheimer-Lucius/Seidler, Hirntod und Schwangerschaft)

Bonelli, Johannes: Leben-Sterben-Tod, in: Schwarz, Markus/Bonelli, Johannes (Hrsg.), Der Status des Hirntoten/Eine interdisziplinäre Analyse der Grenzen des Lebens, S. 83 ff., Wien; New York 1995, (zit.: Bonelli, in: M. Schwarz/ Bonelli (Hrsg.), Status des Hirntoten)

Bonomini, V.: Medical risk and benefit in renal donors: The use of living donors is justified, in: Land, Walter/Dossetor, John B. (Hrsg.), Organ replacement therapy: ethics, justice, commerce, S. 25 ff., Berlin; Heidelberg; New York 1991, (zit.: Bonomini, in: Land/Dossetor (Hrsg.), Organ replacement)

Brandis, M./Offner, G.: Nierentransplantation bei Kindern, in: Albert, F.W./ Kreiter, H./Jutzler, G.A./Traut, G. (Hrsg.), Praxis der Nierentransplantation, S. 259 ff., Stuttgart; New York 1980, (zit.: Brandis/Offner, in: F.W. Albert/ Kreiter u.a. (Hrsg.), Praxis)

Brandstetter, Wolfgang: Strafrechtliche und rechtspolitische Aspekte der Verwendung von Organen Verstorbener, Lebender und Ungeborener, in: Brandstetter, Wolfgang/Kopetzki, Christian (Hrsg.), Organtransplantationen - Medizinische und rechtliche Aspekte der Verwendung menschlicher Organe zu Heilzwecken, S. 90 ff., Wien 1987, (zit.: Brandstetter, in: ders./Kopetzki (Hrsg.), Organtransplantationen)

Braun, Karl-Friedrich: Vom Leben des toten Organspenders. Eine theologische Betrachtung, in: Greinert, Renate/Wuttke, Gisela (Hrsg.), Organspende - Kritische Ansichten zur Transplantationsmedizin, S. 209 ff., Göttingen 1991, (zit.: Braun, in: Greinert/Wuttke (Hrsg.), Kritische Ansichten)

Brendel, W.: Unsachliche Kritik am Entwurf des Deutschen Transplantationsgesetzes, in: Münchener Medizinische Wochenschrift 1979, S. 2 f., (zit.: Brendel, MMW)

Brenner, Günter: Organtransplantation, in: Mergen, Armand (Hrsg.), Die juristische Problematik in der Medizin/Band I: Der Arzt und seine Beziehung zum

Recht, S. 126 ff., München 1971, (zit.: Brenner, in: Mergen (Hrsg.), Juristische Problematik/Bd. I)
Brenner, Günter: Arzt und Recht, Stuttgart 1983, (zit.: Brenner, Arzt und Recht)
Breyer, Friedrich/Kliemt, Hartmut: Solidargemeinschaften der Organspender: Private oder öffentliche Organisation?, in: Oberender, Peter (Hrsg.), Transplantationsmedizin - Ökonomische, ethische, rechtliche und medizinische Aspekte, S. 135 ff., Baden-Baden 1995, (zit.: Breyer/Kliemt, in: Oberender (Hrsg.), Transplantationsmedizin)
Brölsch, Ch./Emond, J./Dippe, B.: Größenreduktion der Spenderleber vor orthotoper Transplantation, in: Der Chirurg 1988, S. 558 ff., (zit.: Brölsch/Emond u.a., Der Chirurg)
Brunner, Johannes: Theorie und Praxis im Leichenrecht, NJW 1953, S. 1173 f., (zit.: Brunner, NJW)
Bubnoff, Eckhart von: Rechtsfragen zur homologen Organtransplantation aus der Sicht des Strafrechts, in: GA 1968, S. 65 ff., (zit.: v. Bubnoff, GA)
Buchborn, E.: Derzeitige medizinische Möglichkeiten der Organtransplantation, in: Hiersche, Hans-Dieter/Hirsch, Günter/Graf-Baumann, Toni (Hrsg.), Rechtliche Fragen der Organtransplantation, S. 4 ff., Berlin; Heidelberg 1990, (zit.: Buchborn, in: Hiersche/G. Hirsch/Graf-Baumann (Hrsg.), Rechtliche Fragen)
Bucher, Eugen: Rechtliche Probleme im Zusammenhang der Transplantatbeschaffung, in: Largiadèr, Felix (Hrsg.), Organtransplantation, S. 75 ff., Stuttgart 1966, (zit.: Bucher, in: Largiadèr (Hrsg.), Organtransplantation)
Bücherl, E.S.: Lungentransplantation, in: Pichlmayr, Rudolf (Hrsg.), Allgemeine und spezielle Operationslehre/Band III: Transplantationschirurgie, S. 891 ff., Berlin; Heidelberg; New York 1981, (zit.: Bücherl, in: R. Pichlmayr (Hrsg.), Operationslehre/Bd. III)
Bulla, Monika: Grundsätzliches zur Lebendspende, in: Albert, F.W. (Hrsg.), Praxis der Nierentransplantation/Band III, S. 57 ff., Stuttgart; New York 1989, (zit.: Bulla, in: F.W. Albert (Hrsg.), Praxis/Bd. III)
Bülow, Detlev von: Rechtspolitische Probleme durch Fortschritte der Medizin - Zur Haltung des Gesetzgebers, in: Medizin - Mensch - Gesellschaft 1982, S. 168 ff., (zit.: v. Bülow, MMG)
Bülow, Detlev von: Aufgaben des Gesetzgebers, in: Hiersche, Hans-Dieter/Hirsch, Günter/Graf-Baumann, Toni (Hrsg.), Rechtliche Fragen der Organtransplantation, S. 79 ff., Berlin; Heidelberg 1990, (zit.: v. Bülow, in: Hiersche/G. Hirsch/Graf-Baumann, (Hrsg.), Rechtliche Fragen)
Bundesverband der Organtransplantierten e.V. (BVO): Stellungnahme zu den Gesetzentwürfen, in: Deutscher Bundestag/Ausschuß für Gesundheit, Ausschuß-Drucksache 599/13, S. 14 ff., (zit.: BVO, in: Dt.-BT/Aussch.-Drucks.)

Calne, R.Y./Bockhorn, H./Pichlmayr, R: Lebertransplantation, in: Pichlmayr, Rudolf (Hrsg.), Allgemeine und spezielle Operationslehre/Band III: Transplantationschirurgie, S. 725 ff., Berlin; Heidelberg; New York 1981, (zit.: Calne/Bockhorn u.a., in: R. Pichlmayr (Hrsg.), Operationslehre/Bd. III)

Capron, Alexander Morgan: The development of law on human death, in: Korein, Julius (Hrsg.), Brain death: Interrelated Medical and Social Issues, S. 45 ff., New York 1978, (zit.: Capron, in: Korein (Hrsg.), Brain death)

Carstens, Thomas: Das Recht der Organtransplantation, Frankfurt am Main; Bern; Las Vegas 1978, (zit.: Carstens, Organtransplantation)

Carstens, Thomas: Organtransplantation in Frankreich und der DDR - ein Kodifikationsvergleich, in: ZRP 1978, S. 146 ff., (zit.: Carstens, ZRP)

Carstens, Thomas: Organtransplantation - Zu den Gesetzentwürfen von Bundesregierung und Bundesrat, in: ZRP 1979, S. 282 ff., (zit.: Carstens, ZRP)

Coester, Michael: Von anonymer Verwaltung zu persönlicher Betreuung - Zur Reform des Vormund- und Pflegschaftsrechts für Volljährige, in: Jura 1991, S. 1 ff., (zit.: Coester, Jura)

Cohen, B.: Kriterien der Organverteilung, in: Albert, F.W./Kreiter, H./Jutzler, G.A./Traut, G. (Hrsg.), Praxis der Nierentransplantation, S. 147 ff., Stuttgart; New York 1980, (zit.: Cohen, in: F.W. Albert/Kreiter u.a. (Hrsg.), Praxis)

Conrads, Christoph: Eurotransplant und UNOS - Modelle der Organallokation, in: MedR 1996, S. 300 ff., (zit.: Conrads, MedR)

Dahl, Jürgen: Hat der Schwarze Kutscher recht? Organtransplantation und die Folgen, in: Greinert, Renate/Wuttke, Gisela (Hrsg.), Organspende - Kritische Ansichten zur Transplantationsmedizin, S. 35 ff., Göttingen 1991, (zit.: Dahl, in: Greinert/Wuttke (Hrsg.), Kritische Ansichten)

Damrau, Jürgen/Zimmermann, Walter: Betreuungsgesetz/Gesetz zur Reform des Rechts der Vormundschaft und Pflegschaft für Volljährige - Kommentar, Stuttgart; Berlin; Köln 1991, (zit.: Bearbeiter, in: Damrau/Zimmermann, BtG)

Dannecker, Gerhard/Görtz-Leible, Monika: Die rechtliche und rechtspolitische Situation im Bereich von Transplantation und Sektion, in: Oberender, Peter (Hrsg.), Transplantationsmedizin - Ökonomische, ethische, rechtliche und medizinische Aspekte, S. 161 ff., Baden-Baden 1995, (zit.: Dannecker/Görtz-Leible, in: Oberender (Hrsg.), Transplantationsmedizin)

Däubler-Gmelin, Herta: Die Beratung des neuen Transplantationsgesetzes im Deutschen Bundestag, in: Hoff, Johannes/in der Schmitten, Jürgen (Hrsg.), Wann ist der Mensch tot?, S. 401 ff., Erweiterte Auflage, Reinbek 1995, (zit.: Däubler-Gmelin, in: Hoff/i.d. Schmitten (Hrsg.), Wann ist der Mensch tot?)

Dencker, Friedrich: Zum Erfolg der Tötungsdelikte, in: NStZ 1992, S. 311 ff., (zit.: Dencker, NStZ)

Deutsch, Erwin: Brauchen wir das Transplantationsgesetz?, in: Der Chirurg 1980, S. 349 ff., (zit.: Deutsch, Der Chirurg)
Deutsch, Erwin: Die rechtliche Seite der Transplantation, in: ZRP 1982, S. 174 ff., (zit.: Deutsch, ZRP)
Deutsch, Erwin: Neue Aufklärungsprobleme im Arztrecht, in: NJW 1982, S. 2585 ff., (zit.: Deutsch, NJW)
Deutsch, Erwin: Arztrecht und Arzneimittelrecht, 2. Auflage, Heidelberg 1991, (zit.: Deutsch, Arztrecht)
Deutsch, Erwin: Das Persönlichkeitsrecht des Patienten, in: AcP 1992, S. 161 ff., (zit.: Deutsch, AcP)
Deutsch, Erwin: Zum geplanten strafrechtlichen Verbot des Organhandels, in: ZRP 1994, S. 179 ff., (zit.: Deutsch, ZRP)
Deutsche Bischofskonferenz/Rat der Evangelischen Kirche in Deutschland: Organtransplantationen. Erklärung der Deutschen Bischofskonferenz und des Rates der Evangelischen Kirche in Deutschland, Bonn; Hannover 1990, (zit.: Deutsche Bischofskonferenz/Rat der Evangelischen Kirche, Erklärung-Organtransplantationen)
Deutsche Gesellschaft für Anästhesiologie und Intensivmedizin/Deutsche Gesellschaft für Neurochirurgie/Deutsche Gesellschaft für Neurologie/Deutsche Physiologische Gesellschaft: Erklärung Deutscher Wissenschaftlicher Gesellschaften zum Tod durch völligen und endgültigen Hirnausfall, Neu-Isenburg 1995, (zit.: Dt. Gesellschaft f. Anästhesiologie u.a., Erklärung zum Tod durch Hirnausfall)
Deutsche Gesellschaft für Medizinrecht (DGMR): Empfehlungen der DGMR zu medizinrechtlichen Fragen der Organtransplantation, in: Hiersche, Hans-Dieter/Hirsch, Günter/Graf-Baumann, Toni (Hrsg.), Rechtliche Fragen der Organtransplantation, S. 164 ff., Berlin; Heidelberg 1990, (zit.: DGMR, in: Hiersche/G. Hirsch/Graf-Baumann (Hrsg.), Rechtliche Fragen)
Dörner, Klaus: Stellungnahme zur Anhörung zum Transplantationsgesetz am 25.9.1996, in: Deutscher Bundestag/Ausschuß für Gesundheit, Ausschuß-Drucksache 574/13, S. 11 ff., (zit.: Dörner, in: Dt.-BT/Aussch.-Drucks.)
Dotterweich, Georg: Die Rechtsverhältnisse an Goldplomben in den Kieferknochen beerdigter Leichen, in: JR 1953, S. 174 f., (zit.: Dotterweich, JR)
Dreikorn, K./Röhl, L./Schüler, H.W. u.a.: Nierentransplantation bei Kindern, in: Albert, F.W./Kreiter, H./Jutzler, G.A./Traut, G. (Hrsg.), Praxis der Nierentransplantation, S. 249 ff., Stuttgart; New York 1980, (zit.: Dreikorn/Röhl u.a., in: F.W. Albert/Kreiter u.a. (Hrsg.), Praxis)
Drobring, Ulrich: Hirntod als Kriterium des Todes des Menschen, in: JZ 1996, S. 615 ff., (zit.: Drobring, JZ)

Duncker, Gernot: Hornhauttransplantation, in: Themen - Verlagsbeilage im Journalist/prmagazin 1994, S. 17, (zit.: Duncker, in: Themen)
Edsall, John Tileston: A Positive Approach to the Problem of Human Experimentation, in: Katz, Jay (Hrsg.), Experimentation with Human Beings, S. 559 ff., New York 1972, (zit.: Edsall, in: Katz (Hrsg.), Experimentation)
Ehmann, Horst: Zur Struktur des allgemeinen Persönlichkeitsrechts, in: JuS 1997, S. 193 ff., (zit.: Ehmann, JuS)
Eichholz, Jürgen: Die Transplantation von Leichenteilen aus zivilrechtlicher Sicht, in: NJW 1968, S. 2272 ff., (zit.: Eichholz, NJW)
Eigler, Friedrich Wilhelm: Ethische Probleme bei der Nierentransplantation, in: Toellner, Richard (Hrsg.), Organtransplantation - Beiträge zu ethischen und juristischen Fragen, S. 43 ff., Stuttgart; New York 1991, (zit.: Eigler, in: Toellner (Hrsg.), Organtransplantation)
Eigler, Friedrich Wilhelm: Probleme der Organtransplantation, in: MedR 1992, S. 88 ff., (zit.: Eigler, MedR)
Eigler, Friedrich Wilhelm: Organtransplantation - ein Grenzbereich der Medizin, in: Bistum Essen (Hrsg.), Grenzziehungen in der Transplantationsmedizin - Referate des sechsundzwanzigsten Ärztetages im Bistum Essen, S. 13 ff., Nettetal 1994, (zit.: Eigler, in: Bistum Essen (Hrsg.), Grenzziehungen)
Eigler, Friedrich Wilhelm: Der "Hirntod" - ein sicheres Todeszeichen! - Organtransplantation und "Hirntod", in: Evangelische Akademie Iserlohn (Hrsg.), Tagungsprotokolle 93/1994: Halb tot oder ganz tot? Der Hirntod - ein sicheres Todeszeichen?, S. 28 ff., Iserlohn 1994, (zit.: Eigler, in: Evangelische Akademie Iserlohn (Hrsg.), Tagungsprotokolle 93/1994)
Eigler, Friedrich Wilhelm: Lebertransplantation, in: Themen - Verlagsbeilage im Journalist/prmagazin 1994, S. 16, (zit.: Eigler, in: Themen)
Eigler, Friedrich Wilhelm: Organtransplantation - Einführung in das Schwerpunktthema, in: Deutsches Ärzteblatt 1995, S. A-38, (zit.: Eigler, DÄBl.)
Eisen, Roland: Zur Versicherbarkeit von transplantationsmedizinischen Leistungen - Ein Diskussionsbeitrag, in: Oberender, Peter (Hrsg.), Transplantationsmedizin - Ökonomische, ethische, rechtliche und medizinische Aspekte, S. 53 ff., Baden-Baden 1995, (zit.: Eisen, in: Oberender (Hrsg.), Transplantationsmedizin)
Eisenmenger, W.: Definition und Feststellung des Todes, in: Rechtsmedizin 1991, S. 1 ff., (zit.: Eisenmenger, Rechtsmedizin)
Elsässer, A.: Ethische Probleme bei Lebendspende von Organen I., in: Zeitschrift für Transplantationsmedizin 1993, S. 65 ff., (zit.: Elsässer, ZTxMed)
Engelhardt, Dietrich von: Geburt und Tod - medizinethische Betrachtungen in historischer Perspektive, in: Marquard, Odo/Staudinger, Hansjürgen (Hrsg.), Anfang und Ende des menschlichen Lebens - Medizinethische Probleme,

S. 62 ff., Freiburg 1987, (zit.: v. Engelhardt, in: Marquard/Staudinger (Hrsg.), Anfang und Ende)
Engisch, Karl: Die rechtliche Bedeutung der ärztlichen Operation, Jena 1958, (zit.: Engisch, Operation)
Engisch, Karl: Die Strafwürdigkeit der Unfruchtbarmachung mit Einwilligung, in: Festschrift für Hellmuth Mayer, S. 399 ff., Berlin 1966, (zit.: Engisch, in: FS Mayer)
Engisch, Karl: Über Rechtsfragen bei homologer Organtransplantation, in: Der Chirurg 1967, S. 252 ff., (zit.: Engisch, Der Chirurg)
Englert, Nikolaus: Todesbegriff und Leichnam als Element des Totenrechts, München 1979, (zit.: Englert, Element des Totenrechts)
Erhard, Jochen/Daul, Anton E./Eigler, Friedrich-Wilhelm: Organspende und Organkonservierung, in: Deutsches Ärzteblatt 1995, S. A-43 ff., (zit.: Erhard/Daul u.a., DÄBl.)
Eser, Albin: Ziel und Grenzen der Intensivpädiatrie aus rechtlicher Sicht, in: Festschrift für Helmut Narr, S. 47 ff., Berlin; Heidelberg; New York 1989, (zit.: Eser, in: FS Narr)
Eser, Albin/Lutterotti, Markus von/Sporken, Paul (Hrsg.): Lexikon: Medizin - Ethik - Recht, Freiburg; Basel; Wien 1989, (zit.: Bearbeiter, in: Eser/v. Lutterotti/Sporken (Hrsg.), Lexikon)
Fassbinder, Winfried: Ergebnisse nach Nierentransplantation, in: Gesellschaft Gesundheit und Forschung e.V. (Hrsg.), Ethik und Organtransplantation - Beiträge zu einer aktuellen Diskussion, S. 7 ff., Frankfurt am Main 1989, (zit.: Fassbinder, in: GGF (Hrsg.), Ethik)
Feuerstein, Günter: Stellungnahme zum Entwurf des Transplantationsgesetzes, in: Deutscher Bundestag/Ausschuß für Gesundheit, Ausschuß-Drucksache 591/13, S. 25 ff., (zit.: Feuerstein, in: Dt.-BT/Aussch.-Drucks.)
Forkel, Hans: Verfügungen über Teile des menschlichen Körpers, in: JZ 1974, S. 593 ff., (zit.: Forkel, JZ)
Freund, F.J./Steinkrüger, I./Muthny, F. u.a.: Lebendspende von Organen. Die Einstellung bei Mitarbeitern im Gesundheitswesen am Beispiel der Nierenspende, in: Zeitschrift für Transplantationsmedizin 1994, S. 2, (zit.: Freund/Steinkrüger u.a., ZTxMed)
Fuchs, Richard: Tod bei Bedarf - Das Mordsgeschäft mit Organtransplantationen, Frankfurt/Main; Berlin 1996, (zit.: Fuchs, Tod bei Bedarf)
Funck, Jan-Robert: Der Todeszeitpunkt als Rechtsbegriff, in: MedR 1992, S. 182 ff., (zit.: Funck, MedR)
Gallwas, Hans-Ullrich: Zur Bewertung des Hirntodes sowie der engen und der erweiterten Zustimmungslösung in einem Transplantationsgesetz, in: Deut-

scher Bundestag/Ausschuß für Gesundheit, Ausschuß-Drucksache 13/114, S. 29 ff., (zit.: Gallwas, in: Dt.-BT/Aussch.-Drucks.)
Gareis, Karl: Das Recht am menschlichen Körper, in: Festgabe für Schirmer, S. 61 ff., Königsberg 1900, (zit.: Gareis, in: FS Schirmer)
Geilen, Gerd: Das Leben des Menschen in den Grenzen des Rechts, in: FamRZ 1968, S. 121 ff., (zit.: Geilen, FamRZ)
Geilen, Gerd: Probleme der Organtransplantation, in: JZ 1971, S. 41 ff., (zit.: Geilen, JZ)
Geilen, Gerd: Medizinischer Fortschritt und juristischer Todesbegriff, in: Festschrift für Ernst Heinitz, S. 373 ff., Berlin 1972, (zit.: Geilen, in: FS Heinitz)
Geilen, Gerd: Rechtsfragen der Organtransplantation, in: Honecker, Martin (Hrsg.), Aspekte und Probleme der Organverpflanzung, S. 126 ff., Neukirchen 1973, (zit.: Geilen, in: Honecker (Hrsg.), Probleme der Organverpflanzung)
Geilen, Gerd: Legislative Erwägungen zum Todeszeitproblem, in: Eser, Albin (Hrsg.), Suizid und Euthanasie, S. 301 ff., Stuttgart 1976, (zit.: Geilen, in: Eser (Hrsg.), Suizid und Euthanasie)
Geisler, Linus: Stellungnahme für die Anhörung vor dem Gesundheitsausschuß des Deutschen Bundestages am 25. September 1996 zu den Anträgen, in: Deutscher Bundestag/Ausschuß für Gesundheit, Ausschuß-Drucksache 582/13, S. 6 ff., (zit.: Geisler, in: Dt.-BT/Aussch.-Drucks.)
Geisler, Linus: Bewertung des Hirntodes sowie der engen und erweiterten Zustimmungslösung in einem Transplantationsgesetz, in: Deutscher Bundestag/Ausschuß für Gesundheit, Ausschuß-Drucksache 13/114, S. 36 ff., (zit.: Geisler, in: Dt.-BT/Aussch.-Drucks.)
Giesen, Dieter: Die zivilrechtliche Haftung des Arztes bei neuen Behandlungsmethoden und Experimenten, Bielefeld 1976, (zit.: Giesen, Zivilrechtliche Haftung)
Giesen, Dieter: Arzthaftungsrecht im Umbruch (II) - Die ärztliche Aufklärungspflicht in der Rechtsprechung seit 1974, in: JZ 1982, S. 391 ff., (zit.: Giesen, JZ)
Giesen, Dieter: Arzthaftungsrecht - Die zivilrechtliche Haftung aus medizinischer Behandlung in der Bundesrepublik Deutschland, in Österreich und der Schweiz, Tübingen 1990, (zit.: Giesen, Arzthaftungsrecht)
Gilmer, Peter: Fragen zur Bewertung des Hirntodes, in: Deutscher Bundestag/ Ausschuß für Gesundheit, Ausschuß-Drucksache 13/114, S. 46 ff., (zit.: Gilmer, in: Dt.-BT/Aussch.-Drucks.)
Görgens, Bernhard: Künstliche Teile im menschlichen Körper, in: JR 1980, S. 140 ff., (zit.: Görgens, JR)

Graf-Baumann, Toni: Bewertung des Hirntodes sowie der engen und erweiterten Zustimmungslösung in einem Transplantationsgesetz, in: Deutscher Bundestag/Ausschuß für Gesundheit, Ausschuß-Drucksache 13/114, S. 50 ff., (zit.: Graf-Baumann, in: Dt.-BT/Aussch.-Drucks.)

Gramer, Eugen: Das Recht der Organtransplantation, Horb/Neckar 1981, (zit.: Gramer, Organtransplantation)

Grassberger, R.: Juristische Aspekte des dissoziierten Hirntodes, in: Krösl, Wolfgang/Scherzer, Erich (Hrsg.), Die Bestimmung des Todeszeitpunktes, S. 295 ff., Wien 1973, (zit.: Grassberger, in: Krösl/Scherzer (Hrsg.), Bestimmung des Todeszeitpunktes)

Greiner, Wolfgang: Wirtschaftliche Aspekte des Transplantationswesens und der Organspende, in: Hans Seidel Stiftung e.V. (Hrsg.), Politische Studien 1995/ Heft 339: Organtransplantation - Gibt es eine tragfähige Regelung?, S. 111 ff., München 1995, (zit.: Greiner, in: Politische Studien 1995 / Heft 339)

Greiner, Wolfgang/Schulenburg, J.-Matthias von der: Ansätze der Lebensqualitätmessung bei Leber- und Nierentransplantatsempfängern, in: Oberender, Peter (Hrsg.), Transplantationsmedizin - Ökonomische, ethische, rechtliche und medizinische Aspekte, S. 79 ff., Baden-Baden 1995, (zit.: Greiner/v.d. Schulenburg, in: Oberender (Hrsg.), Transplantationsmedizin)

Greinert, Renate: Stellungnahme für die Anhörung des Ausschuß für Gesundheit in Vorbereitung eines Transplantationsgesetzes, in: Deutscher Bundestag/ Ausschuß für Gesundheit, Ausschuß-Drucksache 586/13, S. 14 ff., (zit.: Greinert, in: Dt.-BT/Aussch.-Drucks.)

Greinert, Renate/Wuttke, Gisela: Organspende - Kritische Ansichten zur Transplantationsmedizin, Göttingen 1991, (zit.: Greinert/Wuttke (Hrsg.), Kritische Ansichten)

Grewel, Hans: Gratwanderung der Transplantationsmedizin, in: Westfälisches Ärzteblatt 1992, S. 406 ff., (zit.: Grewel, Westf. ÄrzteBl.)

Grewel, Hans: Zwischen Lebensrettung und Euthanasie - das tödliche Dilemma der Transplantationsmedizin, in: ZRP 1995, S. 217 ff., (zit.: Grewel, ZRP)

Grewel, Hans: Gesellschaftliche und ethische Implikationen der Hirntodkonzeption, in: Hoff, Johannes/in der Schmitten, Jürgen (Hrsg.), Wann ist der Mensch tot?, S. 332 ff., Erweiterte Auflage, Reinbek 1995, (zit.: Grewel, in: Hoff/i.d. Schmitten (Hrsg.), Wann ist der Mensch tot?)

Grimm, Rudolf: Hirntod - Ein unversöhnlicher Streit, in: Der Kassenarzt 1995, S. 27, (zit.: Grimm, Der Kassenarzt)

Großmann, Ruprecht: Für eine gesetzliche Regelung der Organtransplantation, in: RuP 1992, S. 60 ff., (zit.: Großmann, RuP)

Gruber, Christoph: Organtransplantation - Gesetzesstand und Gesetzeshandhabung in Österreich, in: Medizin - Mensch - Gesellschaft 1988, S. 205 ff., (zit.: Gruber, MMG)

Grundmann, R./Pichlmaier, H.: Organkonservierung, in: Pichlmayr, Rudolf (Hrsg.), Allgemeine und spezielle Operationslehre/Band III: Transplantationschirurgie, S. 123 ff., Berlin; Heidelberg; New York 1981, (zit.: Grundmann/Pichlmaier, in: R. Pichlmayr (Hrsg.), Operationslehre/Bd. III)

Gründel, J.: Ethische Probleme bei der Lebendspende von Organen II., in: Zeitschrift für Transplantationsmedizin 1993, S. 70 ff., (zit.: Gründel, ZTxMed)

Gubernatis, Gundolf: Der Organspender: Organisatorische und rechtliche Probleme, in: Kleinberger, Gunther/Lenz, Kurt/Ritz, Rudolf/Schuster, Hans-Peter/Stockenhuber, F. (Hrsg.), Transplantation, S. 5 ff., Wien; New York 1995, (zit.: Gubernatis, in: Kleinberger/Lenz u.a. (Hrsg.), Transplantation)

Gubernatis, Gundolf: Tod als Verabredung - eine Provokation oder ein möglicher Weg zum gesellschaftlichen Konsens in der Hirntoddiskussion?, in: Medizinische Klinik 1996, S. 47 f., (zit.: Gubernatis, MedKlinik)

Gutmann, Thomas: Rechtsphilosophische Aspekte der Lebendspende von Nieren, in: Zeitschrift für Transplantationsmedizin 1993, S. 75 ff., (zit.: Gutmann, ZTxMed)

Gutmann, Thomas: Lebendspende von Organen - nur unter Verwandten?, in: ZRP 1994, S. 111 ff., (zit.: Gutmann, ZRP)

Gutmann, Thomas: Rechtliche und philosophische Aspekte der Lebendspende von Organen, in: Hans Seidel Stiftung e.V. (Hrsg.), Politische Studien 1995/Heft 339: Organtransplantation - Gibt es eine tragfähige Regelung?, S. 100 ff., München 1995, (zit.: Gutmann, in: Politische Studien 1995/Heft 339)

Gutmann, Thomas: Probleme einer gesetzlichen Regelung der Lebendspende von Organen, in: MedR 1997, S. 147 ff., (zit.: Gutmann, MedR)

Gutmann, Thomas: Stellungnahme der Interdisziplinären Arbeitsgruppe "Lebendspende" zur öffentlichen Anhörung des Ausschusses für Gesundheit vom 9.10.1996, in: Deutscher Bundestag/Ausschuß für Gesundheit, Ausschuß-Drucksache 591/13, S. 32 ff., (zit.: Gutmann, in: Dt.-BT/Aussch.-Drucks.)

Haberal, M./Telatar, H./Bilgin, N. u.a.: Living related liver transplantation in an adult and a child, in: Land, Walter/Dossetor, John B. (Hrsg.), Organ replacement therapy: ethics, justice, commerce, S. 83 ff., München; New York 1991, (zit.: Haberal/Telatar u.a., in: Land/Dossetor (Hrsg.), Organ replacement)

Hammer, C.: Immunologische Reaktionen bei Organabstoßung, in: Dietrich, Elke (Hrsg.), Organspende, Organtransplantation, S. 327 ff., Percha am Starnberger See 1985, (zit.: Hammer, in: Dietrich (Hrsg.), Organspende)

Hammer, C./Eberbach, W.: Zukunftsperspektiven der Organtransplantation, in: Hiersche, Hans-Dieter/Hirsch, Günter/Graf-Baumann, Toni (Hrsg.), Rechtliche Fragen der Organtransplantation, S. 12 ff., Berlin; Heidelberg 1990, (zit.: Hammer/Eberbach, in: Hiersche/G. Hirsch/Graf-Baumann (Hrsg.), Rechtliche Fragen)

Hanack, Ernst-Walter: Rechtsprobleme bei Organtransplantationen, in: Studium Generale 1979, S. 428 ff., (zit.: Hanack, Studium Generale)

Hauck, Waltraut/Müller, Frank: Zur Sache: Organspende, Düsseldorf 1994, (zit.: Hauck/F. Müller, Organspende)

Haupt, Walter F.: Die Diagnose des Hirntodes - Medizinische Erläuterungen für Laien, in: Evangelische Akademie Iserlohn (Hrsg.), Tagungsprotokolle 93/1994: Halb tot oder ganz tot? Der Hirntod - ein sicheres Todeszeichen?, S. 7 ff., Iserlohn 1994, (zit.: Haupt, in: Evangelische Akademie Iserlohn (Hrsg.), Tagungsprotokolle 93/1994)

Haupt, Walter F.: Hirntod, in: Medizinische Klinik 1996, S. 46, (zit.: Haupt, MedKlinik)

Haupt, Walter F./Schober, Otmar/Angstwurm, Heinz u.a.: Die Feststellung des Todes durch den irreversiblen Ausfall des gesamten Gehirns - ("Hirntod"), in: Deutsches Ärzteblatt 1993, S. B-2222 ff., (zit.: Haupt/Schober u.a., DÄBl.)

Hauss, J./Gubernatis, G./Pichlmayr, R.: Chirurgische Aspekte der Organtransplantation: Spezielle Gesichtspunkte der Operationsindikation, der Transplantationsergebnisse und der Organspende, in: Hiersche, Hans-Dieter/ Hirsch, Günter/Graf-Baumann, Toni (Hrsg.), Rechtliche Fragen der Organtransplantation, S. 28 ff., Berlin, Heidelberg 1990, (zit.: Hauss/Gubernatis u.a., in: Hiersche/G. Hirsch/Graf-Baumann (Hrsg.), Rechtliche Fragen)

Haverich, Axel/Hirt, Stephan W.: Herz- und Lungentransplantation, in: Themen - Verlagsbeilage im Journalist/prmagazin 1994, S. 14 f., (zit.: Haverich/Hirt, in: Themen)

Heifer, Ulrich/Pluisch, Frank: Aktuelle Rechtsfragen zur klinischen Sektion und Entnahme von Leichenteilen, in: Rechtsmedizin 1991, S. 73 ff., (zit.: Heifer/ Pluisch, Rechtsmedizin)

Heinemann, Wolfgang: Organtransplantation aus der Sicht der Interessengemeinschaft Organspende e.V., in: Ziegler, Josef Georg (Hrsg.), Organverpflanzung - Medizinische, rechtliche und ethische Probleme, S. 44 ff., Düsseldorf 1977, (zit.: Heinemann, in: Ziegler (Hrsg.), Organverpflanzung)

Heinitz, Ernst: Rechtliche Fragen der Organtransplantation, Berlin 1970, (zit.: Heinitz, Fragen der Organtransplantation)

Heinze, M.: Juristisch-ethische Grundsatzfragen in der Transplantationsmedizin, in: Schütz, Harald/Kaatsch, Hans-Jürgen/Thomsen, Holger (Hrsg.), Medizinrecht - Psychopathologie - Rechtsmedizin. Diesseits und jenseits der Grenzen von Recht und Medizin, Festschrift für Günter Schewe, S. 61 ff., Berlin; Heidelberg; New York 1991, (zit.: Heinze, in: FS Schewe)

Henne-Bruns, D./Küchler, Th./Kober, B. u.a.: Historische, rechtliche und ethische Aspekte der Organtransplantation, in: Zeitschrift für Transplantationsmedizin 1993, S. 32 ff., (zit.: Henne-Bruns/Küchler u.a., ZTxMed)

Henninger, Michael-Peter: Todesdefinition und Organtransplantation im Recht, Würzburg 1972, (zit.: Henninger, Todesdefintion)

Hentig, Hans von: Die Strafe I - Frühformen und kulturgeschichtliche Zusammenhänge, Berlin; Göttingen; Heidelberg 1954, (zit.: v. Hentig, Strafe I)

Herranz, Gonzalo: Ein Spezialfall: Der Gehirntod bei Schwangeren, in: Schwarz, Markus/Bonelli, Johannes (Hrsg.), Der Status des Hirntoten/Eine intersdisziplinäre Analyse der Grenzen des Lebens, S. 165 ff., Wien; New York 1995, (zit.: Herranz, in: M. Schwarz/Bonelli (Hrsg.), Status des Hirntoten)

Hesse, Konrad: Grundzüge des Verfassungsrechts der Bundesrepublik Deutschland, 20. Auflage, Heidelberg 1995, (zit.: Hesse, Grundzüge des Verfassungsrechts)

Heuer, Stefanie/Conrads, Christoph: Aktueller Stand der Transplantationsgesetzgebung 1997, in: MedR 1997, S. 195 ff., (zit.: Heuer/Conrads, MedR)

Heuermann, Paul: Verfassungsrechtliche Probleme der Schwangerschaft einer hirntoten Frau, in: JZ 1994, S. 133 ff., (zit.: Heuermann, JZ)

Heun, Werner: Der Hirntod als Kriterium des Todes des Menschen - Verfassungsrechtliche Grundlagen und Konsequenzen, in: JZ 1996, S. 213 ff., (zit.: Heun, JZ)

Heun, Werner: Kurze schriftliche Stellungnahme zu dem Gesetzentwurf eines Transplantationsgesetzes und den Anträgen zur Organentnahme, in: Deutscher Bundestag/Ausschuß für Gesundheit, Ausschuß-Drucksache 585/13, S. 19, (zit.: Heun, in: Dt.-BT/Aussch.-Drucks.)

Hilchenbach, Frauke: Die Zulässigkeit von Transplantatentnahmen vom toten Spender aus zivilrechtlicher Sicht, Heidelberg 1973, (zit.: Hilchenbach, Transplantatentnahmen)

Hildmann, Henning: Transplantation von Gehörknöchelchen, in: Themen - Verlagsbeilage im Journalist/prmagazin 1994, S. 18, (zit.: Hildmann, in: Themen)

Hillebrand, G.F./Schmeller, N./Theodorakis, J. u.a.: Nierentransplantation - Lebendspende zwischen verwandten und nicht verwandten Personen: das Münchener Modell, in: Zeitschrift für Transplantationsmedizin 1996, S. 101 ff., (zit.: Hillebrand/Schmeller u.a., ZTxMed)

Hirsch, Günter: Anenzephalus als Organspender: Rechtsfragen, in: Hiersche, Hans-Dieter/Hirsch, Günter/Graf-Baumann, Toni (Hrsg.), Rechtliche Fragen der Organtransplantation, S. 118 ff., Berlin; Heidelberg 1990, (zit.: G. Hirsch, in: Hiersche/G. Hirsch/Graf-Baumann (Hrsg.), Rechtliche Fragen)

Hirsch, Günter/Schmidt-Didczuhn, Andrea: Transplantation und Sektion/Die rechtliche und rechtspolitische Situation nach der Wiedervereinigung, Heidelberg 1992, (zit.: G. Hirsch/Schmidt-Didczuhn, Transplantation)

Hirsch, Hans-Joachim: Hauptprobleme einer Reform der Delikte gegen die körperliche Unversehrtheit, in: ZStW 1971, S. 141 ff., (zit.: H.-J. Hirsch, ZStW)

Hobmaier, Irmi/Rößner, Ernst: Stellungnahme zur Anhörung zum Transplantationsgesetz am 25.9.1996, in: Deutscher Bundestag/Ausschuß für Gesundheit, Ausschuß-Drucksache 593/13, S. 28 f., (zit.: Hobmaier/Rößner, in: Dt.-BT/Aussch.-Drucks.)

Hoff, Johannes/in der Schmitten, Jürgen: Kritik der "Hirntod"-Konzeption, in: dies. (Hrsg.), Wann ist der Mensch tot?, S. 153 ff., Erweiterte Auflage, Reinbek 1995, (zit.: Hoff/i.d. Schmitten, in: dies. (Hrsg.), Wann ist der Mensch tot?)

Hoff, Johannes/Rixen, Stephan/in der Schmitten, Jürgen: Gegen die Gleichsetzung hirntoter Patienten mit Leichen, in: Deutscher Bundestag/Ausschuß für Gesundheit, Ausschuß-Drucksache 117/13, S. 1 ff., (zit.: Hoff/Rixen u.a., in: Dt.-BT/Aussch.-Drucks.)

Hoffmann, Gerhardt: Das Leben danach. Seelsorge bei Herzempfängern, in: Greinert, Renate/Wuttke, Gisela (Hrsg.), Organspende - Kritische Ansichten zur Transplantationsmedizin, S. 84 ff., Göttingen 1991, (zit.: Hoffmann, in: Greinert/Wuttke (Hrsg.), Kritische Ansichten)

Höfling, Wolfram: Offene Grundrechtsinterpretation - Grundrechtsauslegung zwischen amtlichem Interpretationsmonopol und privater Konkretisierungskompetenz, Berlin 1987, (zit.: Höfling, Grundrechtsinterpretation)

Höfling, Wolfram: Medizinischer Todesbegriff und verfassungsrechtlicher Lebensbegriff, in: Evangelische Akademie Iserlohn (Hrsg.), Tagungsprotokolle 93/1994: Halb tot oder ganz tot? Der Hirntod - ein sicheres Todeszeichen?, S. 59 ff., Iserlohn 1994, (zit.: Höfling, in: Evangelische Akademie Iserlohn (Hrsg.), Tagungsprotokolle 93/1994)

Höfling, Wolfram: Um Leben und Tod: Transplantationsgesetzgebung und Grundrecht auf Leben, in: JZ 1995, S. 26 ff., (zit.: Höfling, JZ)

Höfling, Wolfram: Plädoyer für eine enge Zustimmungslösung, in: Universitas 1995, S. 357 ff., (zit.: Höfling, Universitas)

Höfling, Wolfram: Hirntodkonzeption und Transplantationsgesetzgebung, in: MedR 1996, S. 6 ff., (zit.: Höfling, MedR)
Höfling, Wolfram: Über die Definitionsmacht medizinischer Praxis und die Aufgabe der Verfassungsrechtslehre, in: JZ 1996, S. 615 ff., (zit.: Höfling, JZ)
Höfling, Wolfram: Bewertung des Hirntodes sowie der engen und erweiterten Zustimmungslösung in einem Transplantationsgesetz, in: Deutscher Bundestag/Ausschuß für Gesundheit, Ausschuß-Drucksache 13/114, S. 53 ff., (zit.: Höfling, in: Dt.-BT/Aussch.-Drucks.)
Höfling, Wolfram: Schriftliche Stellungnahme zum Gesetzentwurf der Abgeordneten Monika Knoche u.a., in: Deutscher Bundestag/Ausschuß für Gesundheit, Ausschuß-Drucksache 586/13, S. 1 ff., (zit.: Höfling, in: Dt.-BT/Aussch.-Drucks.)
Höfling, Wolfram: Stellungnahme zum Transplantationsgesetzentwurf, in: Deutscher Bundestag/Ausschuß für Gesundheit, Ausschuß-Drucksache 599/13, S. 4 ff., (zit.: Höfling, in Dt.-BT/Aussch.-Drucks)
Höfling, Wolfram/Rixen, Stephan: Verfassungsfragen der Transplantationsmedizin/Hirntodkriterium und Transplantationsgesetz in der Diskussion, Tübingen 1996, (zit.: Höfling / Rixen, Verfassungsfragen)
Holzgreve, Wolfgang: Überlegungen zum Problem der Organtransplantation von anencephalen Spendern, Bochum 1989, (zit.: Holzgreve, Organtransplantation von anencephalen Spendern)
Höppner, W./Grosse, K./Dreikorn, K.: Aktuelle Überlegungen zum Thema Lebendspende, in: Zeitschrift für Transplantationsmedizin 1994, S. 217 ff., (zit.: Höppner/Grosse u.a., ZTxMed)
Huber, Wolfgang: Organtransplantation, Hirntod und Menschenbild, in: Hoff, Johannes/in der Schmitten, Jürgen (Hrsg.), Wann ist der Mensch tot?, S. 462 ff., Erweiterte Auflage, Reinbek 1995, (zit.: Huber, in: Hoff/i.d. Schmitten (Hrsg.), Wann ist der Mensch tot?)
Hubmann, Heinrich: Das Persönlichkeitsrecht, 2. Auflage, Köln 1967, (zit.: Hubmann, Persönlichkeitsrecht)
Isensee, Josef: Das Grundrecht als Abwehrrecht und als staatliche Schutzpflicht, in: Isensee, Josef/Kirchhof, Paul (Hrsg.), Handbuch des Staatsrechts der Bundesrepublik Deutschland, Band V: Allgemeine Grundrechtslehren, § 111, Heidelberg 1992, (zit.: Isensee, in: Isensee/Kirchhof (Hrsg.), Handbuch des Staatsrechts/Bd. V)
Jacoby, Guenther: Allgemeine Ontologie der Wirklichkeit, Band 1 - 2, Halle 1925, (zit.: Jakoby, Ontologie/Bd. 1 - 2)
Jansen, Norbert: Die Blutspende aus zivilrechtlicher Sicht, Bochum 1978, (zit.: Jansen, Blutspende)

Jarass, Hans D./Pieroth, Bodo: Grundgesetz für die Bundesrepublik Deutschland Kommentar, 3. Auflage, München 1995, (zit.: Bearbeiter, in: Jarass/Pieroth, GG)
Jauernig, Othmar: Bürgerliches Gesetzbuch, 7. Auflage, München 1994, (zit.: Bearbeiter, in: Jauernig, BGB)
Joerden, Jan C.: Tod schon bei "alsbaldigem" Eintritt des Hirntodes?, in: NStZ 1993, S. 268 ff., (zit.: Joerden, NStZ)
Jonas, Hans: Gegen den Strom, in: ders. (Hrsg.), Technik, Medizin und Ethik/ Zur Praxis des Prinzips Verantwortung, S. 224 ff., Frankfurt am Main 1985, (zit.: Jonas, in: ders. (Hrsg.), Medizin und Ethik)
Jonas, Hans: Brief an Hans-Bernhard Wuermeling, in: Hoff, Johannes/in der Schmitten, Jürgen (Hrsg.), Wann ist der Mensch tot?, S. 21 ff., Erweiterte Auflage, Reinbek 1995, (zit.: Jonas, in: Hoff/i.d. Schmitten (Hrsg.), Wann ist der Mensch tot?)
Jörns, Klaus-Peter: Gibt es ein Recht auf Organtransplantation?, Göttingen 1993, (zit.: Jörns, Organtransplantation)
Jörns, Klaus-Peter: Organtransplantation: eine Anfrage an unser Verständnis von Sterben, Tod und Auferstehung, in: Hoff, Johannes/in der Schmitten, Jürgen (Hrsg.), Wann ist der Mensch tot?, S. 350 ff., Erweiterte Auflage, Reinbek 1995, (zit.: Jörns, in: Hoff/i.d. Schmitten (Hrsg.), Wann ist der Mensch tot?)
Jung, Andrea: Die französische Rechtslage auf dem Gebiet der Transplantationsmedizin, in: MedR 1996, S. 355 ff., (zit.: Jung, MedR)
Kaatsch, H.-J.: Eigentumsrechte an menschlichem Körpergewebe - insbesondere an Patientenuntersuchungsmaterial, in: Rechtsmedizin 1994, S. 132 ff., (zit.: Kaatsch, Rechtsmedizin)
Kaiser, Günther: Der Tod und seine Rechtsfolgen, in: Mergen, Armand (Hrsg.), Die juristische Problematik in der Medizin/Band I: Der Arzt und seine Beziehung zum Recht, S. 31 ff., München 1971, (zit.: Kaiser, in: Mergen (Hrsg.), Juristische Problematik/Bd. I)
Kallmann, Rainer: Rechtsprobleme bei der Organtransplantation, in: FamRZ 1969, S. 572 ff., (zit.: Kallmann, FamRZ)
Karl, Christian: Todesbegriff und Organtransplantation gezeigt am Beispiel der Bundesrepublik Deutschland, der ehemaligen DDR und Österreich, Wien 1995, (zit.: Karl, Todesbegriff)
Kern, Bernd-Rüdiger: Zivilrechtliche Gesichtspunkte der Transplantation, in: Gramberg-Danielsen, Berndt (Hrsg.), Rechtliche Grundlagen der augenärztlichen Tätigkeit: Zivilrecht, Strafrecht, Sozialrecht, Verwaltungsrecht, S. 2/ 800 ff., Loseblattsammlung, Stuttgart 1988, (zit.: Kern, in: Gramberg-Danielsen (Hrsg.), Rechtliche Grundlagen)

Kern, Bernd-Rüdiger: Die Bedeutung des Betreuungsgesetzes für das Arztrecht, in: MedR 1991, S. 66 ff., (zit.: Kern, MedR)

Kern, Bernd-Rüdiger: Die rechtliche Grundlage für die Organtransplantation - Zur Gesetzeslage in den neuen Bundesländern, in: DtZ 1992, S. 348 ff., (zit.: Kern, DtZ)

Kern, Bernd-Rüdiger: Arzt und Betreuungsrecht, in: MedR 1993, S. 249 ff., (zit.: Kern, MedR)

Kern, Bernd-Rüdiger: Zum Entwurf eines Transplantationsgesetzes (der Länder?), in: MedR 1994, S. 389 ff., (zit.: Kern, MedR)

Kern, Bernd-Rüdiger: Fremdbestimmung bei der Einwilligung in ärztliche Eingriffe, in: NJW 1994, S. 753 ff., (zit.: Kern, NJW)

Kerremans, Ilse: Regelung und Regelungsbedarf im Transplantationswesen aus belgischer Sicht, in: Hans Seidel Stiftung e.V. (Hrsg.), Politische Studien 1995/Heft 339: Organtransplantation - Gibt es eine tragfähige Regelung?, S. 55 ff., München 1995, (zit.: Kerremans, in: Politische Studien 1995/Heft 339)

Kimbrell, Andrew: Ersatzteillager Mensch - Die Vermarktung des Körpers, Frankfurt; New York 1994, (zit.: Kimbrell, Ersatzteillager Mensch)

Kirschbaum, E.: Rechtliche Zulässigkeit von Organverpflanzungen vom toten Spender auf einen Kranken/Teil 1, in: Medizinische Klinik 1971, S. 1627 ff., (zit.: Kirschbaum, MedKlinik)

Kirschbaum, E.: Rechtliche Zulässigkeit von Organverpflanzungen vom toten Spender auf einen Kranken/Teil 2, in: Medizinische Klinik 1971, S. 1666 ff., (zit.: Kirschbaum, MedKlinik)

Kirste, G.: Stellungnahme zum Gesetzentwurf der Fraktionen der CDU/CSU, SPD und FDP, in: Deutscher Bundestag/Ausschuß für Gesundheit, Ausschuß-Drucksache 593/13, S. 38 ff., (zit.: Kirste, in: Dt.-BT/Aussch.-Drucks.)

Kirste, G./Pisarski, P./Furtwängler, A. u.a.: Steigerung der Lebendnierentransplantation von Verwandten und Nichtverwandten - eine Hilfe für viele Patienten, in: Zeitschrift für Transplantationsmedizin/Supplement 1996, S. 2, (zit.: Kirste/Pisarski u.a., ZTxMed/Suppl.)

Klein, Martin: "Hirntod": Vollständiger Verlust aller Hirnfunktionen?, in: Hoff, Johannes/in der Schmitten, Jürgen (Hrsg.), Wann ist der Mensch tot?, S. 500 ff., Erweiterte Auflage, Reinbek 1995, (zit.: Klein, in: Hoff/i.d. Schmitten (Hrsg.), Wann ist der Mensch tot?)

Klinkhammer, Gisela: Diskussion um das Transplantationsgesetz/Wann ist der Mensch tot?, in: Deutsches Ärzteblatt 1997, S. C-430 ff., (zit.: Klinkhammer, DÄBl.)

Klinner, Werner: Herztransplantation - Medizinische, rechtliche und ethische Probleme des transplantierenden Arztes, in: Ziegler, Josef Georg (Hrsg.), Organverpflanzung - Medizinische, rechtliche und ethische Probleme, S. 11 ff., Düsseldorf 1977, (zit.: Klinner, in: Ziegler (Hrsg.), Organverpflanzung)

Kloth, Carsten: Rechtsprobleme der Todesbestimmung und der Organentnahme von Verstorbenen, Berlin 1994, (zit.: Kloth, Todesbestimmung und Organentnahme)

Kluth, Winfried: Die Hirntod-Konzeption/Stellungnahme zu den Erwiderungen von Manfred Lütz und Hans Thomas, in: Zeitschrift für Lebensrecht 1996, S. 43 ff., (zit.: Kluth, Zeitschrift für Lebensrecht)

Kluth, Winfried: Die Hirntodkonzeption, in: Deutscher Bundestag/Ausschuß für Gesundheit, Ausschuß-Drucksache 586/13, S. 7 ff., (zit.: Kluth, in: Dt.-BT/Aussch.-Drucks.)

Kluth, Winfried/Sander, Birgit: Verfassungsrechtliche Aspekte einer Organspendepflicht, in: DVBl. 1996, S. 1285 ff., (zit.: Kluth/Sander, DVBl.)

Knoche, Monika: Hirntod, Moral und Wertetradition, in: Hoff, Johannes/in der Schmitten, Jürgen (Hrsg.), Wann ist der Mensch tot?, S. 417 ff., Erweiterte Auflage, Reinbek 1995, (zit.: Knoche, in: Hoff/i.d. Schmitten (Hrsg.), Wann ist der Mensch tot?)

Koch, U./Wenz, C.: Lebendnierentransplantation aus psychologischer Sicht, in: Albert, F.W. (Hrsg.), Praxis der Nierentransplantation/Band III, S. 75 ff., Stuttgart; New York 1989, (zit.: Koch/Wenz, in: F.W. Albert (Hrsg.), Praxis/Bd. III)

Kohlhaas, Max: Rechtsfragen zur Transplantation von Körperorganen, in: NJW 1967, S. 1489 ff., (zit.: Kohlhaas, NJW)

Kohlhaas, Max: Organentnahmeverbot durch letztwillige Verfügung?, in: Deutsche Medizinische Wochenschrift 1968, S. 1612 ff., (zit.: Kohlhaas, DMW)

Kohlhaas, Max: Rechtsfolgen von Transplantationseingriffen, in: NJW 1970, S. 1224 ff., (zit.: Kohlhaas, NJW)

Kolb, H.-J./Thierfelder, S.: Transplantation von Knochenmark, in: Pichlmayr, Rudolf (Hrsg.), Allgemeine und spezielle Operationslehre/Band III: Transplantationschirurgie, S. 1061 ff., Berlin; Heidelberg; New York 1981, (zit.: Kolb/Thierfelder, in: R. Pichlmayr (Hrsg.), Operationslehre/Bd. III)

Kolb, H.J./Wilmanns, W.: Knochenmarktransplantation, in: Dietrich, Elke (Hrsg.), Organspende, Organtransplantation, S. 327 ff., Percha am Starnberger See 1985, (zit.: Kolb/Wilmans, in: Dietrich (Hrsg.), Organspende)

König, Bettina: Todesbegriff, Todesdiagnostik und Strafrecht - Zur Strafbarkeit todesdiagnostischer Maßnahmen, dargestellt am Beispiel der Zerebralangiographie, Hamburg 1988, (zit.: König, Todesbegriff)

Kopetzki, Christian: Organgewinnung zu Zwecken der Transplantation, Wien; New York 1988, (zit.: Kopetzki, Organgewinnung)

Körner, Uwe: Hirntod und Organtransplantation/Fragen zum menschlichen Leben und zum menschlichen Tod, 2. Auflage, Dortmund 1995, (zit.: Körner, Hirntod)

Korthals, Gernot: Strafrechtliche Probleme der Organtransplantation, Hamburg 1969, (zit.: Korthals, Strafrechtliche Probleme)

Kramer, Hans-Jürgen: Rechtsfragen der Organtransplantation, München 1987, (zit.: Kramer, Rechtsfragen)

Kübler, Heidrun: Verfassungsrechtliche Aspekte der Organentnahme zu Transplantationszwecken, Berlin 1977, (zit.: Kübler, Verfassungsrechtliche Aspekte)

Küchenhoff, Günther: Die Einwilligung von Minderjährigen, Ehegatten und Verwandten, ferner von Geisteskranken im Arztrecht, in: ArztR 1973, S. 139 ff., (zit.: Küchenhoff, ArztR)

Kuckuk, Bernd: Der Hamburger "Entwurf zur strafrechtlichen Regelung der Organtransplantation" - Reform ohne Programm, in: JR 1974, S. 410 ff., (zit.: Kuckuk, JR)

Kühl, Kristian: Stellungnahme zum Transplantationsgesetz, in: Deutscher Bundestag/Ausschuß für Gesundheit, Ausschuß-Drucksache 618/13, S. 1 ff., (zit.: Kühl, in: Dt.-BT/Aussch.-Drucks.)

Kulil, Manuela: Stellungnahme der Selbsthilfegruppe Angehörige von Organspendern zur Transplantationsgesetzgebung, in: Deutscher Bundestag/Ausschuß für Gesundheit, Ausschuß-Drucksache 574/13, S. 9 f., (zit.: Kulil, in: Dt.-BT/Aussch.-Drucks.)

Kunert, Karl-Heinz: Die Organtransplantation als legislatorisches Problem, in: Jura 1979, S. 350 ff., (zit.: Kunert, Jura)

Kuratorium für Dialyse und Nierentransplantation e.V. (KfH)/Deutsche Stiftung Organtransplantation (DSO): Kurzinformation, Zahlen - Daten - Fakten, Neu-Isenburg 1996, (zit.: KfH/DSO, Zahlen - Daten - Fakten)

Kurthen, Martin/Linke, Detlef B.: Vom Hirntod zum Teilhirntod, in: Hoff, Johannes/in der Schmitten, Jürgen (Hrsg.), Wann ist der Mensch tot?, S. 82 ff., Erweiterte Auflage, Reinbek bei Hamburg 1995, (zit.: Kurthen/Linke, in: Hoff/i.d. Schmitten (Hrsg.), Wann ist der Mensch tot?)

Kurthen, M./Linke, D.B./Moskopp, D.: Teilhirntod und Ethik, in: Ethik in der Medizin 1989, S. 134 ff., (zit.: Kurthen/Linke u.a., EthikMed)

Kurthen, Martin/Linke, Detlef B./Reuter, Bernhard M.: Hirntod, Großhirntod oder personaler Tod?, in: Medizinische Klinik 1989, S. 483 ff., (zit.: Kurthen/Linke u.a., MedKlinik)

Lachwitz, Klaus: Das neue Betreuungsrecht/Perspektiven für Menschen mit geistiger Behinderung, in: FuR 1990, S. 266 ff., (zit.: Lachwitz, FuR)
Lackner, Karl: Strafgesetzbuch, 22. Auflage, München 1997, (zit.: Bearbeiter, in: Lackner, StGB)
Lamb, David: Death, Brain Death and Ethics, London; Sydney 1985, (zit.: Lamb, Brain Death)
Land, Walter: Organspende - das belohnte Geschenk?, in: Merkur 1991, S. 120 ff., (zit.: Land, Merkur)
Land, Walter: Medizinische Aspekte der Lebendspende: Nutzen/Risiko-Abwägung, in: Zeitschrift für Transplantationsmedizin 1993, S. 52 ff., (zit.: Land, ZTxMed)
Land, Walter: Lebendspende von Organen - derzeitiger Stand der internationalen Debatte, in: Zeitschrift für Transplantationsmedizin 1993, S. 59 ff., (zit.: Land, ZTxMed)
Land, Walter: Pankreastransplantation, in: Themen - Verlagsbeilage im Journalist/prmagazin 1994, S. 17, (zit.: Land, in: Themen)
Land, Walter/Angstwurm, Heinz: Medizinisch-organisatorischer Ablauf bei der Organspende nach dem Tode, in: Dietrich, Elke (Hrsg.), Organspende, Organtransplantation, S. 65 ff., Percha am Starnberger See 1985, (zit.: Land/ Angstwurm, in: Dietrich (Hrsg.), Organspende)
Lang, Christoph: Kultur des Lebens oder Kultur des Sterbens?, in: ZRP 1995, S. 457 ff., (zit.: Lang, ZRP)
Lange, H.: Zur Indikation und Kontraindikation der Nierentransplantation, in: Albert, F.W./Kreiter, H./Jutzler, G.A./Traut, G.(Hrsg.), Praxis der Nierentransplantation, S. 1 ff., Stuttgart; New York 1980, (zit.: Lange, in: F.W. Albert/Kreiter u.a. (Hrsg.), Praxis)
Larenz, Karl: Allgemeiner Teil des Deutschen Bürgerlichen Rechts, 7. Auflage, München 1989, (zit.: Larenz, BGB/AT)
Largiadèr, F.: Pankreastransplantation, in: Pichlmayr, Rudolf (Hrsg.), Allgemeine und spezielle Operationslehre/Band III: Transplantationschirurgie, S. 775 ff., Berlin; Heidelberg; New York 1981, (zit.: Largiadèr, in: R. Pichlmayr (Hrsg.), Operationslehre/Bd. III)
Largiadèr, F.: Technisch mögliche Organtransplantationen, die z.Z. keine klinische Anwendung erwarten lassen, in: Pichlmayr, Rudolf (Hrsg.), Allgemeine und spezielle Operationslehre/Band III: Transplantationschirurgie, S. 1081 ff., Berlin; Heidelberg; New York 1981, (zit.: Largiadèr, in: R. Pichlmayr (Hrsg.), Operationslehre/Bd. III)
Largiadèr, F./Uhlschmid, G.: Für und Wider der Lebendspende, in: Albert, F.W./Kreiter, H./Jutzler, G.A./Traut, G. (Hrsg.), Praxis der Nierentransplan-

tation, S. 101 ff., Stuttgart; New York 1980, (zit.: Largiadèr/Uhlschmid, in: F.W. Albert/Kreiter u.a. (Hrsg.), Praxis)

Laufs, Adolf: Schutz der Persönlichkeitssphäre und ärztliche Heilbehandlung, in: VersR 1972, S. 1 ff., (zit.: Laufs, VersR)

Laufs, Adolf: Fortschritte und Scheidewege im Arztrecht, in: NJW 1976, S. 1121 ff., (zit.: Laufs, NJW)

Laufs, Adolf: Rechtsfragen der Organtransplantation, in: Hiersche, Hans-Dieter/Hirsch, Günter/Graf-Baumann, Toni (Hrsg.), Rechtliche Fragen der Organtransplantation, S. 57 ff., Berlin; Heidelberg 1990, (zit.: Laufs, in: Hiersche/G. Hirsch/Graf-Baumann (Hrsg.), Rechtliche Fragen)

Laufs, Adolf: Diskussion 2, in: Hiersche, Hans-Dieter/Hirsch, Günter/Graf-Baumann, Toni (Hrsg.), Rechtliche Fragen der Organtransplantation, S. 84 ff., Berlin; Heidelberg 1990, (zit.: Laufs, in: Hiersche/G. Hirsch/Graf-Baumann (Hrsg.), Rechtliche Fragen)

Laufs, Adolf: Arztrecht, 5. Auflage, München 1993, (zit.: Laufs, Arztrecht)

Laufs, Adolf: Rechtliche Grenzen der Transplantationsmedizin, in: Festschrift für Helmut Narr, S. 34 ff., Berlin; Heidelberg; New York 1989, (zit.: Laufs, in: FS Narr)

Laufs, Adolf: Ein deutsches Transplantationsgesetz - jetzt?, in: NJW 1995, S. 2398 f., (zit.: Laufs, NJW)

Leipziger Kommentar: Strafgesetzbuch, §§ 44 - 51, 11. Auflage, Berlin; New York 1995, (zit.: Bearbeiter, in: LK, StGB)

Lemke, Michael: Stand der Diskussion zum Entwurf eines Transplantationsgesetzes - Eine rechtspolitische Bestandsaufnahme, in: MedR 1991, S. 281 ff., (zit.: Lemke, MedR)

Liebhardt, E./Wilske, J.: Die Rechtslage zur Organspende, -entnahme und -übertragung, in: Der Chirurg 1988, S. 441 ff., (zit.: Liebhardt/Wilske, Der Chirurg)

Lilie, Hans: Zur Verbindlichkeit eines Organspendeausweises nach dem Tode des Organspenders, in: MedR 1983, S. 131 ff., (zit.: Lilie, MedR)

Lilie, Hans: Juristische Aspekte der Lebend-Organspende, in: Albert, F.W. (Hrsg.), Praxis der Nierentransplantation/Band III, S. 89 ff., Stuttgart; New York 1989, (zit.: Lilie, in: F.W. Albert (Hrsg.), Praxis/Bd. III)

Linck, Joachim: Gesetzliche Regelung von Sektionen und Transplantationen, in: JZ 1973, S. 759 ff., (zit.: Linck, JZ)

Linck, Joachim: Vorschläge für ein Transplantationsgesetz, in: ZRP 1975, S. 249 ff., (zit.: Linck, ZRP)

Link, Jürgen: Stellungnahme für die öffentliche Anhörung durch den Ausschuß für Gesundheit des Deutschen Bundestages am 25.09.1996, in: Deutscher

Bundestag/Ausschuß für Gesundheit, Ausschuß-Drucksache 588/13, S. 7 ff., (zit.: Link, in: Dt.-BT/Aussch.-Drucks.)

Linke, Detlef B.: Hirnverpflanzung - Die erste Unsterblichkeit auf Erden. Reinbek bei Hamburg 1993, (zit.: Linke, Hirnverpflanzung)

Linke, Detlef B./Kurthen, Martin: Nekrose des Hirns oder der Funktionen? Justitias Schwert und die Ganzheit, in: Hoff, Johannes/in der Schmitten, Jürgen (Hrsg.), Wann ist der Mensch tot?, S. 255 ff., Erweiterte Auflage, Reinbek 1995, (zit.: Linke/Kurthen, in: Hoff/i.d. Schmitten (Hrsg.), Wann ist der Mensch tot?)

Loewenich, V. von: Definition, Diagnose und Prognose bei Anenzephalus, in: Hiersche, Hans-Dieter/Hirsch, Günter/Graf-Baumann, Toni (Hrsg.), Rechtliche Fragen der Organtransplantation, S. 106 ff., Berlin; Heidelberg 1990, (zit.: v. Loewenich, in: Hiersche/G. Hirsch/Graf-Baumann (Hrsg.), Rechtliche Fragen)

Lorenz, Dieter: Recht auf Leben und körperliche Unversehrtheit, in: Isensee, Josef/Kirchhof, Paul (Hrsg.), Handbuch des Staatsrechts der Bundesrepublik Deutschland, Band VI: Freiheitsrechte, § 128, Heidelberg 1989, (zit.: Lorenz, in: Isensee/Kirchhof (Hrsg.), Handbuch des Staatsrechts/Bd. VI)

Losse, Heinz: Organtransplantation - Einführung, in: Toellner, Richard (Hrsg.), Organtransplantation - Beiträge zu ethischen und juristischen Fragen, S. 3 ff., Stuttgart; New York 1991, (zit.: Losse, in: Toellner (Hrsg.), Organtransplantation)

Lück, R./Kohlhaw, K./Plessen, V. u.a.: Ist Verwandtentransplantation ein Ausweg aus der Spenderknappheit?, in: Zeitschrift für Transplantationsmedizin 1994, S. 2, (zit.: Lück/Kohlhaw u.a., ZTxMed)

Lührs, Wolfgang: Überlegungen zur einheitlichen Kodifizierung des Transplantationswesens, in: ZRP 1992, S. 302 ff., (zit.: Lührs, ZRP)

Lüttger, Hans: Der Tod und das Strafrecht, in: JR 1971, S. 309 ff., (zit.: Lüttger, JR)

Lütz, Manfred: Organspende ist keine Tötung auf Verlangen, in: Hoff, Johannes/in der Schmitten, Jürgen (Hrsg.), Wann ist der Mensch tot?, S. 496 ff., Erweiterte Auflage, Reinbek 1995, (zit.: Lütz, in: Hoff/i.d. Schmitten (Hrsg.), Wann ist der Mensch tot?)

Lütz, Manfred: Die Wirklichkeit an Begriffen gemessen, in: Zeitschrift für Lebensrecht 1996, S. 39 f., (zit.: Lütz, Zeitschrift für Lebensrecht)

Maier, Joachim: Der Verkauf von Körperorganen - Zur Sittenwidrigkeit von Übertragungsverträgen, Heidelberg 1991, (zit.: Maier, Verkauf von Körperorganen)

Mangoldt, Hermann von/Klein, Friedrich: Das Bonner Grundgesetz, Kommentar, Band 1: Präambel, Art. 1 bis 5, 3. Auflage, München 1985, (zit.: Bearbeiter, in: v. Mangoldt/Klein, GG/Bd. 1)

Margreiter, Raimund: Regelung und Regelunsgbedarf im Transplantationswesen aus österreichischer Sicht, in: Hans Seidel Stiftung e.V. (Hrsg.), Politische Studien 1995/Heft 339: Organtransplantation - Gibt es eine tragfähige Regelung?, S. 50 ff., München 1995, (zit.: Margreiter, in: Politische Studien 1995/Heft 339)

Marktl, Wolfgang: Die Bedeutung des Zentralnervensystems für die optimale Entfaltung der Lebensvorgänge, in: Schwarz, Markus/Bonelli, Johannes (Hrsg.), Der Status des Hirntoten/Eine interdisziplinäre Analyse der Grenzen des Lebens, S. 35 ff., Wien; New York 1995, (zit.: Marktl, in: M. Schwarz/ Bonelli (Hrsg.), Status des Hirntoten)

Maßhoff, W.: Zum Problem des Todes, in: Münchener Medizinische Wochenschrift 1968, S. 2473 ff., (zit.: Maßhoff, MMW)

Maunz, Theodor/Dürig, Günter/Herzog, Roman u.a.: Grundgesetz, Kommentar, Band I: Art.1-12, Loseblatt - Stand: Oktober 1996, München 1996, (zit.: Bearbeiter, in: Maunz/Dürig u.a., GG/Bd.I)

Maunz, Theodor/Zippelius, Reinhold: Deutsches Staatsrecht, 29. Auflage, München 1994, (zit.: Maunz/Zippelius, Staatsrecht)

Maurer, Hartmut: Rechtliche Aspekte der Organtransplantation, in: Evangelische Akademie Bad Boll (Hrsg.), Die rechtliche Regelung der Organtransplantation/Tagungsprotokoll 6/1979: Tagung für Mediziner, Juristen, Politiker und Theologen vom 30. April bis 2. Mai 1979, S. 18 ff., (zit.: Maurer, in: Evangelische Akademie Bad Boll (Hrsg.), Tagungsprotokoll 6/1979)

Maurer, Hartmut: Die medizinische Organtransplantation in verfassungsrechtlicher Sicht, in: DÖV 1980, S. 7 ff., (zit.: Maurer, DÖV)

Mayrhofer, Otto: Die Todesfeststellung, in: Brandstetter, Wolfgang/Kopetzki, Christian (Hrsg.), Organtransplantationen - Medizinische und rechtliche Aspekte der Verwendung menschlicher Organe zu Heilzwecken, S. 54 ff., Wien 1987, (zit.: Mayrhofer, in: Brandstetter/Kopetzki (Hrsg.), Organtransplantationen)

McMaster, P./Czerniak, A.: Living related liver transplantation: A note of caution, in: Land, Walter/Dossetor, J.B. (Hrsg.), Organ replacement therapy: ethics, justice, commerce, S. 130 ff., München; New York 1991, (zit.: McMaster/Czerniak, in: Land/Dossetor (Hrsg.), Organ replacement)

Meffert, H.J.: Ethische Probleme bei der Organempfängerauswahl aus psychosozialer Sicht, in: Kleinberger, Gunther/Lenz, Kurt/Ritz, Rudolf/Schuster, Hans-Peter/Stockenhuber, F. (Hrsg.), Transplantation, S. 1 ff., Wien; New York 1995, (zit.: Meffert, in: Kleinberger/Lenz u.a. (Hrsg.), Transplantation)

Meisner, J.K.: Erklärung des Erzbischofs von Köln zum beabsichtigten Transplantationsgesetz, in: Deutscher Bundestag/Ausschuß für Gesundheit, Ausschuß-Drucksache 602/13, S. 14 ff., (zit.: J.K. Meisner, in: Dt.-BT/Aussch.-Drucks.)

Meran, Johannes-Gobertus/Poliwoda, Sebastian: Leben und sterben lassen/Anthropologie und Pragmatik des Hirntodes, in: Hoff, Johannes/in der Schmitten, Jürgen (Hrsg.), Wann ist der Mensch tot?, S. 68 ff., Erweiterte Auflage, Reinbek 1995, (zit.: Meran/Poliwoda, in: Hoff/i.d. Schmitten (Hrsg.), Wann ist der Mensch tot?)

Mieth, Dietmar: Zur Anthropologie des Todes angesichts der Diskussion um den sogenannten Hirntod, in: Hoff, Johannes/in der Schmitten, Jürgen (Hrsg.), Wann ist der Mensch tot?, S. 458 ff., Erweiterte Auflage, Reinbek 1995, (zit.: Mieth, in: Hoff/i.d. Schmitten (Hrsg.), Wann ist der Mensch tot?)

Mitsch, Wolfgang: Grundfälle zu den Tötungsdelikten, in: JuS 1995, S. 787 ff., (zit.: Mitsch, JuS)

Möx, J.: Zur Zulässigkeit von Organentnahmen, in: ArztR 1994, S. 39 ff., (zit.: Möx, ArztR)

Mugdan, B.: Die gesamten Materialien zum Bürgerlichen Gesetzbuch für das Deutsche Reich, Band I: Einführungsgesetz und Allgemeiner Teil, Berlin 1899, (zit.: Mugdan, Materialien zum BGB/Bd. I)

Müller, Ingo: Gehirntod und Menschenbilder, in: Greinert, Renate/Wuttke, Gisela (Hrsg.), Organspende - Kritische Ansichten zur Transplantationsmedizin, S. 56 ff., Göttingen 1991, (zit.: I. Müller, in: Greinert/Wuttke (Hrsg.), Kritische Ansichten)

Müller-Heidelberg, Till: Stellungnahme zur Anhörung des Ausschusses für Gesundheit des Deutschen Bundestages am 25. September 1996, in: Deutscher Bundestag/Ausschuß für Gesundheit, Ausschuß-Drucksache 579/13, S. 33 ff., (zit.: Müller-Heidelberg, in: Dt.-BT/Aussch.-Drucks.)

Münch, Ingo von/Kunig, Philip: Grundgesetz - Kommentar, Band 1: Präambel bis Art. 20, 4. Auflage, München 1992, (zit.: Bearbeiter, in: v. Münch/Kunig, GG/Bd. 1)

Münchener Kommentar: Münchener Kommentar zum Bürgerlichen Gesetzbuch, Band 1: Allgemeiner Teil (§§ 1 - 240), 3. Auflage, München 1993, (zit.: Bearbeiter, in: MüKo, BGB/Bd. 1)

Murauer, Michael: Organtransplantation, Recht und Öffentlichkeit, München 1982, (zit.: Murauer, Organtransplantation)

Nagel, Eckhard: Möglichkeiten und Grenzen der Organtransplantation, in: Oberender, Peter (Hrsg.), Transplantationsmedizin - Ökonomische, ethische, rechtliche und medizinische, Aspekte, S. 199 ff., Baden-Baden 1995, (zit.: Nagel, in: Oberender (Hrsg.), Transplantationsmedizin)

Nagel, Eckhard/Pichlmayr, Rudolf: Ethik ärztlichen Handelns: Der Bereich der Organtransplantation, in: Münchener Medizinische Wochenschrift 1995, S. 307 ff., (zit.: Nagel/R. Pichlmayr, MMW)

Nagel, Eckhard/Pichlmayr, Rudolf: Transplantationsgesetzgebung: Informationslösung als sinnvoller Kompromiß?, in: Ethik in der Medizin 1992, S. 195 ff., (zit.: Nagel/R. Pichlmayr, EthikMed)

Narr, Helmut: Ärztliches Berufsrecht. Ausbildung, Weiterbildung, Berufsausübung/Band 1 und 2, 2. Auflage, Köln 1989, (zit.: Narr, Ärztliches Berufsrecht/Bd. 1, 2)

Narr, Helmut: Diskussion 2, in: Hiersche, Hans-Dieter/Hirsch, Günter/Graf-Baumann, Toni (Hrsg.), Rechtliche Fragen der Organtransplantation, S. 84 ff., Berlin; Heidelberg 1990, (zit.: Narr, in: Hiersche/G. Hirsch/Graf-Baumann (Hrsg.), Rechtliche Fragen)

Neuhaus, Günter A.: Medizinische Probleme bei der Todeszeitfeststellung nach erfolgloser Reanimation, in: Festschrift für Ernst Heinitz, S. 397 ff., Berlin 1972, (zit.: Neuhaus, in: FS Heinitz)

Nickel, Lars Christoph: Verfassungsrechtliche Probleme der Transplantationsgesetzgebung am Beispiel des Gesetzesbeschlusses des rheinland-pfälzischen Landtags, in: MedR 1995, S. 139 ff., (zit.: Nickel, MedR)

Niemann, Ulrich J.: Bioethische Aspekte der Organtransplantation nach der Diskussion über den „Paradigmawechsel" in Naturwissenschaft und Medizin, in: Gesellschaft Gesundheit und Forschung e.V. (Hrsg.), Ethik und Organtransplantation - Beiträge zu einer aktuellen Diskussion, S. 47 ff., Frankfurt am Main 1989, (zit.: Niemann, in: GGF e.V., (Hrsg.), Ethik)

Northoff, G.: Ethische Probleme bei Hirngewebstransplantationen, in: Ethik in der Medizin 1995, S. 87 ff., (zit.: Northoff, Ethik in der Medizin)

Offermann, G.: Nierentransplantation und höheres Lebensalter des Spenders oder des Empfängers, in: Albert, F.W. (Hrsg.), Praxis der Nierentransplantation/Band III, S. 1 ff., Stuttgart; New York 1989, (zit.: Offermann, in: F.W. Albert (Hrsg.), Praxis/Bd. III)

Opelz, Gerhard: Immunologie und Transplantation, in: Themen - Verlagsbeilage im Journalist/prmagazin 1994, S. 22 ff., (zit.: Opelz, in: Themen)

Pabel, Hermann Josef: Arzneimittelgesetz mit Änderungsgesetzen und einer Kurzdarstellung/Stand: Januar 1995, Stuttgart 1995, (zit.: Pabel, Arzneimittelgesetz)

Pach, J./Waniek, W.: Psychiatrische Gesichtspunkte zur Rehabilitation nach Langzeitdialyse und Nierentransplantation, in: Albert, F.W./Kreiter, H./ Jutzler, G.A./Traut, G. (Hrsg.), Praxis der Nierentransplantation, S. 267 ff., Stuttgart; New York 1980, zit.: Pach/Waniek, in: F.W. Albert/Kreiter u.a. (Hrsg.), Praxis)

Palandt, Otto: Bürgerliches Gesetzbuch, 56. Auflage, München 1997, (zit.: Bearbeiter, in: Palandt, BGB)

Panzer, K.: Unsachliche Kritik am Entwurf des Deutschen Transplantationsgesetzes, in: Münchener Medizinische Wochenschrift 1979, S. 1 f., (zit.: Panzer, MMW)

Pater, Siegfried/Raman, Ashwin: Organhandel - Ersatzteile aus der Dritten Welt, Göttingen 1991, (zit.: Pater/Raman, Organhandel)

Penning, R./Liebhardt, E.: Entnahme von Leichenteilen zu Transplantationszwecken - Straftat, ärztliche Pflicht oder beides?, in: Festschrift für Wolfgang Spann, S. 440 ff., Berlin; Heidelberg; New York 1986, (zit.: Penning/Liebhardt, in: FS Spann)

Persijn, G.G./De Meester, J.M.J./Smits, J.M.A. u.a.: Einfluß der Histokompatibilität auf die langfristige Transplantatüberlebenszeit bei Eurotransplant, in: Zeitschrift für Transplantationsmedizin 1996, S. 69 ff., (zit.: Persijn/De Meester u.a., ZTxMed)

Peter, Gaby: Transplantation im rechtsfreien Raum - Wie die moderne Transplantationsmedizin ohne Gesetz auskommt, in: Greinert, Renate/Wuttke, Gisela (Hrsg.), Organspende-Kritische Ansichten zur Transplantationsmedizin, S. 110 ff., Göttingen 1991, (zit.: Peter, in: Greinert/Wuttke (Hrsg.), Kritische Ansichten)

Peuster, Witold: Zur derzeitigen Rechtslage der Transplantation in der Bundesrepublik Deutschland, in: Albert, F.W./Kreiter, H./Jutzler, G.A./Traut, G. (Hrsg.), Praxis der Nierentransplantation, S. 151 ff., Stuttgart; New York 1980, (zit.: Peuster, in: F.W. Albert/Kreiter u.a. (Hrsg.), Praxis)

Pichlmayr, Ina/Pichlmayr, Rudolf: Lebenschance Organtransplantation, Stuttgart 1991, (zit.: I. Pichlmayr/R. Pichlmayr, Lebenschance)

Pichlmayr, Rudolf: Transplantationsgesetzgebung aus chirurgischer Sicht, in: Der Chirurg 1980, S. 344 ff., (zit.: R. Pichlmayr, Der Chirurg)

Pichlmayr, Rudolf: Derzeitige Indikationen zur Nieren-, Pankreas- und Lebertransplantation, in: Der Chirurg 1988, S. 454 ff., (zit.: R. Pichlmayr, Der Chirurg)

Pichlmayr, Rudolf: Ethische und juristische Fragen aus transplantationschirurgischer Sicht, in: Toellner, Richard (Hrsg.), Organtransplantation - Beiträge zu ethischen und juristischen Fragen, S. 21 ff., Stuttgart; New York 1991, (zit.: R. Pichlmayr, in: Toellner (Hrsg.), Organtransplantation)

Pichlmayr, Rudolf: Organtransplantation - eine klinische Versorgungsaufgabe Gegenwart und Perspektiven, in: Themen - Verlagsbeilage im Journalist/prmagazin 1994, S. 4 ff., (zit.: R. Pichlmayr, in: Themen)

Pichlmayr, R./Brölsch, Ch.: Der Organspender, in: Pichlmayr, Rudolf (Hrsg.), Allgemeine und spezielle Operationslehre/Band III: Transplantationschirur-

gie, S. 461 ff., Berlin; Heidelberg; New York 1981, (zit.: R. Pichlmayr/ Brölsch, in: R. Pichlmayr (Hrsg.), Operationslehre/Bd. III)
Pichlmayr, R./Lauchart, W./Wonigeit, K.: Allgemeines zur Physiologie und Pathophysiologie der Organtransplantation, in: Pichlmayr, Rudolf (Hrsg.), Allgemeine und spezielle Operationslehre/Band III: Transplantationschirurgie, S. 19 ff., Berlin; Heidelberg; New York 1981, (zit.: R. Pichlmayr/Lauchart u.a., in: R. Pichlmayr (Hrsg.), Operationslehre/Bd. III)
Pichlmayr, Rudolf/Nagel, Eckhard: Warum ein Transplantationsgesetz, in: Schlaudraff, Udo (Hrsg.), Loccumer Protokolle 54/94 - Transplantationsgesetzgebung in Deutschland - Streit um mehr als ein Gesetz, S. 53 ff., Rehburg-Loccum 1995, (zit.: R. Pichlmayr/Nagel, in: Schlaudraff (Hrsg.), Loccumer Protokolle 54/94)
Pichlmayr, Rudolf/Nagel, Eckhard/Gubernatis, Gundolf: Verteilungsgerechtigkeit in der Transplantationschirurgie - Ärztliches Handeln bei begrenzten Ressourcen, in: Herfarth, Christian/Buhr, Heinz J. (Hrsg.), Möglichkeiten und Grenzen der Medizin, S. 53 ff., Berlin; Heidelberg; New York 1994, (zit.: R. Pichlmayr/Nagel u.a., in: Herfarth/Buhr (Hrsg.), Möglichkeiten und Grenzen)
Pichlmayr, Rudolf/Oldhafer, Karl J./Rodeck, Burkhard: Organtransplantation beim Kind, in: Deutsches Ärzteblatt 1995, S. A-49 ff., (zit.: R. Pichlmayr/ Oldhafer u.a., DÄBl.)
Pichlmayr, R./Wagner, E.: Spezielle Gesichtspunkte der Nierentransplantation beim Kind, in: Pichlmayr, Rudolf (Hrsg.), Allgemeine und spezielle Operationslehre/Band III: Transplantationschirurgie, S. 697 ff., Berlin; Heidelberg; New York 1981, (zit.: R. Pichlmayr/Wagner, in: R. Pichlmayr (Hrsg.), Operationslehre/Bd. III)
Pieroth, Bodo/Schlink, Bernhard: Grundrechte - Staatsrecht II, 11. Auflage, Heidelberg 1995, (zit.: Pieroth/Schlink, Staatsrecht II)
Piza, Franz: Die gegenwärtige Bedeutung der Organtransplantation, in: Brandstetter, Wolfgang/Kopetzki, Christian (Hrsg.), Organtransplantationen - Medizinische und rechtliche Aspekte, der Verwendung menschlicher Organe zu Heilzwecken, S. 7 ff., Wien 1987, (zit.: Piza, in: Brandstetter/Kopetzki (Hrsg.), Organtransplantationen)
Pöltner, Günther: Die theoretische Grundlage der Hirntodthese, in: Schwarz, Markus/Bonelli, Johannes (Hrsg.), Der Status des Hirntoten/Eine interdisziplinäre Analyse der Grenzen des Lebens, S. 125 ff., Wien; New York 1995, (zit.: Pöltner, in: M. Schwarz/Bonelli (Hrsg.), Status des Hirntoten)
Pribilla, O.: Juristische, ärztliche und ethische Fragen zur Todesfeststellung, in: Deutsches Ärzteblatt 1968, S. 2256 ff., (zit.: Pribilla, DÄBl.)

Pschyrembel, Willibald: Klinisches Wörterbuch, 257. Auflage, Berlin; New York 1994, (zit.: Pschyrembel, Klinisches Wörterbuch)
Rausnitz, Julius: Das Recht am menschlichen Leichnam und das Recht der Anatomie, in: Das Recht 1903, S. 593 ff., (zit.: Rausnitz, Das Recht)
Reimann, Wolfgang: Die postmortale Organentnahme als zivilrechtliches Problem, in: Festschrift für Günther Küchenhoff/1. Halbband, S. 341 ff., Berlin 1972, (zit.: Reimann, in: FS Küchenhoff/1.Halbb.)
Reinhard, Hannelore: Wann ist ein Mensch tot?, in: Der Kassenarzt 1995, S. 28, (zit.: Reinhard, Der Kassenarzt)
Reisner, Herbert: Die Bestimmung des Todeszeitpunktes im Hinblick auf die Organtransplantation, in: ÖJZ 1973, S. 349 ff., (zit.: Reisner, ÖJZ)
Reiter, Johannes: Organtransplantation und Moraltheologie, in: Bistum Essen (Hrsg.), Grenzziehungen in der Transplantationsmedizin - Referate des sechsundzwanzigsten Ärztetages im Bistum Essen, S. 33 ff., Nettetal 1994, (zit.: Reiter, in: Bistum Essen (Hrsg.), Grenzziehungen)
Renner, Eckehard: Nierentransplantation - Probleme des Fortschritts, in: Toellner, Richard (Hrsg.), Organtransplantation - Beiträge zu ethischen und juristischen Fragen, S. 53 ff., Stuttgart; New York 1991, (zit.: Renner, in: Toellner (Hrsg.), Organtransplantation)
Renner, Eckehard: Organspende und -transplantation aus medizinischer und juristischer Sicht, in: Trägergemeinschaft katholischer Krankenhäuser (Hrsg.), Organspende und Organtransplantation, S. 7 ff., Trier 1992, (zit.: Renner, in: Trägergemeinschaft katholischer Krankenhäuser (Hrsg.), Organspende)
Renner, Eckehard: Nierentransplantation, in: Themen - Verlagsbeilage im Journalist/prmagazin 1994, S. 9 ff., (zit.: Renner, in: Themen)
Renner, Eckehard: Probleme der Lebendspende, in: Schlaudraff, Udo (Hrsg.), Loccumer Protokolle 54/94 - Transplantationsgesetzgebung in Deutschland - Streit um mehr als ein Gesetz, S. 127 ff., Rehburg-Loccum 1995, (zit.: Renner, in: Schlaudraff (Hrsg.), Loccumer Protokolle 54/94)
Ritschl, Dietrich: Verwendung embryonalen ZNS-Gewebes bei Morbus-Parkinson, in: Ethik in der Medizin 1995, S. 1 ff., (zit.: Ritschl, EthikMed)
Rixen, Stephan: Ist der Hirntote tot? - Verfassungsrechtliche Überlegungen zum Hirntodkriterium in einem zukünftigen Transplantationsgesetz, in: Evangelische Akademie Iserlohn (Hrsg.), Tagungsprotokolle 93/1994: Halb tot oder ganz tot? Der Hirntod - ein sicheres Todeszeichen?, S. 39 ff., Iserlohn 1994, (zit.: Rixen, in: Evangelische Akademie Iserlohn (Hrsg.), Tagungsprotokolle 93/1994)
Rixen, Stephan: Todesbegriff, Lebensgrundrecht und Transplantationsgesetz, in: ZRP 1995, S. 461 ff., (zit.: Rixen, ZRP)

Rixen, Stephan: Der Hirntote Mensch: Leiche oder Rechtssubjekt?/Zum grundrechtlichen Status des hirntoten Patienten, in: Hoff, Johannes/in der Schmitten, Jürgen (Hrsg.), Wann ist der Mensch tot?, S. 434 ff., Erweiterte Auflage, Reinbek 1995, (zit.: Rixen, in: Hoff/i.d. Schmitten (Hrsg.), Wann ist der Mensch tot?)

Röhlig, Hans-Werner: Juristische Aspekte der Organspende, in: Organspende - Organtransplantationen/Tagungsband vom 14. März 1992 der Initiative-Fortbildung in der Krankenpflege, S. 71 ff., Bochum 1993, (zit.: Röhlig, in: Tagungsband der Initiative-Fortbildung)

Roth, Gerhard/Dicke, Ursula: Das Hirntodproblem aus der Sicht der Hirnforschung, in: Hoff, Johannes/in der Schmitten, Jürgen (Hrsg.), Wann ist der Mensch tot?, S. 51 ff., Erweiterte Auflage, Reinbek 1995, (zit.: Roth/Dicke, in: Hoff/i.d. Schmitten (Hrsg.), Wann ist der Mensch tot?)

Roxin, Claus: Zur rechtlichen Problematik des Todeszeitpunktes, in: Krösl, Wolfgang/Scherzer, Erich (Hrsg.), Die Bestimmung, des Todeszeitpunktes, S. 299 ff., Wien 1973, (zit.: Roxin, in: Krösl/Scherzer (Hrsg.), Bestimmung des Todeszeitpunktes)

Roxin, Claus: Zur Tatbestandsmäßigkeit und Rechtswidrigkeit der Entfernung von Leichenteilen (§ 168 StGB) insb. zum rechtfertigenden strafrechtlichen Notstand, in: JuS 1976, S. 505 ff., (zit.: Roxin, JuS)

Rüping, Hinrich: Individual- und Gemeinschaftsinteressen im Recht der Organtransplantation, in: GA 1978, S. 129 ff., (zit.: Rüping, GA)

Rüping, Hinrich: Für ein Transplantationsgesetz, in: Medizin - Mensch - Gesellschaft 1982, S. 77 ff., (zit.: Rüping, MMG)

Sachs, Michael: Grundgesetz, Kommentar, München 1996, (zit.: Bearbeiter, in: Sachs, GG)

Saerbeck, Klaus: Beginn und Ende des Lebens als Rechtsbegriffe, Berlin 1974, (zit.: Saerbeck, Beginn und Ende)

Samson, Erich: Rechtliche Probleme der Transplantation, in: Ziegler, Josef Georg (Hrsg.), Organverpflanzung - Medizinische, rechtliche und ethische Probleme, S. 22 ff., Düsseldorf 1977, (zit.: Samson, in: Ziegler (Hrsg.), Organverpflanzung)

Samson, Erich: Legislatorische Erwägungen zur Rechtfertigung der Explantation von Leichenteilen, in: NJW 1974, S. 2030 ff., (zit.: Samson, NJW)

Sandvoß, G.: Anforderungen an ein Transplantationsgesetz, in: ArztR 1996, S. 151 ff., (zit.: Sandvoß, ArztR)

Sasse, Ralf: Zivil- und strafrechtliche Aspekte der Veräußerung von Organen Verstorbener und Lebender, Frankfurt 1996, (zit.: Sasse, Veräußerung von Organen)

Savigny, Friedrich Karl von: System des heutigen Römischen Rechts, Band 2, Berlin 1840, (zit.: v. Savigny, System des Römischen Rechts/Bd. 2)

Schaefer, Ulrich W.: Aspekte der Knochenmarktransplantation, in: Toellner, Richard (Hrsg.), Organtransplantation - Beiträge zu ethischen und juristischen Fragen, S. 37 ff., Stuttgart; New York 1991, (zit.: Schaefer, in: Toellner (Hrsg.), Organtransplantation)

Schaefer, Ulrich W.: Knochenmarktransplantation, in: Themen - Verlagsbeilage im Journalist/prmagazin 1994, S. 18, (zit.: Schaefer, in: Themen)

Schäfer, Paul: Rechtsfragen zur Verpflanzung von Körper- und Leichenteilen, Münster 1961, (zit.: Schäfer, Rechtsfragen)

Schlake, Hans-Peter/Roosen, Klaus: Der Hirntod als der Tod des Menschen, Neu-Isenburg 1995, (zit.: Schlake/Roosen, Hirntod)

Schmid, E.: Workshop I/Möglichkeiten der Organspendeaktivierung, in: Albert, F.W. (Hrsg.), Praxis der Nierentransplantation/Band III, S. 51 ff., Stuttgart; New York 1989, (zit.: Schmid, in: F.W. Albert (Hrsg.), Praxis/Bd. III)

Schmidt, Ferdinand: Prävention des Rauchens als wichtigste Krebsprophylaxe, in: Deutsches Ärzteblatt 1986, S. B-3191 ff., (zit.: F. Schmidt, DÄBl.)

Schmidt, V.H.: Zu einigen ungelösten Problemen der Organallokation, in: Zeitschrift für Transplantationsmedizin 1996, S. 39 ff., (zit.: V.H. Schmidt, ZTxMed)

Schmidt-Didczuhn, Andrea: Transplantationsmedizin in Ost und West im Spiegel des Grundgesetzes, in: ZRP 1991, S. 264 ff., (zit.: Schmidt-Didczuhn, ZRP)

Schmitten, Jürgen in der: Der "Hirntod" - ein sicheres Todeszeichen?, in: Evangelische Akademie Iserlohn (Hrsg.), Tagungsprotokolle 93/1994: Halb tot oder ganz tot? Der Hirntod - ein sicheres Todeszeichen?, S. 14 ff., Iserlohn 1994, (zit.: i.d. Schmitten, in: Evangelische Akademie Iserlohn (Hrsg.), Tagungsprotokolle 93/1994)

Schneewind, K.A.: Psychologische Aspekte der Lebendnierenspende, in: Zeitschrift für Transplantationsmedizin 1993, S. 89 ff., (zit.: Schneewind, ZTxMed)

Schnizer, Helmut: Rechte des Toten?, in: Festschrift für Wolfgang Maresch, S. 383 ff., Graz 1988, (zit.: Schnizer, in: FS Maresch)

Schoeller, Birgit: Vorschlag für eine gesetzliche Regelung der Organspende vom lebenden Spender, Frankfurt 1994, (zit.: Schoeller, Organspende vom lebenden Spender)

Schöne-Seifert, Bettina: Organspende - eine moralische Pflicht?, in: Themen - Verlagsbeilage im Journalist/prmagazin 1994, S. 28, (zit.: Schöne-Seifert, in: Themen)

Schöne-Seifert, Bettina: Vernunft und Unvernunft im Streit um den Hirntod, in: Hoff, Johannes/in der Schmitten, Jürgen (Hrsg.), Wann ist der Mensch tot?, S. 477 ff., Erweiterte Auflage, Reinbek 1995, (zit.: Schöne-Seifert, in: Hoff/i.d. Schmitten (Hrsg.), Wann ist der Mensch tot?)

Schönke, Adolf/Schröder, Horst: Strafgesetzbuch, Kommentar, 25. Auflage, München 1997, (zit.: Bearbeiter, in: Schönke/Schröder, StGB)

Schoeppe, Wilhelm: Organisation der Organentnahme und Organtransplantation in Europa, in: Gesellschaft Gesundheit und Forschung e.V. (Hrsg.), Ethik und Organtransplantation - Beiträge zu einer aktuellen Diskussion, S. 19 ff., Frankfurt am Main 1989, (zit.: Schoeppe, in: GGF (Hrsg.), Ethik)

Schoeppe, Wilhelm/Smit, Heiner: Transplantation und Organspende in Deutschland, in: Versicherungsmedizin 1996, S. 76, (zit.: Schoeppe/Smit, Versicherungsmedizin)

Schreiber, Christian: Rechtliche Aspekte der Organtransplantation, in: Kaufmann, Arthur (Hrsg.), Moderne Medizin und Strafrecht - Ein Vademecum für Ärzte und Juristen über strafrechtliche Grundfragen ärztlicher Tätigkeitsbereiche, S. 73 ff., Heidelberg 1989, (zit.: C. Schreiber, in: Kaufmann (Hrsg.), Moderne Medizin)

Schreiber, Hans-Ludwig: Rechtliche Aspekte der Organtransplantation bei Kindern, in: Müller, Helmuth/Olbing, Hermann (Hrsg.), Ethische Probleme in der Pädiatrie und ihren Grenzgebieten, S. 225 ff., München; Wien; Baltimore 1982, (zit.: H.-L. Schreiber, in: H. Müller/Olbing (Hrsg.), Pädiatrie)

Schreiber, Hans-Ludwig: Kriterien des Hirntodes, in: JZ 1983, S. 593 f., (zit.: H.-L. Schreiber, JZ)

Schreiber, Hans-Ludwig: Vorüberlegungen für ein künftiges Transplantationsgesetz, in: Festschrift für Ulrich Klug/Band II, S. 341 ff., Köln 1983, (zit.: H.-L. Schreiber, in: FS Klug/Bd. II)

Schreiber, Hans-Ludwig: Rechtliche Fragen der Organentnahme - auch der Lebendspende, in: Gesellschaft Gesundheit und Forschung e.V. (Hrsg.), Ethik und Organtransplantation - Beiträge zu einer aktuellen Diskussion, S. 39 ff., Frankfurt am Main 1989, (zit.: H.-L. Schreiber, in: GGF (Hrsg.), Ethik)

Schreiber, Hans-Ludwig: Diskussion 2, in: Hiersche, Hans-Dieter/Hirsch, Günter/Graf-Baumann, Toni (Hrsg.), Rechtliche Fragen der Organtransplantation, S. 84 ff., Berlin; Heidelberg 1990, (zit.: H.-L. Schreiber, in: Hiersche/G. Hirsch/Graf-Baumann (Hrsg.), Rechtliche Fragen)

Schreiber, Hans-Ludwig: Für ein Transplantationsgesetz, in: Toellner, Richard (Hrsg.), Organtransplantation - Beiträge, zu ethischen und juristischen Fragen, S. 105 ff., Stuttgart; New York 1991, (zit.: H.-L. Schreiber, in: Toellner (Hrsg.), Organtransplantation)

Schreiber, Hans-Ludwig: Wann darf ein Organ entnommen werden? - Recht und Ethik der Transplantation, in: Festschrift für Erich Steffen, S. 451 ff., Berlin; New York 1995, (zit.: H.-L. Schreiber, in: FS Steffen)

Schreiber, Hans-Ludwig: Die Todesgrenze als juristisches Problem - Wann darf ein Organ entommen werden?, in: Schlaudraff, Udo (Hrsg.), Loccumer Protokolle 54/94 - Transplantationsgesetzgebung in Deutschland - Streit um mehr als ein Gesetz, S. 87 ff., Rehburg-Loccum 1995, (zit.: H.-L. Schreiber, in: Schlaudraff (Hrsg.), Loccumer Protokolle 54/94)

Schreiber, Hans-Ludwig: Bewertung des Hirntodes sowie der engen und erweiterten Zustimmungslösung in einem Transplantationsgesetz, in: Hoff, Johannes/in der Schmitten, Jürgen (Hrsg.), Wann ist der Mensch tot?, S. 424 ff., Erweiterte Auflage, Reinbek 1995, (zit.: H.-L. Schreiber, in: Hoff/i.d. Schmitten (Hrsg.), Wann ist der Mensch tot?)

Schreiber, Hans-Ludwig: Stellungnahme für die Anhörung am 25.9.1996, in: Deutscher Bundestag/Ausschuß für Gesundheit, Ausschuß-Drucksache 600/13, S. 9 ff., (zit.: H.-L. Schreiber, in: Dt.-BT/Aussch.-Drucks.)

Schreiber, Hans-Ludwig: Stellungnahme zur öffentlichen Anhörung vom 9.10.1996, in: Deutscher Bundestag/Ausschuß für Gesundheit, Ausschuß-Drucksache 603/13, S. 17 ff., (zit.: H.-L. Schreiber, in: Dt.-BT/Aussch.-Drucks.)

Schreiber, Hans-Ludwig/Wolfslast, Gabriele: Rechtsfragen der Transplantation, in: Dietrich, Elke (Hrsg.), Organspende, Organtransplantation, S. 33 ff., Percha am Starnberger See 1985, (zit.: H.-L. Schreiber/Wolfslast, in: Dietrich (Hrsg.), Organspende)

Schreiber, Hans-Ludwig/Wolfslast, Gabriele: Ein Entwurf für ein Transplantationsgesetz, in: MedR 1992, S. 189 ff., (zit.: H.-L. Schreiber/Wolfslast, MedR)

Schreuer, Hans: Der menschliche Körper und die Persönlichkeitsrechte, in: Festschrift für Karl Bergbohm, S. 242 ff., Bonn 1919, (zit.: Schreuer, in: FS Bergbohm)

Schröder, Michael/Taupitz, Jochen: Menschliches Blut: verwendbar nach Belieben des Arztes?, Stuttgart 1991, (zit.: Schröder/Taupitz, Menschliches Blut)

Schultz-Coulon, H.-J./Lehnhardt, E.: Transplantation von Gehörknöchelchen, in: Pichlmayr, Rudolf (Hrsg.), Allgemeine und spezielle Operationslehre/Band III: Transplantationschirurgie, S. 1045 ff., Berlin; Heidelberg; New York 1981, (zit.: Schultz-Coulon/Lehnhardt, in: R. Pichlmayr (Hrsg.), Operationslehre/Bd. III)

Schünemann, Hermann: Die Rechte am menschlichen Körper, Frankfurt am Main 1985, (zit.: Schünemann, Rechte am menschlichen Körper)

Schwab, Dieter: Das neue Betreuungsrecht - Bericht über die verabschiedete Fassung des Betreuungsgesetzes (BtG), in: FamRZ 1990, S. 681 ff., (zit.: Schwab, FamRZ)

Schwarz, Christian: Transplantationschirurgie, Wien 1994, (zit.: C. Schwarz, Transplantationschirurgie)

Seehofer, Horst: Gesellschafts- und rechtspolitische Aspekte der Organtransplantation, in: Hans Seidel Stiftung e.V. (Hrsg.), Politische Studien 1995/Heft 339: Organtransplantation - Gibt es eine tragfähige Regelung?, S. 5 ff., München 1995, (zit.: Seehofer, in: Politische Studien 1995/Heft 339)

Seewald, Ottfried: Gutachterliche Stellungnahme zum Entwurf eines Deutschen Transplantationsgesetzes, Passau 1991, (zit.: Seewald, Gutachterliche Stellungnahme)

Seewald, Ottfried: Regelung der postmortalen Organspende: Die Kernprobleme, in: Deutsches Ärzteblatt 1992, S. B-702 ff., (zit.: Seewald, DÄBl.)

Seewald, Ottfried: Zustimmungs-, Erklärungs- oder Widerspruchsmodell: Verfassungsrechtliche Bewertung, in: Hans Seidel Stiftung e.V. (Hrsg.), Politische Studien 1995/Heft 339: Organtransplantation - Gibt es eine tragfähige Regelung?, S. 20 ff., München 1995, (zit.: Seewald, in: Politische Studien 1995/Heft 339)

Seewald, Ottfried: Organtransplantation - Der Gesetzgeber muß sich entscheiden in: Deutscher Bundestag/Ausschuß für Gesundheit, Ausschuß-Drucksache 118/13, S. 2 ff., (zit.: Seewald, in: Dt.-BT/Aussch.-Drucks.)

Seidler, E.: Anenzephalus als Organspender: Ethische Fragen, in: Hiersche, Hans-Dieter/Hirsch, Günter/Graf-Baumann, Toni (Hrsg.), Rechtliche Fragen der Organtransplantation, S. 113 ff., Berlin; Heidelberg 1990, (zit.: Seidler, in: Hiersche/G. Hirsch/Graf-Baumann (Hrsg.), Rechtliche Fragen)

Seifert, Josef: Erklären heute Medizin und Gesetze Lebende zu Toten?, in: Greinert, Renate/Wuttke, Gisela (Hrsg.), Organspende - Kritische Ansichten zur Transplantationsmedizin, S. 185 ff., Göttingen 1991, (zit.: J. Seifert, in: Greinert/Wuttke (Hrsg.), Kritische Ansichten)

Sengler, Helmut/Schmidt, Angelika: Organentnahme bei Hirntoten als "noch Lebenden"?, in: MedR 1997, S. 241 ff., (zit.: Sengler/A. Schmidt, MedR)

Siegrist, H.O.: Organtransplantation und Recht, in: Münchener Medizinische Wochenschrift 1969, S. 742 ff., (zit.: Siegrist, MMW)

Smit, Heiner/Schoeppe, Wilhelm: Organspende und Transplantation in Deutschland 1995, Neu-Isenburg 1995, (zit.: Smit/Schoeppe, Transplantation in Deutschland 1995)

Soergel, Hans Theodor: Bürgerliches Gesetzbuch, Band 1: Allgemeiner Teil (§§ 1 - 240), Band 8: Familienrecht II - (§§ 1589 - 1921), 12. Auflage, Stuttgart; Berlin; Köln; Mainz 1987, (zit.: Bearbeiter, in: Soergel, BGB/Bd.)

Spann, Wolfgang: Vorstellungen zur Gesetzgebung über den tatsächlichen Todeszeitpunkt, in: Münchener Medizinische Wochenschrift 1969, S. 2253 ff., (zit.: Spann, MMW)

Spann, Wolfgang: Voraussetzungen der Explantation, in: Hiersche, Hans-Dieter/Hirsch, Günter/Graf-Baumann, Toni (Hrsg.), Rechtliche Fragen der Organtransplantation, S. 21 ff., Berlin; Heidelberg 1990, (zit.: Spann, in: Hiersche/G. Hirsch/Graf-Baumann (Hrsg.), Rechtliche Fragen)

Spann, W./Kugler, J./Liebhardt, E. : Tod und elektrische Stille im EEG, in: Münchener Medizinische Wochenschrift 1967, S. 2161 ff., (zit.: Spann/Kugler u.a., MMW)

Spann, W./Liebhardt, E.: Rechtliche Probleme bei der Organtransplantation, in: Münchener Medizinische Wochenschrift 1967, S. 672 ff., (zit.: Spann/Liebhardt, MMW)

Spital, Aaron: The ethics of unconventional living organ donation, in: Clinical Transplantation 1991, S. 322 ff., (zit.: Spital, Clinical Transplantation)

Spittler, Johann Friedrich: Die Feststellung des Hirntodes, in: Organspende - Organtransplantationen/Tagungsband vom 14. März 1992 der Initiative-Fortbildung in der Krankenpflege, S. 85 ff., Bochum 1993, (zit.: Spittler, in: Tagungsband der Initiative-Fortbildung)

Spittler, Johann Friedrich: Der Hirntod ist der Tod des Menschen, in: Universitas 1995, S. 313 ff., (zit.: Spittler, Universitas)

Spittler, Johann Friedrich: Der Hirntod - Tod des Menschen, Grundlagen und medizinethische Gesichtspunkte, in: Ethik in der Medizin 1995, S. 128 ff., (zit.: Spittler, EthikMed)

Stamm, Barbara: Zustimmungs-, Erklärungs- oder Widerspruchsmodell: Politische Bewertung aus bayerischer Sicht, in: Hans Seidel Stiftung e.V. (Hrsg.), Politische Studien 1995/Heft 339: Organtransplantation - Gibt es eine tragfähige Regelung?, S. 13 ff., München 1995, (zit.: Stamm, in: Politische Studien 1995/Heft 339)

Staudinger, Julius von: Kommentar zum Bürgerlichen Gesetzbuch mit Einführungsgesetz und Nebengesetzen, Band I: §§ 21 - 103, 13. Bearbeitung, Berlin 1995, (zit.: Bearbeiter, in: Staudinger, BGB/Bd. I)

Steinbach, F.: Rechtslage bei der Bestimmung des Todeszeitpunktes, in: Krösl, Wolfgang/Scherzer, Erich (Hrsg.), Die Bestimmung des Todeszeitpunktes, S. 271 ff., Wien 1973, (zit.: Steinbach, in: Krösl/Scherzer (Hrsg.), Bestimmung des Todeszeitpunktes)

Stern, Klaus: Das Staatsrecht der Bundesrepublik Deutschland, Band III/1: Allgemeine Lehren der Grundrechte, München 1988, (zit.: Stern, Staatsrecht/Bd. III/1)

Sternberg-Lieben, Detlev: Tod und Strafrecht, in: JA 1997, S. 80 ff., (zit.: Sternberg-Lieben, JA)

Stiebeler, Walter: Transplantationsprobleme aus juristischer Sicht, in: Gramberg-Danielsen, Berndt (Hrsg.), Rechtsophthalmologie, S. 72 ff., Stuttgart 1985, (zit.: Stiebeler, in: Gramberg-Danielsen (Hrsg.), Rechtsophthalmologie)

Stiebeler, Walter: Probleme der Organtransplantation in Hamburg, in: Gedächtnisschrift für Wolfgang Martens, S. 505 ff., Berlin; New York 1988, (zit.: Stiebeler, FS Martens)

Stratenwerth, Günter: Zum juristischen Begriff des Todes, in: Festschrift für Karl Engisch, S. 528 ff., Frankfurt am Main 1969, (zit.: Stratenwerth, in: FS Engisch)

Strätz, Hans-Wolfgang: Zivilrechtliche Aspekte der Rechtsstellung des Toten unter besonderer Berücksichtigung der Transplantation, Paderborn 1971, (zit.: Strätz, Rechtsstellung des Toten)

Stroh, Werner: Theologische und psychosoziale Probleme bei Explantationen und Implantationen von Spendeorganen, in: Hans Seidel Stiftung e.V. (Hrsg.), Politische Studien 1995/Heft 339: Organtransplantation - Gibt es eine tragfähige Regelung?, S. 89 ff., München 1995, (zit.: Stroh, in: Politische Studien 1995/Heft 339)

Struck, E./Sebening, F./Meisner, H. u.a. : Herztransplantation, in: Pichlmayr, Rudolf (Hrsg.), Allgemeine und spezielle Operationslehre/Band III: Transplantationschirurgie, S. 797 ff., Berlin; Heidelberg; New York 1981, (zit.: Struck/Sebening u.a., in: R. Pichlmayr (Hrsg.), Operationslehre/Bd. III)

Sundmacher, Rainer: Öffentliche Anhörung am 28.6.95 zur Vorbereitung eines Transplantationsgesetzes, in: Deutscher Bundestag/Ausschuß für Gesundheit, Ausschuß-Drucksache 13/114, S. 62 ff., (zit.: Sundmacher, in: Dt.-BT/Aussch.-Drucks.)

Sundmacher, Rainer: Stellungnahme der Deutschen Ophthalmologischen Gesellschaft zur TPG-Anhörung am 9.10.96, in: Deutscher Bundestag/Ausschuß für Gesundheit, Ausschuß-Drucksache 579/13, S. 44 ff., (zit.: Sundmacher, in: Dt.-BT/Aussch.-Drucks.)

Taupitz, Jochen: Wem gebührt der Schatz im menschlichen Körper?, in: AcP 1991, S. 201 ff., (zit.: Taupitz, AcP)

Taupitz, Jochen: Privatrechtliche Rechtspositionen um die Genomanalyse: Eigentum, Persönlichkeit, Leistung, in: JZ 1992, S. 1089 ff., (zit.: Taupitz, JZ)

Taupitz, Jochen: Der deliktsrechtliche Schutz des menschlichen Körpers und seiner Teile, in: NJW 1995, S. 745 ff., (zit.: Taupitz, NJW)

Taupitz, Jochen: Das Recht im Tod: Freie Verfügbarkeit der Leiche?, Dortmund 1996, (zit.: Taupitz, Recht im Tod)

Taupitz, Jochen: Um Leben und Tod: Die Diskussion um ein Transplantationsgesetz, in: JuS 1997, S. 203 ff., (zit.: Taupitz, JuS)
Terasaki, Paul I./Cecka, J. Michael/Gjertson, David W. u.a.: High survival rates of kidney transplants from spousal and living unrelated donors, in: The New England Journal of Medicine 1995, S. 333 ff., (zit.: Terasaki/Cecka u.a., New Eng J Med)
Tidow, G./Pichlmayr, R.: Nierenentnahme beim Spender, in: Pichlmayr, Rudolf (Hrsg.), Allgemeine und spezielle Operationslehre/Band III: Transplantationschirurgie, S. 483 ff., Berlin; Heidelberg; New York 1981, (zit.: Tidow/R. Pichlmayr, in: R. Pichlmayr (Hrsg.), Operationslehre/Bd. III)
Tress, Peter: Die Organtransplantation aus zivilrechtlicher Sicht, Mainz 1977, (zit.: Tress, Organtransplantation)
Trockel, Horst: Das Recht zur Vornahme einer Organtransplantation, in: MDR 1969, S. 811 ff., (zit.: Trockel, MDR)
Trockel, Horst: Die Rechtfertigung ärztlicher Eigenmacht, in: NJW 1970, S. 489 ff., (zit.: Trockel, NJW)
Tröndle, Herbert: Strafgesetzbuch und Nebengesetze, 48. Auflage, München 1997, (zit.: Tröndle, StGB)
Überfuhr, Peter: Organisation, Explantation und Transplantation aus der Sicht einer transplantierenden Klinik, in: Hans Seidel Stiftung e.V. (Hrsg.), Politische Studien 1995/Heft 339: Organtransplantation - Gibt es eine tragfähige Regelung?, S. 81 ff., München 1995, (zit.: Überfuhr, in: Politische Studien 1995/Heft 339)
Uhlenbruck, Wilhelm: Die zivilrechtliche Problematik der Organtransplantation, in: Laufs, Adolf/Uhlenbruck, Wilhelm (Hrsg.), Handbuch des Arztrechts, § 131 (S. 768 ff.), München 1992, (zit.: Uhlenbruck, in: Laufs/Uhlenbruck (Hrsg.), Handbuch des Arztrechts)
Ukena, Gert: Aufklärung und Einwilligung beim ärztlichen Heileingriff an untergebrachten Patienten, in: MedR 1992, S. 202 ff., (zit.: Ukena, MedR)
Ulsenheimer, Klaus: Strafrechtliche Aspekte der Organtransplantation, in: Laufs, Adolf/Uhlenbruck, Wilhelm (Hrsg.), Handbuch des Arztrechts, § 142 (S. 868 ff.), München 1992, (zit.: Ulsenheimer, in: Laufs/Uhlenbruck (Hrsg.), Handbuch des Arztrechts)
Veatch, Robert M.: Routine Inquiry about Organ Donation - An Alternative to Presumed Consent, in: The New England Journal of Medicine 1991, S. 1246 ff., (zit.: Veatch, New Eng J Med)
Vesting, Jan-W./Müller, Stefan: Xenotransplantation: Naturwissenschaftliche Grundlagen, Regelung und Regelungsbedarf, in: MedR 1996, S. 203 ff., (zit.: Vesting/S. Müller, MedR)

Viefhues, Herbert: Ethische Probleme der Transplantation - Die ethische Bewertung des Körpers und seiner Teile, in: Gesellschaft Gesundheit und Forschung e.V. (Hrsg.), Ethik und Organtransplantation - Beiträge zu einer aktuellen Diskussion, S. 63 ff., Frankfurt am Main 1989, (zit.: Viefhues, in: GGF (Hrsg.), Ethik)

Vogel, Hans-Jochen: Zustimmung oder Widerspruch-Bemerkungen zu einer Kernfrage der Organtransplantation, in: NJW 1980, S. 625 ff., (zit.: Vogel, NJW)

Vogt, Sebastian/Karbaum, Davia: Transplantation - geschichtliche Trends und Entwicklungswege, in: Toellner, Richard (Hrsg.), Organtransplantation - Beiträge zu ethischen und juristischen Fragen, S. 7 ff., Stuttgart; New York 1991, (zit.: Vogt/Karbaum, in: Toellner (Hrsg.), Organtransplantation)

Voll, Doris: Die Einwilligung im Arztrecht, Frankfurt am Main 1996, (zit.: Voll, Einwilligung)

Vollmann, Jochen: Medizinische Probleme des Hirntodkriteriums, in: Medizinische Klinik 1996, S. 39 ff., (zit.: Vollmann, MedKlinik)

Vultejus, Ulrich: Der Mensch ad cadaver, in: ZRP 1993, S. 435 ff., (zit.: Vultejus, ZRP)

Wagner, Edgar: Geschichtlicher Abriß der Organtransplantation, in: Pichlmayr, Rudolf (Hrsg.), Allgemeine und spezielle Operationslehre/Band III: Transplantationschirurgie, S. 11 ff., Berlin; Heidelberg; New York 1981, (zit.: Wagner, in: R. Pichlmayr (Hrsg.), Operationslehre/Bd. III)

Wagner, Edgar/Brocker, Lars: Hirntodkriterium und Lebensgrundrecht, in: ZRP 1996, S. 226 ff., (zit.: Wagner/Brocker, ZRP)

Weber, Joachim/Lejeune, Stefanie: Rechtliche Probleme der Widerspruchslösung - Kritische Anmerkungen zum rheinland-pfälzischen Transplantationsgesetz, in: Hans Seidel Stiftung e.V. (Hrsg.), Politische Studien 1995/Heft 339: Organtransplantation - Gibt es eine tragfähige Regelung?, S. 44 ff., München 1995, (zit.: Weber/Lejeune, in: Politische Studien 1995/Heft 339)

Weigend, Ewa/Zielinska, Eleonora: Das neue polnische Transplantationsgesetz, in: MedR 1996, S. 445 ff., (zit.: Weigend/Zielinska, MedR)

Wesslau, Claus: Stellungnahme zum Transplantationsgesetz am 25.9.96, in: Deutscher Bundestag/Ausschuß für Gesundheit, Ausschuß-Drucksache 594/13, S. 24 ff., (zit.: Wesslau, in: Dt.-BT/Aussch.-Drucks.)

Wesslau, C./Krüger, R./May, G. : Überlegungen zu einem deutschen Transplantationsgesetz aus der Sicht des in der Intensivmedizin tätigen Personals, in: Zeitschrift für Transplantationsmedizin 1992, S. 212 ff., (zit.: Wesslau/Krüger u.a., ZTxMed)

Wesslau, C./May, G./Vogler, H. u.a.: Quo vadis Organspende in Deutschland?, in: Zeitschrift für Transplantationsmedizin 1995, S. 3 ff., (zit.: Wesslau/May u.a., ZTxMed)

Wichmann, Burkhard: Die rechtlichen Verhältnisse des menschlichen Körpers und der Teile, Sachen, die ihm entnommen, in ihn verbracht oder sonst mit ihm verbunden sind, Berlin 1995, (zit.: Wichmann, Die rechtlichen Verhältnisse des menschlichen Körpers)

Wimmer, August: Vorschläge für ein Transplantationsgesetz, in: ZRP 1976, S. 48, (zit.: Wimmer, ZRP)

Wissenschaftlicher Beirat der Bundesärztekammer: Stellungnahme des Wissenschaftlichen Beirates der Bundesärztekammer zur Frage der Kriterien des Hirntodes/Entscheidungshilfen zur Feststellung des Hirntodes, in: Deutsches Ärzteblatt 1982, S. B-45 ff., (zit.: Wissenschaftlicher Beirat der Bundesärztekammer, DÄBl.)

Wissenschaftlicher Beirat der Bundesärztekammer: Kriterien des Hirntodes/Entscheidungshilfen zur Feststellung des Hirntodes - Fortschreibung der Stellungnahme des Wissenschaftlichen Beirats "Kriterien des Hirntodes" vom 9. April 1982, in: Deutsches Ärzteblatt 1986, S. B-2940 ff., (zit.: Wissenschaftlicher Beirat der Bundesärztekammer, DÄBl.)

Wissenschaftlicher Beirat der Bundesärztekammer: Kriterium des Hirntodes/Entscheidungshilfen zur Feststellung des Hirntodes, in: Deutsches Ärzteblatt 1991, S. B-2855 ff., (zit.: Wissenschaftlicher Beirat der Bundesärztekammer, DÄBl.)

Wissenschaftlicher Beirat der Bundesärztekammer: Der endgültige Ausfall der gesamten Hirnfunktionen ("Hirntod") als sicheres Todeszeichen, in: Deutsches Ärzteblatt 1993, S. B-2177 ff., (zit.: Wissenschaftlicher Beirat der Bundesärztekammer, DÄBl.)

Wissenschaftlicher Beirat der Bundesärztekammer: Kriterien des Hirntodes/Entscheidungshilfen zur Feststellung des Hirntodes - Dritte Fortschreibung 1997, in: Deutsches Ärzteblatt 1997, S. A-1296 ff., (zit.: Wissenschaftlicher Beirat der Bundesärztekammer, DÄBl.)

Wolff, Georg: Statement zur Anhörung zum Entwurf des Transplantationsgesetzes am 9.10.1996, in: Deutscher Bundestag/Ausschuß für Gesundheit, Ausschuß-Drucksache 593/13, S. 10 ff., (zit.: Wolff, in: Dt.-BT/Aussch.-Drucks.)

Wolfslast, Gabriele: Transplantation ohne Gesetz, in: Münchener Medizinische Wochenschrift 1982, S. 105 ff., (zit.: Wolfslast, MMW)

Wolfslast, Gabriele: Rechtsfragen der Organtransplantation - Gesetzliche Regelung wäre wünschenswert, in: Der Arzt im Krankenhaus 1982, S. 526 ff., (zit.: Wolfslast, Arzt im Krankenhaus)

Wolfslast, Gabriele: Transplantationsrecht im europäischen Vergleich, in: Zeitschrift für Transplantationsmedizin 1989, S. 43 ff., (zit.: Wolfslast, ZTxMed)

Wolfslast, Gabriele: Grenzen der Organgewinnung - Zur Frage einer Änderung der Hirntodkriterien, in: MedR 1989, S. 163 ff.

Wolfslast, Gabriele: Organtransplantationen - Gegenwärtige Rechtslage und Gesetzentwürfe, in: Deutsches Ärzteblatt 1995, S. A-39 ff., (zit.: Wolfslast, DÄBl.)

Wollenek, Gregor/Wolner, Ernst: Transplantation von Organen und Geweben - Ein Überblick aus medizinischer Sicht, in: Brandstetter, Wolfgang/Kopetzki, Christian (Hrsg.), Organtransplantationen - Medizinische und rechtliche Aspekte der Verwendung menschlicher Organe zu Heilzwecken, S. 10 ff., Wien 1987, (zit.: Wollenek/Wolner, in: Brandstetter/Kopetzki (Hrsg.), Organtransplantationen)

Wolstenholme, E.W./O`Connor, M.: Ethics in medical progress with special reference to transplantation, London 1966, (zit.: Wolstenholme/O`Connor, Ethics)

Wonigeit, K.: Transplantationsimmunologie, in: Pichlmayr, Rudolf (Hrsg.), Allgemeine und spezielle Operationslehre/Band III: Transplantationschirurgie, S. 29 ff., Berlin; Heidelberg; New York 1981, (zit.: Wonigeit, in: R. Pichlmayr (Hrsg.), Operationslehre/Bd. III)

Wonigeit, K.: Gegenwärtiger Stand der Immunsuppression bei der Organtransplantation, in: Der Chirurg 1988, S. 447 ff., (zit.: Wonigeit, Der Chirurg)

World Health Organization (WHO): World Health Organization Human Organ Transplantation - A report on developments under the auspices of the WHO 1987-1991, S. 5 ff., (zit.: WHO, Report 1987-1991, S. 5 ff.)

Zeier, Hans: Zur Evolution von Gehirn und Geist, in: Eccles, John C./Zeier, Hans (Hrsg.), Gehirn und Geist - Biologische Erkenntnisse über Vorgeschichte, Wesen und Zukunft des Menschen, S. 15 ff., München 1980, (zit.: Zeier, in: Eccles/Zeier (Hrsg.), Gehirn und Geist)

Zenker, R. : Ethische und rechtliche Probleme der Organtransplantation, in: Festschrift für Paul Bockelmann, S. 481 ff., München 1979, (zit.: Zenker, in: FS Bockelmann)

Zenker, R.: Ethische und rechtliche Probleme der Organtransplantation, in: Pichlmayr, Rudolf (Hrsg.), Allgemeine und spezielle Operationslehre/Band III: Transplantationschirurgie, S. 3 ff., Berlin; Heidelberg; New York 1981, (zit.: Zenker, in: R. Pichlmayr (Hrsg.), Operationslehre/Bd. III)

Zenker, R./Pichlmayr, R.: Organverpflanzung beim Menschen, in: Deutsche Medizinische Wochenschrift 1968, S. 713 ff., (zit.: Zenker/R. Pichlmayr, DMW)

Ziegler, Josef-Georg: Organübertragung - Medizinische, moraltheologische und juristische Aspekte, in: Ziegler, Josef Georg (Hrsg.), Organverpflanzung - Medizinische, rechtliche und ethische Probleme, S. 52 ff., Düsseldorf 1977, (zit.: Ziegler, in: ders. (Hrsg.), Organverpflanzung)

Zimmermann, Reinhard: Gesellschaft, Tod und medizinische Erkenntnis - Zur Zulässigkeit von klinischen Sektionen, in: NJW 1979, S. 569 ff., (zit.: Zimmermann, NJW)

Medizin – Recht – Ethik

Frankfurt/M., Berlin, Bern, New York, Paris, Wien, 1998. 159 S.
Rechtsphilosophische Hefte. Beiträge zur Rechtswissenschaft, Philosophie und Politik. Herausgegeben von Giuseppe Orsi, Kurt Seelmann, Stefan Smid und Ulrich Steinvorth. Bd. VIII
ISBN 3-631-33124-X · br. DM 53.–*

Die Medizin zieht heute aus zweierlei Gründen eine gesteigerte Aufmerksamkeit des Rechts und der Ethik auf sich: Sie erschließt neue Bereiche des technisch Machbaren, von der Fortpflanzung bis zur Organtransplantation. Daraus resultieren bisher unbekannte Problemstellungen, die unsere moralischen Intuitionen und unser Judiz verunsichern. Zugleich droht die Medizin aber zu einem knappen Gut zu werden, dessen Verwaltung neuartige Fragen der Verteilungsgerechtigkeit aufwirft.

Aus dem Inhalt: Recht auf Gesundheit · Ethikkommissionen · Fortpflanzungsmedizin · Rationierung · Sterbehilfe · Organtransplantation

Frankfurt/M · Berlin · Bern · New York · Paris · Wien
Auslieferung: Verlag Peter Lang AG
Jupiterstr. 15, CH-3000 Bern 15
Telefax (004131) 9402131
*inklusive Mehrwertsteuer
Preisänderungen vorbehalten